前 言

“秦时明月汉时关，万里长征人未还。但使龙城飞将在，不教胡马度阴山。”(《出塞》，唐·王昌龄)

阴山山脉，东西横亘千余公里。在地理意义上，它是季风区与非季风区的分界线；在历史意义上，它是农耕民族与游牧民族之间征战与交融的最前沿。

包头地区，辉映过秦时明月、屹立过汉时关塞，还有比秦月、比汉关更为古老的，由“胡服骑射”赵武灵王下令修筑的战国长城。

在包头境内，战国赵北长城、秦始皇长城、汉长城、北魏长城及金长城(金界壕)，跨越阴山南北，相望着、交错着，在荒草间孤寂着。其中，年代最近的金长城也有八百多年的历史。如果把包头长城比作满脸沧桑的汉子，那么北京八达岭的明长城就是尚显稚气的小鲜肉。

这片土地，随着中原王朝与草原帝国的势力盛衰，时而成为农田，时而成为牧场。历经三千余年的风云变幻，这片土地见识过多少铁血，生活过多少民族，在清朝初期才再度归于沉寂。

“二十四史”惜墨如金，对于北疆的这片区域，更是淡淡地掠过。而出生于此地的，多是吕布、赵破奴等武将，虽然也有司马迁、班固、蔡邕等文人踏访过这里，却来去匆匆，仅仅留下只言片语。

于是，在很长的一段时间里，包头的历史模糊在风烟之中。

甚至，有些人提起包头，会认为这是一座因移民而兴起的新城，始于清代康熙及乾隆年间的“走西口”，盛于中华人民共和国成立初期包钢等重工业基地建设的招工浪潮。

在中华文化复兴的时代，这样的误解，对于包头来说是一种缺憾，对于学者来说，应该还感到惭愧。

我出生于内蒙古包头，学道于江西龙虎山，求学于南昌大学，攻读的是宗教学硕士及历史学博士。期间，整理西汉与匈奴的战争史料，对于频繁出现的五原郡(郡治九原县，今内蒙古包头市九原区的麻池古城)，颇有一种亲切的感觉。

2016年，我回到包头，重新修缮了老包头城内最古老的宗教建筑——南龙王庙。在悟道传教之余，我总喜欢约请几位本土文化学者，燃香烹茶，一起探究包头的历史脉络及文化底蕴。

伴随袅袅青烟、朗朗经声，我翻阅着《史记》《汉书》《后汉书》，偶然涌起一个念头：既然包头缺乏历史名人，不妨将战国至东汉曾经过往包头的那些名人逐一梳理出来，通过他们来描述当时的社会背景，讲述包头的历史片段。

俗话说，知易而行难。

过往包头的那些名人，在史书之中，竟然如此散落，寻找出来已属不易。而他们精彩的事迹，与包头有关的并不算多，如果仅仅摘录那些文字，岂不成了“包头历史大事记”？

因此，我为每位过往包头的历史名人写了一篇小传，通过他们或悲或喜的人生传奇、通过波谲云诡的历史事件，将包头地区带入更为辽阔的境界。由此，增加了些许的可读性与趣味性，也使包头的历史地位更加明晰。

凡是与包头沾边的历史人物，统统被拉了进来，似乎有些“攀附”的嫌疑。然而，载入史籍的包头本土人物实在少得可怜，却又想把包头历史讲得透彻一些，只好如此了。

或许，也是缘于我的私心——哪个人不想把自己的家乡讲得美丽而又传奇呢？

这些文章基本以正史为依据，不做演绎、戏说，尽量远离胡说。

涉及史料，总会有地名争议、人物争议、事件争议等，我虽学识浅薄，却也经过一番谨慎考证，然后，再以自己的观点来完成文章。对于存疑问题，文中没有展开大篇幅的辩述，毕竟这是历史小传，而不是学术论文。

谬误之处，在所难免，敬请有识之士多多指教！

“以铜为鉴，可正衣冠；以古为鉴，可知兴替；以人为鉴，可明得失。”

即使不做这样的高腔调，多读些与包头有关的历史文章，在茶余饭后，也能多些话题，多些引人关注的资本，或者引发对于家乡的恋恋之情。

幸甚，善哉。

徐睿涵

二〇一八年正月十六

徐麦涵道长是我的徒孙，不仅为内蒙古道教的复兴作出了贡献，为内蒙古曲艺文化也作出了很大的贡献。他热爱文艺，热爱书法，热爱家乡的本土文化，更热爱他的道教事业。在我的心里，我的徒孙徐麦涵像极了宗教大师李叔同，他应该是宗教界少有的多才多艺之人。

徒孙在京东大鼓表演上有很深的造诣，是目前内蒙古地区少有的青年鼓曲演员之一，填补了内蒙古鼓曲艺术后继无人的空白。他在二人台艺术上的表现也很出众，算是我徒弟王占新的得意门生。收到徒孙《步履匆匆》历史研究类书籍的初稿，我很是欣慰。他对过往包头的历史名人研究之深，让我刮目相看。开心之余，不免又心疼起来。在各项事业都齐头并进、蒸蒸日上的时候，背后藏着的是艰辛和刻苦。麦涵总说："师爷，时光不等人，内蒙古道教滞后了几十年，只能快马加鞭地赶上。老祖宗留下的宝贵文化遗产，慢一步就少一堆，可不能再不继承保护。忙点没关系，对得起祖宗，比啥都强。"麦涵是个好孩子。恢复传统文化哪是一个毛孩子、一群毛孩子能完成的事？可是没有这些毛娃娃，又哪会有传统文化的未来？

我想这本书的出版，对麦涵来说应该是意义非凡的。这本书由中国文联副主席、著名评书表演艺术家刘兰芳先生题写书名，可见国内顶级曲艺大师们对麦涵的认可和疼爱。这是麦涵作为历史学博士毕业季的献礼，是对近四百年悠悠西口路上祖先们的告慰，是对他忠于道教事业的一份诚挚供养。

武利平

二〇一八年春日

目录

Contents

“胡服骑射”赵武灵王

一

金戈已朽，铁马已逝，只有秋风依旧吹荡在阴山南麓。

旷野之上，横亘着一条土垄。乍一看，低低矮矮的，并不起眼。再仔细瞅瞅，向东望不到头，向西也望不到头，荒原里的这种无尽的绵长，总让人联想起悠悠的岁月。

1961 年夏天，历史学家翦伯赞先生前来内蒙古访古，以散文家的笔触写下一段文字：

> 秋天的阴山，像一座青铜的屏风安放在它们的北边，从阴山高处拖下来的深绿色的山坡，安闲地躺在黄河岸上，沐着阳光。这是多么平静的一个原野！但这个平静的原野在民族关系紧张的历史时期，却经常是一个风浪最大的地方。
>
> 愈是古远的时代，人类的活动愈受自然条件的限制。特别是那些还没有定居下来的骑马的游牧民族，更要依赖自然的恩赐，他们要自然供给他们丰富的水草。阴山南麓的沃野，正是内蒙西部水草最肥美的地方。正因如此，任何游牧民族只要进入内蒙西部，就必须占据这个沃野。阴山以南的沃野不仅是游牧民族的苑囿，也是他们进入中原地区的跳板。只要占领了这个沃野，他们就可以强渡黄河，进入汾河或黄河河谷。如果他们失去了这个沃野，就失去了生存的依据，史载“匈奴失阴山之

后，过之未尝不哭也”，就是这个原因。在另一方面，汉族如果要排除从西北方面袭来的游牧民族的威胁，也必须守住阴山的峪口，否则这些骑马的民族就会越过鄂尔多斯沙漠，进入汉族居住区的心脏地带。

这片沃野，有过秦汉与匈奴的对抗，有过北魏与柔然的对抗，有过大唐与突厥的对抗，还有过金朝与成吉思汗的对抗……

善于修筑堡垒的农耕民族，不愿陪着游牧民族去打运动战与游击战，大多会建起一道长长的城墙，把双方隔离开来。胡人骑着胡马，想要窥视中原，先会被长城所阻拦，要想扒开一个缺口，很是耗时费力。而且，长城的狼烟很快就会燃起，召来周边堡垒的屯驻军队，随即展开农耕民族所擅长的防御战。

其实，长城不仅是一道军事屏障，还是一条经济封锁线。

游牧民族往往生产力低下，物资相当匮乏，他们渴望中原的布帛、绸缎、丰富的农产品、精美的奢侈品，甚至抢夺一袋粮食或一口铁锅，都足以让他们欣喜。有了长城，就无法随心所欲地抢掠了，他们便跑到边塞关口，要求开展以物换物的交易。

当双方和平相处的时候，中原君王便敞开边塞关口，实行“互市”贸易。当双方针锋相对的时候，中原君王便关闭边塞关口，摆出刀枪弓箭，实行经济封锁。那道长长的城墙，以及巡边的将士，也就成了那些越境走私的民间商人的噩梦。

长城，应该是高高矗立的。然而，阴山南麓的这条土垄却是如此低矮，它们到底经历了多少年的风雨侵蚀呢？

博学多识的翦伯赞先生，揭开了谜底：

早在战国时，大青山南麓，沿黄河北岸的一片原野，就是赵国和胡人争夺的焦点。在争夺战中，赵武灵王击败了胡人，占领了这个平原，并且在北边的国境线上筑起了一条长城，堵住了胡人进入这个平原的道路。据《史记·匈奴传》所载，赵国的长城东起于代（今河北宣化境内），中间经过山西北部，西北折入阴山，至高阙（今乌拉山与狼山之间的缺口）为止。现在有一段古长城遗址，陆续绵亘于大青山、乌拉山、狼山靠南边的山顶上，东西长达二百六十余里，按其部位来说，这段古长城正是赵长城遗址。

翦伯赞先生将此次行程的所见所感，写成一篇《内蒙访古》，登载于《人民日报》(1961 年 12 月 13 日)，由此掀起了一股北方文明与长城文化的研究热潮。

文章之中，翦伯赞先生把这段战国时期的赵长城誉为“一段最古的长城”。

如今，这段最古的长城遗址，正式名称是“战国赵北长城”。

然而，赵武灵王(即赵雍)修筑的这段长城，还不算是最为古老的。

早在公元前 333 年，他的父亲赵肃侯(即赵语)“围魏黄，不克。筑长城”(《史记·赵世家》)。

也就是说赵肃侯围困魏国的黄城，没有攻克，随后修筑了长城。

这段长城称为“赵南长城”，又称“赵肃侯长城”。

赵南长城分布于河北省南部的涉县、磁县、临漳、成安、肥乡，沿漳河故道北岸，用漳河和滏河堤防相连，扩筑而成，故学术界又称之为“漳滏长城”。遗憾的是，此段长城早已埋于数米深的地下，地表上荡然无存。

相比之下，战国赵北长城则要明显得多，至今犹有几段高达数米。

在《内蒙访古》之中，翦伯赞先生也写道：“我们这次访问包头，曾经登临包头市西北的大青山，游览这里的一段赵长城。这段长城高处达五米左右，土筑，夯筑的层次还很清楚。东西纵观，都看不到终极。”

二

公元前 326 年，赵肃侯去世，他的儿子赵武灵王即位。

赵语的葬礼很是热闹，周边的秦、楚、燕、齐、魏各国纷纷前来悼念。不过，除了使臣之外，还各有精兵万人相随。一来，是要借着这个群雄聚会之际炫耀自己的武力；二来，也是黄鼠狼给鸡拜年，没安什么好心。

当时，新即位的赵雍还是一名懵懂少年，多亏有老臣肥义、公子成等人提前做好了准备,对于前来吊唁的各国,明里感谢,暗中戒备。见此情形,各国也就讪讪而退了。

年少的赵雍还没有处理政事的经验,因此设立博闻师三人、左右司过三人。每当临朝,他首先征询赵肃侯的旧臣肥义的意见。为了表示宠信,他还给肥义提高了品级,增加了俸禄。此外,为了表达尊老敬贤之意,对于国内八十岁以上的德高老人,他每月都有礼物相赠。

赵雍生性果敢多谋,又得到朝廷重臣肥义等人的尽心辅佐,经过铁血乱世的千锤百炼,逐渐长大并成熟起来。

公元前310年,武灵王游览大陵。某天,他梦见一位少女弹琴吟唱:"美人荧荧兮,颜若苕之荣;命乎命乎,曾无我嬴。"意思是:"美人光彩艳丽,容貌好像苕花。命运啊,命运啊,竟然无人知我娃嬴。"

过了几天,武灵王在宴席上多喝了几杯,趁着酒兴讲起了他的梦境。当然,酒过三巡之后,难免讲过一遍,还会再来一遍。吴广听闻,觉得武灵王所说的少女颇像自己的女儿吴娃。于是,他通过夫人,把女儿送入宫中。当俏丽婀娜的吴娃出现在武灵王的面前之时,这位见过许多世面的君王也不禁心旌摇荡起来。

吴广的这个女儿,叫作吴娃,因赵武灵王梦中之歌而称娃嬴,也称孟姚。据说,古代之"娃",为"美"的意思。可见,从小起一个好名字,也是人生的一件大事。

武灵王很是宠爱吴娃,封她为王后,史称"惠后"。

公元前307年,力能扛鼎的秦国武王去世,却没有子嗣继承王位。后宫之内,秦武王的生母惠文后想立公子壮,而秦武王的庶母宣太后想立公子芾。两派互不相让,争得鸡犬不宁。

正当此时,武灵王赵雍巧妙利用错综复杂的形势,插手秦国内政,与宣太后联手,扶立公子稷为新的秦王,史称"秦昭王",又称"秦昭襄王"。

在政治舞台之上,武灵王已经崭露头角。然而,复杂的国内形势,还是让他感到头痛。

这一时期,赵国南部以邯郸为核心,农耕文明占据主导地位;赵国北部则以代为核心,游牧文明占据主导地位。这样的局势,对于武灵王的控制能力与协调手段是一种巨大的考验。偏偏,赵国都城邯郸与北疆重镇代之间的直达通道,又被中山国所截断,邯郸的政令往往难以顺畅地传达到代,而代的地方势力偏离中央政权的离心力也日渐增强。如果放任下去,赵国必将分裂!

中山国是嵌在赵国与燕国中间的一个小国,因城中有山而得国名。中山国由狄族建立,经历了戎狄、鲜虞和中山三个发展阶段,虽然多次遭到中原大国的攻击,却屡衰屡兴,屹立不倒。其疆域大致包括今天的保定南部、石家庄大部、邢台北部及衡水西部,正好嵌在赵国的腹心地带,对其造成很大的影响。

对于灵武王来讲,中山国就是眼中钉、肉中刺,是卡在咽喉的硬骨头。

公元前 307 年正月,武灵王在信宫举行规模盛大的朝会,召见肥义等重臣,共商国是。这次振奋人心的、高屋建瓴的、意义深远的大会,隆重地召开了整整五天。

《太平寰宇记》云:"赵成侯造檀台,有信宫,为赵别都,以朝诸侯,故曰信都。"也就是说,武灵王的爷爷赵成侯筑造檀台,建有信宫,作为赵国的别都,以与各国诸侯举行会盟,因此称为信都。

当时,赵国的都城在如今的河北省邯郸市,而信宫则在如今的河北省邢台市,距离并不很近。这么重要的会议,为何不在都城召开,而要跑到信宫呢?主要原因是为了避开住在都城里的权贵利益集团,以便重新确定国家发展的方针政策。

此后,武灵王率兵北征,夺取了赵国与中山国交界之处的房子县(今石家庄市高邑县西南)。随即,他绕过中山国,抵达代,又北至无穷(今张家口市西北部的张北县境内),西至黄河,登上黄华山顶。

这次北巡,从邯郸至无穷,南北相距 900 余里;从无穷至黄河,东西相距 600 余里。一路之上,赵武灵王既勘察了赵国与中山国接壤的边境,又窥察了林胡、楼烦所游牧的草原地带。

北巡归来,武灵王召见大臣楼缓,阐述了赵国所处的不利位置:东临燕国与齐国，南接魏国与韩国，西邻如同虎狼的秦国，西北则有来无影去无踪的林胡与楼烦，而中山国又居于腹心，如果没有强大的兵力作为震慑，国家转眼就会陷入危亡。接着，他表明了自己的态度："夫有高世之名，必有遗俗之累。吾欲胡服。"(《史记·赵世家》)

也就是说，要想取得功高盖世的威名，必然承受背离习俗的骂名，赵武灵王决定改穿胡人的服装。

楼缓当即表示赞成。不过，绝大多数官员表示反对，尤其是宗室贵族，几乎要泣血劝谏了。

三

又过几日，大臣肥义在旁侍奉，武灵王再发感慨："有独智之虑者，任骜民之怨。今吾将胡服骑射以教百姓，而世必议寡人，奈何？"

意思是："有大智慧的人，就要听任无知而傲慢的民众的埋怨。如今，我想让百姓穿胡人服装，学习骑马射箭。可是，如此一来，世人必定非议于我，该怎么办才好呢？"

肥义答道："我听说，事情犹豫就不会成功，行动迟疑就不会成名。您既然已经决定承受非议与责难，那还顾虑什么？追求至高道德的人，不会附和世俗见解；成就盖世功勋的人，不会去找凡夫俗子商议。愚蠢的人就算侥幸成功了，也不知其所以然；聪明的人在事情尚无迹象之时，就能看得清楚。那么，您还犹豫什么呢？"

如今，改革或变革已经成为人们挂在嘴边的口头禅。而在古代，改革或变革则是叛逆者才敢呼喊的口号，是地雷阵，是万丈深渊。

因此，武灵王说道："狂夫之乐，智者哀焉；愚者所笑，贤者察焉。世有顺我者，胡服之功未可知也。虽驱世以笑我，胡地中山吾必有之。"

意思是："无知者的快乐，却是聪明人的悲哀；蠢人讥笑的事，贤人却能看得清。如果顺我所愿，改穿胡服的功效是不可估量的。即使天下人都来看我的笑话，我也一定要占有胡地与中山国。"

第二天，武灵王换好胡人服饰之后，召见群臣。长袍博带的风雅变成了短衣窄袖的精悍，众人看得目瞪口呆。

翦伯赞先生在《内蒙访古》中写道："我说赵武灵王是一个英雄，不仅仅是因为他筑了一条长城，更重要的是因为他敢于发布'胡服骑射'的命令。要知道，他在当时发布这个命令，实质上就是与最顽固的传统习惯和保守思想宣战。"

胡服骑射是服饰的变革，是军事的变革，更是一场思想的大辩论与大跃进。

武灵王赵雍当然明白变革的艰难程度，也知道"射人先射马，擒贼先擒王"的策略。于是，他派遣王緤作为特使，前去拜访自己的叔叔、宗室贵族的核心人物——公子成，委婉地要求他带头改穿胡服。

听罢来意，公子成先是托辞自己患病，无法担当这样的重任，后来终于按捺不住，发了一通牢骚："我听说中国是聪明智慧者居住的地方、是万物财富聚集的地方、是圣贤进行教化的地方、是仁义可以施行的地方、是远方之

人朝觐的地方、是蛮夷乐于效法的地方。如今，大王却抛弃了这些荣耀，穿起胡人的服装，变更圣贤的教化，改易古时的正道，违反众人的心意，背弃学者之教，远离中国风俗。我希望大王慎重考虑此事。”

堂堂中原大国，竟向戎狄小国学习，这不是开历史的倒车吗？而且，让公子成更感到焦虑的是："胡服"只是一块探路石，此后肯定会有更大的变革。稳稳享受着荣华富贵的贵族与官员害怕任何可能触动他们既得利益的变革。因此，中国历代变革的最大阻碍者正是奉命执行变革政策的官员们。他们的反抗，有的明，有的暗，暗潮汹涌配合惊涛骇浪，常常让中央政府的变革流产，甚至流血。

听完王緤的回禀，武灵王明白叔叔患的是什么病了，他决定亲自登门探望。经过一番言辞恳切、语重心长又态度坚决的劝说，公子成改变了心意，接受了武灵王亲赐的胡服。

第二天，群臣上朝，看到武灵王与公子成一身胡服装扮。已经脱去长袍的官员自然是昂首挺胸，而那几位依旧穿着汉装的官员，在武灵王严厉的注视之下，惶恐不安，恨不得当堂易服。

果然，"胡服"之后，赵武灵王又推行了"骑射"。

秦、赵、燕三国的北疆均与戎狄相邻，草原游牧部落"尚武重义"的风气也流淌在这些农耕民族的血脉中。所以，史书上称秦为"虎狼之国"，而燕赵也多"慷慨悲歌之士"。

不过，就算如此勇敢的中原群雄，在与游牧民族作战之时，也屡次吃亏。行动迟缓的战车与甲胄笨重的中原步兵迎战"来如飞鸟、去如绝弦"的马背骑兵，追是追不动，撤又屡遭袭扰，还会遭遇飞蝗般的箭雨，常常损兵折将。

因此，武灵王赵雍决定"师夷长技以制夷"，既可以有效打击胡人骑兵，又可以在中原争霸战中拥有自己独特的优势。

"骑射"的推行注重从普通军人之中挑选强悍猛士。这些人一旦入选，便可享有比战车兵与步兵更丰厚的俸禄、更尊贵的地位。因此，赵国平民纷纷养马，努力把自家男儿培训成武士，以求参加国家的骑兵队伍，光耀门庭。赵国骑兵将领的选拔，不再专注于是否贵族出身，只要有能力，就会有前途。

赵武灵王亲自统率的骑兵队伍吸纳了众多来自北方的将领，增强了他们对国家的归属感，制止了国家南北分裂的趋势。与此同时，中山国、林胡、楼烦的许多勇士由于羡慕赵国骑兵的待遇，纷纷前来投诚报效，为赵武灵王的军队注入了新鲜的血液。

经过大规模的整编与训练，赵国骑兵已经拥有了草原民族“行动迅猛、厮杀凶悍”的长处，同时摒除了他们“散漫难驯，一遇挫折，四散奔逃，甚至弃首领于不顾”的短处。

军队秣马厉兵，赵武灵王摩拳擦掌，即将猛攻中山国、林胡及楼烦。

四

公元前306年，赵武灵王再次向心腹之患中山国发动进攻。

骑兵捷报频传，一直攻打到宁葭（今河北省石家庄市获鹿镇），距离中山国的都城灵寿（今河北省灵寿县）不到30公里。

接着，趁着军威大振，赵武灵王又向西进攻林胡，马蹄踏入了榆中（今陕西省北部与内蒙古交界的河套地区）。遭受沉重打击的林胡王只得献上大批良马，请求赵武灵王收兵。

凯旋之后，赵武灵王意犹未尽，下令代郡的赵固管理新近占据的胡地，并大规模招募胡人士兵，酝酿着下一场征伐。

公元前305年，武灵王第三次攻打中山国。

赵袑率领右军，许钧率领左军，公子章率领中军，而武灵王则统率三军，从南方进攻中山国；牛翦率领战车和骑兵，赵希率领胡地与代的士兵，从北方进攻中山国。

赵希与诸军通过隘口，在曲阳会师，攻占了丹丘、华阳、鸱之塞。武灵王则率军夺取了鄗城、石邑、封龙、东垣。受到南北夹击的中山国，被迫求和，许诺献出四个城邑。

公元前303年，赵国第四次进攻中山国。

史料中对于这次战绩鲜有记载，不过，此次战争可能将黄河北岸、阴山南麓的九原(今内蒙古包头市九原区)首次纳入农耕民族的疆域之内。

《竹书纪年》记载，公元前302年，“邯郸命吏大夫奴迁于九原，又命将军、大夫、适子、戍吏皆貉服”。意思是：“赵武灵王下令，将贵族私藏的、没有纳入政府户籍管理的奴隶迁往九原，为在那里训练的骑兵服务，并且下令将军、大夫、适子、戍吏都要穿着胡服。”这两条命令显然是对“胡服骑射”的进一步推行与强化。

公元前300年，赵武灵王发动了对中山国的第五次战争。

这次战争夺占了中山国与燕国之间的土地，将中山国完全包裹在赵国境内，如同巨蟒吞下了猎物，只等慢慢消化。面临亡国危难的中山国急忙向林胡、楼烦求救，相约共同反击赵国。然而，反击最终失败。赵武灵王不仅把中山国紧紧攥在手中，而且夺取了林胡与楼烦的大片牧场。

经过数次战争，赵国的北方领土急剧扩展，“攘地北至燕、代，西至云中、九原”(《史记·赵世家》)。

占领了如此广阔的土地，要想长久守住，需要用些手段。当年，赵肃侯修筑了赵南长城，赵武灵王也就“依葫芦画瓢”，修筑了赵北长城。

《史记·匈奴列传》记载：“赵武灵王变俗，胡服，习骑射，北破林胡、楼烦。筑长城，自代并阴山下，至高阙为塞。而置云中、雁门、代郡。”

意思是：“赵武灵王改变习俗，穿胡人服装，练习骑马射箭，向北击败林胡、楼烦。修筑长城，由代起始，蜿蜒于阴山南麓，直至高阙，建起关塞。随后，设置了云中郡、雁门郡、代郡。”

如今，学者们基本认同：代，即今河北省张家口市蔚县东北的代王城；高阙位于内蒙古巴彦淖尔市乌拉特后旗呼和温都尔镇那仁乌布尔嘎查；云中郡，即今内蒙古土默川地区和鄂尔多斯市东北部；雁门郡，即今山西省雁北地区和内蒙古乌兰察布市南部；代郡，即今河北省张家口地区。

两千多年之后，翦伯赞先生在《内蒙访古》之中深深感慨：“我在游览赵长城时，作了一首诗，称颂赵武灵王，并且送了他一个英雄的称号。赵武灵王是无愧于英雄的称号的。大家都知道，秦始皇以全国的人力物力仅仅连接原有的秦燕赵的长城并加以增补，就引起了民怨沸腾。不知从什么时候起，在

秦始皇面前就站着一个孟姜女，控诉这条举世闻名的万里长城。甚至在解放以后，还有人把万里长城作为'炮弹'攻击秦始皇。而赵武灵王以小小的赵国，在当时的物质和技术条件下，竟能完成这样一个巨大的国防工程而没有挨骂，不能不令人惊叹。"

公元前 299 年 5 月戊申，赵武灵王在东宫举行盛大朝会，宣布要将王位传给太子。

起初，武灵王曾经册立长子赵章为太子。后来，由于宠爱吴娃，转而册立吴娃之子赵何为太子。

太子赵何前往祖庙祭拜，礼毕之后，临朝称王，史称"惠文王"。惠文王赵何任命老臣肥义为相国，并兼任自己的师傅。

这一年，赵武灵王刚刚四十出头，正当年富力强，却让出了王位，难道是要激流勇退？

其实，赵武灵王是想让儿子赵何主持国政，以便他可以腾出精力，专注在西北方向为赵国占据更多的土地。

中原群雄国强兵多，不太好对付，想要从中原各国夺占一座城池，必然会耗费大量的兵力与物资。而林胡、楼烦等游牧民族，人口较少，兵力也较弱，正是一个容易捏的“软柿子”。况且，游牧民族“逐水草而居”的习性使得他们对于土地的观念并不像农耕民族那样“寸土必争”，一旦遇到强敌，后退几十里甚至几百里，根本不在话下。

同时，赵武灵王还有一个更富野心的计划：他要率兵从云中、九原出发，向南直击秦国，把这个日益强大的潜在对手消灭在称霸初期。

这样的让位，不是激流勇退，而是另有雄心壮志。

为了显示自己仍是赵国的一把手，赵武灵王自称为“主父”。

五

当年，赵武灵王借助有利形势，与秦国宣太后联手，将公子稷扶立为秦国昭王，即秦昭王。对此，秦昭王还是怀有感激之情的，两国保持着友好邻邦的关系，直至赵武灵王去世，也没有发生过战争。

这位秦昭王是战国时期有名的霸主，时而连横，时而合纵，把魏、韩、齐、楚四国耍得团团转，又是损兵折将，又是割地求和。

此际，史上有名的宣太后也积极拉拢北方的义渠戎国，频频邀请义渠王入秦。后来，宣太后又与义渠王淫乱，生下了两个儿子。因此，秦国与义渠戎国的关系非常融洽。

这些情况使得赵武灵王心中很是不爽。

秦国频繁出兵中原，侵扰魏、韩、齐、楚，不断削弱他们的势力，让赵武灵王有了唇亡齿寒的担忧。而秦国怀柔、腐蚀义渠戎国，分明是觊觎这片北方的胡地，正与赵武灵王扩展北疆的计划相冲突。“卧榻之旁，岂容他人酣睡！”

因此，赵武灵王捧着地图，琢磨了许久。

如果从赵国腹地向西进攻秦国都城咸阳，必须翻越太行山及吕梁山，山势陡峭，并且关塞重重，显然行不通。如果从云中、九原向南进攻秦国都城，地势相当平缓，利于精锐骑兵的快速进袭，可以打得对方措手不及。粗略一看，这条进攻路线需要渡过黄河，还需穿越一片沙漠，不过难度并不算大。

棘手的是，这条进攻路线的北方区域全是胡地，不仅赵国没有详细地图，就连秦国也没有。

“知己知彼，百战不殆。”如今，连张准确的地图都没有，怎么能够确保突袭秦国的成功呢？

赵武灵王胆量的确够大，竟然决定假冒使者身份，亲自前往秦都咸阳，沿途观察地势，顺便领教一下秦昭王为人处事的风范。

当年，合谋扶立秦昭王之时，赵武灵王并没有亲赴秦国，而是派遣特使秘密行事。那个时候，没有数码相机，也不流行肖像绘画，因此宣太后与秦昭王从未目睹过赵武灵王的真容。

赵武灵王大摇大摆地进入了秦国境内，一路慢走细看，逐渐靠近咸阳。既然是友好邻邦的使者来了，秦昭王肯定要予以接见的。例行的官方会面、例行的官方应酬，秦昭王有些心不在焉，并没有察觉到有什么异常。等到回宫之后，秦昭王偶然想起，越琢磨越觉得这位赵国使者状貌魁伟、气宇轩昂，绝非人臣的风度，于是立即派人前往驿馆，邀请其参加特别宴会。

就在几个月前，秦昭王曾经花言巧语，劝诱楚怀王于武关会盟。会盟中，秦昭王竟将楚怀王掳往秦都咸阳，让他做了没有自由的“宾客”。

有了前车之鉴，赵武灵王自然相当警觉，未等秦昭王发出盛情邀请，已是快马扬鞭，溜之大吉了。秦昭王得知消息，连连顿足，自投罗网的鸭子竟然插翅飞了，真是可恼！

此次入秦刺探，赵武灵王偷偷绘制的舆图之上，清晰标明了一条从云中、九原向南直袭秦都咸阳的路线。这条攻秦路线与后来的秦直道有着许多的重合。

公元前298年，赵武灵王前往北方巡视新近占据的胡地，从代郡出发，向西而行，不料恰巧遇到了楼烦王。经过前几次的冲突，楼烦王早已领教了赵武灵王的用兵如神及胡服骑射武士的能征善战，只好率领部众四处游徙，尽量避免与之接触。如今，迎头碰上赵武灵王，楼烦王躲避不及，只得强装笑颜，上前搭讪。

对于这位胡人领导，赵武灵王也算客气，没怎么刁难。不过，看到楼烦王身后那些骑在马上的精壮武士，赵武灵王有些垂涎。眼下，为了准备攻打秦国，他正在到处招兵买马，送上门来的好处，岂能错过？

于是，赵武灵王向楼烦王提出“借兵”或是“招募”。楼烦骑兵早就听说，赵国那里待遇优厚，并且是棵可以乘凉的大树，因此争先恐后地拥上前来，请求加入赵国军队。望着呼啦啦跑到赵武灵王那边的武士们，楼烦王张着大嘴，实在是哭笑不得。

公元前296年，赵武灵王第六次攻打中山国。

此时，中山国不过是在苟延残喘之中，如何能够抵御赵国的精锐骑兵，终遭灭国。随后，中山国王被迁往肤施（即今陕西省榆林市榆阳区鱼河镇鱼儿河寨）。

至此，除去了中山国这个“心腹大患”，赵国南北完全合为一体，从邯郸到代之间的道路也随之贯通。

赵武灵王得胜归来，论功行赏，实行大赦，并设酒宴欢饮五天。为了加强对北方的控制，赵武灵王封长子赵章为代的安阳君，并派田不礼辅佐。

赵章比新王赵何年长十岁，性格强悍，体魄健壮，大有赵武灵王的风姿。他曾多次随从赵武灵王出征，屡立战功，为国人所称颂。

不过，赵章平素放纵，骄横跋扈，不肯容人。尤其对弟弟赵何被立为国王一事，他一直耿耿于怀。

见此情形，李兑对相国肥义说道：“公子章正当壮年，并且心志骄狂，党徒众多，野心很大，恐怕会有私心。田不礼的为人，残忍并且傲慢。这两个人互相投合，一定会有阴谋作乱的事情发生。据我看来，灾祸很快就会来临。您负有重任并握有大权，动乱会从您那里开始，灾祸会在您那里集中，您必定最先受害。您何不声称有病不出家门，把政事移交给公子成呢？不要去怨恨汇集的地方，也不去做祸乱发生的阶梯。”

肥义乃赵国的三朝元老，精明强干，睿智豁达，对于公子章与田不礼的勾结也颇有疑虑。不过，他并没想到要去退居避祸，而是要挺身担当。

当初，赵武灵王让位，曾把新王赵何托付给肥义，叮嘱：“毋变而度，毋异

而虑,坚守一心,以殁而世。"(《史记·赵世家》)

意思是说:不要变更你的法度,不要改变你的初衷,坚守一心,直至去世。

因此,面对李兑的劝告,肥义答复:"我既然承蒙主父嘱托,必当尽力辅佐新王,不会因为惧怕公子章与田不礼而畏缩。纵使身遭不测,也要坚守当初的承诺。况且,坚贞之臣遇到危难而显露节操,忠良之臣遭逢牵累而行事鲜明。感谢您对我的赐教与忠告,不过,国家大事,我义不容辞。"

李兑见到肥义态度坚决,只得说道:"好吧,您勉力而行吧!我能见到您的日子,恐怕只有今年了。"说罢,痛哭流涕而去。

此后,李兑多次与公子成会面商议,以防田不礼作乱。

六

肥义并非徒有勇气,也颇有计谋。

某天,他叮嘱信期(也称高信):"近来,公子章与田不礼的所作所为,实在令人担忧。每当想到这些,我夜而忘寐,饥而忘食。作乱之事,不可不防。今后,如果有人请见新王,一定要有我在场,由我先去迎挡一番,倘无变故,再让新王露面。"

公元前295年,赵国大规模召集群臣,安阳君赵章也来朝拜。主父赵雍让新王赵何主持朝拜,自己则在一旁暗中观察群臣及宗室贵族的仪态。当他看到长子赵章颓丧委靡,向北称臣,拜倒在弟弟赵何面前时,心底不由涌起一阵怜悯。因此,赵武灵王想把赵国一分为二,让赵章去做代国之王。

这是一个危险的念头!

俗话说:"一山难容二虎。"儒家也说:"天无二日,国无二君。"就算赵武灵王握有绝对的权威,可以暂时压制着,让兄弟两人和平相处。但是,双方的摩擦终究难以避免,群臣也要百般思索如何才能站对位置,种下的祸患将无穷无尽。等到赵武灵王死后,恐怕不用秦国来进攻,兄弟两人早已自相残杀,弄得国破人亡了。

好在，赵武灵王打了一个激灵，中断了这个念头。

此后，主父赵雍与新王赵何前往沙丘游玩，一番畅快之后，分别住于两处宫室。

这处沙丘宫位于河北省邢台市广宗县大平台村南侧，本是商纣王所建的离宫，历史上有名的“酒池肉林”的荒淫闹剧，就曾在这里上演。

看到新王赵何离开了戒备森严的都城邯郸，安阳君赵章与田不礼认为此乃天赐良机，随即发动叛乱。

他们假传主父命令，召见新王赵何前去。依照以前约定的方法，相国肥义先入宫中，探查情况，结果被杀。

看到形势危机，信期（高信）辅佐新王赵何，拼命抵挡叛军。此时，早已有所防备的公子成与李兑也从都城邯郸赶来，调集附近四邑的军队，前来镇压这场变乱。毕竟，安阳君远离自己的老巢代，缺乏援军，经过一番厮杀，田不礼战死。

见此情形，安阳君赵章只得逃往主父赵雍的宫中，寻求庇护。

公子成与李兑率领追兵随后赶到，不由分说，诛杀了安阳君赵章。

安阳君赵章与田不礼已被杀死，叛乱也已平息，公子成与李兑却有了新的忧虑。他们两人商议：“以章故，围主父；即解兵，吾属夷矣！”（《资治通鉴》卷四）

意思是：由于诛杀赵章的缘故，咱们围困了主父；等到撤兵之后，都是要被灭族的呀！

两人决定咬紧牙关，继续围困主父赵雍所在的宫室，同时命令宫中之人全部出来，否则会被灭族。听到这个威胁，宫里的人慌忙往外逃窜，转眼之间，空无一人。主父赵雍也想趁机出宫，却被客气地拦了下来。随即，宫室大门被牢牢封死。

沙丘宫只是一处提供享乐的离宫，食物储备非常有限。很快，赵武灵王就饿得两眼冒起金星，只好爬到树上，去掏鸟巢之中的雏雀，用来充饥。不过，宫中的鸟巢不多，雏雀就更少了，食物来源终告罄尽。

三个多月之后，沙丘宫门才再次开启，赵武灵王的尸骸早已惨不忍睹。

曾经豪气冲天的枭雄，就这样死于宫廷内乱之中。悲剧与教训，引得后人议论纷纷。

“出师未捷身先死，长使英雄泪满襟。”

悠长的岁月，总会冲淡一些东西，也会珍藏一些东西。

如今，阴山南麓的赵北长城在风雨侵蚀之下，只留下一条断断续续的、或隐或现的土垄。然而，那些关于变革图强、关于开疆拓土的英雄传奇，永远书写于史书上，永远镌刻在一个民族自强不息的里程碑上……

最后，附上翦伯赞先生所写的那首《登大青山访赵长城遗址》：

骑射胡服捍北疆，英雄不愧武灵王。
邯郸歌舞终消歇，河曲风光旧莽苍。
望断云中无鹄起，飞来天外有鹰扬。
两千几百年前事，只剩蓬蒿伴土墙。

“巡游天下”秦始皇

一

周朝天子称为“王”,战国群雄也自称为“王”。

“王”曾是至高权势的称谓,有着无上的荣耀。

秦王嬴政统一四海,志得意满,睥睨天下。他开始嫌弃“王”的尊号,认为自己的功绩已是“德高三皇,功过五帝”,于是自封为“皇帝”;同时,接受了李斯等人的奏请:命为“制”,令为“诏”,天子自称曰“朕”。

嬴政意气风发地颁布了第一道制:“朕为始皇帝。后世以计数,二世三世至于万世,传之无穷。”

从此,两千多年的封建王朝,有了“皇帝”;中国的二十四史之中,有了“皇帝”。

秦朝的皇帝梦,清晰而短暂,只传了两世,便匆匆结束了。

遥想当年,秦始皇不仅有一个千秋万代的皇帝梦,更有一个长生不老的神仙梦。

公元前219年,“齐人徐市等上书,言海中有三神山,名曰蓬莱、方丈、瀛洲,仙人居之。请得斋戒,与童男女求之。于是,遣徐市发童男女数千人,入海求仙人”。

徐市又称徐福,带领数千童男童女入海求仙。一去数年,花费不少,却并未求来长生丹药。为此,徐福找了百般借口,拖延推诿,甚至避而不见,让秦始皇心中很是不爽。

公元前215年,"始皇之碣石,使燕人卢生求羡门、高誓"。

羡门、高誓是中国古代两位有名的仙人。战国时期,楚国的才子兼美男宋玉曾作《高唐赋》,赋中"有方之士,羡门高谿",说的就是这两位神仙。

徐市入海,徒劳无功,秦始皇觉得齐人做事虚多实少,于是又把希望寄托在燕人卢生的身上,并且还要亲自送行,既是恩宠,或许也有监督的意味。而卢生出发的这处海港,也因此叫作了"秦皇岛"。

卢生走后,秦始皇思来想去,总觉得这些方术之士,讲话头头是道,办事却莫名其妙,不太靠谱。然而,他又不得不借助他们,求取长生之道,因此只好再多派一批,或许多些成功的可能。

于是,《史记》之中又有记载:"因使韩终、侯公、石生求仙人不死之药。"

这回,倒是卢生办事效率较高,出海不久,就返了回来。卢生虽然没有求到长生不老药,却带来了一册奇书,上面写着"亡秦者胡也"。

这还了得!

秦朝的皇帝基业是要传承至"山无陵,天地合"的,岂容胡人的觊觎!

公元前215年,秦始皇派遣大将蒙恬,发兵三十万,向北攻打胡人,也就是匈奴。

胡人突然遭此猛攻,懵懵懂懂,不知因何惹来这番祸端。反正,他们所骑胡马是有名的来去如风,既然打不过中原军队,就先逃跑再说吧。

《史记·秦始皇本纪》记载:"始皇乃使将军蒙恬发兵三十万人北击胡,略取河南地。"

这个"河南地"并不是今天的河南省,河南省地域早在战国末期就已经纳入秦王嬴政的囊中了。

黄河流经内蒙古,绕出一个"几"字形的套儿,那片被套儿所圈出的区域,叫作"河套"。

古时,黄河流经河套地段,分为南北两河。北河,即今乌加河;南河,即今黄河主道。秦朝时期,黄河却是以北河(乌加河)为主道的。所谓"河南地",是指乌加河以南的地区,也就是今天的鄂尔多斯市西北部与巴彦淖尔市河套地区。

公元前214年，秦始皇为了逼迫胡人再向北退却，再命蒙恬发起进攻。

《史记·秦始皇本纪》记载："西北斥逐匈奴。自榆中并河以东，属之阴山，以为(?)十四县，城河上为塞。又使蒙恬渡河取高阙、阳山、北假中，筑亭障以逐戎人。"

也就是说，向西北驱逐匈奴，一直打到阴山，设立了数十县，并在黄河沿岸修筑城塞；又派蒙恬渡过黄河，夺取高阙、阳山、北假，修筑亭障，用以防范匈奴反攻。

据学者考证，阳山指今天的狼山，北假指今天狼山至乌梁素海东部的地域，基本没有太大争议。

但是，究竟是设立了三十四县，还是四十四县？高阙究竟是在乌拉特后旗，还是在杭锦后旗？至今争论不息。

二

蒙恬夺取"河南地"的奏章使得秦始皇满心欢喜。为了有效管辖这片新的疆域，秦始皇设立了九原郡，作为天下三十六郡之一，并把郡治设在九原城。郡治相当于如今的省会城市。而九原城，正是战国时期"胡服骑射"的赵武灵王修筑的那座北疆要塞。

九原郡的郡治究竟位于何处，几乎成为秦朝北疆历史研究中最为重要也最为激烈的争论之一。

一说是包头市九原区的麻池古城，一说是包头市昆都仑区的孟家梁古城，一说是巴彦淖尔市乌拉特前旗的三顶帐房古城。

我们还是秉持一贯的做法：关注争论，但不被绊住腿脚，往远看，向前走。

我姑且把麻池古城视为九原郡郡治。具体原由将在这本书的最后一篇文章做番剖析。

匈奴头曼单于的势力已经被驱逐出黄河流域，远离了阴山南麓。蒙恬又沿着黄河设立了九原郡的诸多县城,修筑了城堡关塞。然而,霸气的秦始皇并未罢休,他要修筑一条长长的城墙,把匈奴永久地隔绝在北方。

《史记·蒙恬列传》记载:"筑长城,因地形,用制险塞,起临洮,至辽东,延袤万余里。"

意思是:修筑长城,利用地理形势,设置要塞,西起临洮(即今甘肃省岷县),东至辽东(即今辽宁省鸭绿江畔),逶迤绵延一万余里。

这就是举世闻名的秦长城!

秦始皇对于包头地区,似乎格外重视,设了九原郡,修了秦长城,还要再建一条秦直道。

《史记·秦始皇本纪》记载:"三十五年,除道,道九原抵云阳,堑山堙谷,直通之。"

意思是:秦始皇三十五年(前 212 年),修筑道路,由九原一直修到云阳,挖掉山峰、填平河谷,笔直贯通。

欧洲有句谚语:"条条大道通罗马。"说的是让古罗马人引以为傲的以首

都罗马为中心面向全国的四通八达的“公路网”。

其实，早在古罗马帝国兴盛的200多年前，秦始皇就已下令在全国修起了沟通秦都咸阳与各地郡县的驰道。其中，尤其以从包头境内的麻池古城至咸阳附近的云阳宫(也称甘泉宫)的“秦直道”最为有名。

《史记·蒙恬列传》也有记载：“始皇欲游天下，道九原，直抵甘泉。乃使蒙恬通道，自九原抵甘泉，堑山堙谷，千八百里。”

据专家考证，秦直道全长1800里(约合如今的700多公里)，宽度约为30至60米。平直宽阔的秦直道被称为世界上最早的“高速公路”。一旦匈奴入侵，长城烽烟燃起，全副武装的秦朝大军只需三天三夜即可迅速抵达北疆。

匈奴历来是擅长游击战的，通常不愿进行正面拼杀。其战术原则是“利则进，不利则退，不羞遁走”。对于借助秦直道迅猛出击的秦朝大军，匈奴只得采取退避三舍的策略了。

北方的胡人已经不足为虑，喜欢巡游天下的秦始皇兴致盎然地规划着第五次旅游路线。

这次随同出行的有左丞相李斯、中车府令赵高等人。秦始皇的小儿子胡亥闲着没事，也请求随行，想要见见世面。

秦始皇点头允许，这一刻，他似乎忘记了那句谶言——亡秦者胡也。

胡人？胡亥！

三

秦始皇三十五年(前212年)，秦直道开始修筑，胡人之患渐渐消弭。

与此同时，秦始皇对“寻访真人(神仙)，求取不死之药”的愿望，愈加痴迷，甚至改换了自己的称呼。秦始皇曰：“吾慕真人，自谓‘真人’，不称‘朕’。”

秦始皇三十六年(前211年)，嬴政踏上了第五次巡游之路。

当浩浩荡荡的巡游队伍抵达琅琊台时，秦始皇诏令徐市来见。这位“入海求神药”的方士，“数岁不得，费多，恐谴”（许多年来毫无效果，却花费巨大，担心受到责罚）。

看到秦始皇满脸愠色、手按宝剑，徐市吓得手足无措，只得战战兢兢地扯了一个谎话：“蓬莱仙岛，本来有药可得。奈何海中有大鲛鱼出没，阻断通路。请派擅长弓弩的勇士同行，寻见大鲛鱼，以连弩射杀。”

秦始皇脸色阴沉，半晌未发一言，虽有晚春的海风吹拂，徐市额头汗珠还是不断地垂落。

终于，秦始皇冷冷地点了一下头，表示同意。徐市的心悸暂时平稳下来，不过，想到以后的日子，冷汗再次沁上了额头。

巡游继续，这次是一路沿着如今山东半岛的海岸行进，缁衣的武士持着劲弩，排列阵势，目光炯炯地凝望大海深处。

从琅琊一直走到芝罘，忽然波涛翻滚、浊浪凌空，一条巨大的鱼浮现近海，徐市骇得瘫坐海滩。刹那间，众武士万箭齐发，无数利镞穿过碎浪，狠狠钉在巨鱼躯干之上。浪渐渐平息，海被染得殷红，巨鱼腹部翻向天空，一命呜呼。

冷冷送走徐市再度出海寻仙的船队，秦始皇继续踏上巡游之路，心底隐约涌起几分不祥的感觉。

徐市此次出海，再也未敢返回。传说他带着童男童女与寻仙财物，随波飘流至大秦帝国东北方向的日本岛屿，并在那里称王，成为将华夏文化传至日本诸岛的先驱。

这个传说，真假难辨。然而，似乎每个人心中都有一个皇帝梦，就连寻仙的方士也不例外。

巡游路上，秦始皇感到身体越来越不适，随行御医使出浑身解数，却没有什么疗效。行至平原津，秦始皇病情急转直下，御医束手无策，慌得团团乱转。随同巡游的左丞相李斯、中车府令赵高在短暂的慌乱之后，定下心神。他们预感秦始皇此番大限将至，很想探询这位千古一帝对于身后之事的安排。

然而，秦始皇依然对徐市等方士抱着一丝期望，极度厌恶谈论生死之事。秦始皇的暴虐，在史书之上也是有名的，李斯等人怎敢轻易开口，只得惴惴不安地陪侍着。

人之将死，总会在最后时刻唤起安排后事的理智。终于，秦始皇已经无法再用长生不老的幻想欺骗自己了。他给长子扶苏写了一封遗诏，嘱咐这位远在上郡的监军："以兵属蒙恬，与丧会咸阳而葬。"意思是：让扶苏把兵权暂时交付蒙恬，赶快返回秦都咸阳，主持秦始皇丧事，并继承皇帝之位。

遗诏已经封好，并且交到了掌管印玺的赵高手中。不知为何，遗诏并未及时交由使者，快马传递给长子扶苏。是秦始皇对生命与权力还有最后的留恋，还是赵高另有想法而有意扣留？

大秦帝国的命运，因为这封遗诏的迟迟未发，有了重大转折。

"七月丙寅，始皇崩于沙丘平台。"(《史记·秦始皇本纪》)

又是这个沙丘宫！

包头境内横亘着五个朝代的长城，最早的是"胡服骑射"的赵武灵王修筑的战国赵北长城，其次是"千古一帝"秦始皇修筑的秦长城。

谁能料到，赵武灵王与秦始皇竟然命丧同一个地方——沙丘宫，也就是如今的河北省邢台市广宗县大平台村南。

公元前 295 年，赵武灵王的两个儿子争夺王位，年长的公子章举兵失势，被杀。正在沙丘宫中的赵武灵王因袒护公子章，被围困于宫墙之内，活活饿死。

公元前 210 年秦始皇驾崩之后，小儿子胡亥谋篡皇帝之位，长子扶苏被逼自杀。

一个是生前目睹兄弟相杀，一个是死后未知骨肉相残，冰冷在沙丘宫中的尸骨，若有灵魂，是否会发出几声轻叹？

清朝康熙年间，广宗县吴存礼曾作一首七律《沙丘宫怀古》，诗云：

闲来凭吊数春秋，阅尽沧桑土一抔。
本籍兵争百战得，却同瓦解片时休。
祖龙霸业车中恨，主父雄心宫里愁。
唯有朦胧沙上月，至今犹自照荒丘。

诗中的“祖龙”是秦始皇的别称，而“主父”则是赵武灵王的自称。

从此，沙丘宫有了“困龙之地”的恶名，历代皇帝巡游，避之唯恐不及。

更为诡异的是，秦始皇的尸骨并未向西运回秦都咸阳下葬，他的死讯被隐瞒，车队急匆匆地赶往远在北疆的九原郡——包头麻池古城。

《史记·秦始皇本纪》记载：“丞相斯为上崩在外，恐诸公子及天下有变，乃秘之，不发丧。”

丞相李斯想到秦始皇驾崩于都城咸阳之外，担心诸位皇子及天下发生变乱，于是隐瞒去世的消息，秘不发丧。

秦始皇的尸骨载于辒辌车之中，由曾受秦始皇宠幸的宦官陪乘。

辒辌车，在古代，属于豪车系列，在车中可坐可卧，还有窗户，闭之则温，开之则凉。自从秦始皇用过辒辌车之后，后人很是羡慕，成为相当流行的丧车。

一路之上，供奉饮食如故，百官奏事如故。所奏之事，由李斯代为批写，由赵高加盖印玺，再由陪乘的宦官递送诏书，随同巡游的众人竟被蒙

在鼓里。

当时，正值酷暑，秦始皇的尸身腐烂，发出阵阵恶臭。赵高等人担心机密泄漏，命人在辒辌车上装载了一石鲍鱼，以遮掩臭味。

有人较真，从沙丘宫到九原郡，一路行走在内陆地区，哪里来的海鲜鲍鱼？

其实，古时"鲍鱼"常指腌渍的咸鱼。所谓"与善人居，如入兰芷之室，久而不闻其香，即与之化矣。与恶人居，如入鲍鱼之肆，久而不闻其臭，亦与之化矣"。

为了防止变乱，秘不发丧，是可以理解的。

然而，没有直接返回秦都咸阳，而是绕道九原郡，又是出于什么原因呢？

四

朝廷，充满着权势，也充满着明争暗斗。

世事难料，今天还在把酒言欢，明天就可能怒目而视。有了权势的催化，这种怒目而视常常变成贬职、牢狱，甚至是残杀。

公元前213年，秦始皇采纳丞相李斯的建议，采取了"灭绝诗书，以愚黔首"的焚书措施。洋洋洒洒的列国史书，只允许留下"秦记"，其他全部付之一炬。《诗》《书》及诸子百家著作，只在博士官署留存样本，其余全部限期焚毁。这场轰轰烈烈的焚书事件，只对医药卜筮种树之书网开一面。同时，秦始皇颁布禁令"有敢偶语诗书者弃市，以古非今者族"，胆敢私下里谈论《诗》《书》的处以死刑并示众，借古非今的满门抄斩。

公元前212年，奉命寻仙求药的方士侯生、卢生等人一无所获，心中惶恐不安，又在私下非议秦始皇。消息泄露之后，秦始皇拍案大怒："我为天下剔除那些不适用、不中用的书籍，以防惑乱民心，同时召集博学之士与方术之士，本是看重他们的学识，以兴太平、以延百世。岂料，方士欺瞒谋利，诸生妖言惑众。"失望之余，秦始皇痛下杀手，拘捕犯禁者四百六十余人，"皆坑之咸阳，使天下知之，以惩后"。

焚书与坑儒,是秦始皇铁腕统治的象征,也是统治者钳制舆论的象征。

当时,秦始皇的长子扶苏劝谏:"天下初定,远方黔首未集,诸生皆诵法孔子,今上皆重法绳之,臣恐天下不安。唯上察之。"

也就是说:"天下刚刚平定,远方百姓还没有归附,儒生们都诵读诗书,效法孔子,如今皇上一律用重法制裁他们,我担心天下将会不安定。希望皇上明察。"

看来,这位大秦帝国的未来继承人对于儒家抱有好感,甚至隐隐露出以儒治国的念头。然而,这些念头忤触了"繁法严刑"的当朝政令,惹得秦始皇再次勃然大怒,"使扶苏北监蒙恬于上郡"。

目睹这番父子之争,法家代表人物李斯的心中浮起几分凉意:秦始皇寻仙求药,终属虚妄,若其去世之后,长子扶苏即位,向天下推行儒家,那么法家将置于何处?他自己又会置于何处?

长子扶苏被斥出秦都咸阳,远赴上郡做了监军,既示惩戒,也算是挂职锻炼。

据学者考证:上郡,郡治肤施县,即如今的陕西省榆林市榆阳区鱼河镇鱼儿河寨。

上郡位于秦直道的咽喉之处,与秦长城和九原郡遥相呼应,是大秦帝国防御匈奴的最重要的军事基地。这里聚集着30万精锐军队,由大将蒙恬率领驻守,苦心经营十余年,固若金汤。

秦始皇驾崩之后,中车府令赵高心中升腾起一个大胆的想法:拥立胡亥,篡夺皇帝之位,倘若成功,自己便可以享尽荣华富贵。

要想篡位,就要搬开挡在路上的两块绊脚石——长子扶苏与大将蒙恬,一个是大秦帝国的继承人,一个是手握重兵的勇猛战将。

赵高虽然陪侍于秦始皇身边,却没有多少实权,想要实现篡位计划,还需要寻找一个有影响力、有势力的帮手。赵高的目光盯上了此次同行的丞相李斯。

起初,李斯抱着忠君为国的信念,义正辞严地拒绝了赵高。

当年,赵高正是由于精明干练、能言善辩,渐渐得到秦始皇的重视。他并未在意李斯的恼怒与斥责，逐渐深入话题，进而挑明，如果长子扶苏继承皇帝之位，"一朝天子一朝臣"，肯定要由蒙恬担任丞相。倘若性情刚毅的扶苏与蒙恬发动政治改革，难免要清洗异己，到时候李斯与赵高等人恐怕要吃几年牢饭，甚至可能丢掉性命。

此话恰好击中李斯的软肋，不过他仍然在下意识地拒绝着。赵高何等人也，早已看穿了他的犹豫，又是一番巧舌如簧地劝说。最终，李斯长叹一声，同意帮助胡亥与赵高实施篡位计划。

丞相李斯与中车府令赵高合谋，伪造了秦始皇给丞相李斯的诏书，立胡亥为太子；接着，又伪造了一份赐给长子扶苏的诏书："我巡视天下，祈祷祭祀各地名山的神灵以求长寿。现在，扶苏和将军蒙恬带领几十万军队驻守边疆，已经十几年了，不能向前进军，且士兵伤亡很多，没有立下半点功劳，反而多次上书，诽谤我的所作所为。扶苏因不能解职回京当太子，日夜怨恨不满，作为人子而不孝顺，赐剑自杀。将军蒙恬和扶苏一同在外，不纠正他的错误，并且认可他的谋划，作为人臣而不尽忠，一同赐命自杀，把军队交给副将王离。"

诏书伪造完毕，加盖皇帝的玉玺，仔细封好，胡亥的门客捧着，前往上郡交给长子扶苏。

使者到达之后，宣读诏书。长子扶苏痛哭流涕，尽管有百般冤屈，也只得服从诏令，打算自杀，留下孝顺之名。

蒙恬见状，急忙阻止扶苏，劝道："虽然皇上至今未立太子，但作为长子，您是最有希望继承皇位的。况且，皇上派我带领三十万大军守卫边疆，公子担任监军，这是天下的重任啊！如今，只有一个使者前来，您就自杀，怎能知道其中没有伪诈呢？希望您再请示一下，得到准确答复之后，再死也不迟。"

使者看到势头不对，沉下脸来，连连催促。扶苏素来为人仁义，对蒙恬说道："父亲命令儿子去死，还要请示什么？"随即，自杀而死。

最终，蒙恬还是不肯自杀，使者只得把他交付法吏，关押在阳周（今陕西省榆林市靖边县杨桥畔镇瓦渣梁村）。

"使者还报，胡亥、斯、高大喜。至咸阳，发丧，太子立为二世皇帝。"（《史

记·李斯列传》)

五

既然伪造的诏书就能让长子扶苏与大将蒙恬进入圈套,一个自杀、一个入狱,清除了胡亥篡位的拦路虎。那么,在沙丘宫或在秦都咸阳,也是可以伪造诏书的,又何苦远道绕至北疆的九原郡呢?

第一,赵高与李斯担心,倘若扶苏与蒙恬抗旨反叛,以他们手中握有的重兵及蒙恬的勇猛多谋,胡亥等人肯定不是对手。因此,要制造秦始皇未死的假象,借助秦始皇的至高威严,压制扶苏与蒙恬的反叛意图。

第二,扶苏与蒙恬屯兵的上郡,位于秦都咸阳与九原郡之间。倘若他们起兵反叛,必然会受到来自两个方向的夹击,反叛成功的几率会大为降低。他们两人一旦听说秦始皇已经驻兵九原郡,形成了包抄之势,就更没有胆量起兵了。

第三,纵使扶苏与蒙恬不敢起兵反叛,倘若两人率领部将沿着秦直道北上,再翻越阴山,前去投靠匈奴,也将会是秦朝的心腹大患。因此,必须制造秦始皇驻兵九原郡的假象,截断由上郡通往匈奴的大路,迫使两人断绝这种念头。

第四,秦都咸阳与九原郡之间,有着"世界上最早的高速公路"秦直道。当解决了扶苏与蒙恬两个隐患之后,胡亥等人要由此迅速返回秦都咸阳,以防夜长梦多。因此,虽说是绕道,却也是条捷径。

秦始皇三十七年(前 210 年),胡亥在赵高与李斯的帮助之下,登上了皇帝宝座,史称"秦二世"。

九月,秦二世胡亥将秦始皇葬于骊山北麓。

"穿三泉,下铜而致椁,宫观百官奇器珍怪徙臧满之。令匠作机弩矢,有所穿近者辄射之。以水银为百川江河大海,机相灌输,上具天文,下具地理。以人鱼膏为烛,度不灭者久之。"(《史记·秦始皇本纪》)

凿地三重泉水那么深,灌注铜水,填塞缝隙,把外棺放进去,又修造宫观,设置百官位次,把珍奇器物、珍宝怪石等搬了进去,塞得满满的。命令工匠制造由机关操纵的弓箭,如有人挖墓,一走近就能射死他。用水银做成百川江河大海,用机器递相灌注输送,顶壁刻有天文图,下面置有地理图形。用娃娃鱼的油脂做成火炬,估计很久不会熄灭。

秦二世元年(前 209 年),秦始皇庙被尊为"帝者祖庙"。与此同时,皇帝也不再自称"真人"了,恢复为从前的"朕"。

这年秋天,由于秦二世的残暴统治,陈胜、吴广在大泽乡揭竿而起,举起反秦大旗。紧接着,六国旧贵族也相继掀起了声势浩大的复国运动。

公元前 207 年,赵高的亲信阎乐逼迫秦二世胡亥自杀,时年二十三岁。

随后,赵高拥立子婴为王。这个时候,由于秦的力量已经大为削弱,只得取消帝号,复称为"秦王"。

可怜,秦始皇的千秋万代皇帝梦,至此灰飞烟灭了。

“大秦将军”蒙恬

一

蒙氏家族，本来居于齐国。

战国时期，群雄争霸，烽火连天，正是猛将建功立业的大好时机。“良禽择木而栖，良臣择主而事”，蒙骜投奔秦昭王，官至上卿。

秦王嬴政三年（前244年），蒙骜攻打韩国，夺取了十三座城池。秦王嬴政五年（前242年），蒙骜攻打魏国，又夺取了二十座城池。

秦王嬴政七年（前240年），蒙骜去世，他的儿子蒙武继续为秦国征伐诸国。秦王嬴政二十三年（前224年），蒙武作为裨将军，辅佐大将王翦，攻打楚国。次年，攻下楚都寿春，俘虏楚王负刍，穷追猛打，迫使楚国名将项燕自刎。

这位项燕就是后世的西楚霸王项羽的祖父。据说，项羽进入秦都咸阳之后，刨了秦始皇嬴政的陵墓，完成了祖父的遗志。此后，楚汉之争，项羽失利，自刎于乌江，用的宝剑正是当年项燕自刎的那把。一饮一啄，莫非前定？

“将门无犬子，官家无白丁。”

蒙武的儿子蒙恬，也继承家风，成为秦国将领。蒙恬曾经学习狱法，当过狱官，精通刑狱诉讼案件。

秦王嬴政二十六年（前221年），蒙恬辅佐大将王贲（王翦之子），攻打齐国，齐王建出城投降，齐国灭亡。因为立有战功，蒙恬被封为内史。内史负责治理京师之地，相当于后世的京兆尹，也相当于如今的北京市委书记。

随着齐国的灭亡，战国烽火彻底熄灭了，华夏大地迎来了空前的大一统气象。

秦王嬴政志得意满，睥睨天下。他开始嫌弃“王”的尊号，认为自己的功绩已经是“德高三皇，功过五帝”，因此改称为“皇帝”。他朗声宣布：“朕为始皇帝。后世以计数，二世三世至于万世，传之无穷。”

从此，公元前 221 年，也被称为秦始皇二十六年。

秦始皇三十二年（前 215 年），方士卢生奉命前往海外寻仙，不久，返回秦都咸阳。此行没给秦始皇带回长生不老药，却带来了一册奇书，上面写着“亡秦者胡也”。

这还了得！

秦朝皇帝基业是要传承至"山无陵,天地合"的,岂容胡人的觊觎!

于是,秦始皇派遣大将蒙恬,发兵三十万,向北攻打胡人,也就是匈奴。

"收河南,筑长城,因地形,用制险塞,起临洮,至辽东,延袤万余里。于是渡河,据阳山,逶蛇而北。"(《史记·蒙恬列传》)

秦朝从胡人的手中夺取河套地区,把他们赶到阴山山脉以北的地方。为了防御胡人的反攻,秦始皇又下令修筑了长城,利用地理形势,设置要塞,西起临洮(即今甘肃省岷县),东至辽东(即今辽宁省鸭绿江畔),逶迤绵延一万余里。这就是举世闻名的秦始皇长城!随后,秦军渡过黄河,占据阳山(阴山山脉的狼山段),修筑亭障,曲曲折折向北延伸。

长城虽然雄伟,毕竟还要猛将来把守,才能发挥作用。

秦始皇手捧地图,琢磨了半天,终于在秦都咸阳与北疆九原郡(郡治九原县,今内蒙古包头市九原区的麻池古城)之间,划下一个圆圈。圆圈所指,正是上郡(郡治肤施县,今陕西省榆林市榆阳区鱼河镇鱼儿河寨)。此地位置适中,如有胡人侵犯边境,可迅速出兵反击;如有奸臣作乱咸阳,也可迅速班师剿灭。

蒙恬驻屯上郡,历经酷暑严寒,长达十余年之久。

在此期间,秦始皇残暴执政,"焚书坑儒"。秦始皇的长子扶苏素来宽厚仁义,见此情形,屡次劝谏,惹怒了刚愎自用的秦始皇,"使扶苏北监蒙恬于上郡",把扶苏斥出秦都咸阳,远赴上郡做了蒙恬的监军,既示惩戒,也算是挂职锻炼。

二

《史记·蒙恬列传》记载:"是时蒙恬威振匈奴。始皇甚尊宠蒙氏,信任贤之。而亲近蒙毅,位至上卿,出则参乘,入则御前。恬任外事而毅常为内谋,名为忠信,故虽诸将相莫敢与之争焉。"

当时,蒙恬威震匈奴(也就是胡人),甚得秦始皇的尊宠,秦始皇非常信任蒙恬,蒙恬深得重用。同时,秦始皇也颇为亲近蒙毅,蒙毅官至上卿,外出巡游陪着秦始皇乘坐同辆车子，回到朝廷则侍奉在秦始皇的跟前。

蒙毅是蒙恬的兄弟，也就是电影《神话》中著名影星成龙所饰演的那位盖世大英雄。

蒙恬在外担当着军事重任，而蒙毅则在朝廷出谋划策，被誉为“忠信”。

秦始皇在世之时，蒙恬与蒙毅兄弟两人风光无限，就连丞相李斯也对他们心怀羡慕，甚至是嫉妒。

位高权重，难免招惹是非，得罪小人。

赵高，出身卑贱，净身之后，成为秦宫宦官。此人精明干练、能言善辩，尤其通晓刑狱法令，渐渐得到秦始皇的重视，遂任为中车府令，也就是执掌乘舆的官员，相当于如今的总统专职司机兼贴身保镖。

后来，不知因何，赵高犯下重罪，秦始皇指派蒙毅依法严惩。或许，秦始皇是想借此看看，这两位当今最有才华的政法高手，在审判与抗辩之际，如何唇枪舌剑，如何精彩迭出。见皇帝如此关注此事，蒙毅怎敢徇情枉法，按律判决赵高死刑，并且剥夺官籍。

判决已下，赵高悚然惊惧，自度必死无疑。然而，秦始皇却颁下诏令：“以高之敦于事也，赦之，复其官爵。”念在赵高勤勉尽职，将其赦免，官复原职。

为了考察臣子，也为了适当打压臣子，使其成为忠实的奴仆，皇帝常会耍些手段，既让臣子明白究竟谁是老大，又借机挑起臣子之间的仇怨，以此化解权贵之间的潜在联合。

一场大案，竟然如此发落，面对叩头谢恩的赵高，秦始皇爽朗地笑了。他似乎没有察觉，赵高那阴毒的眼角，瞥向了立于朝堂之上的蒙毅。

历史之上，曾有几位喜欢旅游的天子，周穆王游昆仑、隋炀帝下江南、唐高宗带着老婆武则天去少林寺进香。

秦始皇也是个户外爱好者，从统一天下的第二年开始，就兴致勃勃地举行了一场大规模的巡游。为帝十二年，秦始皇先后五次巡游，平均每隔两年多，就要远行散心。

《史记·蒙恬列传》记载：“始皇欲游天下，道九原，直抵甘泉。乃使蒙恬通道，自九原抵甘泉，堑山堙谷，千八百里。”

这条由蒙恬监督修建的道路,史称"秦直道",南端是甘泉宫,位于陕西省咸阳市(今乾县注泔镇南孔头村),北端是九原郡九原县(即今内蒙古包头市九原区麻池古城)。一路之上,挖掉山峰、填平河谷,笔直贯通。

据专家考证,秦直道全长1800里(约合如今的700多公里),宽度约为30至60米。平直宽阔的秦直道被称为世界上最早的"高速公路",不仅利于秦始皇巡游,更是一条战备公路。一旦匈奴入侵,长城烽烟燃起,全副武装的秦朝大军只需三天三夜即可迅速抵达北疆。

秦直道还未全部竣工,秦始皇已经按捺不住巡游的兴致,开始规划第五次旅行路线。

这次随同出行的,有左丞相李斯、中车府令赵高等人。秦始皇的小儿子胡亥闲着没事,也请求随行,想要见见世面。

秦始皇点头允许,这一刻,他似乎忘记了当年的那句谶言——亡秦者胡也。

胡人? 胡亥!

三

秦始皇三十六年(前211年)冬天,秦始皇踏上第五次巡游的路线,先是南巡会稽山(今浙江省诸暨市东南),随后,沿着海岸北上,抵达琅邪山(今山东省东部胶南县南境)。

巡游路上,秦始皇感到身体越来越不适,随行御医使出浑身解数,也没有什么疗效。于是,秦始皇派遣蒙毅转回,向山川神灵祷告。

不久之后,"始皇崩于沙丘平台。"(《史记·秦始皇本纪》)

秦始皇三十七年(前210年)七月,"千古一帝"嬴政驾崩于沙丘宫,也就是如今的河北省邢台市广宗县大平台村南。

秦始皇,十三岁继承秦王之位,三十九岁称皇帝,去世之时年仅五十岁。

临死之前,秦始皇给长子扶苏写了一封遗诏,嘱咐这位远在上郡的监军:"以兵属蒙恬,与丧会咸阳而葬。"意思是:让扶苏把兵权暂时交付蒙恬,赶快返回秦都咸阳，主持秦始皇丧事，并继承皇帝之位。

然而，随行的中车府令赵高等人并没有将这封遗诏紧急送给扶苏，而是默默等着秦始皇咽下最后一口气息。赵高心中升腾起一个大胆的想法：拥立胡亥，篡夺皇帝之位，倘若成功，自己便可以享尽荣华富贵。

要想篡位，就要搬开挡在路上的两块绊脚石——长子扶苏与大将蒙恬，一个是大秦帝国的继承人，一个是手握重兵的勇猛战将。

赵高虽然陪侍于秦始皇身边，却没有多少实权，想要实现篡位计划，还需要寻找一个有影响力、有势力的帮手。赵高的目光盯上了此次同行的丞相李斯。

赵高径直找到李斯，对他坦言："皇上驾崩一事，外人无从知道，发给长子扶苏的诏书及符玺也都在胡亥手里。如今，定谁为太子，全在丞相与高某的一句话，丞相您有何想法？"

李斯大惊，听出了赵高想要篡诏改立的意图。当下，他义正辞严地说："如此大逆不道的话，你怎么说得出口？"

赵高也没生气，微微一笑，问道："君侯自料能孰与蒙恬？功高孰与蒙恬？谋远不失孰与蒙恬？无怨于天下孰与蒙恬？长子旧而信之孰与蒙恬？"意思是说："您自己估量一下，与蒙恬相比，谁更有本事？谁的功劳更高？谁的谋略更深远？天下百姓更拥戴谁？谁与长子扶苏的关系更好？"

一连串的发问让李斯有些惭愧，他勉强回应："在这五个方面，我都不如蒙恬。不过，您又何必如此苛求于我呢？"

赵高看到火候已经差不多了，决定亮明底牌，说道："丞相是个聪明人，其中的利害关系，肯定比高某看得更加清楚。长子扶苏刚毅而武勇，信人而奋士，一旦即位，必定任命蒙恬为丞相。到了那个时候，您是否能够平安着陆，归隐故乡呢？胡亥则慈仁笃厚，轻财而重士，实乃立嗣的最佳人选，希望丞相仔细考虑考虑。"

谈话继续着，李斯仍在下意识地拒绝着赵高的拉拢。然而，赵高的每句话都在或轻或重地击打着他的软肋。最终，为了保住丞相之位，为了子孙的荣华富贵，李斯妥协了。

于是，胡亥、赵高与李斯护送着秦始皇所乘的辒辌车，日夜兼程赶往九原郡（郡治九原县，今内蒙古包头市九原区的麻池古城）。一路之上，供奉饮食如故，百官奏事如故。所奏之事，由李斯代为批写，由赵高加盖印玺，再由陪乘的宦官递送诏书，随同巡游的众人竟被蒙在鼓里。

当时，正值酷暑，秦始皇的尸身腐烂，发出阵阵恶臭。赵高等人担心机密泄漏，命人在辒辌车上装载了一石鲍鱼，以遮掩臭味。

终于，车队抵达了位于大秦帝国北疆的九原郡。在麻池古城之内，胡亥等人布置停当，正式实施篡位计划。

丞相李斯与中车府令赵高合谋，伪造了两封诏书：一封给丞相李斯，立胡亥为太子；一封给长子扶苏，斥责扶苏不孝、蒙恬不忠，令两人自杀。

收到诏书，长子扶苏痛哭流涕，尽管有百般冤屈，也只得服从诏令，打算自杀，留下孝顺之名。

蒙恬见状，急忙阻止扶苏，说道："虽然皇上至今未立太子，但作为长子，您是最有希望继承皇位的。况且，皇上派我带领三十万大军守卫边疆，公子担任监军，这是天下的重任啊！如今，只有一个使者前来，您就自杀，怎能知道其中没有伪诈呢？希望您再请示一下，得到准确答复之后，再死也不迟。"

使者看到势头不对，沉下脸来，连连催促。扶苏素来为人仁义，对蒙恬说道："父亲命令儿子去死，还要请示什么？"随即，自杀而死。

最终，蒙恬还是不肯自杀，使者只得把他交付法吏，关押在阳周（今陕西省榆林市靖边县杨桥畔镇瓦渣梁村）。

四

得到扶苏自杀、蒙恬入狱的消息，胡亥、赵高及李斯很是欢欣。

胡亥想到皇帝宝座即将到手，便开始为日后筹划，打算拉拢一些贤臣猛将，好为自己效力。于是，他准备释放蒙恬。

赵高得知这个想法，捏了一把冷汗，深恐蒙氏兄弟再次执掌大权，自己那是肯定没有好果子吃的。因此，连忙予以阻止。

恰在这时，蒙毅祷告山川神灵已毕，返了回来。

赵高拜见胡亥，进言："我听说，先帝早就因为您的贤能，打算册立你为太子。可是，遭到蒙毅劝阻。明知您如此贤能，他却长久拖延，导致您无缘太子之位，分明是不忠而惑主呀。以臣愚意，不如把蒙毅诛杀了吧。"

此时的胡亥怀着一颗要当皇帝的火热之心，全仗着赵高出谋划策，对他是言听计从。因此，胡亥把蒙毅囚禁在了代郡(郡治代县，今河北省蔚县东北代王城)。

随后，秦始皇的辒辌车从九原郡出发，顺着秦直道，返回了都城咸阳。安葬了秦始皇之后，胡亥如愿以偿，登上了皇帝宝座，史称"秦二世"。自此，赵高更受宠信。

为了铲除后患，赵高日日夜夜夜毁谤蒙氏兄弟，想方设法搜罗他们的罪过，千方百计检举弹劾他们。

秦二世胡亥的侄儿子婴进谏："臣闻轻虑者不可以治国，独智者不可以存君。诛杀忠臣而立无节行之人，是内使群臣不相信而外使斗士之意离也，臣窃以为不可。"(《史记·蒙恬列传》)

意思是：臣听说轻率骄狂、志无远虑的人不可以治理国家，独断专行、自以为是的人不可以保全国君。诛杀忠臣而起用没有品行节操的人，对内使得群臣彼此猜忌，对外使得将士军心涣散，臣个人认为是不可取的。

然而，由于赵高的一再蛊惑，秦二世胡亥执意要杀蒙氏兄弟。他派遣御史曲宫前往代郡，诏令蒙毅："先帝打算册立胡亥为太子，而你却予以阻止。如今，由于你的不忠惑主，罪过牵连宗族。朕不忍心，就只赐你一人自杀。这已是天大的恩德了，你看着办吧。"

蒙毅听罢，急忙辩解，称自己没有做过那些不忠惑主之事，显然是冤枉的，并请御史曲宫转达秦二世胡亥："用道治者不杀无罪，而罚不加于无辜。"意思是：用道义治理国家的君主不杀害无罪之臣，而刑罚也不应施于无辜之民。

可是，御史曲宫早已领会了赵高的意图，根本不容分辩，遂将蒙毅杀害。

随后，秦二世胡亥又派遣使者前往阳周，诏令蒙恬："你犯的过错太多了，你的兄弟蒙毅更是犯下重罪，依法要祸及你。”

蒙恬听罢，也为自己辩解：“从我的祖父开始，子孙三代身先士卒，为皇上及秦国立下许多战功。况且，我率兵三十多万，驻守上郡十余年，颇得将士之心。即使身陷牢狱，也有足够的影响力发动反叛。然而，我自知必死而严守忠义，是不敢辱没家训，是不敢忘记先帝恩德呀。蒙氏宗族世代为国，并无二心，事情最终落到如此结局，必定是奸臣逆乱、欺君罔上的缘故。如今，我的这番话不是为了乞求赦罪，是打算忠谏而死，希望皇上为了黎民百姓，考虑治国正道。”

使者回应：“臣只是接受诏令对将军施以刑法，不敢把将军的话转告于皇上。”

蒙恬喟然叹息：“我有何罪冒犯苍天，以致没有过失而遭此枉死。”

许久之后，蒙恬又缓缓说道：“我的确是有罪当死呀。当年，西起临洮、远至辽东，筑长城、挖沟堑，长达一万余里，在这其中岂能避免截断大地脉络，招惹天神怒气。这就是我的罪过了！”

随后，蒙恬吞下毒药，自杀身亡。

到了西汉，“史圣”司马迁撰写《史记》，特意为蒙恬立传。在文章末尾，司马迁写道：“我曾经到过北疆，并从秦直道返回。沿途所见蒙恬修建的秦长城与秦直道，挖掘山脉，填塞深谷，极其耗费百姓的人力物力。那个时候，秦始皇刚刚灭亡战国群雄，天下人心尚未安定，创伤累累尚未痊愈。而蒙恬身为名将，不在这时候尽力谏诤，赈救百姓的急难，恤养老人，抚育孤儿，致力于政通人和、耕读传家、安居乐业，反而迎合秦始皇的心意，大肆兴修劳民伤财的工程。蒙氏兄弟遭受杀身之祸，正是咎由自取呀，又何必归罪于挖断地脉呢？”

五

话说，《太平御览》引《博物志》曰：“蒙恬造笔。”

曾有很长的一段时期，人们把蒙恬视为毛笔的发明者。

如今，无人再信“蒙恬发明毛笔”的传说。且不论，当代文物考古工作人员陆续掘得数支战国时期的毛笔，就是在古代也有许多人提出了质疑。

例如，清代大学者赵翼在《陔余丛考》之中写道：“笔不始于蒙恬，明矣。或恬所造，精于前人，遂独擅其名耳。”

大概，以蒙恬为造笔之始祖，是古人想让他把自己的冤屈，蘸着浓墨，书写下来吧。

“大秦丞相”李斯

一

李斯，本是楚国上蔡人，也就是如今的河南省驻马店市上蔡县芦冈乡李斯楼村人。

起初，年少的李斯在郡里充当小吏，提水沏茶、打扫卫生、协助前辈处理公文，日子过得辛劳并且无趣。

李斯是个善于观察的人，入职不久，居然发现了一个现象。办公场所附近厕所里的老鼠，吃的是污秽之物，每逢有人或狗走近，便惊慌逃窜。再看粮仓里的老鼠，吃的是屯积的粟米，住的是宽敞的大屋，并且不用担心人或狗的惊扰。

于是，李斯感慨叹息：“一个人有没有出息，犹如老鼠一般，是由自己所处的环境决定的。”

回头再瞅瞅身边的同事们，大都是为了碗里那点儿公粮而干活儿，思想浑浑噩噩，工作也得过且过，扳着手指头盼望带薪休假。

李斯是个有理想的年轻人，不愿在体制内当个基层员工，决定求学深造。有了学识，再借着老师的金字招牌，人生的起点也就瞬间拔高了，或许就连本郡太守都要高看他一眼的。

挑来选去，李斯拜在荀子门下，学习“帝王之术”。（《史记·李斯列传》）

荀子是当时有名的学者型官员，颇受多国政要的赏识。他所写的文章，总是充满智慧的金句，比如："不积跬步，无以至千里；不积小流，无以成江海。"再比如："学不可以已。青，取之于蓝，而青于蓝。"还有："君者，舟也；庶人者，水也。水则载舟，水则覆舟。"诸如此类的精彩名言，纷至沓来，数不胜数。

良师出高徒，李斯逐渐有了自己的一番见解。

学业已成，李斯觉得本国的楚王不值得辅佐，而齐、燕、韩、赵、魏各国势力皆已衰弱，没有建功立业的机会，因此打算西入秦国。

临行之前，与老师荀子道别，李斯发了一通感慨："最大的耻辱，莫过于卑贱；最大的悲哀，莫过于贫穷。长期处于卑贱的地位和贫穷的环境之中，却还要非议社会、厌恶功名利禄，标榜自己与世无争，这不是士子的本愿。"这番话，既是对于当年"老鼠现象"的进一步思索，也是对自己的激励。

到了秦国之后，李斯听说相国吕不韦广招贤才异士，就前去投靠。"是金子到哪里都会发光"，李斯的光芒很快得到相国吕不韦的赏识，并向秦王嬴政给他讨了一个"郎"的官职。这个"郎"，也就是国君的侍卫。由此，李斯终于有了在秦王嬴政面前露一手的机会。

那次谈话，李斯畅论天下大势，指明秦国面临的机遇，提出离间六国君臣之计。李斯的这番见识，颇得秦王嬴政的赏识，将其提拔为长史，相当于秘书长或幕僚长。

秦国依计行事，暗中派遣谋士带着金玉珍宝前去各国游说。对各国名士，能够收买的，就多多赠送礼物；不能收买的，就用利剑刺杀。这样一来，六国君主的左膀右臂不断被砍掉，而那些安然无恙的人，却可能是被收买的内奸。一时间，忠奸难辨，六国君臣各自猜忌，人心惶惶。看到哪国乱了起来，秦王就派遣猛将前去攻打，往往能够事半功倍。

离间君臣之计奏效，秦王嬴政也够大气，又将李斯提拔为客卿。这个官职专门授予非本国人而在本国担任高级官员的贤才。

正当李斯事业腾飞之际，秦国破获了一起"国际间谍案"，瞬间令他的前程蒙上了阴影。

早在秦王嬴政元年（公元前 246 年），韩国听说刚刚登基的嬴政好大喜功,想要设法消耗秦国的人力物力,使其无力向东入侵韩国。于是,派遣水工(水利专家)郑国入秦游说,开凿郑国渠,西引泾水、东注洛水,长达三百余里,灌溉农田。当这项工程接近尾声之时,韩国的“疲秦”计划暴露,水工郑国被关入了大牢,准备杀头。

趁此时机,秦国的宗室旧臣都来劝说秦王嬴政:“从其他诸侯国前来秦国任职的人,大都是为他们的国君游说,以离间秦国而已,请求大王把客卿一概驱逐。”

秦王嬴政十年(前237年),秦王嬴政签署了“逐客令”,李斯也被列入名单之中。

此时,李斯好不容易混成了“粮仓老鼠”,转眼又要沦为“厕所老鼠”,自然是很不甘心的。他研墨挥笔,写下了那篇有名的《谏逐客书》。

“史圣”司马迁撰写《史记》,言简意赅,不愿多做铺述。然而,在《李斯列传》里,司马迁却将《谏逐客书》全文收录,可见其对于这篇文章的赏识态度。

李斯的《谏逐客书》思路清晰、逻辑严密、论理透彻。文章辞采华美、排比铺张、音节流畅、理气充足,挟战国纵横说辞之风,兼具诗赋之丽。末尾作结,指出秦人“逐客以资敌国,损民以益仇”的危害,有极强的理论说服力和艺术感染力。

尤为令人传颂的,当属以下这段:

> 臣闻地广者粟多,国大者人众,兵强则士勇。是以太山不让土壤,故能成其大;河海不择细流,故能就其深;王者不却众庶,故能明其德。是以地无四方,民无异国,四时充美,鬼神降福,此五帝三王之所以无敌也。今乃弃黔首以资敌国,却宾客以业诸侯,使天下之士退而不敢西向,裹足不入秦,此所谓“借寇兵而赍盗粮”者也。

难怪,鲁迅先生称赞:“秦之文章,李斯一人而已。”(《汉文学史纲要·李斯》)

正是由于这篇文章,秦王嬴政收回了“逐客令”,并让李斯官复原职。

与此同时,水工郑国也为自己辩解:“臣为韩延数年之命,然渠成,亦秦万世之利也。”(《资治通鉴·秦纪》)

意思是：我的确是为韩国延长了几年的寿命，然而这条灌渠若能修成，秦国也可享万世之利啊。

秦王嬴政听后，觉得很有些道理，便让水工郑国继续主持施工，完成了此项工程。

令韩国始料不及的是，郑国渠的修建使得关中地区更加富饶、秦国国力更加强大。韩王的如意算盘落空了，他是在苦心为秦人作嫁衣。

二

韩国的"疲秦"之计，差点打发李斯回了老家，令他恼怒不已。

于是，李斯向秦王嬴政建议，应该狠狠地收拾韩国一顿，让它长些记性，顺便给其他诸侯国来个"杀鸡儆猴"。

韩王得知这个消息，十分担忧，只得找来韩非子商议对策。

韩非，乃是韩国的贵族，"喜刑名法术之学，而其归本于黄老。"(《史记·老子韩非列传》)

韩非将商鞅的"法"、申不害的"术"和慎到的"势"集于一身，是法家思想的集大成者，其将老子的辩证法、朴素唯物主义与法融为一体，承前启后，自成一派。

看到韩国逐渐衰弱下去，韩非心存忧虑，屡次上书规劝韩王。无奈，韩王没有采纳他的意见，而是把他晾在一边。

韩非有口吃的缺陷，不善于讲话，却擅长于著书立说。其文章构思精巧、描写大胆、语言幽默，于平实之中见奇妙，具有耐人寻味、警策世人的艺术风格。所著《孤愤》《五蠹》《内外储》《说林》《说难》五书，十万余言，于字里行间慨叹世事之难、人生之难，阅尽天下，万千感怀。

好书，人人爱读，传来传去，传到了秦国。秦王嬴政读罢，抚卷叹息："天呀，我若能够见到此人并且与他交游，死而无憾！"旁边，李斯回应："这是韩非所撰之书。"

李斯与韩非很是熟悉。当年，两人同在荀子门下求学，"斯自以为不如

非。”(《史记·老子韩非列传》)

秦王嬴政是个急性子,听说之后,马上就要派人去请韩非。李斯劝道:“韩非乃是韩国贵族,受邀出国得向韩王请示。韩王素知其才识过人,唯恐其辅佐秦国,必然不肯放行。捧着礼物前去邀请,却被冷冷地打发回来,秦国的面子如何安放?”

秦王嬴政一听,觉得有几分道理。于是,秦王嬴政决定不给敬酒了,直接就上罚酒,派兵猛攻韩国,索要韩非。

韩王之所以不重用韩非,是忌惮他见识高远,在朝廷内外负有盛名,并且还有王室血统,怕他一旦掌权得势,自己难以控制,甚至可能会被篡夺了王位。当然,正如李斯所说,韩王也不愿意放韩非到其他诸侯国去,担心他为这些国家所用,最后伤及自己。然而,秦国的攻势太厉害了,眼看着无法招架,韩王只得派遣韩非出使秦国。

终于请来了韩非,秦王嬴政很是欢喜,连忙与他促膝长谈。可惜,韩非口齿不太伶俐,不能像李斯那样滔滔不绝。他答应秦王,回到驿馆之后,会将其所关心的问题以文字形式写出来,然后呈上。

虽然此番谈话不太流畅,但聪明如秦王嬴政,他感觉到韩非肚子里的确有万卷韬略。不过,韩非身上隐约有种冷傲,不像李斯那般热忱,这可能是出身及地位所决定的。可是,人际交往,淡如水的君子,大都比不上甘如饴的小人那样令人心情舒畅。被拍马屁,被戴高帽子,是每个人的心理需要。

有人受关注,有人就要吃醋了。李斯很是嫉妒,便在秦王嬴政面前说韩非的坏话:“韩非,乃是韩国王室成员,一直标榜忠心报国。如今,您志在吞并六国、统一天下。而关键时刻,韩非还是要暗中帮助韩国的,拖您的后腿。当然,这也是人之常情。现在,您也对他心怀疑忌,不敢放心任用。倘若将他久留秦国,之后再放回去,以韩非的聪颖,早将秦国朝政洞悉胸中,怕是给秦国自留祸患呀。干脆,给他加个罪名,诛杀算了。”

一番话,说到了秦王的心槛上。于是,秦王下令将韩非交给司法官吏,定个罪名。作为贵族,韩非何曾受过这些屈辱。李斯派人送来毒药,劝韩非长痛不如短痛,早些自我了断。本来,韩非还想要当面向秦王陈述是非,见此情形,自知不能如愿,只得接受了老同学李斯的"善意"。

不久,秦王嬴政就后悔了,派人前去赦免韩非。可惜,韩非早已尸骨冰凉了。

这一年,是秦王嬴政十四年(前233年)。

公元前221年,秦王嬴政统一天下,自称"皇帝",任命李斯为大秦帝国的首任丞相。

大秦帝国,在中央设立三公九卿,管理国家大事;地方上废除分封制,代以郡县制;书同文,车同轨,统一度量衡;北击匈奴,南征百越,修筑万里长城。秦始皇结束了战国群雄的割据与纷争,把中国推向大一统时代,奠定了中国两千余年政治制度的基本格局,被明代思想家李贽誉为"千古一帝"。

在这些历史功绩的背后,或多或少都隐现着丞相李斯的身影。

正如李贽所说:"始皇出世,李斯相之,天崩地拆,掀翻一个世界。"

人无完人,李斯的功绩当然伟大,错误也在所难免。其中,最为后世所诟病的两条:一是焚书坑儒,一是赋税徭役太重。

李斯,正是"焚书坑儒"的积极倡导者与执行者。

《史记·李斯列传》记录着他的一段言论:"今陛下并有天下,别白黑而定一尊。而私学乃相与非法教之制,闻令下,即各以其私学议之,入则心非,出则巷议,非主以为名,异趣以为高,率群下以造谤。如此不禁,则主势降乎上,党与成乎下。禁之便。臣请诸有文学《诗》《书》百家语者,蠲除去之。"

意思是:"如今,陛下统一了天下,分辨了黑白是非,使海内共同尊崇皇帝一人。然而,诸子百家各个学派却在一起肆意批评朝廷的法令制度,听说朝廷令下,立刻就以自己学派的观点来议论它,回家便心中不满,出门则在街头巷尾纷纷议论,以批评君主来博得名声,认为和朝廷不一样便是本领高,并鼓动下层群众来制造诽谤。这样下去而不加以禁止的话,上面君主的权威就要下降,下面私人的帮派就要形成。因此,还是禁止为好。我请求把人们收藏的《诗》《书》和诸子百家的著作,都一概扫除干净。"

秦朝是否真的需要"焚书坑儒",至今议论纷纷。而李斯的这番话,是否有些道理,仁者见仁,智者见智。

三

李斯的长子李由，担任三川郡守。李斯的儿子们娶的都是大秦帝国的公主，女儿们嫁的也都是大秦帝国的皇族子弟。

某次，三川郡守李由请假回到咸阳，李斯在家中设下酒宴，文武百官都前去敬酒祝贺，门前的车马数以千计。

李斯慨然长叹：“唉呀！我曾听老师荀子说过‘事情不要搞得过了头’。我李斯原是上蔡的平民、街巷里的百姓，皇帝不弃我的才识浅薄，把我提拔到这样高的地位。现如今做臣子的，没有人比我职位更高，可以说是富贵荣华到了极点。然而，事物发展到极点就要开始衰落，我不知道归宿在何方啊！”

这番话，谦逊之中带着得意，得意之中又带着惶恐。居安而思危，李斯不愧是个有着大智慧的人。

秦始皇三十六年(前 211 年)冬天，嬴政踏上了第五次巡游的路程。此次巡游，由左丞相李斯、中车府令赵高陪同。小儿子胡亥很是羡慕，请求同行，也被批准了。

秦始皇嬴政有二十多个儿子，胡亥列为第十八子。长子扶苏则因屡次直言劝谏，惹恼了秦始皇，被派往军事重地上郡(郡治肤施县，今陕西省榆林市榆阳区鱼河镇鱼儿河寨)，做了大将蒙恬的监军，既示惩戒，也算是挂职锻炼。

巡游路上，秦始皇感到身体越来越不适。随行御医用心诊治，却不见多少疗效。公元前 210 年七月，“始皇崩于沙丘平台。”(《史记·秦始皇本纪》)

临死之前，秦始皇给长子扶苏写了一封遗诏，嘱咐这位远在上郡的监军：“以兵属蒙恬，与丧会咸阳而葬。”意思是：让扶苏把兵权暂时交付蒙恬，赶快返回秦都咸阳，主持秦始皇丧事，并继承皇帝之位。

然而，随行的中车府令赵高等人并没有将这封遗诏紧急送给扶苏，而是默默等着秦始皇咽下最后一口气息。赵高心中升腾起一个大胆的想法：拥立胡亥，篡夺皇帝之位，倘若成功，自己便可以享尽荣华富贵。

要想篡位，就要搬开挡在路上的两块绊脚石——长子扶苏与大将蒙恬，一个是大秦帝国的继承人，一个是手握重兵的勇猛战将。

赵高虽然陪侍于秦始皇身边，却没有多少实权，想要实现篡位计划，还需要寻找一个有影响力、有势力的帮手。赵高盯上了此次同行的丞相李斯。

赵高与李斯谈话，挑明了自己的计划，李斯义正辞严地予以拒绝。

赵高并没有因为李斯的斥责而生气，继续深入话题，分析利害关系，巧舌如簧，百般劝诱。

李斯依然拒绝合作，说道："您还是该干什么就干什么去吧！我李斯只执行皇帝的遗诏，自己的命运听从上天的安排，没有什么可考虑的。"

赵高继续劝说："安可危也，危可安也。在安危面前不早做决定，又怎么能算是圣明之人呢？"

李斯再次表明态度："我李斯本是上蔡街巷里的平民百姓，承蒙皇帝提拔，让我担任丞相，封为通侯，子孙也跟着得到了高官厚禄。皇帝把国家安危存亡的重任交给了我，如今形势严峻，我怎能辜负他的托付呢？况且，忠臣不避死而庶几，孝子不勤劳而见危，做臣子的各自谨守职分而已。请您不要再说了，不要让我李斯也跟着犯罪。"

赵高讲起道理："我听说圣人并不循规蹈矩，而是适应变化，顺从潮流，看到苗头就能预知根本，看到动向就能预知归宿。而事物本来就是如此，哪里有什么一成不变的道理呢？"

李斯则对以史鉴："我听说晋代更换太子，废申生，立奚齐，而三世不得安宁；齐桓公小白与公子纠争夺王位，兄弟相残，公子纠被杀死；商纣王杀比干、囚箕子，又不听从贤臣劝谏，都城变为废墟。这三件事都是违背天意，所以才落得宗庙没人祭祀的结果。我李斯还是人啊，怎么能参与这些阴谋呢？"

晋代之事，犹如废扶苏、立胡亥；齐桓公之事，犹如胡亥与扶苏争夺皇位；而商纣王之事，犹如除掉大将蒙恬。接连的比拟，显示李斯仍在坚持着自己的道德底线。

然而，赵高早在甩出"蒙恬任相、李斯罢归"的假设之时，就已经从李斯的神色之中,看出了他的犹豫。

赵高干脆直说:"如今,已是箭在弦上,不得不发了。您听从我的计策,将长保封侯,并永世相传。如果迟疑,放弃这个良机,恐怕是要祸及子孙的。人生多坎坷,富贵险中求。我不再多说什么了,何去何从,您给个痛快话吧。"

李斯仰天长叹,挥泪叹息:"偏偏遭逢乱世,既然不能以死尽忠,只好踏上这条路了。死生有命,富贵在天!"

几番劝说,几番拒绝,李斯最终还是屈服了。

作为文人,李斯的性格难免有些软弱,既不能像纵横沙场的将军那样当机立断,也不如净了身的宦官那样心狠手辣。

于是,胡亥、赵高与李斯护送着秦始皇所乘的辒辌车,日夜兼程赶往九原郡(郡治九原县,今内蒙古包头市九原区的麻池古城)。一路之上,供奉饮食如故,百官奏事如故。所奏之事,由李斯代为批写,由赵高加盖印玺,再由陪乘的宦官递送诏书,随同巡游的众人竟被蒙在鼓里。

当时,正值酷暑,秦始皇的尸身腐烂,发出阵阵恶臭。赵高等人担心机密泄漏,命人在辒辌车上装载了一石鲍鱼,以遮掩臭味。

终于,车队抵达了位于大秦帝国北疆的九原郡。在麻池古城之内,胡亥等人布置停当,正式实施篡位计划。

李斯与赵高合谋,伪造了两封诏书:一封给丞相李斯,立胡亥为太子;一封给长子扶苏,斥责扶苏不孝、蒙恬不忠,令两人自杀。

诏书送达,扶苏当即自杀,以保全孝顺之名。蒙恬怀疑诏书有诈,却为表明自己的忠诚,自愿入狱,等待真相与公理。

随后,秦始皇的辒辌车从九原郡出发,顺着秦直道,返回了都城咸阳。

在赵高与李斯的辅佐之下,胡亥登上了皇帝宝座,史称"秦二世"。

四

秦始皇修筑万里长城,惹得怨声载道,尤其是孟姜女在长城脚下痛哭丈夫的传说,更让嬴政背上了暴君的骂名。

在建设大规模形象工程方面，秦二世承袭秦始皇生前的愿望，修骊山陵、筑阿房宫、续建驰道与直道，几乎把大秦帝国变成了巨型工地。

巨型工程当然需要巨额的配套资金与海量的配套劳力，于是苛捐杂税层出不穷，劳役苦工没日没夜。

为了震慑百姓，秦二世调集五万兵马守卫都城咸阳，加上附近的大批劳工，光是粮食消耗就是一个大问题。胡亥诏令各个郡县向咸阳供给粮草，并且禁止转运粮草的人食用咸阳周围三百里之内的粮食，必须自备干粮。只让干活，不管饭，比地主家对待长工还要狠！

为了压制百官，法令刑罚一天比一天严厉，清除异己也一场比一场残酷，群臣人人自危，说不定哪天上朝就回不来了，家里人还得去法场寻找尸首。

唐代杜牧所写《阿房宫赋》，有着这样的一段文字：

嗟乎！一人之心，千万人之心也。秦爱纷奢，人亦念其家。奈何取之尽锱铢，用之如泥沙。使负栋之柱，多于南亩之农夫；架梁之椽，多于机上之工女；钉头磷磷，多于在庾之粟粒；瓦缝参差，多于周身之帛缕；直栏横槛，多于九土之城郭；管弦呕哑，多于市人之言语。使天下之人，不敢言而敢怒。独夫之心，日益骄固。戍卒叫，函谷举。楚人一炬，可怜焦土。

终于，陈胜、吴广在大泽乡揭竿而起。不久后，陈胜在陈郡称王。随后，各地起义风起云涌，楚国贵族后裔项羽扯起了大旗，沛县小亭长刘邦也挥起了宝剑。

眼看着乱局纷扰，丞相李斯屡次想找机会进谏，无奈接连吃了秦二世的闭门羹。

终于，秦二世接见了李斯，却是劈头盖脸地一顿训斥：“我曾听韩非说过：‘尧统治天下之时，殿堂高仅三尺，用柞木做椽子而不加砍削，用茅草做屋顶而不加修剪，即使路边旅店的住宿条件也不会比这更艰苦了；冬天穿鹿皮袄，夏天穿麻布衣，粗米做饭，野菜做汤，用陶罐吃饭，用陶钵喝水，即使看门人的生活境况也不会比这更清寒了。夏禹治水之时，亲自手持筑臿，凿龙门、筑堤防,引洪流入海,奔走忙碌之下,大腿没有白肉、小腿没有汗毛、手掌脚底都结满了厚茧、面孔漆黑,最终还累死在外,埋葬在会稽山上,即使奴隶的劳苦也不会比这更厉害了。'对此情形,你的老同学韩非似乎心生钦佩。然而,统治天下的尊贵之人,难道就是应该操心费力,住与路边旅店一样的殿堂、吃与看门人一样的食物、干与奴隶一样的活计吗?"

秦二世胡亥将胸中怨气一股脑宣泄出来,看到李斯战战兢兢的样子,他的语气稍微轻柔了些,接着说道:"让帝王们谨守那样的清寒生活,完全是穷酸书生们的臆想。既然拥有了天下,就应该把天下的一切都拿来满足自己的欲望,这样才能彰显帝王的尊贵。倘若帝王连给自己捞好处都不会,又怎么能治理天下呢?我呢,就是想随心所欲、尽享安乐,爱卿你有何良策?"

恰在此时,李斯的长子李由担任三川郡守,吴广等人率领反秦军队向西攻占地盘,左冲右撞,李由没能阻止。秦朝大将章邯击退吴广等人之后,屡次派遣专人前往三川郡调查,并且责备李斯身居三公之位,居然让盗贼猖狂到了这种地步。

李斯心中很是恐惧,想要辞官避祸,又舍不得爵位俸禄。听到秦二世胡亥征询自己的意见,李斯就曲意顺承皇上的心意,以求宽容。李斯回家之后,用心推敲了一篇奏章:

> 贤明的君主,必定是能够精通统驭之道而又能够实行督责之术者。对下严厉督责,则臣子们不敢不竭尽所能为君主效命。这样一来,君臣职分确定,上下权责分明,则天下之人不论贤愚忠奸,都会俯首听命于君主。由此,君主独裁天下,而不受任何约束,能够尽享安乐。贤明如您,肯定能洞悉此道。
>
> 申不害曾经说过:"拥有天下,却不懂得纵情享乐,这种人是'以天下为桎梏'者。"倘若君主耗心费力,为天下百姓而鞠躬尽瘁,岂不成了百姓的奴仆,还有什么尊贵可言?贤明的君主,只需施展督责之术,让臣子们尽忠职守,便可使天下太平、百姓乐业,何苦亲自操劳?让别人效命,则显自己尊贵;为别人效命,则显自己卑贱。从古至今,莫不如此。当年,尧、禹亲自效命于天下,虽然得到世俗追捧,却失去了贤明君主的尊

贵之道,实在是大错特错!将他们视为身陷“桎梏”(手铐脚镣),正是恰如其分。他们自讨苦吃,就是因为不善于督责。

韩非曾经说过:“慈爱的母亲会养出败家的儿子,而严厉的主人家中没有强悍的奴仆。”这种情形,正是放纵与督责的区别。因此,商鞅之法规定:在道路之上撒灰的人,就要接受黥刑(在脸上刺字并涂墨)。弃灰于道,本是轻罪,却要加以黥刑这样的重罚。只有贤明的君主才能如此严厉地督责轻罪,轻罪尚且重罚,何况犯有重罪呢?于是,百姓不敢违抗君命,以身试法。也正因如此,韩非还曾讲过:“对于几尺绸布,常人见到就会顺手拿走;而百镒(一镒为二十四两)黄金,就连盗跖(古代有名的强盗)也不会夺取。”这并不是因为常人很贪心,几尺绸布很值钱,也不是因为盗跖视黄金为粪土。试想,如果没有重刑的震慑,那么常人的贪欲也会愈来愈深。城墙高仅五丈,楼季(战国魏时善于腾跳的勇士)不敢轻易逾越;泰山高达百仞,而跛脚的牧羊人却敢在上面放牧。难道楼季的身手还不如跛脚的牧羊人那般矫健吗?这是因为城墙陡立难攀而泰山平缓易登的缘故呀。贤明的君主之所以能够久居尊位,长掌大权,独自垄断天下利益,并非有什么特殊的办法。只要能够独揽大权,严于督责,天下之人就不敢冒犯尊贵。如今,应该施行严厉的刑罚与督责,摒弃慈母溺爱败家子的做法,这才是治国之道。

更何况,节俭仁义的人在朝中任职,荒诞放肆的乐趣就得中止;规劝陈说、高谈道理的臣子在身边干预,放肆无忌的念头就要收敛;烈士死节的行为受到世人的推崇,纵情享受的娱乐就要放弃。因此,贤明的君主能够排斥这三种人,而独掌统治大权,以驾驭言听计从的臣子,实施严苛律令,以建立尊贵权威的气势。真正贤明的君主都能拂逆世风、扭转民俗,废弃他所厌恶的,张扬他所喜欢的。于是,在世之时独享尊贵的威势,去世之后也有贤明的赞誉。贤明的君主总是善于集权专制、唯我独尊,不使权力旁落到臣子们的手中,然后才能斩断仁义之路,堵住游说之口,困厄烈士的死节行为,闭目塞听,任凭自己独断专行。如此一来,在外就不致被仁义节烈之士的行为所动摇,在内也不会被劝谏争论之臣的言语所迷惑。只有真正实行严厉督责,臣子才能没有离异之心;臣子没有离异之心,天下才能安定;天下安定,君主才能有尊严;君主有了尊严,才能使督责严格执行;督责严格执行之后,君主的欲望才能得到满足;君主的欲望满足之后,国家才能富强;国家富强了,君主才能享受得更多。所以,督责之术一旦确立,君主的任何欲望都能得到满足。严厉督责之下,群臣百姓想补救自己的过失都来不及,哪里还敢图谋造反。像这样,就可以说是掌握了帝王的统治之术,也可以说是掌握了驾驭群臣的方法。即使申不害、韩非复生,也是无法超越的。

这篇奏章,洋洋洒洒,有理有据,拼命迎合秦二世胡亥,用了十足的力气在拍马屁。

读罢奏章,秦二世果然非常高兴。

从此,秦二世更加严厉地实行督责,凡是向百姓收税越多的,就越被认定为是贤明的官吏。道路之上的行人,有一半是戴着手铐脚镣的犯人,而街市之中,每天都堆积着刚被处斩的尸体。凡是杀人越多的,就越被认定为是忠良的大臣。

秦二世胡亥很是得意,说道:"若此则可谓能督责矣。"(《史记·李斯列传》)

意思是:像这个样子,才可以称得上善于督责。

五

此际,精于权术的郎中令赵高,怂恿秦二世胡亥享受骄奢淫逸的乐趣,而把权力渐渐掌控到自己的手中。

丞相李斯察觉到这种趋势,很不高兴,不免要发些牢骚。

赵高听闻消息,就找到李斯,说道:"如今,函谷关以东地区,反秦势力非常猖獗。可是,皇上却加紧遣发劳役修建阿房宫,搜集狗马等没用的玩物。我想劝谏,却苦于地位卑贱。这本来是丞相您的职责所在,为何竟不予以劝谏呢?"

李斯答道："的确如此，我早就想说话了。可是，现在皇帝不临朝听政，常居深宫之中，我虽然有话想说，又不便让别人转达，想见皇帝却又没有机会。"

顺着李斯的话题，赵高表达了自己对他的支持态度，慨然承诺："您若真能劝谏的话，请允许我替您打听，只要皇上一有空闲，我立刻通知您。"

于是，每当秦二世胡亥设宴狂欢，左拥美女、右持酒杯之际，赵高就派人通知李斯："皇上现在正有空闲，您可以进宫奏事了。"于是，李斯连忙赶往宫门求见，就这样折腾了三次，惹得胡亥大怒："我平时空闲的日子很多，丞相都不来，偏偏我享受些安乐，丞相就来请示奏事。丞相是瞧不起我呢？还是以为我鄙陋呢？"

赵高乘机进言："您可别说这样的话，太危险了！当年的沙丘之谋，丞相是参与了的。现在，陛下您已即位，而丞相的地位却没有提高，显然他的意思是想割地封王呀！如果皇帝您不问我，我也不敢说。丞相的大儿子李由担任三川郡守，楚地强盗陈胜等人都是丞相故乡邻县的人，因此他们才敢公然横行。经过三川之时，李由只是守城而不出击。我曾听说他们之间有书信来往，但还没有调查清楚，所以没敢向陛下报告。更何况丞相在外，权力比陛下还大，不得不防呀！"

秦二世胡亥一琢磨，觉得赵高的话有些道理，于是便想要法办丞相李斯。不过，胡亥又担心情况不实，就派人去调查三川郡守与盗贼勾结的具体情况。

李斯得知这个消息，吓得浑身直冒冷汗，急忙求见秦二世。

当时，胡亥正在甘泉宫观看摔跤和滑稽戏表演。李斯无法进见，就干脆上书揭发赵高："我听说，臣子比同君主，没有不危害国家的；妾比同丈夫，没有不危害家庭的。现在，有的大臣擅自掌握赏罚大权，和您没有什么不同，这是非常不妥当的。从前，司城子罕担任宋国丞相，自己掌握刑罚大权，用威权行事，一年之后就劫持了宋国国君，篡夺了王位。田常当齐简公的臣子，爵位高到全国无人与其相匹敌，自家的财富与公家的一样多。他行恩施惠，下得百姓的爱戴，上得群臣的拥护，暗中窃取了齐国的权力，又杀死齐简公，完全控制了齐国。此类事件,天下皆知,人神共愤。现在,赵高有邪辟过分的心志和险诈叛逆的行为,就如同子罕担任宋国丞相时的所作所为;私人占有的财富,也正像田常在齐国那样多。陛下您不早做打算,我担心他迟早会发动叛乱啊。"

然而,秦二世早就受到赵高的蛊惑,不但没有听取李斯的建议,还把他交给赵高处置。正是,打狼不成,反被狼咬。

一朝权在手,便把令来行。郎中令赵高奉旨查办丞相李斯,毫不手软,把他拘捕之后,套上刑具,关入大牢。

遭此际遇,李斯仰天长叹:"天呀!可悲呀!无道的昏君,怎能为他出谋划策呢?!从前,夏桀杀死关龙逢、商纣王杀死比干、吴王夫差杀死伍子胥,这三位大臣,难道不忠吗?然而,终究难免一死,他们虽然尽忠而死,只可惜忠非其人。如今,我的智慧赶不上这三个人,而秦二世的暴虐无道远超桀、纣、夫差。我因尽忠而死,也是应该的呀。况且,秦二世治国不是胡搞么!不久前,他杀死了自己的兄弟,自立为皇帝;又残害忠良,重用低贱之人;修建阿房宫,对天下百姓横征暴敛。并不是我不劝谏,而是他不听我的忠告呀。凡是古代圣明的帝王,饮食都有一定的节制,车马器物都有一定的数量,宫殿都有一定的限度,对于那些增加费用却不利于百姓的事务,一律禁止,所以才能长治久安。现在,群臣百姓纷纷举起反秦大旗,参加的人已占到天下的一半了。可是,秦二世心中还未觉悟,居然宠信赵高。相信,我一定会看到盗贼攻进咸阳,而朝堂会变为麋鹿嬉游的地方。"

李斯的这番感叹,颇似当年的伍子胥。春秋时期,忠臣伍子胥被吴王夫差逼迫自杀,愤恨之余,留下遗言,要家人在其死后,把他的眼睛挖出,挂在东城门之上,他要亲眼看着越国军队灭掉吴国。

然而,李斯似乎忘记,前段时间他还曾给秦二世上书,鼓励其享受安乐、严苛督责,使劲压制群臣百姓。如今,事情临到自己的头上,却又是一番忧国忧民的悲愤口吻了。

六

终于，赵高把李斯攥在了手掌之中，怎肯轻易放过。借着调查李斯和儿子李由谋反的情形，赵高大肆株连，将李斯的家族与宾客全部逮捕。此时，李斯的处境，还不如当年郡吏公厕里的那只老鼠。

赵高绞尽脑汁，把百般酷刑都在李斯身上用了一遍，让他切身体会到了严苛督责之下的“敬业精神”。贵为丞相的李斯如何招架得住这番折磨，只得冤屈地招供了。

李斯是个聪明人，也懂得“长痛不如短痛”的道理。他之所以不肯自杀，是自负能言善辩，又对秦国有过大功，并且确实没有反叛之心，希望能够上书为自己辩护，希望秦二世觉悟过来，颁下赦免之令。

于是，李斯在狱中上书，写道：

> 我担任丞相治理百姓，已有三十余年。我初到之时，秦国的土地不过千里，士兵不过几十万。
>
> 我竭尽自己的微薄才能，勤恳谨慎地执行法令，暗中派遣谋臣，资助他们金银珠宝，令其到各国游说，暗中训练武装，整顿政治和教化，任用英勇善战之人为官，提高功臣的社会地位，给予他们很高的爵位和俸禄，因此终于威胁韩国，削弱魏国，击败了燕国、赵国，削平了齐国、楚国，最后兼并六国，俘获了其君王，拥立秦王为天子。这是我的第一条罪状。
>
> 秦国的疆域已经足够广阔，还要在北方驱逐胡人、貉人，在南方平定百越，以显示秦国的强大。这是我的第二条罪状。
>
> 尊重大臣，提高他们的爵位，用以巩固他们同秦王的亲密关系。这是我的第三条罪状。
>
> 建立社稷，修建宗庙，以显示主上的贤明。这是我的第四条罪状。
>
> 更改尺度衡器上所刻的标志，统一度量衡和文字，颁布天下，以树立秦朝的威名。这是我的第五条罪状。
>
> 修筑驰道，兴建游观之所，以显示主上的志满意得。这是我的第六

条罪状。

减轻刑罚，减少税收，以满足主上赢得民众支持的心愿，使万民百姓都拥戴皇帝，至死都不忘记皇帝的恩德。这是我的第七条罪状。

像我李斯这样做臣子的，所犯罪状，早应该予以处决。不过，皇帝还是让我竭尽所能，再多效些犬马之劳，才得以活到今天，希望陛下明察。

字里行间，哪里是赵高所期待的认罪书，简直就是表彰信。

赵高阅罢，愤然说道：“囚安得上书！”(《史记·李斯列传》)

随即，赵高吩咐狱吏把李斯的上书丢在一边，没有上报秦二世。

赵高派他的门客十多人假扮成御史、谒者、侍中，轮流往复，审问李斯。每当李斯以为遇到青天大老爷，打算翻供之时，就会招来一顿暴揍。如此反复几次，李斯长了记性，不敢再翻供了，老老实实地在认罪书上签字画押。

郎中令赵高把丞相李斯的认罪书呈给秦二世胡亥，恭贺朝廷又挖出了一匹害群之马，痛打了一只潜伏在皇帝身边的大老虎。胡亥很是高兴，连连说道：“没有赵君，我几乎被丞相出卖了。”对待赵高，胡亥不是直呼其名，而是尊称为赵君了。

当初，秦二世派遣使者前往三川郡，调查李由谋逆的情形。不承想，郡守李由已被曹参所杀。使者返回，正逢李斯接受审查之际，反正死无对证，赵高就肆意编造了一整套李由谋反的罪状，顺便把李斯也牵扯了进去。

秦二世二年(前 208 年)七月，李斯被判处“夷三族，具五刑”。

所谓“夷三族”，就是罪行牵连三族，同被诛杀。不过，对于“三族”的说法，各有不同。有的说，父母、兄弟、妻子是三族；另说，则以父、母、妻为三族；亦有以父、子、孙为三族的说法。反正，众人一起被杀，血流成河，确实相当凄惨。

《汉书·刑法志》曰：“当三族者，皆先黥，劓，斩左右趾，笞杀之，枭其首，菹其骨肉于市。其诽谤詈诅者，又先断舌。故谓之具五刑。”

也就是，先在脸上刺字，然后割鼻子，再砍掉左右脚，接着用鞭杖或竹板活活打死，把头割下来悬挂在木杆上示众，最后当众将其尸骨剁成肉酱。有诽谤辱骂行为者，还要先把舌头割掉。

不过，可能是为了施行李斯所倡导的严苛督责，杀一儆百，对他的处决，又多加了一刑——腰斩。

所谓"腰斩"，是用重斧从腰部将犯人砍作两截。人体的主要器官都在上半身，因此犯人被从腰部砍作两截之后，神志还是清醒的，过好长一段时间才能断气。据说，清朝年间，雍正皇帝对俞鸿图实行腰斩的刑罚。俞鸿图被腰斩之后，在地上沾着自己的血，连写七个"惨"字，方才气绝身亡。雍正听说之后，甚觉残忍，随即下令废除这一刑罚。

当李斯被押出大牢时，他的次子也在身边陪绑。在生命的最后时刻，李斯回头望着次子，说道："吾欲与若复牵黄犬俱出上蔡东门逐狡兔，岂可得乎！"(《史记·李斯列传》)

意思是：我想和你再牵着黄狗，一同出上蔡东门去猎捕狡兔，又怎能办得到呢！

说罢，父子二人相对痛哭。

李斯的富贵之梦，终于得到实现，然而，却又破灭得如此悲凉。倘若，再有一次选择的机会，他仍会羡慕那只粮仓中的老鼠吗？

"史圣"司马迁在《李斯列传》结尾写道："李斯以一个里巷平民的身份，游历诸侯，入关奉事秦国，抓住机会，辅佐秦始皇，终于完成统一大业。李斯位居三公之职，可以称得上是很受重用了。李斯知道"六艺"的要旨，却不致力于政治清明，用以弥补皇帝的过失，而是凭仗他显贵的地位，阿谀奉承，随意附合，推行酷刑峻法，又听信赵高的邪说，废掉嫡子扶苏而立庶子胡亥。等到各地已经群起反叛，李斯这才想起直言劝谏，这不是太愚蠢了吗？！人们都认为李斯忠心耿耿，反受五刑而死，但我仔细考察事情的真相，却与世俗的看法有所不同。否则的话，李斯的功绩真的要和周公、召公相提并论了。"

近些年，驻马店市上蔡县李斯楼村畔，堆起了一座李斯墓。墓旁立着几通石碑，刻着他的《谏逐客书》等传世篇章。有几位外地口音的人，驱车前往访古，伫立碑前，默默读着，不禁回想起了当年语文课上朗诵的情形。

等到他们转身离去，几名村中顽童聚拢过来，拾起几块石头，在碑上用力地刻划着……

"狼狈为奸"赵高与胡亥

一

《史记·蒙恬列传》记载:赵高者,诸赵疏远属也。

就是说:赵高,本是秦国宗室远亲。

秦王嬴政,姓嬴;赵高,姓赵。他们怎么成了远亲呢?

远古时代,有姓有氏,姓氏一分为二。姓,是大的氏族部落集团的徽示;氏,则是一个姓所分出的小氏族支系的标志。姓氏合二为一,是秦汉时才开始的。

嬴姓的远祖伯益,先辅佐舜调驯鸟兽,颇有成效,后又辅佐大禹治水,也很有功劳。"舜赐姓嬴氏。"(《史记·秦本纪》)

嬴姓,为中国上古八大姓(姜、姬、姚、嬴、姒、妘、妊、妫)之一,后世又演化出十四氏(廉、徐、江、秦、赵、黄、梁、马、葛、谷、缪、钟、费、瞿)。

《史记·秦本纪》写道:"秦以其先造父封赵城,为赵氏。"意思是:秦国以其先祖造父封在赵城,为赵氏。这位造父,即伯益的后代。

根据史书记载,周穆王乘坐造父驾驭的马车,向西巡行至昆仑山,会见西王母,乐而忘返。恰在此时,徐偃王谋反,多亏有了日行千里的八骏与善于驾车的造父,周穆王及时赶了回来,攻打徐偃王,平息叛乱。事后,周穆王论功行赏,将赵城赐给造父,此为赵氏之始。

因此,秦国公族属于嬴姓赵氏家族。先秦时代,男人都称氏。周公旦制周礼时就严格规定:贵族男子称氏,女子才称姓。所以,《史记·秦始皇本纪》写道："(秦始皇)名为政，姓赵氏。"

虽然赵高与秦王嬴政(也可以叫作赵政)是远亲，但地位却差得十万八千里。赵高兄弟几人，都是生下来就被阉割而成为宦官的。他的母亲也因犯法而被处以刑罚，地位卑贱。

秦王听说赵高办事能力很强，又精通刑狱法令，就提拔他担任了中车府令，也就是执掌乘舆的官员，相当于如今的总统专职司机兼贴身保镖。据说，赵高长得身材魁梧，相貌堂堂，不然，怎么配得上这样的差事。

公元前 221 年，秦王嬴政统一天下，自称"皇帝"，任命李斯为大秦帝国的首任丞相。

身处盛世，人人都想建功立业，就连宦官也不例外。

赵高明白，以自己如此低微的身世，想在宫廷之中站稳脚跟，除了博得当今皇帝的欢心，还得寻找日后的可靠依托。秦始皇有二十多位皇子，赵高利用出入宫廷的便利条件，留心观察与揣摩，最终将目光盯在第十八个皇子胡亥身上。目标已定，赵高遂百般侍奉胡亥，并私下教导他决断讼案的能力，以使胡亥迎合秦始皇严刑峻法的暴虐脾性。

公元前 211 年冬天，秦始皇踏上了第五次巡游的路程。此次巡游，由左丞相李斯、中车府令赵高陪同。此时的赵高，"兼行符玺令事"，兼职保管皇帝的兵符与玉玺。胡亥很是羡慕皇帝出行的气派，请求同行，也被批准了。

秦始皇嬴政有二十多个儿子，胡亥列为第十八子。长子扶苏则因屡次直言劝谏，惹恼了秦始皇，被派往军事重地上郡(郡治肤施县，今陕西省榆林市榆阳区鱼河镇鱼儿河寨)，做了大将蒙恬的监军，既示惩戒，也算是挂职锻炼。

这位蒙恬，还有一位兄弟蒙毅。当时，蒙恬在外担当着军事重任，而蒙毅则在朝廷出谋划策，被秦始皇誉为"忠信"。兄弟两人的无限风光，不仅令中车府令赵高嫉恨，也让左丞相李斯羡慕不已。

二

巡游路上，秦始皇感到身体越来越不适。随行御医百般诊治，也不见多少疗效。公元前210年七月,"始皇崩于沙丘平台"(《史记·秦始皇本纪》)。

临死之前，秦始皇给长子扶苏写了一封遗诏，嘱咐这位远在上郡的监军:"以兵属蒙恬,与丧会咸阳而葬。"意思是:让扶苏把兵权暂时交付蒙恬,赶快返回秦都咸阳,主持秦始皇丧事,并继承皇帝之位。

然而,赵高却扣留了这封遗诏。随即,赵高面见公子胡亥,说道:"皇帝去世了,却没有诏书封诸子为王,只是赐给长子扶苏一封诏书。扶苏抵达都城咸阳,就会登上皇帝宝座,而你却连尺寸的封地也没有,这该怎么办呢?"

胡亥答道:"事已至此,只能听天由命了。我听说,圣明的君主最了解臣子,贤明的父亲最了解儿子。父亲临终未下命令分封诸子,那还有什么可说的呢?"

赵高阴险一笑,靠近胡亥,悄声说道:"并非如此。当今天下的大权,无论谁的生死存亡,都在你、我和李斯手里掌握着啊!希望你认真考虑考虑。须知,驾驭群臣和向人称臣,统治别人和被人统治,岂可同日而语呀!"

此时的胡亥,仿佛拨云见日一般,心中升腾起当皇帝的渴望。

不过,他还没有确定赵高的真实态度,因此谨慎地说道:"废除兄长而立弟弟,这是不义;不服从父亲的诏命而患得患失,这是不孝;自己才能浅薄,依靠别人的帮助而勉强登基,这是无能。这三件事都是大逆不道的,天下之人也不会服从。倘若篡位不成,我自身遭受祸殃,国家也会灭亡。"

赵高看到公子胡亥还在犹豫,有些着急,继续劝说:"我听说过商汤、周武王杀死他们的君主,天下之人都称赞他们行为符合道义,不能算是不忠。卫君杀死他的父亲,而卫国人民称颂他的功德,孔子也记载了此事,不能算是不孝。更何况,办大事不能拘于小节,行大德用不着再三谦让。光是顾忌着小事而忘了大事,日后必生祸害;关键时刻犹豫不决,将来一定会后悔。拼力而搏,鬼神回避,何愁不能成功。你不要多虑,按我说的去做就行了。"

胡亥长叹一声,说道:"现在,皇帝去世还未发丧,丞相李斯向来忠心耿耿,此时与他商议篡位之事,他又怎会应允呢?"

赵高看到胡亥松了口,自己悬着的心也放了下来,答道:"倘若不与丞相李斯商议,恐怕此事不能成功。您放心吧,此事交给我来办就可以了。"

于是,中车府令赵高面见丞相李斯,试探着提出了篡改遗诏而改立胡亥的计划。果然,当即遭到李斯义正辞严地拒绝。

不过,赵高没有灰心丧气,打出一张王牌:“长子扶苏刚毅而武勇,信人而奋士,一旦即位,必定任命蒙恬为丞相。对于当今皇上的政策方针,他们早已心怀不满,一旦握牢权柄,必将实行翻天覆地的大变革。况且,‘一朝天子一朝臣’,到了那个时候,您是否能够平安着陆,归隐故乡呢?”

这番话,恰好击中了李斯的软肋,让他倒吸一口凉气。不过,忠君报国的思想,早已沁入李斯的骨髓,他仍在下意识地拒绝着赵高。

接下来,几番劝说,几番拒绝。最终,李斯还是屈服了。

赵高满心欢喜,向胡亥报告:“我是奉太子您的命令去通知丞相李斯的,他怎么敢不服从命令呢?!”

听完这几句话,犹如服下了一颗定心丸,公子胡亥决定篡夺皇位。

此后,胡亥、赵高与李斯护送着秦始皇所乘的辒辌车,日夜兼程赶往九原郡(郡治九原县,今内蒙古包头市九原区的麻池古城)。一路之上,供奉饮食如故,百官奏事如故。所奏之事,由李斯代为批写,由赵高加盖印玺,再由陪乘的宦官递送诏书,随同巡游的众人竟被蒙在鼓里。

当时,正值酷暑,秦始皇的尸身腐烂,发出阵阵恶臭。赵高等人担心机密泄漏,命人在辒辌车上装载了一石鲍鱼,以遮掩臭味。

终于,车队抵达了位于大秦帝国北疆的九原郡。在麻池古城之内,胡亥等人布置停当,正式实施篡位计划。

李斯与赵高合谋,伪造了两封诏书:一封给丞相李斯,立胡亥为太子;一封给长子扶苏,斥责扶苏不孝、蒙恬不忠,令两人自杀。

诏书送达,扶苏当即自杀,以保全孝顺之名。蒙恬怀疑诏书有诈,却为表明自己的忠诚,自愿入狱,等待真相与公理。

随后,秦始皇的辒辌车从九原郡出发,顺着秦直道,返回了都城咸阳。

在赵高与李斯的辅佐之下,胡亥登上了皇帝宝座,史称“秦二世”。

三

公元前 209 年,也称秦二世元年。这一年,胡亥二十一岁。

胡亥如愿以偿地登上了皇帝宝座,论功行赏,提拔中车府令赵高为郎中令,参与朝政大事。

自此,赵高飞黄腾达。不过,他还有一块心病,就是与其结下仇怨的蒙恬、蒙毅兄弟两人,未被彻底铲除,终究是个祸患。于是,他屡次劝说秦二世胡亥,举起屠刀。

胡亥的侄儿子婴进谏道:"臣听说轻率骄狂、志无远虑的人不可以治理国家,独断专行、自以为是的人不可以保全国君。诛杀忠臣而起用没有品行节操的人,对内使得群臣彼此猜忌,对外使得将士军心涣散,臣个人认为是不可取的。"(《史记·蒙恬列传》)

此际,秦二世对于赵高,那是言听计从。可怜,蒙恬服毒、蒙毅被杀,忠心报国却落得下场凄惨。

某天,秦二世与赵高商议:"我年纪轻,刚登位,百姓还不顺从。从前,先帝喜欢巡视境内各个郡县,彰显大秦之强盛,威势震服海内。如今,我安然住在皇宫,不去巡游,恐怕让人觉得我怯弱无能,何来治理天下的威严?"

当年,秦始皇第五次巡游,胡亥只是一个小小的跟班。现在,他可以规划自己的巡游,扬眉吐气一番了。

次年春天,秦二世胡亥东行巡游,视察沿途郡县,由丞相李斯陪同。这次巡游路线,恰与秦始皇最后巡游的路线相反,先是抵达碣石山,再沿着海岸南行,到达会稽山。一路之上,凡是看见秦始皇所立的石碑,秦二世胡亥都会增刻文字,并在石碑旁署上随从大臣的名字,说是彰显秦始皇的盛德,其实也是在昭示秦二世的地位。

按照旧制,先帝所立碑刻无比尊贵,后世是不得随意增刻的。对此,秦二世解释:"这些金石碑刻,全是先帝建造的,可是上面却没有标明'始皇帝'字样。以后,年代日渐久远,这些碑刻恐怕会被误认是后代子孙所建造的,以致不能称扬始皇帝的功业与盛德。如今，我以二世之名，予以增刻，后世就不会误认了。”

据《史记·秦始皇本纪》记载，丞相臣斯、臣去疾、御史大夫臣德昧死言：“臣请具刻诏书刻石，因明白矣。臣昧死请。”制曰：“可。”

也就是说，李斯等诸位大臣向秦二世建议：“我们请求把您的诏书全部刻在石碑之上，这样就明白无误了。为臣的冒死罪请求。”随即，秦二世批复：“可以。”

李斯等人这个马屁拍得不错，君臣共同演的这出双簧，精彩！

秦二世在宫中闲居无事，就把赵高叫来一同商议，说道：“人活在世上，就如同驾驭着六匹骏马从缝隙前飞过一样短暂。我既然已经统治天下了，想全部满足耳目方面的一切欲望，享尽我所能想到的一切乐趣，还要使国家安宁、百姓欢欣，永保江山，以享天年。这种想法能行得通吗？”

赵高说：“这样的情形，对于贤明君主来说是能够做到的，而对于昏乱君主来说是应该禁忌的。我冒昧地说一句不怕杀头的话，请您稍加留意。对于沙丘的密谋策划，各位公子和大臣都有怀疑，而这些公子大多是您的兄长，这些大臣也都是先帝所安置的。现在，陛下您刚刚登上皇位，这些人心中都怨恨不服，恐怕他们将来要闹事。因此，我每天战战兢兢，深恐不能善终。如此情形，陛下您如何能够舒心地享受安乐呢？”

闻听此言，秦二世变了脸色，急忙问道：“那该怎么办才好呢？”

郎中令赵高恭恭敬敬地答复：“实行严峻的法律和残酷的刑罚，把犯法的人和受到牵连的人统统杀死，直至灭族。全部铲除先帝的旧臣，重新任命您所信任的人，并且疏远您的骨肉兄弟。经过这番清洗，让原来贫穷的人富有起来，让原来卑贱的人高贵起来。从此，群臣上下无不得到您的恩泽，承受您的厚德，陛下您就可以高枕无忧，纵情享受了。我思虑再三，没有比这更好的计策了。”

昏庸无道的秦二世胡亥采纳了赵高的建议，重新修订法律。人们都说，秦始皇修订的“秦律”严酷残暴，不过，比起秦二世再次修订的“秦律”，那真算是小巫见大巫了。

随后，屠刀高高举起，狠狠砍向了秦始皇的旧臣，甚至砍向了秦二世的兄弟姐妹。

四

《史记·李斯列传》记载：公子十二人僇死咸阳市，十公主矺死于杜。也就是说：秦始皇的十二个儿子，在咸阳街头斩首示众；秦始皇的十个女儿，也在杜县被分裂肢体处死。

秦二世的哥哥公子高，想要外出逃命，又怕被满门抄斩，就上书说：“先帝活着的时候，我进宫就给吃的东西，出宫就让乘车。皇帝内府中的衣服，先帝赐给我；宫中马棚里的骏马，先帝也赐给我。我本该陪着先帝一起死去而没有做到，这是我做人子的不孝，做人臣的不忠。不忠不孝之人，是没有理由活在世上的，请允许我追随先帝而死，并把我埋在骊山脚下，以陪侍先帝。只求皇上哀怜，答应我。”

读罢公子高的奏章，胡亥非常高兴，随即叫来赵高，向他展示了这篇奏章，得意洋洋地说道：“这可以说是窘急无奈了吧？”赵高答道：“这样就对了。此际，人臣忧死而不暇，又怎敢图谋造反呢？”随即，胡亥爽快地答应了公子高的自杀请求，并且赐给十万钱予以安葬。

《史记·秦始皇本纪》也记载：六公子戮死于杜。也就是说：秦始皇的六个儿子被杀死在杜县。

秦二世的哥哥公子将闾兄弟三人被囚禁在内宫。议定他们的罪状后，胡亥派使者命令将闾：“你们不尽臣道，当处死罪，官吏依法行刑来了。”将闾说道：“阙廷之礼，吾未尝敢不从宾赞也；廊庙之位，吾未尝敢失节也；受命应对，吾未尝敢失辞也。如何能说不尽臣道呢？希望知道罪名再死。”使者说：“我不能参与谋议，只是奉命行事。”将闾仰首向天，连声高喊：“天啊！我没有罪！”然而，事已至此，兄弟三人只得含着泪水，拔剑自杀了。

可怜这些贵为金枝玉叶的皇子与公主，被自己的兄弟胡亥犹如杀猪宰羊般地挨个处死。

起初,赵高担任郎中令,所杀死的人和挟私仇而陷害的人非常多,唯恐大臣们在入朝奏事之时,向秦二世揭露他。

于是,赵高劝秦二世道:“天子之所以尊贵,就在于大臣只能听到他的声音,却不能看到他的真容,因此天子才自称为‘朕’。况且,陛下还很年轻,未必什么事情都能知晓。如今,坐在朝堂之上,倘若惩罚和奖励有不妥当的地方,就会把自己的短处暴露给大臣,也有碍于向天下之人显示您的圣明。陛下不妨深居宫中,与我及熟悉法律的侍中们在一起,等待大臣把公事呈奏上来,共同研究决定。这样,大臣们就不敢把疑难的事情报上来为难于您,天下的人也就称您为圣明之主了。”

秦二世胡亥本来就懒得打理朝政,此时顺水推舟,接受了赵高的建议。从此,秦二世不再坐于朝堂接见大臣,而是深居宫禁之内,批阅奏章。宫禁之内,岂是大臣们可以轻易进入的,而宦官出身的郎中令赵高却可以随时陪侍在皇帝身边。渐渐地,朝廷政务都归赵高处置决定了。

这一时期,秦朝暴政更加令人发指,徭役频繁、赋税沉重、刑罚残酷,百姓食不果腹,官员朝不保夕。

秦二世元年(前 209 年)七月,陈胜、吴广率领九百名被征发前往渔阳戍边的农民,走到蕲县大泽乡,因大雨阻路,误期当斩,被迫揭竿而起,掀起反秦运动的风潮。

紧接着,崤山函谷关以东的各个郡县,年轻人由于受尽秦朝官吏的欺凌之苦,都杀掉了他们的郡守、郡尉、县令、县丞,起来造反,以响应陈胜,并在各地相继拥立侯王,联合起来向西进攻。

掌管传达通报的使者返回都城咸阳,向秦二世汇报了各地造反的情形。结果,胡亥听后大怒,把使者交给司法官吏予以责罚。后边的使者回来,秦二世召见询问。有了前车之鉴,这位使者谎称:“那不过是一群盗匪罢了,郡守、郡尉正在追捕,现在全部抓获了,不值得担心。”于是,秦二世高兴起来。

然而,纸里终究包不住火,掩耳盗铃没有益处。

因此,左丞相李斯、右丞相冯去疾、将军冯劫进谏:“关东各路盗贼纷纷而起,朝廷派兵前去诛讨,虽然剿杀很多,却还不能平息。盗贼之多,都是因为戍边、运输、劳作的事情太劳苦，赋税太重。我们请求暂停阿房宫的修建、减少戍边兵役和运输徭役。”

可是，秦二世胡亥由于自己的纵情享乐被打扰，迁怒于三位进谏大臣，把他们交给官吏处置。右丞相冯去疾、将军冯劫，不愿受辱，自杀身死。

李斯自负能言善辩，又对秦国有过大功，被押入大牢之后，仍然上书辩解，希望秦二世觉悟过来，并且赦免他。然而，在赵高的挑拨之下，李斯被“诛三族、具五刑”，死得非常悲惨。

除去三位大臣之后，胡亥耳边清静了许多，变本加厉地尽情享乐。

五

与此同时，各地反秦势力纷纷称王，武臣自立为赵王、魏咎为魏王、田儋为齐王，沛公在沛县起义，项梁也在会稽郡起兵。

秦二世二年(前 208 年)冬天，陈胜派遣周章等将领向西攻至戏水(在陕西临潼东)，兵力达到几十万。直到此时，秦二世才慌了神。升为丞相的赵高，也只是连声叫嚷：“这些盗贼，何足为惧！”却没有半点儿应对之策。

多亏少府章邯挺身而出，请求秦二世胡亥大赦骊山徒役，发给兵器，将他们武装起来。章邯担任秦军大将，接连发起猛攻，在渑池大败周章，逼其自尽，将陈胜逼退至城父，在定陶打败了项梁，在临济逼魏咎自杀，一直打到黄河北岸，暂时缓解了大秦帝国灭亡的危机。

秦二世三年(前 207 年)，章邯等率兵包围了巨鹿，反秦势力岌岌可危，楚国上将军项羽率领楚兵前去援救巨鹿。“力拔山兮气盖世”的项羽，孤注一掷。《史记·项羽本纪》记载：“项羽乃悉引兵渡河，皆沉船，破釜甑，烧庐舍，持三日粮，以示士卒必死，无一还心。”此战，项羽以少胜多，一举击退占据绝对优势的章邯，也留下了“破釜沉舟”的典故。

这年夏天，秦将章邯等多次败退，秦二世派人前去谴责。章邯很是忧虑，就派长史司马欣前往都城咸阳，汇报前线战况，请求指示。然而，赵高既不接见司马欣，也不信任司马欣。司马欣觉得害怕，赶紧逃离，赵高派人追捕，却晚了一步。司马欣好不容易逃脱归来，见到章邯，气呼呼地说道："有赵高在朝廷掌权，将军您有功是被杀，无功也是被杀。"

此时，项羽攻势愈加凶猛，俘虏了秦军大将王离。眼看大势已去，章邯与项羽约好在洹水南侧的殷墟相见，并订立盟约。章邯见到项羽后，哭着向他倾诉了赵高的种种暴虐行径。于是，项羽立章邯为雍王，司马欣为上将军。

八月己亥，赵高想要谋反，又恐怕群臣阻挠，于是设下计谋试探群臣的反应。他将一只鹿献给秦二世，一本正经地说道："这是一匹马。"胡亥笑得前仰后合，指正道："丞相错了，指鹿为马。"随即，胡亥又向左右大臣询问。大臣们有的沉默不语，有的故意迎合赵高说是马，也有的坚持说是鹿。赵高暗暗记下这些不同的脸孔。不久，那些不识眼色的大臣就因触犯秦律而被免职或入狱，甚至丢掉性命。此后，朝堂之上，赵高一言九鼎，谁还敢说半个不字，就连吹捧得慢了也不行！

这一时期，反秦势力更为壮大，从前的燕、赵、齐、楚、韩、魏诸国又都自立为王，刘邦也向西进攻武关(今陕西省丹凤县武关镇)。看着那些告急文书如同雪片一样飞来，赵高害怕秦二世发怒，诛杀自己，就谎称有病不去朝见皇帝。

这天，秦二世胡亥做了一个奇怪的梦：一只白虎猛扑过来，咬死了为他驾车的左骖马，秦二世手起刀落，斩杀了那只白虎。梦醒之后，胡亥心情不太舒畅，就找来解梦之人进行占卜，得到卦辞："泾水水神在作怪。"于是，秦二世就在望夷宫斋戒，打算寻个良辰吉日，祭祀泾水水神，再把四匹白马沉入泾水。

斋戒之后，秦二世仍是心神不定，感到不爽，觉得应找个人训斥一顿。随即，秦二世派遣使者，以反秦势力日益猖獗之事，责问赵高。赵高明白，秦朝大厦将倾，秦二世渐渐红了眼，恐怕自己的日子也不会长久了。索性，赵高召集女婿咸阳令阎乐、弟弟郎中令赵成，私下商议："皇上不听劝谏，如今事态危急，要把罪祸推给咱们家族。我想推翻胡亥，另立公子婴为天子。公子婴仁爱谦和，百姓都赞同他的言论。"

这位公子婴，是秦二世的侄子。当年，胡亥打算诛杀蒙恬与蒙毅，他曾予以劝谏，不过未能阻止。

六

谋划篡权夺位的大事，得有值得信赖的心腹之人。思来想去，赵高还是觉得女婿阎乐不太可靠。话说，一个宦官，是被阉割了的男人，哪来的女婿？哦，人家就不能认个干女儿吗？不过，亲女婿都不见得能靠住，更别提干女婿了。因此，丞相赵高把阎乐的母亲，也就是他的干亲家母，劫持到自己府中“做客”。

赵高指使郎中令赵成作为内应，谎称有大盗，派遣咸阳令阎乐率领着吏卒一千余人，前往望夷宫。

在殿门之前，阎乐将卫令仆射捆绑起来，厉声责问：“盗贼就是从这里进去的，为何不予阻止？”卫令答道：“皇宫周围警卫森严，哪有盗贼胆敢进入宫内呢？”阎乐不再多说，挥刀斩杀卫令，率领吏卒径直闯入望夷宫内，见人便砍，逢人放箭。郎官与宦官见状大惊，有的逃跑，有的格斗。阎乐是有备而来，满脸杀机，敢于格斗者先后倒在血泊之中，从殿门到内宫，躺着数十具尸体。

郎中令赵成与咸阳令阎乐一起冲入内宫，箭射秦二世的帷帐。胡亥急了，召唤左右之人进行反击。关键时刻，那些平时满口忠君报国的亲信们，全部慌了手脚，没有一个敢于上前格斗，反倒一哄而散。

整个内宫，只剩一个宦官侍奉着，不敢离去。秦二世责问：“你为何不早告诉我实情，竟然到了这种地步！”宦官答道：“为臣不敢说，才得以保住性命，如果早说，我们这班人早就都被您杀了，怎能活到今天。”

阎乐走上前来，历数秦二世的罪状：“足下骄横放纵、肆意诛杀，致使天下之人皆生背叛之心。事到如今，就请足下尽快自裁吧！”

到了这种时候，阎乐也就不再尊称秦二世为“陛下”了，就连“足下”也算是客气的，再过一会儿，就要将他踩在脚下了。

“龙游浅水遭虾戏，虎落平阳被犬欺，得志猫儿雄过虎，落毛凤凰不如鸡。”

秦二世脸色苍白,浑身颤抖,问道:“我可以见丞相赵高吗?”阎乐不答应。秦二世又说:“我希望做个万户侯。”阎乐还是不答应。秦二世只得再说:“我愿意和妻子儿女去做普通百姓。”阎乐冷冷答道:“我是奉丞相之命,为天下人来诛杀足下,足下即使说了再多的话,我也不敢替你回报。”说罢,指挥士兵进前。逼迫之下,秦二世胡亥只得自杀。

尘埃落定,赵高召集所有的大臣和公子,告知诛杀秦二世的情形。当众人面面相觑之际,赵高说道:“秦国本来是个诸侯国,始皇统治了天下,所以称帝。现在,六国又各自立了王,秦国地盘越来越小,竟然还凭着空名称为皇帝,很不合适。应像过去一样称‘王’,才是名副其实。”于是,赵高拥立公子婴为秦王。

随后,按照平民的葬仪,秦二世被埋葬在杜南宜春苑中。赵高让子婴斋戒,之后前往宗庙祭拜祖先,接受君王印玺。

斋戒五天之后,子婴与他的两个儿子商议:“丞相赵高在望夷宫杀了二世,恐怕大臣群起诛之,佯装道义,立我为王。我听说赵高已与楚国约定,灭掉秦宗室之后,由他在关中称王。如今,赵高让我斋戒,朝见宗庙,就是想趁机把我杀掉。如果我推说生病不能前往,丞相赵高一定会亲自来请。一旦来了,我们就杀掉他。”

赵高派人去请子婴,前后去了好几趟,子婴装病推托。果然,赵高亲自来请,连声嚷道:“国家大事,秦王您为何不去呢?”趁此机会,秦王子婴在斋宫之内刺杀赵高。随后,子婴诛灭赵高三族,并在咸阳示众。

内忧外患之下,秦朝天下早已分崩离析,子婴仅仅当了四十六天的秦王。

公元前 207 年十月,刘邦已经攻入武关,屯兵霸上,派人前去招降子婴。子婴用丝带系上脖子,驾着白车白马,捧着天子的印玺符节,在轵道亭旁投降。

当时,樊哙提议杀死子婴,但刘邦没有同意,而是把他交给随行的吏员看管。

一个多月之后,项羽率领大军进入咸阳,杀死子婴及秦诸公子宗族。

随后，"屠咸阳，烧其宫室，虏其子女，收其珍宝货财，诸侯共分之"(《史记·项羽本纪》)。

唐代司马贞著有《史记索隐》，写道："二世矫制，赵高是与。诈因指鹿，灾生噬虎。"寥寥数语，总结了胡亥与赵高狼狈为奸的因与果。

末尾，再提一件轶事：

秦始皇登基之后，统一文字，推行小篆，令李斯作《仓颉》七章、赵高作《爰历》六章、太史令胡毋敬作《博学》七章，作为全国规范字帖。

当年，赵高也是一位享有盛名的书法大师。

可叹，才艺的光芒，终被卑劣的人性所遮盖。

“大漠苍狼”匈奴冒顿单于

一

其实，匈奴与华夏本是同根而生，血脉相连的。

也就是说，很久很久以前，匈奴与华夏本来是堂兄弟的，也称为叔伯兄弟，再往上推几代，那可就是亲兄弟了。

司马迁《史记·匈奴列传》的开篇就写道：“匈奴，其先祖夏后氏之苗裔也，曰淳维。”

匈奴，他们的祖先是夏后氏的后代，叫作淳维。

夏后氏的始祖，就是那位疏浚黄河、划定九州、铸造九鼎的大禹，他可是中国历史上有名的劳模，“三过家门而不入”，不居功、不自傲，使得天下诸侯都来归顺。

夏与匈奴，虽是同根兄弟，不过生产方式与生活地域迥异，一个农耕于中原，一个则游牧于草原。天长日久，他们之间早已出了“五服”，早已淡了宗族情谊，不仅风俗不同，连语言也不相通了，甚至你一拳我一脚打得鼻青脸肿，把前半部的中国历史搞得狼烟四起。

《晏子春秋》里有句流传甚广的话：“橘生淮南则为橘，生于淮北则为枳，叶徒相似，其实味不同。所以然者何？水土异也。”

中原地区的华夏民族，男耕女织，尊崇礼义，小日子过得比较惬意，渴盼着安宁。阴山一带的匈奴部落，则赶着牛羊，过着逐水草而居的游牧生活,同时射猎禽兽,作为重要的食物来源。他们崇尚武力,谁的拳头硬,谁就当老大。

《史记·匈奴列传》记载:"儿能骑羊,引弓射鸟鼠,少长则射狐兔,用为食。士力能弯弓,尽为甲骑。"

也就是说,刚刚长到与马腹齐高,就骑着壮羊,拉弓射箭,以捕猎鸟鼠作为少儿娱乐项目。而这个年龄段的中原孩子,正沉浸在"郎骑竹马来,绕床弄青梅"的温柔之乡。稍微长大的匈奴少年,则挟着弓箭去射杀狐兔,烤得半生不熟,大口大口地吞咽。再大一些,能够拉动硬弓的男子,都要充当甲骑,随时准备冲锋陷阵。倘若力气不足,拉不动硬弓,那就只好去打扫羊圈、晾晒牛粪了。

其实,匈奴本来也是爱好和平的,只要有肉可以吃,有兽皮可以做衣,他们是知足的。可是,游牧生活最怕遭受天灾与瘟疫,草原焦枯、牛羊暴毙、野兽遁迹,这些身形魁梧的大汉们肚子饿得受不了,野性生发,盯上了华夏邻居的殷实家境。

一次又一次的劫掠,令华夏邻居苦不堪言,却又反击乏力。而匈奴屡屡抢夺成功,尝到了甜头,竟有人把这个当作职业了。

从此,北方游牧民族养成一个坏习惯,把中原王朝当成肥羊,一旦中原势力衰弱,就蜂拥闯入边塞动手割食,甚至打起了皇帝宝座的主意。匈奴、鲜卑、突厥、蒙古、满洲……

然而,天道有轮回,匈奴肆意抢夺的日子,被意外地打断了。

秦始皇荡平列国,统一四海,实实在在地过了一把皇帝瘾。这个皇帝瘾越过越有意思,秦始皇竟然舍不得死了。他接连派出几批方士前去寻访神仙,讨取不死之药,想要向天再借亿万年。不料,长生丹还没求来,却意外得到一册鬼神之书,上面写着"亡秦者胡也"。

在秦朝,中原之人也将匈奴称为"胡"。

秦始皇一听"亡秦者胡也",很不高兴,先下手为强,势必要剪除这个隐患。很快,秦始皇传下兵符,命令大将蒙恬率领三十万精锐部队,向北扫荡匈奴。

当时的匈奴首领是头曼单于，突然遭到秦军排山倒海般的军事打击，有些发懵。不过就是前几天，带人去袭扰了秦朝边塞，抢了一千多袋谷米、俘获了一百多名男女，怎么就会遭到如此猛烈的反击？这可是前所未有的呀！头曼单于虽然有些狐疑，脚底下却没闲着，一步又一步地往北退却。

太史公司马迁曾经总结过匈奴的战术："利则进，不利则退，不羞遁走。"

一旦战场形势有利，就一拥而上；一旦战场形势不利，就一哄而散；根本不把遇敌而逃当作羞耻之事。

匈奴的战术，是在长期射猎的过程之中，从狼群那里揣摩出来的，灵活得很。面对优势之敌，他们放弃阵地战，采取游击战，避免与其展开正面对决。头曼单于不会学习那位斯巴达国王列奥尼达，为了荣誉，居然以三百勇士坚守温泉关，抵抗数十万波斯军队的猛攻，明知不可为而为之。匈奴人不讲究这样的虚名，"留得青山在，不怕没柴烧"，先撤退再说吧。

身经百战的蒙恬也没有趁胜追击，他深知，如果追至陌生的漠北，秦军必将精疲力乏、粮草不继，到了那时，就会饱尝匈奴硬弓与弯刀的滋味了。要知道，草原的狼群，是极为擅长偷袭与伏击的。

此后，秦军与匈奴，隔着横亘阴山山脉的秦长城，对峙了十余年。秦军无意向北进攻，匈奴也无法向南劫掠，双方就这样大眼瞪小眼地耗着。其间，有一位叫作孟姜女的小媳妇，背着过冬的棉衣，千里迢迢来寻找丈夫杞梁，结果哭崩了一大段长城。那哭声如怨如诉，哭得长城两侧的妇女们眼泪涟涟，哭得秦始皇遭受万世唾骂。

终于，秦始皇驾崩了，华夏势力急转直下。大泽乡附近，九百民夫因为连日暴雨，延误了谪戍渔阳的期限。秦朝法令严苛，眼看着九百人就要脑袋落地。那天夜里，狐狸夜嗥："大楚兴，陈胜王。"于是，这帮不甘心束手待毙的民夫，"斩木为兵，揭竿为旗"，发动了轰轰烈烈的"陈胜吴广起义"。自此，华夏再次陷入了连年混战，戍守秦长城的将卒纷纷逃归家乡，沿边关塞空无一人。

可怜，如果杞梁能够多活几年，此时返归故里，也就不用孟姜女哭长城了。

对于匈奴来讲,这可就是天赐良机了!

头曼单于满心欢喜地祭拜祖先、天地及鬼神,率领部族悠然回到阴山南麓,又渡至黄河南岸,放羊牧马,射猎禽兽,偶尔还去边境抢掠一番。

二

头曼单于并不像秦始皇那样痴迷神仙与长生,他时刻警惕着弱肉强食的匈奴内斗,提前布置身后之事,策立了太子——"冒顿"(mò dú,音莫独)。

岂料,头曼单于痴迷上了一位阏氏(单于的妻妾),"爱屋及乌",对其所生之子也甚是偏爱。头曼单于越看阏氏越觉得漂亮,越逗弄小儿子越觉得聪明,也越来越觉得冒顿不顺眼了。渐渐地,他竟然萌生出一个想法:废黜冒顿,册立受宠阏氏之子为太子。

这是一个危险的念头!

册立与废黜太子,历来是王朝的头等大事,稍有不慎,就会引发宫廷政变。

远的不说,单讲曾在阴山南麓修建战国赵北长城的那位"胡服骑射"的赵武灵王,由于在选定继承人上的犹豫与反复,导致两个儿子为争夺权势而反目成仇,最后血溅沙丘宫,连自己也被活活饿死。

匈奴这时只有语言而没有文字,头曼单于看不懂华夏的史书,却与赵武灵王的时代相距不远,也曾听族中老人传说此事,也懂得以史为鉴。

头曼单于思忖良久,终于有了一个好主意。他发愿要与西方的月氏国缔结和平条约,相约待以兄弟之情。为了表示诚意,头曼派遣冒顿作为"和平使者"前往月氏国都,实际上是去充当人质。

果然,冒顿抵达月氏,刚刚接受了几场宴请,连馆舍附近的道路都还没有摸熟,头曼单于就迫不及待地发动了攻打月氏的战争。面对匈奴的背信弃义,月氏国王大怒,命令手下把冒顿抓来,打算斩首祭旗。这位冒顿也是一个狠角色,见势不妙,抢夺了一匹骏马,接连闯过关塞,逃归匈奴。

匈奴习俗,历来崇尚武力、爱惜勇士,头曼单于看到自己的儿子如此强悍，油然而生怜惜之意，竟打消了铲除他的念头，反而令其掌管万名骑兵。

望着冒顿渐行渐远的身影，头曼单于微微含笑。他相信，草原头狼凭借自己的权威与利爪，足以震慑与压制一切异心。然而，他忘记了，草原之上并没有永远的头狼，那些逐渐长大的壮狼，觊觎着首领的位置，暗自磨砺爪牙，隐忍着、等待着……

《汉书·匈奴传(下)》有这样一段话："阴山，东西千余里，草木茂盛，多禽兽，本冒顿单于依阻其中，治作弓矢，来出为寇，是其苑囿也。"

阴山，从此与匈奴、与长城、与边塞诗，紧紧联系在一起了。遍阅历史图集，几乎都将匈奴初期的势力范围划定为呼和浩特、包头及巴彦淖尔的阴山北部。

头曼单于之所以把冒顿安置在阴山，大概有两个意图。

一方面，让这位凶悍的儿子驻守南部边界，倘若华夏再出一位秦始皇、

再出一位蒙恬、再向匈奴发起猛攻，必定先与冒顿交手。如果冒顿胜了，头曼单于就不必再像从前那样向大漠深处逃窜了。如果冒顿败了，就可以趁机治罪，夺去他的太子之位。

另一方面，让冒顿驻军阴山一带，便于南下抢夺汉朝的财物与人口。头曼单于以此来表达对于当年借刀杀人的歉意，算是补偿，也算是重新笼络。父亲对儿子的道歉，总是不容易讲得出口，便把一堆好处默默地推过去。

然而，冒顿并不十分领情。

他对抢夺汉人有兴趣，却并不热衷，他的心底有着更大的企图。

冒顿以阴山为大本营，制作兵器，操练弓马，劫掠边塞，积极扩充自己的实力。他精心制作了一枝鸣镝，也就是响箭，并且厉声下达了一条奇怪的命令：“凡是鸣镝所射之处，诸人都要拉弓放箭相随，违者斩首！”

第一次，冒顿行猎禽兽，手下从树丛之中赶出来一头野猪，冒顿眼疾手快，对着野猪射出鸣镝。众人也跟着放箭，把头野猪活活射成了刺猬。有些手慢未射者，当场被斩杀。

第二次，冒顿操练骑兵，忽然跃下自己所骑的战马，回身拉满弓弦，对着战马射出鸣镝。众人乱箭齐发，把匹屡立奇功的战马也射成了刺猬。那些犹豫未射者，当场被斩杀。

第三次，冒顿摆下宴席，邀请自己的爱妻欢歌畅舞。笑声未绝，冒顿却对着爱妻射出鸣镝。众人慌忙搭箭拉弓，把位娇艳如花的美女也射成了刺猬。这次，有不少将士手软，或是没有开弓，或是没有射中，当场被斩杀。

第四次，冒顿游猎阴山，把头曼单于心爱的战马放逐原野，待其四蹄生风之际，稳稳射出鸣镝。众人已经形成条件反射了，只管追随鸣镝，狠狠放箭，把匹最高首领的爱马也射成了刺猬。战马停止了抽搐，血从蜂窝般密集的伤口，汩汩淌出。风也仿佛静了，这次人人拉弓、个个放箭。

这些骑士，如同铁铸一般，纹丝不动。

血，融入了铁！

三

一枝鸣镝，射破长风，万名匈奴骑士弓弦怒张，矢镞如雨，拼命奔逃的野狼瞬间倒卧血泊，身上的毛皮没有一寸是完好的。就连误入箭雨中的蝴蝶，也被凄厉的杀气，折断了双翅。

冒顿笑了，嘴角与眉角同时上翘。

“整备窝弓射猛虎，安排香饵钓鳌鱼。未知其计若何，且听下文分解。”《三国演义》中的这几句，用在这里倒也恰如其分。

不久，冒顿恭顺地奉上厚礼，诚恳邀请父王头曼单于前往自己的驻地行猎，拼命夸耀那里的猎场辽阔如天空、猎物繁多如星辰，只是没讲那里的箭镞比猎物还多。

头曼单于见到儿子如此孝顺，欣慰地笑了，命令冒顿开路，自己率领铁骑随后而行。临行之际，宠爱的阏氏苦苦劝留，惹得头曼单于心头起了怒火。冒顿不过是尚在练习捕猎的半壮之狼，焉敢挑战头狼的尊严，小心爪子被咬断。

女人的第六感觉往往很敏锐，尤其是在预知情敌与危险方面，相当灵验。可惜，头曼单于自信得很，不听妇人之言，把哀泣抛在了身后。

终于，鸣镝响起，万箭齐发，头曼单于被射成了刺猬。

鸣镝弑父，冒顿犹如嗅到了血腥的野狼，两眼冒着绿幽幽的凶光，开始大肆屠杀：杀掉头曼单于宠爱的阏氏，杀掉阏氏的儿子；接着，又清洗头曼单于的旧部，先是杀掉那些脸上显露不服的部将，再杀掉那些低着头一言不发的部将，最后连那些拥戴不够诚挚热烈的部将也难逃噩运。

“铲除异己，唯我独尊”，是草原头狼的生存法则。夺得单于之位的冒顿，将这项法则演绎得更为深刻、更为彻底，由此，成为北方草原令人景仰的狼王。

当时，紧临匈奴东部边境的东胡势力强大，早就对着头曼单于的牧场与羊群垂涎三尺，看到冒顿单于弑父自立，匈奴内部尚未凝聚起来，不禁萌生了趁火打劫的念头。

东胡王派遣使者面见冒顿单于，吊问了头曼单于的死讯之后，又进一步表达了对于头曼单于那匹千里马的向往。游牧民族嗜马如命，在他们眼里，千里马远远贵重于和氏璧。冒顿单于向群臣征询意见，群臣皆曰：“千里马，匈奴宝马也，勿与。”(《史记·匈奴列传》)冒顿单于却轻描淡写地说道：“与东胡和睦相处才是正道，奈何舍不得一匹宝马？”随即配上金鞍，交给东胡使者。

东胡王得此千里马，喜不自禁，骑着四处巡游，显摆着自己的威风与匈奴的软弱。

不久，东胡王又派遣使者面见冒顿单于，趾高气扬地讨要单于帐幕之中那位最美丽的阏氏。这简直就是送来一顶特大号的绿帽子，并且还要冒顿单于亲手戴到头上。冒顿单于又向左右征询意见，左右皆怒曰：“东胡无道，乃求阏氏！请击之。”(《汉书·匈奴传(上)》)冒顿单于却轻描淡写地说道：“与东胡和睦相处才是正道，奈何舍不得一个女人？”随即将阏氏盛妆打扮，交给东胡使者。

这番举动，让后世那位标榜“兄弟如手足，妻子如衣服”的刘备刘皇叔，也是要自叹不如的。

东胡王只凭寥寥数语，先得千里马又得美人，洋洋得意，不可一世，随即谋划着要对软柿子般的匈奴再度下手。

话说东胡与匈奴之间，有一片无人居住的缓冲地带，大约有千余里。东胡王派遣使者面见冒顿单于，嚣张跋扈地索要这片土地。冒顿单于又向部下征询意见，有人揣摩着首领的心思，模棱两可地建议：“不过是一片无人居住的弃地而已，予之亦可，勿予亦可。”不料，冒顿大怒曰：“地者，国之本也，奈何予人！”那些赞同割地的臣子，全被斩杀。

国土，岂容他人觊觎，岂容他人染指！

当匈奴勇士拔刀长呼之际，东胡王悠闲地醉卧帐中，正在盘算着如何继续戏弄匈奴的新任单于。这种主宰别人命运的感觉实在太棒了，他不忍心即刻干掉冒顿，那会失了许多的乐趣。

东胡王一定没有听说过越王勾践的故事。北方的东胡与江南的吴越，隔着黄河，隔着长江，还隔着二百余年的时光，那段卧薪尝胆的典故，未能成为他的史鉴。其实，那位强讨而来的单于阏氏，又何尝不似西施，恰是一剂美丽的麻药。

越王勾践韬光养晦，有着足够的耐性，“十年生聚，十年教训”。冒顿单于却是位北方草原的糙汉子，哪里耐得住久等，看到部下们的爱国热情已被点燃，就连战马也吐着兴奋的白沫，趁势发兵，如暴风骤雨般向着东胡冲杀而去。

这次出击，倾其全力，“令国中有后者斩”，凡是拖延或畏缩的骑士，一律斩杀！

匈奴的铁蹄踏碎了东胡王的美梦，他还没有来得及搞清楚羔羊如何变成恶狼，国已破灭。《史记》与《汉书》都没有说明东胡王的最终结局，只是写道：大破，灭东胡王。想来以冒顿单于的苍狼脾性，是难给东胡王留条活命的，并且还会死得相当悲惨。除非，东胡王能够及时做个自我了断。

这次举国突袭，收获颇为丰厚。

按照匈奴的习俗，每逢激战，凡是斩杀或俘虏敌军，赏赐好酒一壶，并且战利品不必归公，抢来的财物归个人所有，抓到的俘虏也归个人处置。这样的“绩效考核制度”，够简单够刺激，匈奴骑士个个拼命。

破灭东胡归来，冒顿单于意犹未尽。他的鸣镝西射，赶跑了当年把自己扣为人质的月氏，畅快地一吐积聚的怨气。

鞭敲金镫响，人唱凯歌还。几杯得胜酒下肚，冒顿单于又惦记上了南方的土地、财物与佳人。要不怎么说，狼子野心，贪得无厌呢。

当初，陈胜、吴广起兵反秦，戍守长城的将士一哄而散，逃归家乡。头曼单于趁机收复了黄河沿岸的部分失地，却也没有继续南进。

到了冒顿篡位之际，刘邦正与项羽厮杀得热火朝天，时而摆下鸿门宴，时而对峙楚河汉界，时而唱起垓下楚歌。为了争夺皇帝宝座，刘邦全力以赴，连亲爹被项羽架在鼎上作势烹煮都不管不顾，哪里有闲暇与冒顿单于叫板。

趁此良机，冒顿单于挥刀南侵，先是吞并了楼烦、白羊河南王。这个“河南",也就是我们前面讲过的,秦朝大将蒙恬从头曼单于手里夺取的内蒙古河套地区。其后,"秦失其鹿,天下共逐之",楼烦与白羊王趁着中原各股势力乱哄哄地互殴,把河套地区据为己有。没承想,屁股还没坐稳,这块地方又被冒顿单于夺去了。

冒顿单于完全收复了匈奴故地,喜不自禁,看到刘邦与项羽还在厮杀,索性把国界又向南推进,直抵朝那、肤施,也就是如今的宁夏固原、陕西榆林一带,并且还对过去的燕、代之地,也就是如今的河北、山西北部地区,动手动脚。

中原的内战,往往成为北方游牧民族崛起及南侵的契机:楚汉相争成就了匈奴的强盛,西晋的"八王之乱"诱发了"五胡乱华",李闯王逼得崇祯皇帝自缢煤山而使满洲铁骑趁虚攻入了山海关……

匈奴有着自己的语言,却没有形成自己的文字。从先祖淳维直到头曼单于,历经一千余年,匈奴势力时大时小,部族或聚或散,时代既已久远,又无文字记载,其世系、官职及祭典等茫然不可追寻。

待到冒顿雄起于草原,拥有"控弦之士三十余万",使得中原王朝再也无法轻视这股强悍的力量。他们用自己的笔墨与文字,从司马迁的《史记》开始,辟出专门的篇幅,替匈奴立传。

真正的强者,不必自我吹嘘,就连敌手也会为其传名的。

北方的游牧民族,凡有问鼎中原野心的枭雄,必先极力向北吞并,纵使打不到北冰洋,起码也得打到贝加尔湖。就如草原苍狼打算发起一场大规模围猎,必先扫荡周边的狼群,一是为了独占猎物,二是为了解除后顾之忧。否则,前门打虎,后门进狼,那可就惨了。

冒顿单于虽然没有听说"天下大势,合久必分,分久必合"的至理名言,却也明白中原终将结束战乱、终将走向强大,留给自己的良机并不很多,于是马不停蹄地向着北方的游牧民族发起一波接一波的猛攻。

浑庾、屈射、丁零、鬲昆、薪犁诸国,先后臣服于匈奴。

冒顿单于,成为雄霸北方大漠的狼王之王。

《汉书·匈奴传(上)》记载:单于姓挛鞮氏,其国称之曰"撑犁孤涂单于”。匈奴称天为“撑犁”，称子为“孤涂”，单于者，广大之貌也，言其像天单于然也。

也就是说，单于相当于“大天子”的意思。冒顿，配得上这个称号。

志得意满的冒顿单于，手执弯弓，向着刘邦刚刚建立的汉朝，射出了一枝鸣镝……

四

《汉书》记载：“昔高祖定天下，功臣异姓而王者八国。张耳、吴芮、彭越、黥布、臧荼、卢绾与两韩信。”

也就是说，汉高祖刘邦初定天下，分封异姓诸侯八人：张耳、吴芮、彭越、黥布、臧荼、卢绾与两韩信。其中，“两韩信”，一位是那位曾受胯下之辱而又将兵多多益善的楚王韩信（后来被贬为淮阴侯），另一位则是世人少知的韩王韩信。

按照《史记·韩信卢绾列传》的说法，这位韩王韩信，本是战国时期韩襄王的孙子，身高八尺五寸。汉代的八尺五寸，折合如今身高多少呢？《三国志·诸葛亮传》记载，诸葛亮“身长八尺”。学者考证，诸葛亮身高约为如今的 1.84 米，是位玉树临风的大帅哥。那么，韩王韩信的身高约为 1.96 米，可谓威武雄壮了。

为了区分两位韩信，我们且将这位韩王韩信按照惯例称为韩王信。

对付恶狼一般的匈奴，就需要韩王信这样的猛将！

因此，刘邦将他安置在太原以北，驻军晋阳，以抵御匈奴的侵扰。不久，韩王信上书：“我的封国靠近北疆，匈奴屡次劫掠，却苦于晋阳离边境太远，无法及时反击。我请求移驻马邑，寻找时机，给他们来个当头一棒！”

刘邦一看，哎呀，这份主动为国分忧的壮志雄心实在可贵，连忙应允。

“大风起兮云风扬，安得猛士兮守四方！”有了韩王信戍守边关，刘邦睡觉也安稳香甜了许多。

这年秋天，匈奴再次前来袭扰。早就听说韩王信是员猛将，冒顿单于岂敢轻敌,大征匈奴人马,以绝对优势的兵力,重重包围马邑。然而,令冒顿单于没有料到的是,韩王信并未出兵相抗,而是频频派遣使者前来求和。莫非是故意示弱的诈兵之计?

此际,一名投降匈奴的汉军讲起当年项羽围攻荥阳之事:此战,楚军攻势甚急,汉军粮绝,眼看荥阳难守,汉将纪信假扮刘邦,大开东门投降。见此情形,楚军纷纷围上来看热闹,守备松懈,刘邦趁机从西门溜走。眼瞅着煮熟的鸭子飞了,项羽勃然大怒,当即火焚纪信。其后,项羽又率兵攻下荥阳,烹周苛、杀枞公,唯独这位韩王信屈膝投降,保存了一条性命。不久,他又寻个机会,偷偷逃归刘邦。

原来如此。冒顿心中暗喜,这位汉朝大将也不过是虚张声势,所谓外强中干呀!

就在匈奴围困马邑之际,刘邦发兵救援,并听闻韩王信与匈奴往来信使勾勾搭搭的情形,心存疑惑,派人责问韩王信。韩王信非常恐惧,索性一不做二不休,率兵反叛,以马邑为献降的礼物,勾结冒顿单于,合兵攻打太原。

刘邦听说此事, 气得七窍生烟, 扯着嗓子逐个问候了韩王信的八辈祖宗,随后亲自率兵征讨叛军,在铜鞮击溃韩王信的部队,并且斩杀其大将王喜。韩王信见势不妙,如丧家之犬一般逃往匈奴。

看到主帅韩王信已逃,他的部下白土人(白土,县名,属上郡)曼丘臣、王黄等收集溃兵,拥立赵王的苗裔赵利为王,打算做番乱世霸业。不过,他们也自知势单力薄,尚不足以染指中原,于是先与老领导韩王信取得联系,再与老领导背后的靠山冒顿单于结成联盟,共同谋划攻打汉朝。

冒顿单于得到汉军降将相助,很是兴奋,派遣左右贤王率领万余精锐骑兵,与王黄等人会师广武以南。左贤王、右贤王,坐着匈奴帝国的第二、第三把交椅,位高权重。此次联合出击,可见冒顿单于寄予着许多期望。

匈奴骑兵与汉朝叛军,越过句注(句注山,在山西省代县西北),向晋阳发起攻击,结果被汉军打得溃不成兵。他们好不容易逃到离石,还未等站稳脚跟,又被追袭而来的汉军打得抱头鼠窜。

为何败得这么惨呢?

匈奴骑兵向来擅长运动战与游击战，此次基本是攻坚战与阵地战，面对汉朝军队的数量优势，他们不愿正面抗衡，充分发挥了自己来去如风的速度优势，把联合出击的汉朝叛军甩在身后，溜之大吉了。汉朝叛军一看靠山先跑了，自己也不甘落后，拼了命地奔逃。

要么说，联合作战必须进行事先演练，彼此摸清脾性了，才能配合得来。你看，美国每年要与盟国举行多少场的军事演习，不惜消耗巨量的弹药与燃料，就是为了摸清盟友的底儿，以免临战之时被猪队友坑得措手不及。

匈奴好不容易喘过来气，在楼烦（雁门郡楼烦县）西北集结兵力，刘邦又派战车与骑兵部队如疾风雷暴般发起攻击，再次将其击溃。

匈奴屡战屡败，汉军士气大振，趁胜追击。派出的前哨部队，探知冒顿单于驻扎于代谷（今山西省繁峙县至原平市一带），督军作战。而此时，汉高祖刘邦也正在晋阳督战，听说与冒顿单于相距不远，便派出使者前去质问。

双方交锋，往往互派使者，一是试探关系能不能有所缓和，二是刺探对方的虚实。这个有些类似如今军事热线的作用。朝鲜与美国每次闹崩，就先关闭军事热线，为的就是让对方摸不清自己的下一步举措，心里发慌。

当汉朝使者来到匈奴地界，“匈奴匿其壮士肥牛马，但见老弱及羸畜”。刘邦何等人物，那也是出了名的老狐狸，又陆续派出多批使者，嘱咐务必留心打探。结果，“使者十辈来，皆言匈奴可击”。

刘邦还是放心不下，派了刘敬出使匈奴。刘敬到了那里一看，果然与那些使者回来汇报的情形一模一样。他忙不迭地返回，做了一番分析：“两个国家剑拔弩张，本应该耀武扬威。如今，我出使匈奴，看到的却尽是些老弱病残，这分明是故意示弱，隐藏精锐，欲出奇兵。我个人以为，不能与匈奴发生战事。”

此时，汉军已经雄纠纠气昂昂地越过句注，只等着攻击令的下达了。听到刘敬如此异类的汇报，刘邦破口大骂：“孬种，凭借两片嘴捞得官做，如今竟敢胡言乱语，扰乱国家大事。”随即，手铐脚镣侍候，把刘敬囚禁起来。

除了项羽，刘邦怯过谁？眼看匈奴如此孱弱，他怎肯错过铁锤砸鸡蛋的良机。

兵者，凶也。这年冬天出奇的寒冷，白毛风横扫，大暴雪肆虐，穿着厚厚皮毛的匈奴人尚且冻得瑟瑟发抖。可怜这些从南方而来的汉军将士，冻掉手指的有十之二三。

《史记·匈奴列传》记载，“冒顿单于佯装败走，引诱汉军追击。败退途中，冒顿单于把精兵隐藏起来，只让汉军见到那些羸弱不堪的士兵。于是，汉朝军队全力攻击，以步兵为主，多达三十二万，一路向北狂追。汉高祖刘邦骑着骏马，跑得挺快，先到了平城，而步兵主力则被远远地甩在后面。未曾料到，汉高祖刘邦中了匈奴诱敌深入的计策。冒顿单于亲自率领精锐骑兵四十万，把刘邦所率前锋部队团团包围在了白登山上。

平城，位于山西大同附近；白登，就是大同东北的马铺山。

整整七天，被围困的汉军得不到增援，粮食袋子空空如也，连喂马的饲料都被那些高级及中级将领们抢着吃光了。汉军将士饿得头昏眼花，双手几乎没有力气拉开弓弦。

《汉书·匈奴传(上)》记录了当年的一首歌谣：“平城之下亦诚苦，七日不食，不能彀弩。”

刘邦也饿得够戗，站在白登山上眺望敌情：向西看，全是白马；向东看，全是青马；向北看，全是黑马；向南看，全是红马。这个冒顿单于，逮住机会，很是一通臭显摆！

五

夜风，凛冽。

白登山下，匈奴大营的篝火忽明忽暗，延向远方，直与夜幕星辰相接，一派璀璨。

呆呆地望了一阵儿，汉高祖刘邦的视线渐渐模糊，篝火与星辰混作一团，仿佛一锅热腾腾的糜粥。肚子里叽里咕噜地响过，刘邦回过神来，习惯性地想要开口叫骂，借以掩饰自己的失态。然而，他的下巴冻得有些僵硬，舌头也有些不听使唤，只能支支吾吾地哼几声，骂得很不畅快。

恰在此时,有人前来拜见,刘邦斜着眼一看,原来是陈平,心中不由燃起了几分希望。

这个陈平,计谋多端。当年,刘邦被项羽重兵围困于荥阳,粮断援绝,眼看就要成为瓮中之鳖。正是陈平出谋划策,先使了一个“离间计”,除掉了项羽的得力谋士范增,再来一个“瞒天过海”,黑夜之际从东门派出二千名女子,任由楚军四面围攻争抢,他陪着刘邦等数十骑乘机从西门溜走。

《史记·陈丞相世家》记载:“高帝用陈平奇计,使单于阏氏,围以得开。高帝既出,其计祕,世莫得闻。”

白登之围,汉高祖刘邦采用了陈平的计谋,派人游说单于阏氏,“靠裙带关系,走夫人路线”,竟然使得冒顿单于网开一面。汉高祖既已脱逃笼网,却严密保守这条奇计,世人难知其详。

估计,这个计谋是有些不光彩的地方,见不得人,难以启齿。

在点校本《史记·陈丞相世家》之中,有着这样一种解释:陈平派人面见冒顿单于阏氏,极力夸赞汉朝有一位绝色美女,长得神仙见了都流口水。如今,为了化解白登之围,已经秘密派人前去都城长安迎接,准备献给单于。想必单于见了我们这位美女,也定然魂不守舍,就会日渐疏远您。如果您能在单于面前多多美言,放我们回去,那位美女就不送来了。如果形势依旧危急,美女肯定送到,到时候您可就多了一个眼中钉、肉中刺了。

这种解释,出自东汉名家桓谭所著的《新论》。这种做法击中了女人的要害,常被后世津津乐道。然而,是非对错,见仁见智而已。

《史记·匈奴列传》与《汉书·匈奴传(上)》都是这样记载的。汉高祖刘邦派遣使者秘密地送给阏氏很多礼物,阏氏就对冒顿说:“两方的君王不应相互围困。如果得到汉朝的土地,单于终究还是不能在那里居住的。而且汉王也有神的帮助,希望单于认真考虑这件事。”

恰在此时,冒顿单于与韩王信的部将王黄、赵利等人相约会师,想共同擒获刘邦。或许,冒顿单于听说垓下的四面楚歌曾经使得西楚霸王项羽兵败如山倒,这次也想让王黄、赵利等人来个四面“汉”歌,扰乱白登山上守军的人心,逼得刘邦跑到黄河边上自刎。

然而,王黄、赵利等人迟迟没有露面。冒顿单于何许人也,时时保持警惕之心,心里嘀咕:"汉人反复无常,王黄、赵利这几个家伙音讯全无,不会是又与汉朝援军勾结起来,想从背后偷袭我吧?"

反正,冒顿单于决定要把眼看到手的猎物放生了。他命令匈奴骑兵闪开一条道路,然后招呼刘邦离开。刘邦此时已经饿得没有多少力气了,勉强爬上马背,指挥汉军将士把箭搭在弓上,再把弓弦拉满,快速从匈奴骑兵让开的通道冲出。

总算逃出生天了,刘邦长嘘一口气,外围救援不力的汉军将士这时也赶来会合,高呼万岁。刘邦瞅着带队的大将樊哙,就是那位在鸿门宴上啃生猪肘的猛士,满腔怨气就不打一处来,嘴唇翕动了几下,不过实在没有力气字正腔圆地大骂了,只好作罢。

《史记·匈奴列传》与《汉书·匈奴传(上)》记载道:"冒顿遂引兵而去,汉亦引兵而罢,使刘敬结和亲之约。"

剑拔弩张的匈奴与汉朝,和和气气地罢兵而归,"结和亲之约",仇敌要做盟友了。当然,结交匈奴作为盟友,是要花费大笔银子的,特别是单于阏氏对于汉朝的丝绸很有好感。

讲到和亲,许多人就会想到"昭君出塞""文成公主与松赞干布",仿佛和亲必定就是缔结姻亲。其实,历史之上两国和亲,不一定非得嫁娶,结为盟友,也是其中的一种方式。

逃脱白登之围,刘邦狠狠地饱餐数顿,也狠狠地反思了一番。回到广武,他先把刘敬的手铐脚镣打开,面带愧色地说道:"我没有听从你的良言,致使被困。之前出使匈奴而进言可击者,我都处决了。"刘邦还赐给刘敬二千户的食邑,封他为关内侯,号为建信侯。

刘敬受命出使匈奴,缔结盟约。冒顿单于一看,哦,那位能够识破虚实底细的汉人又来了。能人啊,得敬重呀!酒喝得痛快,银子给得痛快,盟约也签订得痛快。

白登解围之后,韩王信就死心塌地归降了匈奴,做了一员大将。为了向新主人表示效忠,他多次与赵利、王黄等人,背弃刘敬与匈奴缔结的盟约,出兵侵扰掠夺汉朝代郡、云中郡。

汉朝遣使责问匈奴，冒顿单于一脸无辜："你看，我稳坐草原大帐之中，连阴山以南都很少去，怎会背弃咱们两家的盟约呢？一定是那几位汉人降将在作乱，唉，汉人性情奸诈，反复无常，我实在管束不了呀。"一方面推脱责任，一方面又连损带骂。

这一时期，汉朝国势衰弱，外敌觊觎，手下部将各怀野心，"降兵如潮，降将如毛"。

冒顿单于看到汉朝软弱可欺，渐渐不把盟约放在心上了，不仅纵容汉人降将前往汉朝边塞烧杀抢掠，自己也常常侵扰代郡等地劫点儿小财。

刘敬心忧国事，又找汉高祖刘邦上奏了："汉朝天下初定，将士疲倦不堪，对于匈奴无法用武力征服。冒顿这个家伙，鸣镝弑父，又把亲爹的姬妾纳为己有，以力为威，无法用仁义说服。我们只能从长计议，让匈奴的后代子孙臣服于汉朝。不过，我担心您无法依计行事。"

刘邦正为匈奴的事情头痛呢，一听刘敬有个办法，连忙表态："果真可行的话，怎么会不依计行事呢？到底是何妙计，讲来听听。"

刘敬答道："陛下应该把长公主（皇后所生长女）嫁给冒顿，并且陪送丰厚的嫁妆。冒顿见您如此抬举他，一定甚为感动，就会把长公主立为大阏氏。大阏氏的地位相当于本朝的皇后，生子必为太子，将来那是要接替单于之位的。冒顿为何要这么做呢？因为匈奴物资匮乏，太需要汉朝的丰厚财礼了。陛下以汉朝所富余之财物去满足匈奴所索求之贪欲，一年数次，同时再派遣能言善辩之士以华夏道德向其晓谕礼节，潜移默化。冒顿活着，当然是您的女婿；冒顿死了，那您的外孙就要继承单于之位了。哪里听说外孙与外祖父分庭抗礼的呢？这样一来，无需动用武力，就可以使匈奴逐渐臣服了。如果陛下不舍长公主远嫁，而是让宗室之女甚至是后宫女子诈称长公主，冒顿身边汉人降将众多，必然知晓，那他定会敷衍地应付汉朝，所嫁汉女不可能成为大阏氏，此计也就落空了。"

借助姻亲关系，而使两国结为睦邻，自古有之。远的不说，春秋时期不就有那有名的"秦晋之好"吗？

刘邦什么态度呢？

高帝曰：“善。”(《史记·刘敬叔孙通列传》)

皇帝嘛，往往以江山社稷为重，儿女情长为轻的。当年，刘邦被项羽楚军追得狼狈奔逃，为了减轻乘车负担，竟将儿子刘盈(后为汉惠帝)与女儿刘乐(后为鲁元公主)一脚一个，统统踹下车去。再当年，头曼单于不也把冒顿送往月氏，明着是去当人质，实际上是要借刀杀人。

然而，刘邦的糟糠之妻——皇后吕雉，坚决反对。

吕后日夜哭泣，曰：“妾唯太子、一女，奈何弃之匈奴！”(《史记·刘敬叔孙通列传》)

刘邦虽然身为皇帝，也有几分怕老婆。看到老婆哭得如此悲切，心也软得像刚出锅的豆腐，只好选了一位宗室公主，冠以“长公主”的称号，偷梁换柱，远嫁匈奴。

六

此次，出使匈奴及缔结和亲的重任，又当仁不让地落到了刘敬头上。

刘敬心里有气呀！当初，献上和亲之计，他曾经特意指出：“若陛下不能遣长公主，而令宗室及后宫诈称公主，彼亦知，不肯贵近，无益也。”这就是在劝刘邦——舍不得孩子，套不住狼。偏偏刘邦被枕边风吹昏了头，取其虚而避其实，把千秋大计抛在了脑后。

然而，皇帝之命不可违，刘敬只得满面春风地前往匈奴，面见冒顿单于，向他贺喜。

看到汉朝公主容颜娇美、陪送嫁妆丰厚，并且刘邦还答应“岁奉匈奴絮缯酒米食物各有数”，不但这次结婚有陪嫁，每年还会奉上相当可观的厚礼，冒顿很是欢喜，热情款待刘敬等娘家人，并当即封汉朝公主为阏氏。然而，单于的阏氏众多，和亲的公主不能成为大阏氏，所生之子基本是无缘继承单于之位的。刘敬暗自叹息，举着金杯咽下了一口没有滋味的酒。

冒顿单于表示，从此之后，匈奴与汉朝结为兄弟之亲。这家伙不傻，你刘邦要是把亲生女儿嫁给我，就是我的老丈人了，咱们是翁婿之亲；但你刘邦把个宗室公主嫁给我，诚意不够，对不起，咱们就是兄弟之亲了。

不过，毕竟结了姻亲，又有每年必到的丰厚赠礼，冒顿单于对于汉朝边境的劫掠也就收敛了许多。

然而，没过几年消停日子，燕王卢绾反叛，率领手下归降匈奴。冒顿单于并没有把卢绾押解给汉朝，而是封其为“东胡庐王”，显然没把“兄弟”刘邦放在眼里。可见，此番和亲，功效并不大。

匈奴与汉朝不同，只给封官，不管俸禄。“东胡庐王”卢绾要想活得像从前那样滋润，只能不断出兵入关，抢夺汉朝财物，搅扰得上谷郡以东，民不聊生。

公元前 195 年，汉高祖刘邦驾崩，16 岁的刘盈继承皇位。然而，由于刘盈仁弱，朝廷大权实际掌控于刘盈那位强势的母亲——吕后(吕雉)手中。

看到汉朝幼主即位、女人擅权，作为“兄弟之邦”匈奴的单于，冒顿很是操心，派遣使者给吕后送来一封信。

信中写道：“孤偾之君，生于沮泽之中，长于平野牛马之域，数至边境，愿游中国。陛下独立，孤偾独居。两主不乐，无以自虞，愿以所有，易其所无。”

大致意思是：我这个孤独无依的国王，生在荒山草泽之中，长在平野放牧牛羊的地方，多次亲临边境，想着要到中原去游玩。你独身守寡，我也一个人住着。我们两个国君都寂寞得很，没有什么可以娱乐的，我想用我有的东西，向你换取我所没有的。

嗯，是一封情书，一封求婚信。

准确地说，这是一封轻佻的情书，一封满纸谎言的求婚信。

吕后守寡是实情，冒顿单于独居则是胡说八道了，草原大帐之中阏氏众多，其中还有汉朝嫁过去的那位宗室公主。花花公子，自称是个寂寞的单身汉，与其说是欺骗，不如说是轻薄的炫耀。特别是那句“愿以所有，易其所无”，被许多学者解读为“性暗示”。

是可忍，孰不可忍！

吕后勃然大怒，立即召集丞相陈平及大将樊哙、季布等人，商议斩杀匈奴使者,派遣大兵,攻打那位粗俗无礼的冒顿单于。

樊哙,娶的是吕后的妹妹吕媭,是刘邦的连襟,也是吕后的妹夫。

看到大姨子受此侮辱,樊哙当即挺身而出:"臣愿得十万众,横行匈奴中。"吕后深知这位妹夫勇有余而谋不足,暂且把他撇在一边,又向季布问计。

这个季布,被人称誉"得黄金百斤,不如得季布一诺"。"一诺千金"就是由他而来的。季布性情直爽,听到吕后询问,大声嚷道:"该把樊哙斩了!当年,汉高祖被匈奴围困于白登山,饿得前胸贴后背,樊哙率领援兵三十二万,苦战七天,不能解围。今天,又说要率兵十万横行匈奴,吹牛皮吧!"随后,季布又给吕后宽心:"您大人有大量,没有必要和匈奴斤斤计较。"

吕后心里一琢磨,如今我大权独揽,汉高祖旧臣很有几个不服气的,在剪除这几个老家伙之前,还是与匈奴保持和平为好。于是,吕后就坡下驴,曰:"善。"

有来不往,非礼也。吕后强压怒气,给冒顿单于回了一封信:"单于不忘弊邑,赐之以书,弊邑恐惧。退而自图,年老气衰,发齿堕落,行步失度,单于过听,不足以自污。弊邑无罪,宜在见赦。窃有御车二乘,马二驷,以奉常驾。"

大致意思是:单于没有忘掉我们这破败的国家,以书信赏赐我们,我们很惶恐。退朝后自己思虑,我年老气衰,头发、牙齿脱落,走路也走不稳,单于听别人虚赞了,不值得您降低身份折辱自己。敝国没有什么罪过,应该被宽恕。我有两辆御车,驾车的马八匹,奉送给您平常乘坐。

素来专横跋扈的吕后,居然以如此卑微的态度回应冒顿单于。估计读了此信之后,汉朝降将定会长叹一声,进而追忆起汉高祖刘邦骂人的风采了。

冒顿单于也深有感触,派遣使臣前来致歉:"未尝闻中国礼义,陛下幸而赦之。"

于是,双方握手言和。"因献马,遂和亲。"(《汉书·匈奴传(上)》)

公元前180年,吕后去世,汉文帝刘恒继承汉家天下。中国历史上有名的"文景之治",就是由刘恒开启的,鼎盛之时,"京师之钱累巨万,贯朽而不可校;太仓之粟,陈陈相因,充溢露积于外,至腐败不可食"《史记·平准书》。

当时,匈奴冒顿单于横行于北方大漠,正如他写给汉文帝的一封信中所说:“以天之福,吏卒良,马力强,以灭夷月氏,尽斩杀降下定之。楼兰、乌孙、呼揭及其旁二十六国皆已为匈奴。诸引弓之民并为一家,北州以定。”

南方,是汉家的王朝;北方,则是匈奴的天下。

汉文帝刘恒推行“无为而治”的道家策略,急欲“休养生息”,不愿与匈奴兵戈相争。而冒顿单于也正忙于巩固其在北方的统治权威,不愿与汉朝发生大规模冲突,并且也很享受“和亲”带来的丰厚礼物。

正当此时,匈奴右贤王挑起了事端,“入居河南地,侵盗上郡葆塞蛮夷,杀略人民”(《史记·匈奴列传》)。

不愿惹事的汉文帝刘恒并不是孬种,他先是节制怒气,再是礼让三分,然后派遣丞相灌婴率领车骑八万五千人,反击匈奴右贤王。右贤王没有想到软弱的汉朝居然敢还手,而且打仗还不要命,连惊带吓跑回了草原。

这回该汉朝出次风头了,汉文帝亲临太原,布置军事,决意要给右贤王点儿苦头尝尝。正当紧锣密鼓之际,济北王刘兴居发动叛乱,汉文帝只得回师平叛,放过了匈奴右贤王。

汉文帝刘恒向来以谦谦君子的形象示人,原来也有如此血性方刚的性情,不仅让匈奴右贤王认清了形势,也让冒顿单于感到敬佩。

敬佩之余,冒顿单于就给汉文帝写了一封信:“天所立匈奴大单于敬问皇帝平安无恙。先前的时候,皇帝您说到和亲的事情,与来信的意思一样,双方都很高兴。汉朝的边境官吏侵犯侮辱右贤王,右贤王不向我请示,听从了后义卢侯难氏(匈奴官名)的意见,与汉朝官吏结仇,断绝了我们两国君主的和约,割离了两国兄弟的情谊。皇帝您责备我们的书信两次送来,我派使者带信去回答,使者没有归来,汉朝的使者也不到匈奴来了。汉朝因为这个缘故不与我们和好,我们作为邻国也不得归附。现在,由于小吏破坏了和约,我惩罚右贤王,派他到西方去寻找月氏并予以攻击。”

这番语气,与当年写给吕后的书信,那是截然不同了,肯定是有汉人帮助反复润色过的,有理有据、有礼有节。

接着,冒顿单于又表达了和睦相处的良好寄语:“愿寝兵休士卒养马,除前事,复故约,以安边民,以应始古,使少者得成其长,老者安其处,世世平乐。"为了表达敬意,冒顿单于让送信使臣随同献上私人礼物"橐驼一匹,骑马二匹,驾二驷"。

汉文帝接到来信,深为嘉许。同时,他也明白冒顿单于正在大漠眼巴巴期待着什么。

匈奴信使复命之时,带回了汉文帝回馈冒顿单于的私人礼物:服绣袷绮衣、长襦、锦袍各一,比疏一,黄金饬具带一,黄金犀毗一,绣十匹,锦二十匹,赤绨、绿缯各四十匹。

此后,匈奴与汉朝基本保持和平大势。汉文帝得以免除后顾之忧,实现治国抱负,而冒顿单于也不再顾忌汉朝抄其后路,全力征服北方游牧民族,将匈奴霸业推向极盛时期。

可惜,与汉文帝惺惺相惜未久,草原苍狼冒顿单于便魂归长生天。

此后,匈奴与汉朝,再次走向了干戈与玉帛的轮回……

“威震匈奴”汉武帝

一

据说，这位西汉王朝的第七任皇帝，起初叫作刘彘。

彘，就是猪的意思。

当年，鸿门宴上，刀剑乱舞，裹挟着一团杀气，奔向刘邦的脑袋，越来越近。紧急关头，樊哙手持盾牌，闯入军门，遮护刘邦。项羽没有怪罪，反而赞其勇猛，赏赐一个彘肩，也就是生猪肘子。樊哙也不客气，接了过来，放在盾牌之上，拔剑切肉，硬生生地吞咽。

在常人的意识之中，猪并不是一种聪明的动物，甚至有些蠢笨。

那两册被鲁迅先生称为“汉人小说”的《汉武帝故事》《汉武帝内传》，相传是由东汉史学家班固所作，却有不少情节是班固《汉书》里所没有记载的。这些颇具传奇色彩的情节，远比正史有趣得多，因此广为流传。

遥想当年，汉景帝的夫人王娡有孕，梦到太阳入怀，视为贵兆。不久，汉高祖刘邦又给汉景帝托了一个梦：“王夫人生子，可名为彘。”

估计，汉景帝也不太中意这个“彘”字。可是，祖宗托梦，不得不从呀。

然而，刘彘的名字虽显蠢笨，但他却是天生聪颖过人，慧悟洞彻，进退自如。

三岁的时候，汉景帝把他抱在膝上，笑着问道：“乐为天子否？”按说，刘彘是汉景帝的第十个儿子，母亲又并非皇后，论资排辈，他当皇帝的希望很是渺茫。这句话，不过是汉景帝的随口戏问。刘彘答道：“由天不由儿。愿每日居宫垣，在陛下前戏弄。”委委婉婉，既表达了孝顺之情，又说出了想当皇帝的心思。

四岁的时候，汉景帝的姐姐馆陶公主刘嫖，也就是刘彘的姑妈，把他抱在膝上，指着自己的女儿陈阿娇，笑着问道：“阿娇好否？”据说，刘彘的这位小表姐，生得甜美妩媚，楚楚动人，是个美人胚子。听到姑母戏问，刘彘答道：“好，若得阿娇作妇，当作金屋贮之。”这句话，就是“金屋藏娇”典故的由来。长公主刘嫖闻言大喜，随即订下这门亲事。此后，这位准丈母娘百般运作，一心想把自己未来的女婿刘彘扶上皇帝宝座。

小小的刘彘，不仅嘴巴抹了蜜糖，学识也很出众。某天，汉景帝把他抱到书案之前，考问所读书籍。“乃诵伏羲以来，群圣所录，阴阳诊候，及龙图龟策数万言，无一字遗落。”唉呀，简直就是神童！放在如今，可以直接去读北京大学研究生了。

七岁的时候，由于刘彘“圣彻过人”，汉景帝索性将其改名为“刘彻”。

名字一改，好运气更是挡都挡不住了。

不久，汉景帝废黜了没有子嗣的薄皇后，转立王娡为皇后，刘彻随之荣膺太子之位。

后元三年(前 141 年)正月，汉景帝病重，自知不久于人世。思虑再三，汉景帝强打精神，亲自为皇太子刘彻举行了加冠典礼。按理来说，古代男子二十岁行加冠礼，表示成年。当时，刘彻年仅十六岁，还未到加冠的年纪。汉景帝此举，是向众人表达自己对刘彻的坚定支持，某种程度上说，也算是托孤。

“正月甲寅，皇太子冠。”(《史记·孝景本纪》)

建元元年(前 140 年)，十七岁的刘彻即位，太子妃陈阿娇喜不自禁地戴上了皇后金冠。本来无缘天子之位的刘彻，能够侥幸坐上皇帝宝座，他的丈母娘刘嫖出力不少。因此，阿娇皇后擅宠骄贵，想要独占后宫恩泽。不过，汉武帝刘彻可不是一个“耙耳朵”，没有被丈母娘和老婆的气势压服，多情的恩泽雨露，甚至洒向了宫墙之外。

生性骄横善妒的陈阿娇听闻汉武帝移情别恋的讯息，气得暴跳如雷，多次寻死觅活，几乎丧了性命。正如司马迁《史记·外戚世家》所写的：“恚，几死者数矣。”

当初发誓金屋藏娇，转眼视为陌路之人，怪不得有那么一句话：“男人靠得住，猪都会爬树。”联想起来，汉武帝曾经叫作刘彘，这句怨言莫非是自他而来的？

那么，又是何人令汉武帝神魂颠倒，打翻了陈阿娇的醋坛子？

二

建元二年（前 139 年）三月，野草吐绿，春意盎然。

十八岁的汉武帝刘彻依照惯例，前往霸上祭祀先祖，祈福除灾。

这个霸上，也称为灞上。秦朝末年，汉高祖刘邦还被称为沛公的时候，曾在此地，与西楚霸王项羽对峙。那场有名的鸿门宴，就是在这里摆开的。

后来，霸上改了一个新名称，叫作白鹿原，沿袭至今。由于陈忠实先生所著《白鹿原》极有名气，霸上这个旧名，几乎被淹没了。

在文化潮流之中，枯燥的史书总是比不上通俗而精彩的小说。这不仅表现于霸上与白鹿原，读过《三国演义》的人，可能要以亿来计数，读过《三国志》的人，却只能以万来计数了。

返回京城途中，汉武帝刘彻顺路去看望了平阳公主。

平阳公主是汉景帝刘启与皇后王娡的长女，是汉武帝刘彻的亲姐姐，也是皇后陈阿娇的表姐兼大姑子。史书之上，并没有留下平阳公主的名字。封建时代，女性的社会地位极低，就算贵为公主，也难得留名。

在未嫁之时，刘彻的这位姐姐曾被封为阳信公主。嫁给汉朝开国功臣曹参的曾孙平阳侯曹寿（也称曹时）之后，她随着夫家的封邑，改称为平阳公主。

平阳公主是位擅长交际的人物，精心挑选了十余名美貌聪颖的良家女子，养在侯府之中，作为交际花，陪侍往来佳宾，为丈夫曹寿的事业助力。有些场合，石榴裙的效力远胜于黄金。

这天，平阳公主热情招待了皇帝弟弟。丰盛的筵席之上，交际花们莺声燕语，百般妩媚，汉武帝却正襟危坐，全然不理。这番神情，激起了姐姐平阳公主的斗志，她是看着刘彻长大的，自然知道这位弟弟的软肋在哪里。

酒过三巡，平阳公主轻抚手掌，唤出“讴者”，也就是歌女。一曲歌罢，汉武帝刘彻眼睛呆呆地盯着其中的一位婀娜女子。两曲歌罢，汉武帝方才稍微缓过神来。三曲歌罢，汉武帝起身，前去“更衣”，也就是去洗手间方便。

侯府的洗手间，就连名称也是高端时尚的，叫作尚衣轩。就在尚衣轩里，汉武帝刘彻“临幸”了那位令他眼睛发直的歌女，地方虽然有些特别，感情却很炽烈。

一番云雨之后，汉武帝刘彻笑盈盈地回到筵席之上，赏赐平阳公主黄金千斤。平阳公主起身谢恩，随后极力称赞那位歌女卫子夫，希望弟弟能够把她接入皇宫之内。那个时候，汉武帝刘彻刚刚十八岁，还没有修炼到肉欲与情感分离的地步，点头应允。平阳公主亲自送卫子夫上了车，并且轻拊其背，嘱咐：“入宫去吧！务必珍重、务必勉力。将来若是富贵了，不要忘记我的引荐之功呀！”

然而，在尚衣轩内临幸卫子夫，不过是汉武帝刘彻的一时之兴。等到卫子夫入了皇宫，汉武帝忙着应付善妒而黏人的陈阿娇，竟把她抛在了脑后，独守寂寞一年有余。

建元三年（前 138 年），汉武帝下诏，将年迈体弱不中用的宫女释放出宫，任其归家或嫁人。卫子夫得见汉武帝，哭着请求将她也释放出宫回家。说来也怪，卫子夫梨花带雨的哀泣，竟引发了刘彻的怜爱之心，把她拥入怀中，重温当年的巫山云雨。

此番云雨，偶然播下了龙种，卫子夫因此“尊宠日隆”。（《史记·外戚世家》）

善妒的陈阿娇看到刘彻往卫子夫那里跑得越来越勤快，本已打翻了醋坛子，又听说卫子夫怀上龙种，更是火冒三丈。陈阿娇的母亲馆陶公主刘嫖向来强势，岂肯善罢甘休。于是，她派人绑架了卫子夫的弟弟卫青，打算来个“杀鸡儆猴”，用鲜血警告卫子夫，哪个才是后宫的主人。多亏了卫青平素喜欢结交，他的好友骑郎公孙敖率领壮士，将其抢夺回来。

汉武帝刘彻闻讯大怒，丈母娘刘嫖这番举动，阴狠毒辣，胆大妄为，倘若任其放肆，岂不是连皇帝也不放在眼里了？

不过，汉武帝已经初具政治智慧，没有当即反击姑妈兼丈母娘刘嫖及表妹兼老婆陈阿娇，她们的关系网错综复杂，不宜打草惊蛇。

汉武帝下诏，任命卫青为建章监，并加侍中。卫子夫的哥哥卫长君也跟着沾了光，也加为侍中，并且“赏赐数日间累千金”。(《史记·卫将军骠骑列传》)

卫子夫的长姐卫君孺嫁给太仆公孙贺，卫子夫的次姐卫少儿与汉朝开国功臣陈平的曾孙陈掌关系暧昧。因此，公孙贺与陈掌也跟着受到汉武帝的重用。当然，救了卫青的公孙敖，更是官运亨通。

“一人得道，鸡犬升天”，古话说得果然不假。

然而，“一山难容二虎”，后宫之中，明争暗斗，更趋激烈了。

三

汉武帝刘彻的薄情寡义令馆陶公主刘嫖痛心疾首，她曾经多次向侄女平阳公主抱怨：“不是我卖力奔波，刘彻如何能够登上皇帝宝座？如今，他志得意满，却将我们母女冷落一旁，真是忘本呀！”

此时，平阳公主看到自己引荐的卫子夫如日中天，正在期待着回报呢，于是不冷不热地答复：“阿娇未能生育龙种，所以失宠呀。”

一句话，击在心病之上，噎得刘嫖几乎喘不过气来。

陈阿娇也把失宠的原因归咎为自己不能生育。可是，花费了九千万的医疗费用，苦味的汤药尝了个遍，她也未能如愿。

《史记·外戚世家》记载：“陈皇后求子，与医钱凡九千万，然竟无子。”

其实，“无子”只是汉武帝刘彻疏远陈阿娇的一个借口罢了。

真正的原因，在于两人的性情是同样的骄横与霸道，只是恋己，不肯容人。纵使青梅竹马，也绝难有夫妻之间的相敬如宾，更谈不上琴瑟相谐了。

当初，汉武帝刘彻少年登基，掌握实权的是他的奶奶窦太后。老人家性格执拗,手段强硬,刘彻着实做了几年傀儡皇帝。直到建元六年(前 135 年)五月,窦太后去世,刘彻才真正成为皇帝。

自此,汉武帝刘彻始终高度警惕,牢牢捏紧权柄,不容他人染指,对于权贵集团更是心怀防备。

馆陶公主刘嫖的性情,像极了她的母亲窦太后,对于侄子兼女婿汉武帝的事业尤为热心,屡次指手画脚,惹得刘彻暗地里很不开心。

刘嫖的丈夫是汉朝开国功臣陈婴的孙子陈午,是个典型的高官子孙,在朝廷之中很有些影响力。陈午与刘嫖所生的小儿子陈蟜,被封为隆虑侯,娶了汉武帝的妹妹(史称隆虑公主)。

按理来说,刘家皇帝与陈家功臣,那是亲上套亲,结成了连环姻亲,陈阿娇的地位应该是无比稳固的。

无奈,汉武帝的疑心病很重,总是害怕别人觊觎他的皇帝宝座,对于老婆与丈母娘,不肯真正信任与依托。

其实,根据史书记载,陈阿娇虽然有些蛮横与嫉妒,对于卫子夫倒也没有特别的迫害行为。至少,比起西汉的吕雉与唐朝的武则天,手段还是稚嫩得很。

哦,卫青几乎死于后宫之争,不过,那是刘嫖干的事呀。

相比之下,卫子夫出身贫贱,有她陪在身边,汉武帝刘彻可以踏踏实实地睡觉。

元光五年(前 130 年),西汉后宫发生了一件大事。

《资治通鉴》记载:女巫楚服等人教唆陈皇后行厌胜之术,施用妇人媚道。事情暴露后,汉武帝命令张汤深入调查,竟然查出与此事牵连者三百余人,于是废陈皇后。

中国社科院博士后贾丽英认为:"媚道是一种致爱巫术,就是希望利用超自然的神秘力量来获取爱情。媚道的施术方式众多,但大致可分为三类:偶像攻击、祝诅、方技。"

一个失宠的女人,将命运寄托于巫术,企图重新夺回爱情。

最终,她得到的却是汉武帝颁下的诏书:"皇后失序,惑于巫祝,不可以承天命。其上玺绶，罢退居长门宫。”

这座长门宫，据说是馆陶公主刘嫖献给汉武帝的一所园林，却做了自己女儿的孤独居所。命运，总是曲折而离奇。

六百余年之后，南朝梁萧统编著了鼎鼎大名的《昭明文选》，其中收录了一篇《长门赋》。

《长门赋》序言：“孝武皇帝陈皇后，时得幸，颇妒。别在长门宫，愁闷悲思。闻蜀郡成都司马相如天下工为文，奉黄金百斤，为相如、文君取酒，因于解悲愁之辞。而相如为文以悟主上，陈皇后复得亲幸。”

据其所言，陈阿娇居长门宫，愁闷悲思，听说成都的司马相如是个辞赋名家，遂奉黄金百斤，请他写篇文章。司马相如的文章感动了汉武帝，陈阿娇重得宠幸。

然而，这篇文章疑点颇多。

“孝武皇帝”是汉武帝死后的谥号，而司马相如早于汉武帝 31 年去世，根本不可能提前知晓谥号。因此，《长门赋》的作者应该另有其人，只是由于司马相如颇有名气，伪托而已。

并且，汉武帝受到感动，与陈阿娇重修旧好，也与史书记载不符。

历史的真相是：陈阿娇居于长门宫，再未见过曾经许诺将她“金屋藏娇”的汉武帝刘彻。十余年之后，陈阿娇带着满腔愁怨离世，葬于霸陵郎官亭东。

可是，词赋与小说一样诱人，又把史书比了下去。历史，也随之再次模糊起来。

《长门赋》开骈体宫怨题材之先河，受到历代文学名家的赞赏，被誉为中国古代八大名赋之一。

长门也渐渐演化成古代诗词中“宫怨”“妇愁”“闺思”的代名词。

到了唐朝，那位善写爱情题材的李商隐，也赋诗一首，开了一个小小的玩笑，引出一些浅浅的疑问。

“花径逶迤柳巷深，小阑亭午啭春禽。相如解作长门赋，却用文君取酒金。”（唐·李商隐《戏题友人壁》）

四

遥想当年，汉高祖刘邦初定天下，意气风发。

然而，匈奴屡次侵犯边境，烧杀掳掠，丝毫没有把大汉帝国放在眼里。

见此情形，刘邦勃然大怒，派遣大将韩王韩信（史称韩王信）屯兵马邑重镇（今山西省朔州市朔城区），寻机讨伐。结果，韩王信失利，索性献了马邑，投降匈奴。

消息传来，刘邦气得咬牙切齿，随即亲率大军远征。几场小胜之后，刘邦得意地率领轻骑追击，却中了诱敌深入之计，被匈奴的铁骑重重围困于平城附近的白登山上。

“平城之下亦诚苦，七日不食，不能彀弩。”（《汉书·匈奴传》）

白登之围，汉高祖刘邦吃尽了苦头，几乎性命难保，无奈开启了对于匈奴的“和亲”政策。

得了汉朝的厚礼，娶了汉朝的公主，看着汉朝使者谦恭的笑容，匈奴单于有些陶醉了，满口应允和亲的政策，甚至对着长生天，立下了誓言。然而，一旦草原遭遇灾荒，汉朝救济稍微迟缓，匈奴的骑兵便如蝗虫一般涌向边境，大肆抢掠。

双方的和平如此脆弱，稍有不如意，稍有风吹草动，匈奴就会耀武扬威。

从汉高祖刘邦到汉景帝刘启，屡受匈奴欺凌，却一直隐忍着。

汉武帝即位之初，仍旧延续和亲政策，奉送厚礼，开通贸易，用大把银子哄匈奴开心。汉武帝的恭敬让匈奴很是感到亲切，长城之下，车马往来。

和平幕后，暗藏杀机！

元光二年（前133年），雁门郡马邑县豪强聂壹通过大行令王恢向汉武帝建议：趁着匈奴没有防备之心，诱其深入，集中优势兵力，一举围歼，彻底解除心腹之患。

听此计谋，汉武帝有些动心，召集群臣商议。朝堂之上，御史大夫韩安国主张维持和亲现状，继续韬光养晦；大行令王恢则慷慨激昂，力谏驱除匈奴，振兴大汉国威。那番热血陈辞激起了汉武帝的强国之梦，他心似铁坚，遂采纳王恢建议，对着匈奴磨刀霍霍。

聂壹是个有着官方靠山的土豪，常在汉匈边境做些走私生意，仗着手中有钱，把匈奴军臣单于也打点得心花怒放。此次，他又给军臣单于带来了好消息："我跟马邑的县令丞吏关系混得很熟，只要略施小计，借着请客或送礼之机，布置手下的弟兄们动起手来，可以把他们一网打尽。然后，我们打开城门，让他们归降匈奴，诸多财物唾手可得。"

军臣单于是个贪财的家伙，一听有此发财机会，早把和亲约定丢到脑后去了。

军臣单于贪图汉朝的财物，汉武帝却关注着他的头颅。

为了围歼军臣单于，汉武帝也下了大力气，出动精兵30余万，派遣御史大夫韩安国为护军将军、卫尉李广为骁骑将军、太仆公孙贺为轻车将军，率领主力部队埋伏在马邑附近的山谷之中；同时又派大行令王恢为将屯将军、太中大夫李息为材官将军，率领3万多人出兵代郡（郡治代县，今河北省蔚县东北代王城），准备从侧翼袭击匈奴的辎重并断其退路。此战，就算不能俘虏军臣单于，起码也要把匈奴主力打残。

军臣单于率领10万骑兵，穿过汉长城的武州塞，挺进汉朝境内，一路上，边行军边抢劫，好不畅快。渐渐地，军队距离马邑仅有一百余里了，但见牛羊遍野游走，却不见一个汉人放牧。军臣单于起了疑心，派兵袭击汉朝烽燧，捕获武州（今山西省左云县）尉史。估计这位倒霉的武州尉史挨了不少马鞭，最终供出了马邑伏兵之计。

单于顾谓左右曰："几为汉所卖！"（《史记·韩长孺列传》）

这位老兄，不说自己背信弃义，倒怨汉朝心怀叵测。于是，他急忙掉转马头，一溜烟地跑回长城之外了。等到出了关塞，军臣单于想起此次贸然出兵，险些陷入重重包围，还是有些后怕，遂说："我这番捕获武州尉史，真是上天眷顾呀！"随后，竟将抓获的武州尉史封为"天王"。

眼看着煮熟的鸭子插翅飞了，汉武帝气得两眼通红，责怪大行令王恢未能及时出兵，袭击匈奴的辎重。

王恢辩解:“当初,约定引诱匈奴进入马邑,由汉军主力予以围歼,我率兵袭击辎重,可以大获全胜。未曾料到,匈奴单于没进圈套,掉头跑了。我考虑到所率三万人根本无法与匈奴主力相抗,硬要截击,那是自讨苦吃,注定自取其辱。我也明白按兵不动,按罪当斩。可是,唯有如此,才能为陛下保全三万将士性命。”

汉武帝铁青着脸,将王恢交付廷尉审讯。很快,廷尉上奏:王恢罪涉“逗桡”,按律应当斩首。这个“逗桡”,指怯阵而避敌之罪,对于武将来说,是耻辱,更会被判死罪。

王恢见势不妙,贿赂丞相田蚡,以求保全性命。丞相田蚡见到汉武帝连日怒气冲冲,不敢进言,转而托请太后说情。田蚡诉说:“王恢首谋马邑之事,忠心赤胆,苍天可鉴。如今,功败垂成,却诛杀王恢,岂不是替匈奴报仇吗?若诛王恢,恐怕从此冷了天下猛士的热血情怀。”

太后听了,觉得有些道理,遂向汉武帝求情。汉武帝答道:“王恢首谋马邑之事,夸下海口,誓灭匈奴。因此,举国征发兵力数十万人,秣马厉兵。怎奈,诱敌计谋败露,大汉主力痛失围歼匈奴单于的良机。正当此时,如果王恢率部从侧翼袭击逃敌,必有所获,也可告慰众多壮士之心。然而,王恢怯阵避战,事后又百般狡辩。如今,不诛王恢,无以谢天下!”

王恢听闻讯息,自知死罪难免,垂头叹息,自杀身亡。

有些猛士,在朝堂之上、在奏章之中、在酒宴之际,总是善于激昂呐喊,然而,等到真正面临铁血考验,却又面如死灰、腿如筛糠了。此类轻狂之辈,若不铲除,国无宁日,兵无谋略,而众多百姓受其蛊惑,如同打了鸡血一般狂热,歇斯底里,扑向烈焰……

数十万兵马的伏击行动,空费许多心机,空费许多粮草,最终落得双手空空。不过,马邑之谋(或称马邑之围)拉开了汉朝反击匈奴的序幕。

从此,汉匈双方撕破了脸皮,边境冲突不断升级。

元光六年(前 129 年),匈奴再次兴兵南下,侵扰上谷(郡治沮阳县,今河北省怀来县大古城村北)。

汉武帝刘彻下定决心,全面反击。他派遣四名将军,各率万名骑兵,杀向骄横的匈奴。

此次战役，太中大夫卫青为车骑将军，出兵上谷。

卫青虽是首次率兵远征，却展现出了卓越的军事才能，出其不意，深入险境，直捣匈奴的老巢——龙城，"得胡首虏七百人"。(《史记·匈奴列传》)

史书曾经记载匈奴习俗："五月，大会龙城，祭其先、天地、鬼神。"在匈奴心中，龙城的地位，犹如西汉百姓心中的都城长安。龙城被袭，令其心惊，骄狂气焰被泼了一桶冷水。

与此同时，公孙贺为轻车将军，出兵云中(郡治云中县，今内蒙古托克托县古城乡古城)，未与匈奴相遇，无功而返。太中大夫公孙敖为骑将军，出兵代郡，被匈奴击败，损伤七千余骑。卫尉李广为骁骑将军，出兵雁门(郡治善无县，今山西省右玉县威远镇古城村)，与匈奴遭遇，伤亡惨重。李广曾经一度被俘，后来寻机逃脱，按律当斩，赎为庶人。

四路出征，唯有卫青获胜。汉武帝刘彻对自己的这位小舅子刮目相看，赐爵关内侯。

五

深受汉武帝宠爱的卫子夫，先后生育了卫长、诸邑、石邑三位公主。

元朔元年(前128年)春季，卫子夫生下一个男婴。此际，汉武帝已经29岁，正为没有子嗣而忧心忡忡。

男婴呱呱落地，汉武帝刘彻欣喜若狂，为这第一个皇子起名为刘据。当时，朝堂之上侍立着善于诗赋的名家——枚皋与东方朔。汉武帝命人研墨，他们两人挥笔写下了《皇太子生赋》及《立皇子禖祝》。

此时，陈阿娇已被废黜一年有余，皇后之位空缺。欢喜之中的汉武帝刘彻，爽快地册立卫子夫为皇后，并且大赦天下。如此一来，刘据也就由庶长子身份，变更为嫡长子。太子之位，非他莫属。

卫子夫由歌女而至皇后，华丽转身，万般尊贵。与此同时，她的弟弟卫青也逐步走向了抗击匈奴的辉煌岁月。

元朔二年(前 127 年)秋季,匈奴发动了报复性的袭击,杀辽西太守,败渔阳太守,又侵入雁门,杀略数千人。

汉武帝派遣将军卫青率领三万骑兵,从雁门反击,同时派遣李息从代郡出兵,与匈奴锋芒相对。经过激战,“得首虏数千人”。(《史记·匈奴列传》)

元朔二年(前 127 年)春季,西汉帝国实行新的战略方针,由被动反击转为主动出击,发起了第一场大规模的战役——河套之战。

卫青率兵从云中出发,渡过黄河,横穿鄂尔多斯高原,向西一直打到高阙塞(位于如今的内蒙古巴彦淖尔市乌拉特后旗呼和温都尔镇那仁乌布尔嘎查),随后转而奔袭陇西。这场突如其来的袭击,打得匈奴措手不及,取得了非凡的战绩:斩杀及俘虏匈奴数千人,缴获牲畜百余万,赶走了匈奴楼烦王、白羊王。

经过这场战役,西汉基本收复了秦朝末期所失的“河南地”,将匈奴势力再次驱赶到阴山以北。汉朝在此“置朔方、五原郡”。(《汉书·武帝纪》)

汉武帝将秦始皇所置的九原郡(郡治九原县,今内蒙古包头市九原区麻池古城)一分为二,西部置为朔方郡,东部置为五原郡。

汉武帝所置的朔方郡,大致包括如今的鄂尔多斯市杭锦旗、巴彦淖尔市后套地区等;郡治朔方城,大约在如今的鄂尔多斯市杭锦旗独贵塔拉镇一带,早已湮没。

汉武帝所置的五原郡,大致包括如今的包头市区、固阳县、巴彦淖尔市乌拉特前旗、鄂尔多斯市达拉特旗及准格尔旗东北部等,郡治仍为九原县,也就是如今的包头市九原区麻池古城。

这年冬天,匈奴军臣单于去世,他的弟弟左谷蠡王伊稚斜赶走了太子于单,自立为单于,史称“伊稚斜单于”。

伊稚斜本属夺权篡位,恐怕匈奴人心不服,于是疯狂进攻西汉帝国,意图转移内部矛盾。

“其后,匈奴比岁入代郡、雁门、定襄、上郡、朔方,所杀略甚众。语在《匈奴传》。”(《汉书·卫青霍去病传》)

与此同时,“匈奴右贤王怨汉夺之河南地而筑朔方,数为寇,盗边,及入河南，侵扰朔方，杀略吏民其众”(《史记·匈奴列传》)。

为了打击匈奴的嚣张气焰，特别是要给予匈奴右贤王痛击，西汉帝国发起了第二场大规模的战役——漠南之战。

元朔五年(前 124 年)春季，汉武帝派遣车骑将军卫青率领三万骑兵，由高阙塞出击。卫尉苏建为游击将军，左内史李沮为强弩将军，太仆公孙贺为骑将军，代相李蔡为轻车将军，皆领属车骑将军，俱出朔方。大行令李息、岸头侯张次公为将军，俱出右北平(郡治平刚县，今内蒙古宁城县甸子镇黑城子古城)。

当时，匈奴右贤王驻牧于如今的蒙古国南戈壁省诺木冈至巴彦鄂博一带，距离高阙、朔方，有六七百里之遥。右贤王大意轻敌，以为西汉军队必不能至此，畅饮欢歌，酩酊大醉。

西汉军队展开急行军，在某个深夜，抵近匈奴右贤王的驻牧地。万籁寂静之时，忽然喊杀声四处响起，火光与利箭，蜂拥而至。右贤王受此惊吓，酒醒了大半，却也丧失了斗志，独与爱妾及数百名亲信，勉强杀开一条血路，向北狼狈逃窜。

此次奇袭，战绩更是辉煌：“得右贤裨王十余人，众男女万五千余人，畜数十百万。”(《汉书·卫青霍去病传》)

经过河套之战与漠南之战，西汉帝国占据了阴山与河套之地，并且大败匈奴右贤王。

然而，性情倔强的匈奴，怎肯轻易服输！

元朔五年(前 124 年)秋季，“匈奴万朱央代郡，杀都尉朱央，略千余人”(《汉书·匈奴传》)。

元朔六年(前 123 年)春季，大将军卫青率领骑兵十万余人，由定襄(郡治成乐县，今内蒙古和林格尔县土城子古城)出兵，寻歼匈奴。

首次征战，“斩首数千级而还”。出兵十余万，获得这样的战绩，大将军卫青并不满意，于是在休整了一个多月之后，再次出兵，意图寻歼匈奴主力。第二次征战，“斩首虏万余人”。

定襄之战，涌现出一位少年英雄——霍去病。

霍去病是卫子夫的二姐卫少儿之子，既是卫青的外甥，也是汉武帝的妻甥，颇受汉武帝的器重，为天子侍中。

大将军卫青遵照汉武帝的吩咐，拨给霍去病一些精壮勇士，拜为票姚校尉。别看霍去病年仅十八岁，却很英勇善战，率领八百名精锐骑兵，把主力部队远远甩在身后数百里。统计战绩，斩杀及俘虏匈奴两千余人，其中包括相国、当户等高级首领，斩杀了匈奴单于的祖父辈籍若侯产（籍若侯为封号，名产），俘虏了匈奴单于的叔父罗姑比。

两次定襄出战，票姚校尉霍去病的军功均属第一，汉武帝以二千五百户封其为冠军侯。

定襄之战，有得也有失。激战之际，翕侯赵信降附匈奴。他原本就是匈奴相国，此时也算是重归故土。匈奴伊稚斜单于对待赵信很是不错，封他为“自次王”，也就是尊贵仅次于匈奴单于的王爷，还把姐姐嫁给了他。本是投降戴罪之人，却成了匈奴单于的姐夫，赵信肯定感激涕零。

于是，自次王赵信为小舅子伊稚斜单于出谋划策：“匈奴人少而汉朝人多，匈奴物薄而汉朝物盛，如果长期消耗下去，吃亏的必是匈奴。此际，不如迁徙漠北，养精蓄锐。汉朝军队再来挑战，需要远征数千里，沿途补给困难，必定人困马乏，犹如病羊自投狼嘴。而匈奴本土作战，熟悉地利，诱敌深入，各个击破，百战百胜。”

这番计谋，意图隔绝匈奴与西汉，使得双方将士不必拼死相杀，倒也不失是一位降将的苦心与良心。

匈奴伊稚斜单于也被汉朝的猛烈攻势打怕了，听罢大舅哥赵信的这番分析，就坡下驴，率领主力远远迁往漠北，休养生息去了。

自此，西汉与匈奴交界的北疆，冲突少了许多。

此时，打仗上瘾的汉武帝又把征战的视线投向了西域。

六

汉武帝刘彻登基之初，西汉与匈奴还处在和亲时期，双方表面关系还算过得去。不过，匈奴的骄横气焰，早已惹得汉武帝咬牙切齿，暗地里磨起了刀子。

汉武帝听说，远居西域的大月氏，与匈奴有着不共戴天的世仇，只是苦于势单力薄，无法出这口怨气。中国兵法，历来推崇“远交近攻”，若与大月氏联手，共同对付匈奴，岂不是美事一桩。

建元二年（前 139 年），汉武帝颁下命令，派遣张骞率领 100 多名随行人员，由匈奴人堂邑父为向导，从都城长安出发，前往西域。

要想寻访远居西域的大月氏，必须先要经过河西走廊。此时，河西走廊完全处在匈奴控制之下，一百多人的队伍大摇大摆地走在路上，自然成了匈奴骑兵的俘虏。匈奴军臣单于也不是傻子，不用多加审问，也能猜出张骞此行的意图。

春来冬去，张骞被匈奴扣留长达十年之久，娶了匈奴老婆，生了儿子。不过，张骞始终不忘使命，“持汉节不失”（《汉书·张骞李广利传》）。

直到元光六年（前 129 年），趁着匈奴的监视渐有松弛，张骞等人逃出了匈奴的控制区域，继续向西域进发。

此后，跋涉大漠，翻越雪山，历尽艰险，张骞一行好不容易抵达了大月氏。岂料，此时的大月氏已经过上了“小康生活”，不愿意再去打打杀杀，婉言谢绝了西汉的结盟倡议。满心的期待化成一盆冰水，张骞等人只得返回。

也是有缘，归途之中，张骞等人又做了匈奴骑兵的俘虏，又被扣留了一年多，尝了不少的膻羊腥酪。

元朔二年（前 127 年）冬季，匈奴军臣单于去世，他的弟弟左谷蠡王伊稚斜觊觎单于的位置已久，赶走了本应继承单于之位的侄子，篡权夺位，自立为单于，史称“伊稚斜单于”。

元朔三年（前 126 年）初，趁着匈奴为争夺王位而发生内乱，张骞和堂邑父逃回了都城长安。

张骞的这次西域之行，历时十三年，出发时有一百多人，归来时只剩下他与堂邑父两个人了，形容憔悴，犹如乞丐。

西域之行虽然未能实现当初的意图，却极大地扩展了中原王朝的视野、抱负与胸襟,司马迁称之为"凿空"。

元朔五年(前124年),经过两次定襄之战,匈奴伊稚斜单于将主力迁往遥远的漠北。不甘寂寞的汉武帝决定向西北用兵,意图夺取河西走廊,解除匈奴对于西域的控制。

元狩二年(前121年)春季,汉武帝任命冠军侯霍去病为骠骑将军,率领一万精锐骑兵,从陇西(郡治狄道,今甘肃省临洮县)出发,进击匈奴。

骠骑将军霍去病勇猛果断、用兵灵活,善于长途奔袭、闪电战,并且多次实施大迂回、大穿插作战。

这次河西战役,越过乌盭山,击溃匈奴遬濮部队,又渡过狐奴河,接连征讨匈奴属下的五个王国。远征途中,骠骑将军霍去病并不掠夺那些归降的匈奴的财物与民众,一心只想擒获匈奴伊稚斜单于的儿子。转战六天,越过焉支山一千余里,霍去病与匈奴短兵相接,杀折兰王,斩卢胡王,生擒浑邪王的儿子及相国、都尉等人,"首虏八千余级,收休屠祭天金人"(《史记·卫将军骠骑列传》)。

河西走廊,以匈奴浑邪王、休屠王的势力为最大。骠骑将军霍去病的一番冲杀,犹如疾风暴雨,生擒了浑邪王的儿子,夺取了休屠王祭祀天神的金像,令匈奴部众闻风丧胆。

然而,这场跨越一千余里的远征,也让西汉骑兵伤亡惨重,死伤接近十分之七。如果换作别人,可能是要功过相抵了。不过,霍去病是汉武帝的红人,将士们的伤亡被轻轻忽略。朝廷颁布嘉奖,"益封去病二千二百户"(《汉书·卫青霍去病传》)。

这年夏季,意犹未尽的汉武帝决定发动"第二次河西战役",再度痛击匈奴。

骠骑将军霍去病、合骑侯公孙敖,由北地(郡治马岭,今甘肃省庆阳市西北马岭镇)出发,分为两路西征,寻歼匈奴主力。同时,汉武帝派遣博望侯张骞、郎中令李广由右北平(郡治平刚,今内蒙古赤峰市宁城县甸子镇黑城子古城)分途进击,攻打匈奴左贤王,策应西征主力。

此次征战,运气向来欠佳的郎中令李广率领四千骑兵抵达战场,却被匈奴左贤王数万骑兵重重包围，浴血拼杀。率领一万骑兵的博望侯张骞稍后赶来，匈奴骑兵看见势头不妙，解围而去。这场厮杀，由于两位将领配合失误，未能达到合围痛击匈奴左贤王的预期目的。郎中令李广兵力损失过半，却也斩杀了同等数量的匈奴骑兵，功过相抵，没有得到赏赐。博望侯张骞则因延误行程，按律当斩，多亏汉朝有个规定——“犯罪之人可以用钱赎罪”。张骞花钱免灾，被贬为平民。

西征主力，却是另外一番情形。合骑侯公孙敖由于迷失路途，未能与骠骑将军霍去病会合。霍去病只得孤军深入，越过居延海，穿过小月氏部落，抵达祁连山。匈奴未曾料到，西汉骑兵竟敢如此远距离地冒险行军，防备松懈，被打得落花流水。

第二次河西战役，擒获匈奴单桓、酋涂王，还有相国、都尉率领部众投降的，共有二千五百人。单是率部投降的匈奴将领就有二千五百人之多，普通部众可想而知了。

骠骑将军霍去病率兵打仗，亲自冲锋陷阵，毫不吝惜自己的性命，对于归降之人却颇有怀柔手段，不抢掠、不欺侮、不滥杀。如此做法，威名树立，对手每逢大难临头，便会举手投降，不去做那困兽之搏，霍去病自己的部将也随之减少了伤亡。于人于己，善莫大焉。

第一次河西战役，西汉军队伤亡十分之七；第二次河西战役，西汉军队伤亡十分之三。细想之下，霍去病的勇与仁，令人佩服。

此次战役，上传捷报：“斩首虏三万二百级，俘虏五个匈奴王，以及王母、单于阏氏、王子等五十九人，相国、将军、当户、都尉等六十三人。”

汉武帝再次嘉奖，“益封去病五千四百户”。（《汉书·卫青霍去病传》）

在这份嘉奖令中，还提及了另一位汉朝将军：“鹰击司马赵破奴两次跟随骠骑将军出征，斩杀了修濮王，俘获了稽且王、右千骑将，捉到匈奴小王和小王母各一人，王子以下四十一人，俘虏敌兵三千三百三十人，先头部队俘虏敌兵一千四百人，划定一千五百户，封赵破奴为从骠侯。”

霍去病为骠骑将军，赵破奴为从骠侯。

此次，霍去病的征战，夺取了河西走廊；日后，赵破奴的征战，则威震西域诸国,打通了丝绸之路。

七

河西战役,颇有斩获,相当于砍断了匈奴的右臂。

匈奴有民谣:"亡我祁连山,使我六畜不蕃息;失我焉支山,使我妇女无颜色。"

此时,虽然匈奴伊稚斜单于已经远遁漠北,汉武帝却对其念念不忘,必欲迫降或擒杀,才能胸怀舒畅。

元狩四年(前 119 年)春季,汉武帝派遣大将军卫青、骠骑将军霍去病各自率领五万骑兵,分别从代郡、定襄出发,远征匈奴伊稚斜单于。此次出击,声势浩大,除了十万骑兵之外,还有数十万步兵跟随增援,负责拉运辎重的马匹车队更是绵延百余里。

大将军卫青率领将士,从定襄出击,跋涉千余里,刚刚越过戈壁大漠,就碰到严阵以待的匈奴主力。

此时,正值黄昏,忽然刮起了大风,沙石扑面而来,两军将士都无法看清对方。汉军与匈奴混乱厮杀,伤亡大致相当。

卫青见机行事,派出大军从左右两翼急驰向前,包抄伊稚斜单于。伊稚斜单于见势不妙,慌忙乘坐六头健壮骡子拉的战车,冲出包围圈,向西北逃奔而去。

这场混战,斩杀及俘获匈奴一万余人。随后,大将军卫青率领部队趁胜前行,直趋窴颜山赵信城,缴获匈奴积存的大量粮食。休整一天,军队高唱凯歌返程,人吃马驮之余,将剩下的粮食付之一炬。

骠骑将军霍去病率领五万骑兵,任用校尉李敢等人为副将,从代郡、右北平出兵。远征途中,霍去病以归降匈奴作为向导,携带少量军需物资,穿越戈壁荒漠,行进一千余里,最终捕捉到了匈奴左贤王军队的踪迹。

经过激战,斩杀及俘虏匈奴七万余人,擒获匈奴屯头王、韩王等三人,以及将军、相国、当户、都尉等八十三人。

汉武帝颁布嘉奖："以五千八百户益封骠骑将军。"

随同骠骑将军霍去病远征的有功将士，也各有封赏："右北平太守路博德斩杀及俘虏匈奴二千七百人，划定一千六百户，封为符离侯；北地都尉邢山捕获匈奴小王，划定一千二百户，封为义阳侯；从前投降汉朝的匈奴因淳王复陆支、楼专王伊即靬，皆随骠骑将军攻匈奴有功，划定一千三百户，封复陆支为壮侯，划定一千八百户，封伊即靬为众利侯；从骠侯赵破奴、昌武侯赵安稽都跟随骠骑将军打匈奴有功，各增封三百户；校尉李敢夺取了敌军的军旗战鼓，被封为关内侯，赐食邑二百户；校尉徐自为被授予大庶长的爵位。此外，骠骑将军霍去病所率的军吏士卒得到升官与赏赐的也有很多。"

此次战役，最为风光的是："封狼居胥山，禅于姑衍，登临翰海。"(《史记·卫将军骠骑列传》)

也就是说，在狼居胥山祭天，在姑衍山祭地，登上高山，俯视大漠。

西汉立国以来，匈奴屡犯中原，曾令汉高祖刘邦惊魂失魄。如今，多次远征，重创匈奴，并且深入腹地，祭天纪功，实在是让汉武帝刘彻扬眉吐气！

一千多年以后，南宋词人辛弃疾写下一首《永遇乐·京口北固亭怀古》，深深感慨：

> 千古江山，英雄无觅孙仲谋处。舞榭歌台，风流总被雨打风吹去。斜阳草树，寻常巷陌，人道寄奴曾住。想当年，金戈铁马，气吞万里如虎。
>
> 元嘉草草，封狼居胥，赢得仓皇北顾。四十三年，望中犹记，烽火扬州路。可堪回首，佛狸祠下，一片神鸦社鼓。凭谁问，廉颇老矣，尚能饭否？

"封狼居胥"与"勒石燕然"成为中国古代武将的最高荣誉。

漠北之战虽然获胜，西汉军队也付出了惨重代价，将士伤亡数万。出征之时，有战马十万匹，再加上私马四万匹，嘶鸣遍野。等到返回，只剩不满三万匹了。

此后，匈奴远遁漠北，逐渐向西北迁徙，"漠南无王庭"。西汉军队也因为缺少战马，无力进行长途征伐。

元狩六年(前117年)，年仅二十四岁的霍去病逝世。汉武帝深感痛惜，特意将其安葬在自己未来的陵墓(茂陵)之侧,并将霍去病的坟茔修成祁连山的形状,以此纪念这位青年英雄的赫赫战功。

痛失良将,汉武帝对于远征匈奴有些意兴阑珊,“于是汉久不北击胡”(《史记·匈奴列传》)。

元鼎三年(前114年),匈奴伊稚斜单于去世,他的儿子乌维立为单于,史称“乌维单于”。

元鼎六年(前111年),西汉军队攻破南越国的都城,灭亡南越,并将其分置为九个郡。捷报传到长安,汉武帝兴致勃发,再度萌生了远征匈奴的念头。

汉武帝派遣原先的太仆公孙贺率领一万五千骑兵,从九原(今内蒙古包头市九原区麻池古城)出发,寻歼匈奴。大军远征两千余里,行至浮苴井(今蒙古国杭爱山北),也没有见到匈奴的踪影。

汉武帝又派遣原先的从骠侯赵破奴率领一万余名骑兵,从令居(县名,治所在今甘肃省永登县西北)出发,寻歼匈奴。大军远征数千余里,一直走到匈河水(也称匈奴河),也就是如今蒙古国巴彦洪戈尔省的拜德拉格河,“亦不见匈奴一人”(《史记·匈奴列传》)。

虽说劳师动众,无功而返,但毕竟心里有了底儿。汉武帝刘彻琢磨着,是时候亲自踏过阴山山脉,抵达匈奴旧地,耀武扬威去了。

八

元封元年(前110年),汉武帝刘彻封禅泰山。

古人视泰山为“天下第一山”。所谓“封”,就是在泰山之顶聚土筑圆台以祭天帝,增泰山之高,以表功归于天;所谓“禅”,就是在泰山之下的小山丘上积土筑方坛以祭地神,增大地之厚,以报福广恩厚。

封禅不同于祭祀,其规格之高,其礼仪之盛,就连帝王也视之为尊荣。想去泰山封禅的帝王,必须具备两个资格:一是自己创下盛世,二是老天降下瑞兆。否则,纵使腆着脸去封禅,也会被天下人所耻笑。

汉武帝北伐匈奴、南征闽越、开拓西域，自视武功盖世，又偶然获得古鼎一尊，颇为符合封禅的资格，于是迫不及待地赶往泰山。

这一年，奉命出使西南的司马迁风尘仆仆地返回都城长安。封禅泰山的汉武帝，听闻消息，紧急召唤司马迁前去会面。

浩浩荡荡的巡游队伍从泰山出发，东行至大海，再折向碣石，接着自辽西转而向西行进，抵达九原，也就是如今的包头市九原区麻池古城，随后从麻池古城向南，沿着秦直道，返回甘泉宫。

这年冬十月，汉武帝下诏："南越、东瓯咸伏其辜，西蛮、北夷颇未辑睦。朕将巡边垂，择兵振旅，躬秉武节，置十二部将军，亲帅师焉。"

就是诏告天下："朕已经扫平南越、东瓯，只剩西蛮、北夷还不太服气。为了给他们些告诫，朕将亲自率领十二位将军，雄纠纠、气昂昂，巡行边陲。"

汉武帝率兵巡边，"行自云阳，北历上郡、西河、五原，出长城，北登单于台，至朔方，临北河。勒兵十八万骑，旌旗径千余里，威震匈奴"（《汉书·孝武本纪》）。

此次巡边的路线是：从云阳（即甘泉宫）出发，沿着秦直道北行，先后经过上郡、西河郡，抵达五原郡（郡治九原县，今内蒙古包头市九原区麻池古城），接着折向西北，翻过秦长城，再渡过黄河之北河，也就是如今内蒙古巴彦淖尔市境内的乌加河，最后登上单于台，即匈奴单于的祭天之所。

汉武帝派遣使者郭吉，面见匈奴乌维单于，不无得意地表示："南越王头已悬于汉北阙。今单于即前与汉战，天子自将兵待边；单于即不能，即南面而臣于汉。何徒远走，亡匿于幕北寒苦无水草之地，毋为也。"（《史记·匈奴列传》）

也就是说："南越王的人头已经悬挂在汉都长安的北阙之上。如今，单于若是能够前去与汉军交战，天子将亲自率兵在边境上等你；单于要是不能前去，就应当面朝南方，向汉朝称臣。徒自逃向远方，躲藏在大漠以北又寒冷又艰苦又缺少水草的地方，这是何苦呢？"

这番话，先是威吓，接着是炫耀，最后是挖苦，惹得乌维单于大发怒火，并扣留了使者郭吉，将其迁到北海（如今的贝加尔湖）。倒霉的郭吉，居于北

海，估计是靠牧羊为生，比后来的苏武整整早了十年。

元封六年(前 105 年)，匈奴乌维单于去世，他的儿子乌师庐继位。由于乌师庐年纪不大，史称“儿单于”。

这年冬天，匈奴下了大雪，牲畜多半因饥饿寒冷而死去。儿单于虽然年少，却很喜欢杀人和打仗，国人多半惶恐不安。匈奴左大都尉想要谋杀儿单于，暗自派人联络汉朝，表示：“我想要杀掉儿单于，然后归顺大汉帝国。不过，我的势力比较单薄，需要得到有力的支持。大汉帝国的边界，距离匈奴漠北龙城实在太远了，希望你们能够派兵前来，就近接应。咱们里应外合，成就这番大事。”

汉武帝下令，派遣因杅将军公孙敖率兵前往漠南，尽快筑起“受降城”，以便接应匈奴左大都尉。

如今，这座规模宏大的西汉受降城依然矗立于荒野之上，历经两千余年的风雨侵袭，残墙仍有数米之高。从内蒙古巴彦淖尔市乌拉特中旗新忽热苏木出发，向西北行走不远，便可以目睹它的样子。

太初元年(前 104 年)春季，汉武帝派遣浞野侯赵破奴率领两万余名骑兵，从朔方(郡治朔方，今内蒙古鄂尔多斯市杭锦旗独贵塔拉镇，古城已湮没)出发，向着西北远征两千余里，抵达浚稽山(约在今蒙古国境内戈壁阿尔泰山脉中段)，准备接应匈奴左大都尉。

然而，匈奴左大都尉行事不慎，机密泄露，引来杀身之祸。随后，儿单于派遣大军攻打浞野侯赵破奴。赵破奴见势不妙，边战边退，沿途杀伤匈奴数千人。可惜，在距离受降城四百里的地方，赵破奴的军队被匈奴八万骑兵重重包围。

被重重围困的西汉骑兵，粮食尚未断绝，却无水可以饮用。眼看着将士们口焦唇裂，性急的赵破奴竟然带着小队亲兵，前往荒野寻找水源，不幸落入匈奴伏击圈中，被生擒活捉。

西汉有条律令——“如果失去主帅，部将纵使逃归，也要全部诛杀”。护军郭纵与渠帅缑王商议一番，觉得纵使血战突围，终究不免诛杀，干脆率兵投降算了。

太初三年(前 102 年)，儿单于去世。由于他的儿子年少，匈奴就立他的叔父右贤王呴犁湖为单于，史称“呴犁湖单于”。

这一年，汉武帝派遣光禄勋徐自为，兵出五原塞(今内蒙古包头市达茂旗西河乡什拉文格古城)，修筑长城，并在长城附近设置障城及哨所，直抵西北方向的庐朐，随后派遣游击将军韩说、长平侯卫伉驻屯其旁。

如今，在包头市达茂旗境内，仍旧蜿蜒着两道以土夯为主的长长的边墙，历经两千多年的风吹雨打，已经倾颓为并不起眼的土垄。据文物专家考证，这正是太初年间修筑的汉外长城南线及汉外长城北线。

这年秋天，匈奴大举入侵定襄、云中，杀死与抢掠数千人，打败几位俸禄二千石的高官，得意离去。行军途中，匈奴破坏了光禄勋徐自为所修的长城、障城与哨所。

与此同时，匈奴右贤王侵入酒泉、张掖，抢掠数千人。其退兵之际，遇到了汉朝将军任文的截击，夺回被匈奴掳掠的汉人。

这一年，贰师将军李广利攻破西域的大宛，斩获大宛王的头颅，收兵返程。匈奴企图阻截李广利，由于行动迟缓，未能如愿。

九

大将军卫青由于姐姐卫子夫，进入了汉武帝的视线；贰师将军李广利则由于妹妹李夫人，进入了汉武帝的视线。

话说，中山(今河北省定州市)人李延年出身于平民家庭，全家老幼都是以乐舞为职业的艺人。早年间，李延年由于犯法，遭受宫刑(阉割)，随后进入宫中，负责养狗事务。

李延年擅长音乐歌舞，每次演唱新作，观众无不动容，颇受汉武帝的宠信。

某天，李延年且歌且舞，唱道："北方有佳人，绝世而独立，一顾倾人城，再顾倾人国。宁不知倾城与倾国，佳人难再得！"汉武帝听罢，惆怅叹息："妙呀！世上真有这样的佳人吗？"

俗话说"男人靠得住，猪都会上树"，以汉武帝的身份和地位，哪里可能吊死在一棵树上呢？

皇后卫子夫生儿育女，容颜渐衰。此际，汉武帝有了新宠——来自燕赵之地的王夫人。不过，听罢李延年的新歌，汉武帝的色心又蠢蠢欲动起来。

当年，平阳公主向弟弟汉武帝刘彻举荐卫子夫，明里暗里，得到不少好处。如今，听说弟弟又在惆怅，平阳公主便向他举荐了李延年的妹妹。汉武帝迫不及待地召见，果然“妙丽善舞”。（《汉书·外戚传》）

自此，汉武帝把卫子夫与王夫人都撇在一边，对于李夫人，那是恩宠有加。

某天，汉武帝到李夫人宫中，忽然觉得头痒，于是摘下李夫人头上的玉簪搔头。此事传到后宫，宫女们都学着李夫人的样子，在头上插了一把玉簪，以致一时之间，长安城内玉价倍增。（《西京杂记》）

想来，必是因为发簪拔下，李夫人青丝凌乱、意态娇媚，刘彻不免又会多赞几句或留宿一宵。从此，“玉搔头”嵌入了古人的诗词之中。

唐代白居易《长恨歌》：“花钿委地无人收，翠翘金雀玉搔头。”清代郑燮（郑板桥）《扬州》：“借问累累荒冢畔，几人耕出玉搔头。”宋代张元干《菩萨蛮·戏呈周介卿》：“醉倚玉搔头，几曾知旅愁。”词中，更是将玉搔头代指美人了。

然而，“自古红颜多薄命”。

天妒红颜，李夫人年纪轻轻就得了重病。

汉武帝亲自前去探望，李夫人蒙着被子辞谢道：“妾长期卧病，容颜憔悴，不可以见陛下。希望能把儿子和兄弟托付给陛下。”

汉武帝说：“夫人病重如此，恐怕不能痊愈，让我见上最后一面，再嘱托后事，岂不快哉？”

李夫人说：“妇人容貌未经修饰，不可以见君父。妾不敢以轻慢懈怠的态度见陛下。”

汉武帝说：“夫人如能见我一面，将加赠千金，而且还会给你的兄弟授予尊贵的官职。”

李夫人说：“授不授尊贵的官职，在于陛下。见不见面，在于妾。”

汉武帝还是坚持，一定要见她，李夫人便转过脸去，叹息流泪，不再说话。于是,汉武帝很不高兴,起身离去。

汉武帝走后,李夫人的姐妹责备她说:"您为什么不见一见陛下,以托付兄弟呢?难道您在心中怨恨陛下吗?"

李夫人答道:"我之所以不愿见陛下,正是为了能更好地托付兄弟之事。我因为容貌姣好,得以以微贱的地位获得宠爱。以美色事人者,色衰则爱意松懈,爱懈则恩义断绝。陛下之所以还能念念不忘来看我,正因为我平生姣好的容貌。如今,要是见到我容貌憔悴,颜色非故,一定会厌恶抛弃我,还怎么会记得怜悯录用我的兄弟呢?"

美貌娇媚,能歌善舞,又有如此深的心机,怪不得汉武帝刘彻会痴恋她呢!

不久,李夫人去世,汉武帝予以厚葬。

其后,歌咏妹妹风姿的李延年得到一个协律都尉的官衔,负责乐府的管理工作,拿着二千石的俸禄,陪侍汉武帝起卧,荣宠一时。李夫人的另一个哥哥李广利有勇武之姿,也得到汉武帝的重用,被提拔为征战沙场的将军。

太初元年(前 104 年),汉武帝派遣贰师将军李广利远征西域大宛,讨取良马。此际,因与匈奴的连年征战,西汉帝国的正规军队与战马消耗极大,短时间内,已经无法组织起当年的精锐骑兵,只得临时赦免囚徒,将他们编入军队,又征发那些品行恶劣的少年,再加上少量的属国骑兵与边境骑兵,简直就是乌合之众。

威风凛凛的西汉帝国讨伐国弱兵少的大宛,竟还吃了一场败仗,兵力损伤十分之八九。好不容易鼓起勇气,拼了吃奶的劲儿,又打了第二场,才勉强获胜。不过,缺乏沙场经验的乌合之众,面对如此弱敌,伤亡情况居然再次到了惨不忍睹的地步。

就在远征大宛期间,贰师将军李广利接到一个噩耗。

《汉书·佞幸传》记载:"延年弟季与中人乱,出入骄恣。及李夫人卒后,其爱弛,上遂诛延年兄弟宗族。"

李延年的弟弟李季奸乱后宫,出入之际,骄傲放纵。而李夫人死后,汉武帝对她的宠爱日渐淡薄,因此下诏诛杀李延年兄弟宗族。

不过，雄才大略的汉武帝并没有株连太广，依然任用贰师将军李广利为远征大宛的首领。

十

太初四年（前 101 年），贰师将军李广利远征大宛，凯旋。

这一年，匈奴呴犁湖单于去世，他的弟弟左大都尉且鞮侯继承单于之位，史称“且鞮侯单于”。

汉武帝刘彻对于匈奴，仍然念念不忘，下诏：“高皇帝遗朕平城之忧，高后时单于书绝悖逆。昔齐襄公复九世之仇，《春秋》大之。”

也就是说：“汉高祖刘邦留给我平城‘白登之围’的忧虑，刘邦的皇后（吕雉）之时，匈奴冒顿单于又来了一封信，所说之话极为背理叛逆。这些羞辱，我怎能忘怀。从前，齐襄公一举报了九世怨恨，《春秋》大加赞美。如今，我也要做这样的事业！”

字里行间，满是气吞匈奴的豪情。

天汉二年（前 99 年），汉武帝派遣贰师将军李广利率领三万骑兵，由酒泉（郡治福禄县，今甘肃省酒泉市）出击，袭击匈奴右贤王于天山（指南祁连山，在今甘肃、青海交界处），斩杀及俘虏一万余级而还。

激战之际，匈奴曾经重重包围贰师将军李广利，李广利差点儿无法逃脱。此战，西汉军队惨胜，伤亡高达十之六七。

与此同时，汉武帝还派遣因杅将军公孙敖，由西河（郡治平定县，今内蒙古鄂尔多斯市杭锦旗浩绕柴达木苏木）出击，与强弩都尉路博德在涿邪山（今蒙古国南戈壁省古尔班赛汗山，也有人说为巴里坤之东沙漠中的尼赤金山）会合。结果，没有遇到匈奴军队，无功而返。

此外，骑都尉李陵主动请命，率领步兵五千人，由居延出兵，北行一千余里。李陵的运气与他爷爷“飞将军”李广一样，多遇坎坷。此次远征，偏偏遭遇了匈奴且鞮侯单于所率的主力部队。

李陵沉着应战，且战且退，希望能撤到西汉边境，或得到汉军支援。一路浴血奋战，众寡悬殊之下，李陵居然杀死击伤匈奴一万余人。不过，李陵手下将士也死伤殆尽，粮食已无、弓箭告竭，数度突围，终归失利。眼看大势已去，李陵只得掩面长叹，投降匈奴单于。

匈奴最重英雄，虽然被打得伤亡惨重，却很敬佩李陵。归降之后，且鞮侯单于竟然把自己的女儿嫁给了李陵。

天汉四年(前 97 年)，汉武帝再次派遣贰师将军李广利率领六万骑兵、七万步兵，由朔方出击；强弩都尉路博德领兵一万余人，与李广利相约会师；游击将军韩说率领步兵三万人，由五原出击；因杅将军公孙敖率领一万骑兵、三万步兵，由雁门出击。

匈奴且鞮侯单于提前侦知西汉军队的动向，随即将妇孺家眷及牲畜辎重迁往余吾水(今蒙古国的土拉河)北。

且鞮侯单于率领十万匈奴军队布阵于余吾水南岸，迎战贰师将军李广利的军队。此战，李广利的军队虽然占据优势，但行动迟缓的步兵占了半数以上，再加上匈奴熟悉地形，又是以逸待劳，李广利胜算不大。血战十余日，李广利见势不妙，突围而归。

游击将军韩说率领的是三万步兵，行进缓慢，如何能够捕捉到来去如风的匈奴骑兵。因此，劳师动众，却两手空空地归来。

因杅将军公孙敖与匈奴左贤王交战，一番激战之后，看到局势渐趋失利，也只好收兵而回。

这次征战，正如史圣司马迁所说：“汉朝军队出击匈奴，谈不上什么战绩，将士们立下的功劳，抵不过他们所遭受的损失。”(《史记·匈奴列传》)

太始元年(前 96 年)，匈奴且鞮侯单于去世，他的长子左贤王立为狐鹿姑单于。

征和三年(前 90 年)，匈奴入侵上谷、五原，杀略吏民。

同年，匈奴再次入侵五原、酒泉。两郡守军出战，均告失利，领兵的都尉(郡的军事长官)都战死了。

匈奴卷土重来的骄狂让汉武帝大动肝火，他决定全力反击，给予匈奴沉重的打击。

这一年，汉武帝派遣贰师将军李广利率兵七万，从五原出击；御史大夫商丘成率兵三万余人，从西河出击；重合侯莽通（马通）率领四万骑兵，从酒泉出击。

此次远征之际，贰师将军李广利与亲家刘屈氂（皇家宗室，被封为澎侯）商议，想要齐心协力将昌邑王刘髆扶上太子之位。

昌邑王刘髆是汉武帝刘彻的第五个儿子，为贰师将军李广利的妹妹李夫人所生。

李广利的女儿嫁给了刘屈氂的儿子，两人结成牢靠的政治联姻。眼下，刘屈氂在朝中出任丞相，李广利在沙场率兵征战，并为汉武帝的左膀右臂。只要两人齐心协力，扶立太子之事，还是大有希望的。

扶立太子的野心使贰师将军李广利与丞相刘屈氂的政治嗅觉丧失。

他们两人似乎忘记了去年发生的"巫蛊之祸"。

权贵集团结成利益联盟是集权统治者最不愿意看到的。对于汉武帝来说，这样的情形比匈奴入侵，更加不可容忍。

十一

征和三年（前 90 年），匈奴狐鹿姑单于侦知汉朝出动了大部队，便把辎重粮草全部运到赵信城北边的郅居水去了。左贤王率匈奴的部众渡过余吾水，走了六七百里，屯驻于兜衔山。狐鹿姑单于亲自率领精兵，与左安侯一起渡过姑且水。

御史大夫商丘成率兵三万余人，从西河出击，到达追邪径，却没有寻到匈奴军队的踪影，只得返回。然而，匈奴却不肯罢休，派遣大将与汉朝降将李陵一起率领三万多骑兵，追击商丘成所率部队。在浚稽山，匈奴骑兵包围了汉朝军队。双方反复厮杀九天，汉朝军队勇猛地冲锋陷阵，杀伤大批匈奴士兵。到了蒲奴水，匈奴作战不利，便退兵而去。

重合侯莽通（马通）率领四万骑兵，从酒泉出击，到达天山。匈奴派遣大将偃渠与左呼知王、右呼知王率领两万骑兵拦截汉军。见到汉军强大，匈奴军队没有交战，率军撤退。因此，莽通（马通）既无战绩，也无损失。

贰师将军李广利率兵七万，从五原出击。将出边塞之际，匈奴派遣右大都尉和汉朝降将卫律一起，率领五千骑兵在夫羊句山的狭隘之处拦截攻击汉朝军队。贰师将军李广利派遣属国的二千胡骑与卫律交战，正是“以胡治胡”的战术。厮杀之下，卫律所率士兵溃散，死伤数百人。汉朝军队乘胜追击，向北直抵范夫人城，匈奴士兵纷纷逃走，没人敢于抗拒。

这场战斗，贰师将军李广利打得酣畅淋漓，正打算扩大战果，却突然传来一个噩耗。

这一时期，“巫蛊之祸”余波未息，诬告与逼供之风依然盛行。

内者令郭穰告发：“由于丞相刘屈氂屡受皇上责备，其夫人指使巫师祠社，诅咒皇上，语言恶毒。并且，丞相刘屈氂与贰师将军李广利共同祷告祭祀，想要拥立昌邑王当皇帝。”

因此，“有司奏请案验，罪至大逆不道”（《汉书·公孙刘田王杨蔡陈郑传》）。

武帝下诏：用厨车载着刘屈氂游街，然后在东市腰斩，刘屈氂妻子在华阳街斩首。同时，李广利的妻子儿女也遭逮捕囚禁。

听闻此事，贰师将军李广利大为惊恐，全身都是冷汗。思索之后，贰师将军李广利横下一条心，打算深入匈奴腹地，立下赫赫战功，以此赎罪。

从前，远征大宛期间，李广利的弟弟李延年与李季因罪诛杀全家，汉武帝也不是对领兵在外的李广利网开一面吗？当时，汉武帝并没有夺回李广利的贰师将军印绶，获胜之后，还封其为海西侯。

贰师将军李广利率领大军向北进发，直抵匈奴屯聚辎重粮草的郅居之水。一旦将其辎重粮草全部烧毁，匈奴必然人心惶惶，再趁势出击，将会大获全胜。然而，匈奴也不会眼睁睁看着汉朝军队来袭击自己的辎重粮草，早已将其撤往他处。

明知狡猾的匈奴又在施展“诱敌深入，聚而歼之”的阴谋，贰师将军李广利却已没有退路，只得硬着头皮渡过郅居水，继续搜寻匈奴主力。

某日，碰上了匈奴左贤王与左大将率领的两万骑兵，贰师将军李广利高声呐喊，率领将士勇猛冲杀。双方混战一天，汉朝军队击杀左大将，匈奴军队死伤惨重。

此战之后，杀红了眼的贰师将军李广利继续督促将士北行，不立奇功，誓不返回。

然而，这个时候，源自长安的不利消息已经传遍全军。远征将士议论纷纷，人心惶惶，局势已难掌控。无奈之下，贰师将军李广利只得率领军队退至速邪乌燕然山。

匈奴狐鹿姑单于探知汉朝军队远征疲倦，并且人心慌乱，哪里肯放他们安然返回。单于亲自率领五万骑兵，阻截贰师将军李广利。汉军想要夺路而逃，匈奴想要吃口肥肉，双方互不相让，拼死血战，伤亡都很惨重。夜幕降临，匈奴在汉军前方挖下数尺深的堑壕，又从汉军背后发起猛攻。本已疲惫不堪的汉朝军队，前无退路，后有饿狼般的匈奴，深夜之中，胡乱抵挡，溃不成军。看到大势已去，贰师将军李广利踌躇一番，长叹一声，投降匈奴。

匈奴狐鹿姑单于也是个爱惜人才的君主，早就听说贰师将军李广利是汉朝的大将贵臣，对其极为优待。几次对话之后，单于竟将自己的女儿嫁给了李广利，对其甚为尊宠。

天汉二年（前 99 年），骑都尉李陵战败投降，娶了且鞮侯单于的女儿。

天汉四年（前 97 年），贰师将军李广利战败投降，娶了狐鹿姑单于的女儿。

沙场之上，西汉帝国的威风已如边塞秋风，渐去渐远。

“自贰师没后，汉新失大将军士卒数万人，不复出兵。”（《汉书·匈奴传》）

十二

此时，不妨回眸，重温汉武帝刘彻发动汉匈战争的资本与底气。

秦朝末年，暴虐引发反抗，战火席卷中原，白骨累累，百姓流离。

四十八岁的刘邦趁势而起，南征北战六年有余，降服各路军阀，重新统一华夏。

经过连年的混战，土地荒芜，工商弛废，民生凋敝，就连堂堂皇帝也坐不上四匹纯一色的马拉的车子，将相们只能坐牛车。(《史记·平准书》)

好在，烽烟熄灭之后，百姓开始安定，经济也走出残破的阴影。当肚皮已能填饱，睥睨天下的汉高祖刘邦就越来越无法容忍匈奴的骄横，索性亲自率兵征伐。然而，“白登之围”，刘邦钻进了匈奴设下的圈套，几乎丢了性命，无奈之下，开启了“和亲”政策。

终于，汉朝迎来了历史上有名的“文景之治”，崇尚“无为而治”的道家思想，与民休养生息，呈现盛世景象。

“京师之钱累巨万，贯朽而不可校。太仓之粟陈陈相因，充溢露积于外，至腐败不可食。众庶街巷有马，阡陌之间成群，而乘字牝者傧而不得聚会。”(《史记·平准书》)

京城积聚的钱币千千万万，以致穿钱的绳子朽烂了，无法计数。太仓中的粮食大囤小囤如兵阵相连，有的露积在外，以致腐烂不能食用。普通街巷中的百姓也有马匹，田野中的马匹更是成群，以至乘年轻母马的人受排斥，不许参加聚会。

到了汉武帝刘彻执政时期，为了施展纵横四海的远大抱负，他摒弃“无为而治，休养生息”的政策，提出“罢黜百家，独尊儒术”。

当年，汉高祖刘邦轻视儒家思想，动不动就把读书人骂作“竖儒”。他还有一个特殊的爱好：每逢遇到儒生，常喜欢把他们戴的帽子摘下来，往里面撒尿。

汉武帝刘彻对待儒生则要客气得多，不过，从心底，他也只是把儒学与儒生当作辅政的工具而已。实际上，汉武帝所统驭下的西汉帝国，执行的是“外儒内法”的治国策略，外表温文尔雅，内心坚硬似铁。

有了“文景之治”留下来的丰厚家产，雄才大略的汉武帝底气十足，打算废除勉强维系的“和亲”政策，要让匈奴饱尝铁拳的滋味。然而，“马邑之谋”，匈奴单于识破了刘彻设下的圈套，慌忙后撤，从此拉开了汉匈之战的序幕。

汉朝军队擅长围城攻坚，喜欢摆开阵势，硬对硬地拼个你死我活。这样的战争比较痛快，通常只需数年，甚至数月，就可以决出胜负。然而，匈奴却不愿意采用这种简单粗暴的战术，他们有着自己独特的方式。

匈奴以游牧为生，追逐着水草，四处迁徙，没有城墙与村镇，也不喜欢学习排兵布阵。他们的战术，多是从围捕野兽之中琢磨出来的。

通常情形之下，他们不会与猛兽硬碰硬地搏斗，而是选择时机，出其不意地发动袭击。如果一击未能得手，他们不会纠缠，而是即刻撤走，让被激怒的猛兽追击。等猛兽累了，他们又突然回头发起猛攻。如此，一而再，再而三，“敌进我退，敌驻我扰，敌疲我打，敌退我追”。最终，拖得对手精疲力竭，束手就擒。

《史记·匈奴列传》记载：“儿能骑羊，引弓射鸟鼠，少长则射狐兔，用为食。士力能弯弓，尽为甲骑。”也就是说，匈奴儿童刚刚长到与马腹齐高，就骑着壮羊，拉弓射箭，以捕猎鸟鼠作为娱乐项目；稍微长大一些，则挟着弓箭去射杀狐兔，烤得半生不熟，大口大口地吞咽；再大一些，能够拉动硬弓的男子，都要充当甲骑，随时准备冲锋陷阵。

因此，匈奴几乎全民皆兵，并且精通骑马与射箭，再加上尚武的习俗，使得人人都是善战的勇士。

此外，匈奴饮食多为“膻羊腥酪”，每逢征战，在皮囊里装上肉干与奶酪，热量充足，食用方便，不必像汉朝军队那样拖着大量的粮草辎重，沿途还要生火煮饭。

不难看出，汉朝军队擅长攻坚战与阵地战，而匈奴军队则擅长运动战与伏击战。

战争前期，不甘示弱的匈奴，仗着勇力，与汉朝军队展开了几场硬碰硬的厮杀。这一阶段，汉朝兵强马壮，发动了多次远征奔袭的战役，打得匈奴落花流水。

吃过几次大亏之后，匈奴渐渐明白，汉朝已不再是当年的绵羊，而是变成了一头凶猛的战象。

狡猾的野狼怎肯赌上全部家底，去与战象硬抗。看见形势不妙，匈奴向着远方逃遁，并在那里掘下陷阱，然后以小股部队袭扰汉朝边境，勾引汉朝派遣大军远征。数千里的跋涉，常让汉朝军队疲劳不堪，而匈奴以逸待劳，躲在暗中窥视。一旦瞅准时机,匈奴或是来个猝不及防的突然袭击,或是集中优势兵力,只打汉朝的一支远征分队。

持续多年的战争消耗使得西汉帝国的正规部队与战马损失严重,几乎无法组建精锐骑兵。战争前期,卫青、霍去病连战连胜;战争后期,李陵、李广利却吃了许多败仗。暂且不提用兵韬略,他们所率军队的战斗素质就远远不在一个档次之上。

这种窘境,在远征大宛之时已见端倪,贰师将军李广利率领的杂牌骑兵,战斗力弱得可笑。双方兵力那么悬殊,却是一场惨胜。此后,汉朝就连杂牌骑兵也捉襟见肘了,只能派遣步兵应急。

天汉二年(前 99 年),骑都尉李陵远征匈奴,率领的只是五千步兵。

天汉四年(前 97 年),贰师将军李广利远征匈奴,率领六万骑兵、七万步兵。

寻歼匈奴,必须穿过苍茫荒凉的大漠,还要对付来去如风的匈奴骑兵,行动迟缓的步兵会消耗大量物资,却派不上多少用场。很多时候,步兵赶到战场之时,匈奴军队早已撤走,只能为战死的汉军骑兵收尸。

穷兵黩武的远征,消耗巨额军费,再加上巨额赏赐,致使原本充盈的国库日渐空虚。为了支撑局面,汉武帝推行了一系列措施:盐铁收归国家专营,改革金融币制,巧立名目增收各项税费,出卖爵位,并且允许以钱赎罪。然而,这些手段只能缓解燃眉之急,民生持续凋敝,国库入不敷出。

终于,征和四年(前 89 年),汉武帝发布了著名的《轮台罪己诏》,进行自我反省。

诏书之中,汉武帝首先提到了两项奏请:前些时候,有关部门奏请要增加赋税,每个百姓再多缴三十钱,用来增加边防费用;如今,又有人奏请派兵到西域轮台去屯田垦荒。

接着,已经逐渐醒悟的汉武帝剖析了讨伐车师、远征匈奴的教训,态度诚恳务实,不乏真知灼见。

随后,汉武帝发表了关于轮台奏请的指示:"如今,桑弘羊等人奏请派军队远赴轮台屯田垦荒,修筑堡垒哨所,这是劳民伤财,不是为天下百姓着想的好建议，朕不能采纳。”

诏书之中，提出了当今最重要的任务：“禁苛暴，止擅赋，力本农，修马复令，以补缺，毋乏武备而已。”

意思是：“严禁各级官吏对待百姓苛刻暴虐，废止擅自增加赋税的法令，鼓励百姓致力于农业生产，恢复为国家养马者免其徭役赋税的法令，用来补充战马损失的缺额，不使国家军备削弱。”

作为集权统治者，往往融合尊贵与骄傲于一身，总是认为自己一贯是正确的。汉武帝刘彻竟有如此深刻的反醒，并且公开发布“罪己诏”，的确让人惊讶并感动。

从此，汉武帝不再出兵远征，并且封丞相车千秋（田千秋）为富民侯，“以明休养，思富养民”（《资治通鉴》第二十二卷）。

如今，网络盛传的《轮台罪己诏》之中，还有这样几句：“朕即位以来，所为狂悖，使天下愁苦，不可追悔。自今事有伤害百姓，糜费天下者，悉罢之。”

其实，《汉书·西域传（下）》与《资治通鉴（第二十二卷）》所录的《轮台罪己诏》都没有这些话。

这些话源于征和四年三月，汉武帝刘彻与丞相车千秋（田千秋）的对答，虽然也载于《资治通鉴（第二十二卷）》，却并不在《轮台罪己诏》的正文之中。

汉武帝罪已，够诚恳；如今的文化传播，也要够严谨。

后元二年（前 87 年），汉武帝刘彻崩于五柞宫，享年 70 岁，谥号孝武皇帝，庙号世宗，葬于茂陵。

炳耀千秋的光芒消逝了，只留下茂陵的萋萋青草，一岁一度荣枯。

“匈奴未灭，何以家为！”“明犯强汉者，虽远必诛！”……

征战匈奴的豪言壮语永远留存于青史，历久弥新。

“不败军神”卫青

一

“龙生龙，凤生凤，老鼠的儿子会打洞。”

卫青的出身实在低贱，呱呱落地之时，便列入了富贵人家奴仆的名册。

卫青的生身父亲，叫作郑季，居于河东平阳(今山西省临汾市)。郑季是一名小小的县吏，靠着为平阳侯府跑腿做事，养家糊口。

平阳侯府，顾名思义，就是平阳侯的府第。当时，平阳侯府的主人为曹寿(也称曹时)，乃是西汉开国功臣曹参的曾孙，承袭祖荫，接过了平阳侯的爵位。

自从曾祖曹参出任丞相之后，这支曹氏家族虽袭侯爵，却再未出过高官，渐渐处于执政权贵的边缘地带。到了曹寿这代，祖坟之上再冒青烟，曹寿迎娶了汉武帝刘彻的亲姐姐阳信公主，成了皇帝的小舅子。下嫁曹寿之后，阳信公主随着夫家的封邑，改称平阳公主。

在平阳侯府打工的郑季，与府中的女佣卫媪有了暧昧之情，生下卫青。封建时代，奴仆是主人的私有财产，如同会说话的工具，所生子女自然身份低贱。

根据学者分析，卫媪在与郑季私通之前，曾经有过前夫，并与前夫生有几个儿女，长男为卫长君、长女为卫君孺、次女为卫少儿、三女为卫子夫。卫媪与郑季私通之后，先有卫青，后又生了卫步、卫广。

卫青在平阳侯府度过童年，少年时代回到生身父亲郑季家中，被分配去牧羊。郑季本有家室，对于这个从天而降的私生子，大家并不表示欢迎，处处排挤与欺压。郑季之妻把卫青当作奴仆使唤，郑季之子也不把卫青当作兄弟对待。

偶有一天，卫青随人前往甘泉宫，有位钳徒看到卫青相貌，大吃一惊，赞叹："贵人也，官至封侯。"卫青苦笑，答道："我为奴仆所生，少被笞打辱骂也就心满意足了，哪里敢去指望封侯这样的美事。"

岂知：三十年河东，三十年河西，英雄是不问出身的！

稍微长大之后，卫青又返回平阳侯府，做了一名骑奴。骑奴，也就是服侍主人骑马出行的童工，受人轻贱，倘若命运不济，遇到一个恶主人，还得跪在地上，被人当作肉凳，踩踏着上马与下马。卫青侍奉的，正是平阳公主，至于是否受到肉凳的待遇，史书之上没有记载。

建元二年(前139年)春天，平阳侯府迎来了一位贵客，当朝天子汉武帝刘彻前来看望姐姐平阳公主。酒席宴上，汉武帝被一位身姿婀娜、黑发飘逸的歌女所深深吸引。仗着天子权势，汉武帝在尚衣轩(卫生间)里"临幸"了这位歌女。

在平阳公主的撺掇之下，意犹未尽的汉武帝决定把歌女卫子夫带回都城长安，陪侍身边。临行之时，平阳公主亲自送卫子夫上车，并且轻拊其背，嘱咐道："入宫去吧！务必珍重、务必勉力。将来若是富贵了，不要忘记我的引荐之功呀！"

后宫之中，妒意深深。皇后陈阿娇未曾生子，满怀惆怅，看到卫子夫颇得汉武帝宠爱，并且怀有身孕，桃花脸气成了海棠红。

陈阿娇的母亲馆陶公主刘嫖，也就是汉武帝的姑妈兼丈母娘，向来强势，看到女儿打翻了醋坛子，决定给卫子夫些颜色瞅瞅。

馆陶公主刘嫖派人绑架了卫子夫的同胞弟弟卫青，打算来个"杀鸡儆猴"，用鲜血警告卫子夫，哪个才是后宫的主人。眼看性命难保之际，卫青的好友骑郎公孙敖，率领壮士，硬把卫青抢了回来。

汉武帝刘彻闻讯，深怪丈母娘与老婆的嚣张跋扈，对于几乎送命的卫青，萌生怜惜之意，于是任命卫青为建章监，并加侍中。卫青的哥哥卫长君跟着沾了光，也加为侍中，并且“赏赐数日间累千金”（《史记·卫将军骠骑列传》）。

卫青的长姐卫君孺嫁给太仆公孙贺，卫青的次姐卫少儿与汉朝开国功臣陈平的曾孙陈掌关系暧昧。如此一来，公孙贺与陈掌也算是汉武帝刘彻的连襟了，受到了重用。当然，救了卫青的公孙敖，更是因此官运亨通。

元光五年（前130年），女巫楚服等人教唆陈皇后行厌胜之术，施用妇人媚道，企图重获皇帝宠幸。事情泄露之后，汉武帝大怒，随即废黜了陈阿娇的皇后之位，斥居长门宫。

此时，身为夫人的卫子夫已经生下了三位公主，益受恩宠。卫青也因随侍汉武帝，时时显露出过人的才智，升为太中大夫，“秩比千石，掌议论”。

命运之神开始青睐这位奴仆出身的男子汉。

二

元光二年（前133年），西汉帝国设下“引君入瓮”的圈套，重兵埋伏，诱骗匈奴军臣单于前往雁门郡马邑县，打算狠狠收拾这个宿敌。

谁知，军臣单于竟如狐狸般狡猾，在快要进入伏击圈之际，起了疑心。随后，军臣单于经过侦探，得知上当，慌忙撤退。从此，汉匈双方撕破了和亲之约，冲突日渐升级。

元光六年（前129年），面对匈奴的咄咄逼人之势，汉武帝刘彻发起反击。西汉帝国派遣四名将军，各率万名骑兵，杀向骄横的匈奴。

诏令太中大夫卫青为车骑将军，出兵上谷（郡治沮阳县，今河北省怀来县大古城村北）。卫青虽是首次率兵出征，却展现出了卓越的军事才能。他冷静分析：匈奴正在四处袭扰汉朝边境，抢夺财物，不亦乐乎，此际他们根本不会想到，西汉帝国竟会大规模出兵反击，后方防备甚为空虚。于是，卫青出其不意，深入险境，远程奔袭，直捣匈奴的老巢——龙城。此次奇袭，打赢了汉武帝抗击匈奴的第一场胜仗，“得胡首虏七百人”（《史记·匈奴列传》）。

史书曾经记载匈奴习俗："五月，大会龙城，祭其先、天地、鬼神。"在匈奴心中，龙城之地位，犹如西汉百姓心中的都城长安。龙城被袭，令其心惊，骄狂气焰顿时消散，像被泼了一桶冷水。

与此同时，公孙贺为轻车将军，出兵云中郡(郡治云中县，今内蒙古托克托县古城乡古城)，未与匈奴相遇，无功而返。太中大夫公孙敖为骑将军，出兵代郡(郡治代县，今河北省蔚县东北代王城)，被匈奴击败，损伤七千余骑兵。卫尉李广为骁骑将军，出兵雁门郡(郡治善无县，今山西省右玉县威远镇古城村)，与匈奴遭遇，伤亡惨重。李广曾经一度被俘，后来寻机逃脱，按律当斩，赎为庶人。

四路出征，唯有卫青获胜。汉武帝刘彻对自己的这位小舅子刮目相看，赐爵关内侯。

由此，卫青实现了从奴仆到侯爵的人生大跃进。

元朔元年(前 128 年)春天，卫子夫生下皇子刘据，29 岁的汉武帝第一次怀抱龙子，喜不自禁，不久，册立卫子夫为皇后。

有了当皇后的姐姐与当太子的外甥，卫青的地位更加尊贵。然而，他丝毫没有沾染皇亲国戚的奢华气派，而是沉浸于兵策与地图，誓为大汉帝国守御尚不平静的北方边疆。

话说，匈奴吃了老巢被袭的大亏，岂肯善罢甘休。

元朔元年，也就是卫青当了舅舅的那年秋天，匈奴两万骑兵再犯西汉边境，先是杀死辽西太守，抢掠二千余人，接着又进攻渔阳、雁门等郡，连连击败西汉守将。

汉武帝下令，派遣将军卫青率领三万骑兵，从雁门反击，同时派遣李息从代郡出兵，与匈奴锋芒相对。经过激战，斩杀及俘虏数千人。(《史记·匈奴列传》)

当年，汉高祖刘邦曾经歌以咏志："大风起兮云飞扬，威加海内兮归故乡，安得猛士兮守四方！"汉武帝刘彻的心中，又何尝没有相同的期盼呢？

看到小舅子卫青用兵如神，汉武帝豪气冲天，决定改变被动反击的策略，转为主动出击。

元朔二年(前 127 年)春天,西汉帝国发起了出击匈奴的第一场大规模战役——河套之战。

车骑将军卫青率兵从云中出发,向西渡过黄河,精锐铁骑挟着料峭春风,横扫驻牧于如今鄂尔多斯高原的匈奴楼烦王与白羊王。

《包头史话》(李绍钦先生主编)写道:“从考古发掘看,楼烦王大约在准格尔旗大路乡玉隆太一带驻牧,白羊王大约在杭锦旗阿鲁柴登一带驻牧,因这两地均发现西汉早期匈奴贵族墓葬。”

这两位匈奴王爷手中兵力不多,却仗着驻牧于阴山以北的匈奴右贤王的大军作为后盾,过得相当安逸。此次,西汉骑兵突然杀来,吓得两位王爷魂飞魄散,也等不及右贤王的驰援了,率领部众四散而逃。

出师告捷,西汉铁骑却没有停下进攻的步伐。趁着匈奴右贤王还在愣神的空当,卫青从东向西穿越了整个鄂尔多斯高原,扫荡匈奴残余势力。接着,他再次渡过黄河,打到高阙塞(位于如今的内蒙古巴彦淖尔市乌拉特后旗呼和温都尔镇那仁乌布尔嘎查)。出了高阙塞后,他又转而奔袭陇西。

这番左冲右突,扰得匈奴楼烦王与白羊王没有片刻喘息的机会,索性放弃这片水草丰美的领地,翻越阴山,远遁而去。

《史记·卫将军骠骑列传》记录此次战绩:“斩杀及俘虏匈奴数千人,缴获牲畜数十万,赶走了白羊王、楼烦王。”

捷报传至长安,汉武帝颁令嘉奖:“匈奴逆天理,乱人伦,暴长虐老,以盗窃为务,行诈诸蛮夷,造谋籍兵,数为边害。故兴师遣将,以征厥罪。《诗》不云乎?‘薄伐猃允,至于太原’;‘出车彭彭,城彼朔方’。今车骑将军青度西河至高阙,获首二千三百级,车辎畜产毕收为卤,已封为列侯,遂西定河南地,案榆溪旧塞,绝梓领,梁北河,讨蒲泥,破符离,斩轻锐之卒,捕伏听者三千一十七级。执讯获丑,驱马牛羊百有余万,全甲兵而还,益封青三千八百户。”(《汉书·卫青霍去病传》)

战功卓著,理应封赏,汉武帝毫不吝啬:以三千八百户封卫青为长平侯;卫青的校尉苏建立有功劳,以一千一百户封为平陵侯;卫青的校尉张次公也有功劳,被封为岸头侯。

跟着英明的领导做事,感觉太爽了!苏建与张次公满面春风,感激地宴请卫青将军。

三

经过河套战役,西汉基本收复了秦朝末期所失的“河南地”,将匈奴势力再次驱赶到了阴山以北。于是,汉武帝踌躇满志,“置朔方、五原郡”(《汉书·武帝纪》)。

汉武帝将秦始皇所置的九原郡(郡治九原县,今内蒙古包头市九原区麻池古城)一分为二,西部置为朔方郡,东部置为五原郡。

汉武帝所置的朔方郡,大致包括如今的鄂尔多斯市杭锦旗、巴彦淖尔市后套地区等,郡治朔方城,大约在如今的鄂尔多斯市杭锦旗独贵塔拉乡一带,早已湮没。

汉武帝所置的五原郡,大致包括如今的包头市区、包头市固阳县、巴彦淖尔市乌拉特前旗、鄂尔多斯市达拉特旗及准格尔旗东北部等,郡治仍为九原县,也就是如今的包头市九原区麻池古城。

为了防范匈奴的反扑,西汉帝国又将当年秦朝大将蒙恬修筑于阴山峰巅的长城再次修缮,设置障城与烽火台,驻兵防守。如今,在包头市固阳县的秦长城景区之内,高高矗立着两尊塑像,一位是秦将蒙恬,一位是汉将卫青。

元朔二年(前 127 年)冬天,匈奴军臣单于去世,他的弟弟伊稚斜篡位,自立为单于。此际,匈奴实力尚存,伊稚斜单于为了报复西汉帝国,接连发动侵袭。

元朔三年(前 126 年),“匈奴入杀代郡太守友,入略雁门千余人”。

元朔四年(前 125 年),“匈奴大入代、定襄、上郡,杀略汉数千人”。

与此同时,“匈奴右贤王怨汉夺之河南地而筑朔方,数为寇,盗边,及入河南,侵扰朔方,杀略吏民其众”(《史记·匈奴列传》)。

元朔五年(前 124 年)春天,西汉帝国发起了出击匈奴的第二场大规模战役——漠南之战。

此次战役，汉武帝派遣车骑将军卫青率领三万骑兵，由高阙塞出击。

当时，匈奴右贤王驻牧于如今的蒙古国南戈壁省诺木冈至巴彦鄂博一带，距离高阙塞有六七百里之遥。右贤王大意轻敌，以为西汉大军出征，必有大量辎重相随，行进缓慢，不能至此，每夜畅饮欢歌，酩酊大醉。

卫青命令精锐骑兵，昼伏夜行，隐蔽前进，在某个深夜，悄然抵近匈奴右贤王的驻牧地。万籁寂静之时，忽然喊杀声四处响起，火光与利箭，蜂拥而至。右贤王受此惊吓，酒醒了大半，却也丧失了斗志，独与爱妾及数百名亲信，借着夜幕，勉强杀开一条血路，向北狼狈逃窜。

“强将手下无弱兵”，西汉轻骑校尉郭成等发觉匈奴右贤王逃窜，急忙追击数百里，终因地形不熟，未能将其生擒或斩杀。

此次奇袭，战绩更是辉煌：“擒获右贤王属下的裨王十余人，俘虏匈奴男女一万五千余人，缴获牲畜数十百万。”(《汉书·卫青霍去病传》)

大军凯旋，抵达边塞。汉武帝派遣特使，捧持大印，就在军帐之中，拜车骑将军卫青为“大将军”。

《汉官仪》载：“汉兴，置大将军，位丞相上。”《文献通考》卷五十九云：“大将军内秉国政，外则仗钺专征，其权远出丞相之右。”《军事辞海》记载道：“汉朝时以大将军录尚书事，则兼摄台阁，位极人臣，为皇帝之下最高军政首脑。”

汉武帝嘉奖：“大将军青躬率戎士，师大捷，获匈奴王十有余人，益封青八千七百户。”(《汉书·卫青霍去病传》)

同时，汉武帝锦上添花，再加封赏：卫青的长子卫伉为宜春侯，卫青的次子卫不疑为阴安侯，卫青的三子卫登为发干侯。

卫青惶恐不已，急忙辞谢：“此番大败匈奴，赖陛下神灵，出师大捷，全是将士拼死血战的功劳。陛下屡次加封于臣，卫青感恩不尽。如今，臣的三个孩子尚在襁褓之中，这般年幼，未有尺寸功劳，虽蒙陛下恩典，将其三人赐地封侯，却并非臣所素来秉持的按功行赏、激励将士的本意。臣的儿子卫伉等人，何德何能，敢受封爵！”

忠诚之言，打动了汉武帝，汉武帝忙说：“我并未忘记诸位将士的功劳，随后皆有赏赐。”

随即，汉武帝诏令御史：“护军都尉公孙敖三从大将军击匈奴，常护军，傅校获王，以千五百户封敖为合骑侯。都尉韩说从大将军出窳浑，至匈奴右贤王庭，为麾下搏战获王，以千三百户封说为龙頟侯。骑将军公孙贺从大将军获王，以千三百户封贺为南窌侯。轻车将军李蔡再从大将军获王，以千六百户封蔡为乐安侯。校尉李朔、校尉赵不虞、校尉公孙戎奴，各三从大将军获王，以千三百户封朔涉轵侯，以千三百户封不虞为随成侯，以千三百户封戎奴为从平侯。将军李沮、李息及校尉豆如意有功，赐爵关内侯，食邑各三百户。”

封赏令下，将士三呼万岁，群情振奋。

四

元朔六年（前 123 年）春天，大将军卫青率领骑兵十万余人，由定襄（郡治成乐县，今内蒙古和林格尔县土城子古城）出兵，意图寻歼匈奴主力。

随同远征的，还有六名大将：合骑侯公孙敖为中将军，太仆公孙贺为左将军，翕侯赵信为前将军，卫尉苏建为右将军，郎中令李广为后将军，右内史李沮为强弩将军。

这次出击，“斩首数千级而还”（《汉书·卫青霍去病传》）。

一个多月之后，为了扩大战果，大将军卫青率领六位将军，再次出兵定襄，斩杀及俘虏一万多人。（《汉书·卫青霍去病传》）

不过，这次征战，西汉帝国也付出了沉痛的代价。

右将军苏建、前将军赵信一起率领骑兵三千余人，算是一支策应大将军卫青的偏军。在苍茫草原之上，寻找匈奴主力决战，是件相当困难的事情，饶是富有作战经验的卫青也是要靠运气的。岂料，“麻绳偏从细处断”，苏建与赵信的小股骑兵，竟与匈奴伊稚斜单于所率的主力遭遇了。

这是一场众寡悬殊的战斗，西汉骑兵苦战一日有余，死伤惨重。前将军赵信，原先曾任匈奴相国，后来投靠西汉，受封翕侯。逢此危急时刻，又有伊稚斜单于亲自招降，赵信遂率剩余骑兵近八百人，降附了匈奴。右将军苏建的部下伤亡殆尽，又见赵信投降，只得独自逃归，向大将军卫青请罪。

大将军卫青向部下征询意见，应该如何处置苏建。

议郎周霸建议：“自从大将军领兵以来，从未斩杀裨将。如今，苏建弃军逃归，应该斩杀，以树大将军之威。”

军正闳、长史安则表示反对：“兵法讲‘小敌之坚，大敌之擒也’。如今，苏建率领数千军队，抵挡匈奴数万之兵，浴血苦战多时，士兵伤亡殆尽，却始终没有叛降之心，自己归来。如果斩杀苏建，犹如告诉将士，若要失败而归，必遭极刑，倒不如像赵信那样叛降。”

听罢双方争议，大将军发言：“卫青是以皇帝亲戚的身份在军中为将，并不忧虑没有威严。大军远征，应该树立国威，不宜树立私威。虽然我领兵在外，有斩杀裨将的职权。可是，我并不想以尊宠之位而擅杀大将，就将其押送都城，交由天子处置吧，同时借此表达人臣不敢专权之意，岂不更适当些？”

这番话，处处表示出卫青对于汉武帝的恭敬之意，不愿树立私威，不愿擅权，不愿滥杀。

“功高震主”，历来是皇帝的心病，因此遭到枉杀的功臣数不胜数。卫青谨言慎行，逃避祸端，的确有着天生的大智慧。估计，汉武帝如能亲耳听到卫青的这番言论，又要忍不住大加赏赐了。

再者，苏建乃是卫青的老部下，历经河套之战、漠南之战、第一次定襄出战，屡次立有战功。若是由于此次寡不敌众的败绩就要丢掉人头，也确实有些过于严苛。

卫青深知，朝廷有着“用钱赎罪”的规定，不斩苏建，而是交由天子处置，相当于放他一条生路。

《史记·卫将军骠骑列传》记载：“（苏建）以右将军再从大将军出定襄，亡翕侯，失军，当斩，赎为庶人。其后为代郡太守，卒，冢在大犹乡。”可见，苏建因此保全了性命，还在之后复出，担任了边郡高官，并且得以善终。

定襄之战，有叛将，有败将，也涌出了良将。

这一年，霍去病刚满 18 岁，随同大军远征。

霍去病是卫子夫的二姐卫少儿之子，既是卫青的外甥，也是汉武帝的妻甥，颇受汉武帝的器重，为天子侍中。

霍去病虽是皇亲国戚，却没有骄娇之气，不贪财、不霸道、不淫欲，善于骑射，立志建功于沙场之上。定襄之战，他两次跟随舅舅卫青冲杀阵前。大将军卫青遵照汉武帝的吩咐，拨给霍去病一些精壮勇士，霍去病被封为票姚校尉。

此次远征，年轻气盛的票姚校尉霍去病率领八百名精锐骑兵，如狂风般冲锋，把主力部队远远甩在身后数百里，以迅雷之势，扫荡匈奴。突袭之际，霍去病率人斩获匈奴 2000 余人，其中包括相国、当户等高级首领，斩杀了匈奴单于的祖父辈籍若侯产（籍若侯为封号，名产），俘虏了匈奴单于的叔父罗姑比。

两次定襄出战，票姚校尉霍去病的军功均属第一，汉武帝以一千六百户封其为冠军侯。

汉武帝，16 岁登基；霍去病，18 岁封侯，谁说少年难成大事？！

五

元狩四年(前119年)春天,汉武帝派遣大将军卫青、骠骑将军霍去病各自率领五万骑兵,分别从代郡、定襄出发,远征匈奴伊稚斜单于。

此次远征,汉武帝本想让少壮派的霍去病争立头功,因此将那些“敢力战深入之士”集中划拨给了他。

当初,本来约定由霍去病从定襄出击,直扑匈奴主力。但不久,通过匈奴俘虏,汉军得知伊稚斜单于率部向东开拔。于是,改变计划,霍去病也率兵东移,从代郡出击,沿途寻歼伊稚斜单于。

随之,卫青改由定襄出兵。郎中令李广做前将军,太仆公孙贺任左将军,主爵赵食其任右将军,平阳侯曹襄任后将军,随同大将军卫青远征。

漠北之战是大将军卫青的第七次远征。近些年来,骠骑将军霍去病风头强劲,颇得汉武帝的欢心,成为重点培养的榜样人物。此时,卫青官高权重,居于一人之下众人之上,他心里明白高处不胜寒的道理,乐于退居二线,给外甥霍去病让开通天大道。

然而,命运之神偏偏选中了卫青,要让他与匈奴伊稚斜单于来场最后的对决。

大将军卫青率领将士,出塞千余里,刚刚越过戈壁大漠,就碰到严阵以待的匈奴主力。既然是针尖遇上麦芒,只能拼个你死我活了。

不过,若论战场形势,匈奴兵力远多于西汉军队,汉军长途跋涉略显疲惫,而匈奴则以逸待劳,想要来个恶狼追撵乏兔子。此外,西汉军队初来乍到,远不如匈奴熟悉地形。

大将军卫青临危不惧,下令借助“武刚车”排成环形营垒。“武刚车”是中国古代的一种兵车,可以运送士兵、粮草、武器,也可以用来作战。作战之时,武刚车的车身要蒙上牛皮犀甲,捆上长矛,立上坚固的盾牌。有的武刚车还开有射击孔,弓箭手可以在车内,通过射击孔射箭。这个家伙,几乎就是古代版的装甲车了。

数万将士，有了“武刚车”的掩护，可以遮挡匈奴的箭矢，也可以抵挡匈奴铁骑的迅猛冲击，心中平添许多底气。

安排妥当之后，大将军卫青派遣五千骑兵，马蹄扬尘，向匈奴发起攻势。伊稚斜单于见状，也派出万名骑兵，呐喊迎战。此时，正值黄昏，忽然刮起了大风，沙石扑面而来，两军将士都无法看清对方。卫青见机行事，派出大军从左右两翼急驰向前，包抄伊稚斜单于。

黄沙漫天，伊稚斜单于只听得四处传来西汉军队的喊杀之声，摸不清对方到底来了多少援兵，也无法有效指挥匈奴迎战，顿时慌了手脚。好汉不吃眼前亏，夜幕降临，伊稚斜单于乘着六头健壮骡子拉的战车，由数百名精锐骑兵掩护，冲出汉军的包围圈，向西北逃奔而去。

在伊稚斜单于的身后，天昏地暗之中，汉军与匈奴军混乱厮杀，伤亡大致相当。等到得知匈奴单于已经逃窜的讯息，汉军派出轻骑连夜追击，大将军也率部紧紧相随。消息传开，正在拼死抵抗的匈奴骑兵顿时四散奔逃。到了天亮，汉军追出二百余里，也没有见到伊稚斜单于的踪影。这场混战，斩杀及俘获匈奴一万余人。

随后，大将军卫青率领部队趁胜前行，直趋窴颜山赵信城，缴获匈奴积存的大量粮食。休整一天，汉军高唱凯歌返程，人吃马驮之余，将剩下的粮食付之一炬。

就在大将军卫青与匈奴单于激战之时，前将军李广和右将军赵食其所率军队从东道进军，由于迷失了路途，未能如期与卫青会合，错失了围歼匈奴单于的战机。直到卫青领兵返回漠南，才遇到李广与赵食其。按照西汉刑律，延误军机，那是一条死罪。

大将军卫青向李广和赵食其询问延误的原由，准备上书汉武帝，报告事情原委。

老将李广脸色铁青，一言不发，回到自己的军帐。李广深知，此次回到都城长安，必将受到执法官吏的审讯。这位倔强的老将留下遗言：“广年六十余矣，终不能复对刀笔之吏。”随即，引刀自刭。

右将军赵食其返回长安，交由刀笔之吏审讯，论罪当死。不过，在交纳赎金之后，赵食其被贬为庶人，保留了一条性命。

花开两朵，各表一枝，再来看看另一条战线的情况。

骠骑将军霍去病率领五万骑兵，以李敢为副将，从代郡、右北平出兵，行进两千余里，遭遇匈奴左贤王的军队。

经过激战，霍去病率兵斩杀及俘虏匈奴七万余人，擒获匈奴屯头王、韩王等三人，以及将军、相国、当户、都尉等八十三人。

若论战绩，骠骑将军霍去病自然远胜于大将军卫青。

汉武帝颁布嘉奖：“以五千八百户益封骠骑将军。”

随同骠骑将军霍去病远征的有功将士，也各有封赏：“划定一千六百户封右北平太守路博德为符离侯；划定一千二百户封北地都尉邢山为义阳侯；从前投降汉朝的匈奴因淳王复陆支、楼专王伊即靬，皆随骠骑将军攻匈奴有功，划定一千三百户封复陆支为壮侯，划定一千八百户封伊即靬为众利侯；从骠侯赵破奴、昌武侯赵安稽，都跟随骠骑将军打匈奴有功，各增封三百户；校尉李敢夺取了敌军的军旗战鼓，封为关内侯，赐食邑二百户；校尉徐自为被授予大庶长的爵位；此外，骠骑将军霍去病所率的军吏卒得到升官与赏赐的也有很多。”

当骠骑将军霍去病的部下欢呼雀跃之时，大将军卫青的部下却是神情黯然。“大将军不得益封，军吏卒皆无封侯者。”（《史记·卫将军骠骑列传》）

同是战胜归来，两者待遇差别，也有些太明显了！

也许，汉武帝是在恼怒卫青没有擒获或斩杀伊稚斜单于；也许，汉武帝是在提防手握重兵又声望益显的卫青，借着扶植霍去病，削弱他的影响力。

集权政治，总是藏着许多说不清也道不明的东西。

六

漠北战役之后，朝廷增设大司马官位，大将军卫青与骠骑将军霍去病均荣任此职。汉武帝定下法令，让骠骑将军的官阶和俸禄与大将军相等。从此，大将军卫青的权势日渐减退，而骠骑将军霍去病的地位却日益显贵。

因此，大将军的故人与门客大多离去，转而追捧骠骑将军霍去病。与皇帝的红人相亲近，谋得官爵，也就容易多了。趋炎附势，世之常情，唯有任安依旧陪侍着卫青，不为所动。

后来，由于卫青的举荐，任安当了郎中，迁为益州刺史等职。而司马迁的一封《报任安书》，更是让他青史留名。

从元光六年（前129年）至元狩四年（前119），十年之间，大将军卫青与骠骑将军霍去病多次远征匈奴，均获不败战绩，功炳史册。

毛泽东曾说："作战在我不在敌，关键不拘于泥，昔汉将卫青、霍去病勇于革新战法，远渡绝漠，运动于敌之软肋，出敌不意，攻敌无备，故百战百胜。"

大将军卫青七次出击匈奴，斩获敌军五万余人，曾受两次增封，食邑共计一万一千八百户。卫青的校尉副将因有功而被封侯的有九人，成为将军的有十四人。

骠骑将军霍去病六次出击匈奴，其中四次出击是以将军的身份，斩获敌军十一万多人，曾受四次加封，食邑共计一万五千一百户。霍去病的校尉副将因有功而被封侯的有六人，成为将军的有两人。

舅舅卫青与外甥霍去病的性情，犹如苍松与牡丹，各有异彩。

当年，淮南王刘安打算发动叛乱，考虑到起兵之后，朝廷必会派遣大将军卫青前来镇压，于是向谋士伍被打听卫青的为人处事之道。伍被回复："我有位好友黄义，跟随大将军卫青出击匈奴，凯旋之后，曾对我讲，大将军对待士大夫颇有礼貌，对待士卒颇有恩德，众人都乐意为他效劳；大将军骑马，上下山冈疾驰如飞，更有出众过人的才能。卫青如此神武，又屡次率兵征战，很是通晓军事，恐怕我们难以抵挡。"

不久，淮南王派往长安的使者曹梁归来，报告所探消息："大将军号令严明，作战勇敢，时常身先士卒。安营扎寨休息，井未凿通之时，士兵人人喝上水，他才肯饮用。军队出征归来，士兵渡河已毕，他才肯过河。皇太后赏给的钱财丝帛，他都转而赐给手下的军官。即使古代名将，也无人比得过他。"刘安听罢，沉默无语，心中起了刺杀大将军卫青的念头。

淮南王刘安本是文人性情，养有众多身怀才艺的门客，主持编写了流传后世的《淮南子》。据说,他还是中华传统美食豆腐的发明者。可怜,刘安的为人处事,也如豆腐般软嫩,优柔寡断,谋反计划提前败露,未等大将军卫青出兵讨伐便自刎而死。

司马迁在《史记·淮南衡山列传》的记述,从某个侧面,给予了大将军卫青颇多赞许。

司马迁在《史记·卫将军骠骑列传》之中,评价骠骑将军霍去病:"少言不泄,有气敢任。"也就是说,霍去病为人沉默寡言,不肯泄露别人说的话,做事颇有气魄,敢作敢当。

汉武帝曾让霍去病学些孙吴兵法,他回答:"领兵作战,懂得方针策略就足够了,何必拘泥于古代兵法。"虽然不免少年轻狂的嫌疑,却也很有些道理。

然而,霍去病少年得志,长年在宫中陪侍皇帝,身份显贵,却不知体恤士卒。出兵打仗之时,汉武帝派遣太官赠给他几十车食物,等到返回之时,辎重车上随意丢弃着剩余的米和肉。而营帐之外,随军的士卒们还有忍饥挨饿的。远征塞北,士卒缺粮,饿得东摇西晃,霍去病却画定球场,玩起了蹋鞠。

蹋鞠又称蹴鞠,是中国古代的一种游戏。"鞠"是外包皮革、内实米糠的球,古人以脚蹴、蹋、踢这个皮球,相当于最早的足球运动。相传,北宋的高俅非常精通这门技艺,颇受宋徽宗的赏识,由此官运亨通。

终究,瑕不掩瑜,骠骑将军霍去病历代享有盛名。唐朝追封古代名将六十四人,霍去病名列其中;宋朝庙祭古代名将七十二人,霍去病也名列其中。

当年,汉武帝表彰霍去病,特意为他在长安城内置办了一座气派堂皇的府第,并请他前去验收。霍去病这个"愣头青"居然不顾皇帝的美意,直接拒绝了,并且慷慨陈言:"匈奴未灭,无以家为也。"(《史记·卫将军骠骑列传》)

此后,纵使那些并不通晓骠骑将军霍去病事迹的人,对于这句名言,也是耳熟能详的。

相比之下,大将军卫青却没有留下什么豪言壮语。

司马迁在《史记·卫将军骠骑列传》之中,评价大将军卫青:"为人仁善退让,以和柔自媚于上,然天下未有称也。"也就是说,卫青为人仁爱善良,有退让风度，以宽和柔顺取悦于皇帝，但是天下之人没有称赞他的。

这样一位谦恭礼让的君子，为何竟然没人称赞呢？

班固在《汉书·卫青霍去病传》的文章末尾，透露出些许端倪。

某天，那位曾因大将军不斩之恩侥幸留命且东山再起的苏建，与卫青谈心："您现在地位尊贵，虽对士大夫们彬彬有礼，却没人在朝堂之上称赞您。希望大将军借鉴古人招贤纳士的风范，既可揽为己用，也可荐举朝廷，两得其利，何苦不为？"

卫青答道："当年，魏其侯窦婴和武安侯田蚡广招门客，被疑怀有不轨之心，天子时常切齿痛恨。笼络士大夫，招选贤才，废黜不肖之人，那是皇帝的权利。作为大臣，奉法遵职而已，何必参与那些事情。"

不去刻意拉拢朝廷官员，不培植个人势力，不树立私人威望，是臣子的避祸之道，也是君子的坦荡之心。

然而，不愿结党营私、不愿狼狈为奸、不愿互相包庇，也就无法在官场之中混得风生水起，也就难免被人在背后骂作清高寡合。

自古以来，又有几位高官能够耐得住这种寂寞？

史书记载："骠骑亦放此意，其为将如此。"看来，在谨守为臣之道方面，舅舅卫青与外甥霍去病倒是不谋而合的。

七

同为武将功臣，又遇汉武帝明显的偏心，舅舅卫青与外甥霍去病的关系，是彼此敬重，还是暗中拆台呢？

史书之上，对此没有明确记载。

漠北之战，郎中令李广作为前将军，随同大将军卫青远征，由于迷失路途而延误战机，引刀自刭。校尉李敢作为副将，随同骠骑将军霍去病远征，由于勇夺匈奴旗鼓，受封关内侯。李敢，正是李广的儿子。

说起李广，乃是中国古代赫赫有名的神射手，箭不虚发，且勇猛刚烈，震慑匈奴，被称为"飞将军"。唐代诗人卢纶写有一首《和张仆射塞下曲·其二》：

“林暗草惊风，将军夜引弓。平明寻白羽，没在石棱中。”寥寥数语，精彩刻画出“飞将军”李广惊人的箭法与膂力。

当年，汉文帝曾经感叹：“可惜呀，你李广生不逢时。倘若在汉高祖时期，万户侯岂足道哉！”一语成谶，“飞将军”李广才气无双，却屡遭挫折，结局凄凉。

据《史记·李将军列传》，李敢痛惜父亲李广自刭而死，把满腔怨气撒到了大将军卫青的身上，寻机击伤卫青。卫青气度宽宏，没有治罪李敢，反而把此事隐匿下来。不久，李敢陪同汉武帝到甘泉宫围猎。骠骑将军霍去病要为舅舅卫青报仇，用箭射杀李敢。由于霍去病乃是汉武帝恩宠之人，刘彻不忍追究，对外谎称李敢是被雄鹿撞击而死。

从此事看来，大将军卫青与骠骑将军霍去病的舅甥之情还是比较深厚的。

就在射杀李敢的一年多后，也就是元狩六年(前117年)，年仅二十四岁的霍去病逝世。汉武帝深感痛惜，特意将其安葬在自己未来的陵墓(茂陵)之侧，并将霍去病的坟茔修成祁连山的形状，以此纪念这位青年英雄的赫赫战功。

霍去病去世之时，他的三姨卫子夫早已失去汉武帝的宠爱，能够得到如此丰厚的安葬待遇，完全是凭借自己的战绩。

裙带关系，终不牢靠；自身本事，才是铁打的依托。

前面说过，大将军卫青的三个儿子受封侯爵之时，尚在襁褓之中。

襁，指背负婴儿用的宽带；褓，指包裹婴儿的被子。襁褓，古代泛指一岁以下幼童。根据人类的生殖经验，这三个孩子的母亲，不应该是同一人。也就是说，大将军卫青娶有好几个老婆。

老婆多了，也不见得是件好事，倘若丈夫耳根发软，家里就会闹个无休无止。不过，当又一位女人嫁进卫青侯府之中后，如同凤凰入林，百鸟寂静了。

这个女人是汉武帝的姐姐，也是卫青早年的女主人——平阳公主。

元光四年(前131年)，曹寿去世，平阳公主成为寡妇。后来，平阳公主再嫁西汉开国功臣夏侯婴的曾孙汝阴侯夏侯颇。元鼎二年(前115年)，夏侯颇也死了，平阳公主再次守寡。

皇帝的姐姐不愁嫁，说媒的人几乎踏破了门槛。不过，平阳公主眼光很高，挑来拣去，没有一个中意的。这时，有人想为大将军卫青与平阳公主牵条姻缘红线。平阳公主笑了："当年，卫青曾是我的骑奴，一个出身微贱的人，怎能配得上金枝玉叶呢？"此人答道："大将军今非昔比，富贵震天下，连三个儿子都封了侯爵。放眼朝堂内外，还有谁能比大将军更配得上您呢？"

一番话，说得平阳公主动了心思，因此进入宫内，把这个想法向皇后卫子夫诉说。当年，平阳公主在弟弟汉武帝刘彻面前极力举荐卫子夫，也算对卫子夫有恩。随后，皇后卫子夫向汉武帝禀报。汉武帝一听，这是件好事呀，即刻颁下诏书，让大将军卫青迎娶平阳公主。皇帝的命令，卫青哪敢违抗，于是娶了自己当年的女主人。

汉武帝刘彻娶了卫青的姐姐，大将军卫青又娶了刘彻的姐姐。退朝之后，私家宴上，酒酣耳热之际，两人该如何称呼呢？

《史记·汲郑列传》记载："大将军青侍中，上踞厕而视之。丞相弘燕见，上或时不冠。至如黯见，上不冠不见也。"也就是说，大将军卫青陪侍汉武帝，刘彻坐在床边召见他；丞相公孙弘私下谒见汉武帝，刘彻有时并不把帽子戴上；到了汲黯进见之时，汉武帝刘彻则是没戴上帽子就不接见。

从对待三人的随意程度之上，不难看出汉武帝刘彻心中的亲疏关系。

元封五年(前106年)，大将军卫青去世。汉武帝深感痛惜，特意将其安葬在自己未来的陵墓(茂陵)之侧，并将卫青的坟茔修成卢山(阴山)的形状，以此纪念这位绝世英雄的赫赫战功。

《汉书》记载，平阳公主临死之前，主动要求与卫青合葬。按照西汉的合葬制度，不必同墓，只在近处即可。根据现阶段的勘测，平阳公主墓冢约在卫青墓东侧1300米左右。

大将军卫青，谥号为"烈"。《谥法》云："有功安民曰烈。以武立功曰烈。秉德尊业曰烈。"

壮哉，不败军神！

“繁华梦散”公孙贺

一

公孙贺，北地郡义渠（今甘肃省庆阳市宁县）人。

公孙贺的祖先本是胡人，后来逐渐汉化。他的父亲公孙昆邪（也写作公孙浑邪），在汉景帝时期，出任陇西太守。

景帝三年（前 154 年），汉景帝决定采用御史大夫晁错的《削藩策》，意图削弱诸侯王势力、加强中央集权，先后下诏削夺楚、赵等诸侯国的封地。权势这个东西，犹如牢笼中的老虎，放出去让人欢喜，收回来却让人恼怒。于是，吴王刘濞首先谋反，随即联合楚王刘戊、赵王刘遂、济南王刘辟光、淄川王刘贤、胶西王刘昂、胶东王刘雄渠等刘姓宗室诸侯王，以“请诛晁错，以清君侧”为名，发动叛乱。这场叛乱就是历史上有名的“七国之乱”，也称“吴楚七国之乱”。

公孙昆邪参与平叛，立下了战功。景帝六年（前 151 年），汉景帝封赏击败吴楚有功者五人，公孙昆邪被封为平曲侯。“将门无犬子，官家无白丁”，出身侯门的公孙贺虽然年少，却是屡立战功。

景帝七年（前 150 年），汉景帝的儿子刘彻年满七岁，被立为太子。公孙贺福星高照，被选为太子舍人，陪侍在太子身边，如同蜻蜓附于龙身，飞黄腾达，指日可待。

等到汉武帝刘彻登基，公孙贺官封太仆。这个太仆，为九卿之一，掌管皇帝的舆马和马政，负责皇帝的出行事宜。

又过了几年，汉武帝对卫子夫恩宠有加，又提拔了卫子夫的弟弟卫青，卫家势力蒸蒸日上。某日，汉武帝亲自做媒，让太仆公孙贺迎娶了卫子夫的大姐卫君孺。如此一来，公孙贺成了汉武帝刘彻的连襟，也成了大将军卫青的姐夫，正式进入权贵集团。

元光元年（前134年），汉武帝刘彻决定诱击匈奴军臣单于，拜御史大夫韩安国为护军将军，并以卫尉李广为骁骑将军、以太仆公孙贺为轻车将军，率领三十多万精兵，在马邑（今山西省朔州市朔城区）布设了重重埋伏。结果，狡猾的军臣单于没有上当，白白忙活了一场。

马邑之谋（或称马邑之围）撕下了西汉与匈奴的表面友好的面纱，双方从此展开了连年恶战。

元光六年（前129年），汉武帝派遣四位将军，各率万名骑兵，在关市（边关的集贸市场）之下，袭击匈奴。

太中大夫卫青为车骑将军，出兵上谷（郡治沮阳县，今河北省怀来县大古城村北）。卫青虽是首次率兵远征，却展现出了卓越的军事才能，出其不意，深入险境，直捣匈奴的老巢——龙城，“得胡首虏七百人”。（《史记·匈奴列传》）

太仆公孙贺为轻车将军，出兵云中（郡治云中县，今内蒙古托克托县古城乡古城），未与匈奴相遇，无功而返。

元朔五年（前124年）春天，汉武帝派遣车骑将军卫青率领三万骑兵，由高阙塞（位于如今的内蒙古巴彦淖尔市乌拉特后旗呼和温都尔镇那仁乌布尔嘎查）出发，袭击匈奴。

同时，以卫尉苏建为游击将军、左内史李沮为强弩将军、太仆公孙贺为骑将军、代相李蔡为轻车将军，皆归车骑将军卫青统属，由朔方（郡治朔方城，今内蒙古鄂尔多斯市杭锦旗独贵塔拉乡，古城已湮没）出发，袭击匈奴。

这次漠南之战，卫青又是战绩辉煌，公孙贺也立下功劳，俘虏了匈奴小王。

汉武帝颁下嘉奖：“骑将军公孙贺从大将军获王，以千三百户封贺为南

窌侯。”(《史记·卫将军骠骑列传》)

也就是说,公孙贺获赐一千三百户,赋税均归他所有,并且封爵南窌侯。

元朔六年(前 123 年),大将军卫青率领骑兵十万余人,由定襄(郡治成乐县,今内蒙古和林格尔县土城子古城)出兵,前后两度纵横沙场,斩杀及俘虏匈奴一万多人。

两次定襄之战,太仆公孙贺作为左将军,随同小舅子卫青出战,却没有捞到什么战绩。

元狩四年(前 119)春季,汉武帝派遣大将军卫青、骠骑将军霍去病各自率领五万骑兵,分别从代郡、定襄出发,远征匈奴伊稚斜单于。

这次有名的漠北之战,骠骑将军霍去病斩杀及俘虏匈奴七万多人,大将军卫青也斩杀及俘虏匈奴一万九千人。太仆公孙贺作为左将军,随同小舅子卫青出战,依然没有立下军功。

二

漠北之战打得匈奴胆战心惊,远遁而去,逐渐向着西北方向迁徙,“漠南无王庭”。西汉军队也因为缺少战马,无力进行长途征伐。

“飞鸟尽,良弓藏;狡兔死,走狗烹。”

汉制,诸侯贡金以助祭宗庙,称为酎金。酎是一种优质酒,自四月至八月分三次追加原料反复酿成。汉文帝时规定, 每年八月在都城长安祭祀高祖庙,献酎饮酎之时,诸侯王和列侯要按封国人口数量献黄金助祭,每千人贡金四两,余数超过五百人的也是四两,由少府验收。酎金之制即由此产生。

诸侯献酎金时,皇帝亲临受金。如果发现黄金的分量或成色不足,献酎金的要受罚,诸侯王削县,列侯免国。这种有关酎金的法令叫“酎金律”,是削弱和打击诸侯王及列侯势力、加强中央集权的一项重要法律。

元鼎五年(前 112 年),汉武帝以所献助祭的“酎金”成色不好或斤两不足为借口夺爵,被夺爵者达 106 人,占当时列侯的半数。

所谓“君恩”与“国威”,终究不过是一场瞬息万变的权术。

这次酎金事件，公孙贺也难逃恶运，被夺了封邑，被废了侯爵。

然而，命运总是神奇的，机遇也常常埋伏在霉运之后。

元鼎六年（前 111 年），西汉军队攻破南越国的都城，灭亡南越，并将其分置为九个郡。捷报传到长安，汉武帝兴致勃发，忽然萌生了一个念头：踏过阴山山脉，抵达匈奴旧地，前去耀武扬威一番。

不过，匈奴残余势力仍在漠南地区时隐时现，为了以防万一，汉武帝决定派人前去清剿。

汉武帝派遣原先的太仆公孙贺，率领一万五千骑兵，从九原（今内蒙古包头市九原区麻池古城）出发，寻歼匈奴。大军远征两千余里，行至浮苴井（今蒙古国杭爱山北），也没有见到匈奴人的踪影。

虽说劳师动众，无功而返，但汉武帝毕竟心里有了底儿。

元封元年（前 110）冬十月，汉武帝亲自率领十二位将军，巡行北疆，“行自云阳，北历上郡、西河、五原，出长城，北登单于台，至朔方，临北河。勒兵十八万骑，旌旗径千余里，威震匈奴”（《汉书·武帝纪》）。

此次北巡之后，汉武帝志得意满，公孙贺逐渐有了出头之日。

太初二年（前 103 年）正月戊寅，西汉丞相石庆去世。朝堂之上不可一日无相，汉武帝琢磨一番，打算任命连襟公孙贺出任丞相。自从汉高祖刘邦以来，担当丞相之职，皆需列侯之身。公孙贺的侯爵，早在酎金事件之中，已被剥夺。因此，汉武帝于闰三月丁卯封公孙贺为葛绎侯，随即下诏，拜其续任丞相之职。

又是恢复侯爵，又是高升丞相，本来是件双喜临门之事，公孙贺却苦着脸，怎么也高兴不起来。

原来，当时朝廷正值多事之秋，汉武帝对于大臣要求苛刻、监督严厉，伴君如同伴虎，稍有不慎，轻则受罚，重则送命。丞相公孙弘老死于任上，算是得了一个善终。此后，李蔡、庄青翟、赵周相继升任丞相，也相继因罪自杀。公孙贺的前任石庆，忠厚而谨慎，颇有谦逊风范，也数次受到武汉帝的谴责。

起初，公孙贺拜为丞相，不愿接受印绶，顿首涕泣，向连襟汉武帝哭诉：“臣本是边鄙之民，靠着鞍马骑射做个武将，才能实在不配担任丞相之职。”

公孙贺的这番痛哭流涕引动了左右群臣的委屈，他们也跟着抹起了眼泪。汉武帝看到大家都在啜泣，也感动地流了泪，吩咐道：“扶起丞相。”公孙贺一听，汉武帝只说是扶起，没说是不用担任丞相，目的没有达到，因此不肯起身。岂料，汉武帝突然变了脸色，噌地一下，离开皇帝宝座，站了起来。见此情形，公孙贺吓得浑身发抖，只得硬着头皮，接过了丞相的印绶。

退朝之后，左右大臣问及公孙贺不愿接任丞相的缘由，公孙贺说道：“皇帝如此贤明，而我的才能却不足以担当丞相的重任，重任常常系着重责，从此以后就危险了。”

遇到胸怀大志而严苛的皇帝，群臣做官都是战战兢兢；遇到稀里糊涂而软弱的皇帝，群臣做官才是甘之如饴。

公孙贺升任丞相之后，他的儿子公孙敬声继承了太仆之职，父子两人并居公卿之位，荣耀一时。

公孙敬声倚仗父亲公孙贺是当朝丞相、三姨卫子夫是当朝皇后、舅舅卫青是功勋卓著的大将军，连汉武帝刘彻都是自己的三姨父，行事骄奢，不守法纪。

征和元年（前 92 年），公孙敬声擅自挪用北军军饷一千九百万钱，事情败露之后，被捕下狱。恰在此时，汉武帝下诏抓捕阳陵人朱安世，却迟迟未能归案。于是，汉武帝有些恼火，下了急捕之令。丞相公孙贺趁此时机，承揽下了这份差事，以赎儿子公孙敬声之罪。

皇帝督办，丞相卖力，哪有擒获不了朱安世的道理呢？

这位朱安世乃是阳陵大侠，不比普通蟊贼。身陷大牢之中，朱安世笑曰：“丞相祸及宗矣。南山之行不足受我辞，斜谷之木不足为我械。”（《汉书·公孙刘田王杨蔡陈郑传》）

随即，朱安世从狱中上书，状告公孙敬声三件罪行：一是与阳石公主（汉武帝与卫子夫的女儿，也就是公孙敬声的表姐妹）私通，二是派人施行祭祀巫术以诅咒当朝皇帝，三是在甘泉宫驰道之上偷埋人偶以诅咒当朝皇帝。

“巫蛊之案”，由此揭幕。

巫，古代所谓能以舞降神的人；蛊，古代传说可以害人的毒虫。所谓巫蛊,指用巫术毒害别人,它通常与祝诅联系在一起。其方法是将欲害之人的姓名刻在木偶的身上,埋在地下,由巫师对其进行诅咒。

在汉代,下至平民百姓,上至高官贵族,乃至宫中的后妃、宫女,都相信这种做法会给被诅咒的人带来灾难,甚至死亡。

接到朱安世的狱中之书,汉武帝勃然大怒,将公孙贺父子打入大牢,严加审讯。

征和二年(前 91 年),在百般拷打之下,公孙贺父子双双惨死狱中,并被诛灭全家。

此际,汉武帝年事渐高,犹如狐狸将老,总是疑神疑鬼,处置事务常多昏聩与偏激。

这件"巫蛊之案"被上纲上线,竟然牵连汉武帝与卫子夫的女儿阳石公主与诸邑公主。可怜两位娇滴滴的金枝玉叶,也惨遭诛杀。

长平侯卫伉本是大将军卫青的长子,是皇后卫子夫的侄子,也是公孙敬声的姨表兄弟,也被攀扯进来,丢掉了性命。

这场事件起于公孙敬声的贪腐案件,却又节外生枝,全盘失控。由此,曾经令人羡慕的卫氏家族与公孙家族,遭到铁血清洗。

有人说,这是汉武帝的独断专行;也有人说,这是一场政治阴谋。

反正,一场繁华之梦,终被寒风吹得烟消云散!

"跌宕起伏"卫伉

一

卫伉是个典型的官二代。

元朔五年(前124年)春天,卫伉还是一个小小婴儿,他的父亲车骑将军卫青奉命远征匈奴。

这场有名的漠南之战,卫青把匈奴右贤王打得抱头鼠窜,取得了辉煌的战绩。"得右贤裨王十余人,众男女万五千余人,畜数十百万。"(《汉书·卫青霍去病传》)

大军凯旋,抵达边塞。汉武帝派遣特使捧持大印,就在军帐之中,拜车骑将军卫青为"大将军"。

《汉官仪》载:"汉兴,置大将军,位丞相上。"《文献通考》卷五十九云:"大将军内秉国政,外则仗钺专征,其权远出丞相之右。"《军事辞海》记载道:"汉朝时以大将军录尚书事,则兼摄台阁,位极人臣,为皇帝之下最高军政首脑"。

此外,汉武帝还有封赏:卫青的长子卫伉为宜春侯,卫青的次子卫不疑为阴安侯,卫青的三子卫登为发干侯。

史书记载,卫青的三个儿子当时尚在襁褓之中。襁,指背负婴儿用的宽带;褓,指包裹婴儿的被子。襁褓,古代泛指一岁以下幼童。

如此年幼就受封侯爵,简直令人羡慕得发狂。

其实,这也难怪。卫伉,不仅有一个身为大将军的父亲,还有一个身为当朝天子的姑父。他的三姑卫子夫，嫁的正是汉武帝刘彻。

卫伉封爵之后的那些年，卫家事业如日中天，卫家权势炙手可热。

大将军卫青七次出击匈奴，斩获敌军五万余人，曾受两次增封，食邑共计一万一千八百户。卫青的校尉副将因有功而被封侯的有九个人，成为将军的有十四人。

卫伉还有一位了不起的表兄，是他二姑卫少儿的儿子霍去病。

当年，汉武帝表彰骠骑将军霍去病的军功，特意为他在长安城内置办了一座气派堂皇的府第，并请他前去验收。霍去病这个愣头青，居然不顾皇帝的美意，直接拒绝了，并且慷慨陈言："匈奴未灭，无以家为也。"(《史记·卫将军骠骑列传》)

骠骑将军霍去病六次出击匈奴，其中四次出击是以将军的身份，斩获敌军十一万多人，曾受四次加封，食邑共计一万五千一百户。霍去病的校尉副将因有功而被封侯的有六人，成为将军的有两人。

出身于这样显赫的家族，卫伉前程似锦。

二

然而，"祸兮福所倚，福兮祸所伏"。

《汉书·外戚恩泽侯表》记载："宜春侯伉，五年四月丁未，以青功封。元鼎元年，坐挢(通"矫")制不害，免。太初元年，嗣(长平)侯。五年，阑入宫，完为城旦。"

第一句，"宜春侯伉，五年四月丁未，以青功封。"

就是前面所说的，元朔五年(前 124 年)，由于大将军卫青的功勋，受封宜春侯。

第二句，"元鼎元年，坐挢(通"矫")制不害，免。"

元鼎元年(前 116 年)，在受封宜春侯的八年之后，卫伉犯有"矫制不害"的罪过，被废侯爵。

所谓"矫制"，就是假传圣旨，诈称君命，擅自行事。

汉代，对于矫制矫诏的处罚，要看犯罪所造成的后果，分别定罪为“矫制大害”“矫制害”和“矫制不害”。

“矫制大害”判腰斩，就是用重斧从腰部将犯人砍作两截，忍痛挣扎半天，才能断气。太惨！

“矫制害”判弃市，就是在人众聚集的闹市，对犯人执行死刑。很没面子！

“矫制不害”，往往没有造成负面或者恶劣的后果，还有可能是善意的或者有功的。

例如，汲黯矫制持节，开仓救灾有功，被汉武帝判定无罪；陈汤、甘延寿矫制，高喊“明犯强汉者，虽远必诛”，发兵斩杀匈奴郅支单于，有功不赏，都属于“矫制不害”。

掰着手指头算算，元鼎元年（前 116 年）之时，卫伉不过九岁左右。这个年纪的孩子，能够“矫制”啥呢？大概，只是小孩子玩的一场恶作剧吧。

更有可能，这场废除侯爵的结局，是因为上一年种下了缘由。

元狩六年（前 117 年），年仅二十四岁的骠骑将军霍去病逝世。汉武帝刘彻痛失了一位能征善战的虎将，也痛失了一位可以在军功方面牵制卫青的大将。

大将军卫青横扫匈奴，七战七胜，功勋卓著。尽管他刻意保持低调，不过恐怕还是难免引起汉武帝刘彻心底“功高震主”的疑虑。虽然卫青是刘彻的小舅子，可是翻看古代史书，为了抢夺皇帝宝座，儿子杀死父亲的事情都屡见不鲜，何况是小舅子对姐夫呢？

就在骠骑将军霍去病去世一年之后，汉武帝废除卫伉的侯爵，或许有着更深层次的政治意味。

敲山震虎？杀鸡儆猴？

三

《汉书·外戚恩泽侯表》关于卫伉的第三句，“太初元年，嗣（长平）侯。”

元狩四年（前 119 年）的漠北战役之后，大将军卫青就再也没有接到出战的命令，在家过着平静如水的日子，并且姻缘再动，有幸娶了汉武帝的姐姐平阳公主。如此一来，卫伉就有了一位身份尊贵的后母，汉武帝刘彻原是他的姑父，现在又成了他的舅舅。

元封五年（前106年），大将军卫青去世。或许，汉武帝刘彻在痛惜的同时，也感到一丝轻松吧。

对于卫伉来说，父亲的去世也许并不完全是件坏事。起码，姑父兼舅舅的汉武帝刘彻对待他的态度，比以前温和了许多，就连笑容也不再那么僵硬了。

太初元年（前104年），卫伉承袭了父亲卫青的长平侯爵位。

太初三年（前102年），汉武帝派遣光禄勋徐自为，兵出五原塞（今内蒙古包头市达茂旗西河乡什拉文格古城），修筑长城，并在长城附近设置障城及哨所，直抵西北方向的庐朐。随后，汉武帝派遣游击将军韩说、长平侯卫伉驻屯其旁。

如今，在包头市达茂旗境内，仍旧蜿蜒着两道以土夯为主的长长边墙，历经两千多年的风吹雨打，已经倾颓为并不起眼的土垄。据文物专家考证，这正是太初年间所修筑的汉外长城南线及汉外长城北线。

派驻北疆的那一年，长平侯卫伉该是二十三岁左右的年纪。他是否也有父亲大将军卫青与表兄骠骑将军霍去病那样的军事天才？史书之上，没有留下蛛丝马迹。

第四句，“五年，阑入宫，完为城旦。”

天汉元年（前100年），也就是卫伉承袭长平侯爵位的四年之后，卫伉犯有“阑入宫”的罪过，受罚“完为城旦”。

阑入宫，就是没有带符籍入宫，等于擅自入宫。

卫侯爷呀，此时，你的三姑卫子夫已经不被汉武帝所宠爱了，你还那么冒冒失失地入宫，岂不是自寻麻烦。

完为城旦：“完”即保留须发；“城旦”是刑罚名称，一种类似服兵役守边塞的刑罚，为期五年。

对于一直养尊处优的卫侯爷来说，这样的待遇，实在有些凄惨。

四

失过侯爵，做过“城旦”，这还不算是最惨的。

卫伉还有一位表兄，是他大姑卫君孺的儿子公孙敬声。

公孙敬声的父亲公孙贺乃是当朝丞相，公孙敬声本人官任太仆，也就是负责皇帝出行的官员。

卫家大女儿嫁的是当朝丞相公孙贺，卫家三女儿嫁的是当朝天子刘彻，卫家二女儿有个勇猛善战的儿子骠骑将军霍去病，再加上大将军卫青，卫家与公孙家屡出高官显贵，又与皇帝结亲，荣耀非凡。

然而，伴君如伴虎，不测风云随时可能降临。

公孙敬声倚仗父亲公孙贺手握朝廷重权，汉武帝刘彻又是自己的三姨夫，行事骄奢，不守法纪。

征和元年（前 92 年），公孙敬声擅自挪用北军军饷一千九百万钱，事情败露之后，被捕下狱。恰在此时，汉武帝下诏抓捕阳陵人朱安世，却迟迟未能归案。于是，汉武帝有些恼火，下了急捕之令。丞相公孙贺趁此机会，主动承揽这份差事，以赎儿子公孙敬声之罪。

这位朱安世，乃是阳陵大侠，不比普通蟊贼。身陷大牢之中，朱安世笑曰：“丞相祸及宗矣。南山之行不足受我辞，斜谷之木不足为我械。”（《汉书·公孙刘田王杨蔡陈郑传》）

随即，朱安世从狱中上书，状告公孙敬声三件罪行：一是与阳石公主（汉武帝与卫子夫的女儿，也就是公孙敬声的表姐妹）私通，二是派人施行祭祀巫术以诅咒当朝皇帝，三是在甘泉宫驰道之上偷埋人偶以诅咒当朝皇帝。

“巫蛊之案”，由此揭幕。

巫，古代所谓能以舞降神的人；蛊，古代传说可以害人的毒虫。所谓巫蛊，指用巫术毒害别人，它通常与祝诅联系在一起。其方法是将欲害之人的姓名刻在木偶的身上，埋在地下，由巫师对其进行诅咒。

在汉代，下至平民百姓，上至高官贵族，乃至宫中的后妃、宫女，都相信这种做法会给被诅咒的人带来灾难，甚至死亡。

接到朱安世的狱中之书，汉武帝勃然大怒，将公孙贺父子打入大牢，严加审讯。

征和二年(前91年)，在百般拷打之下，公孙贺父子双双惨死狱中，并被诛灭全家。

这件“巫蛊之案”被上纲上线，竟将卫伉也攀扯进去，丢掉了性命。

这场事件起于公孙敬声的贪腐案件，却又节外生枝，全盘失控。由此，曾经令人羡慕的卫氏家族与公孙家族，遭到铁血清洗。

有人说，这是汉武帝的独断专行；也有人说，这是一场政治阴谋。

反正，一场繁华之梦，终被寒风吹得烟消云散。

五

2006年，洛阳大学文物馆征集到一件刻有铭文的西汉铜鼎，据说出土于洛阳。

此鼎口部微敛，沿内折作子口，为扁圆形深腹，腹侧附环纽状双耳，圜底，三蹄形短足。盖隆起呈弧形，上有三环形纽，纽上各有一乳丁。腹中部饰凸弦纹一周。整器造型浑厚，制作精美，通体布满浅绿色锈，间有蓝或黄色锈斑。腹下和足部有明显的范铸和烟炱痕。盖一侧竖刻“宜春，长平家，重二斤四两”4行共10字，腹部近口沿竖刻“宜春，长平家，容一斗，重九斤”4行共10字。通高18厘米、口径14厘米、腹径23厘米，重2.72公斤。鼎铭为隶书略带篆书风格，具有西汉铭刻的明显特征。而鼎的形制与阳信家鼎极为相似，具有西汉中期铜器的显著特征，应为汉武帝时期的器物。

“宜春”，文献多有“宜春”，在今汝阳县西南，卫青之子卫伉曾被封为“宜春侯”。“长平家”的“长”字，与汉印“渔阳长平侯”“大将长史”“上久农长”“厚丘长印”的“长”字构形一致。西汉名将卫青曾因击匈奴有功，被封为长平侯。

这件铜鼎的形制和铭文均具有西汉中期的特征，为汉武帝时期卫伉家的遗物。更为重要的是,文献所记“宣春”侯为“宜春”侯,从这件铜鼎铭文我们知道,本应为“宣春”侯。因此,这件铜鼎的发现为研究西汉中期的青铜器、度量衡、侯爵制度等问题,都提供了珍贵的实物资料。

以上内容节选自《西汉宣春鼎及其相关问题》,作者刘余力(郑州大学历史学院考古系)。

“首征西域”赵破奴

一

“犯我中华者，虽远必诛！”

近些年来，每逢发生领土纠纷和外交博弈，网络上、微信里，满是这样的豪言壮语。

2000多年前，西域都护府副校尉陈汤奉命出使，抓住时机，一举斩杀郅支单于，击溃了这支与西汉王朝作对的匈奴势力。随后，陈汤呈上一封慷慨激昂的奏书，文末写道：“宜悬头槁街蛮夷邸间，以示万里，明犯强汉者，虽远必诛！”

郅支单于是被西汉帝国斩首的第一位匈奴单于。死讯传到漠南草原，郅支单于的弟弟呼韩邪单于惊惧不已，不仅对西汉王朝更加恭顺，甚至表达了要做汉家女婿的强烈心愿，于是才有了昭君出塞的种种史迹与传奇。

“青海长云暗雪山，孤城遥望玉门关。黄沙百战穿金甲，不破楼兰终不还。”(《从军行》，唐·王昌龄)

当年，为了防御匈奴的侵袭，秦始皇曾经修筑万里长城，“起临洮，至辽东，延袤万余里”。秦长城的西端为临洮，如今隶属甘肃省中部的定西市，位于兰州以南70公里。唐代边塞诗经常提及的玉门关，则在临洮西北800公里，远远超出了大秦帝国的视野。而传统意义上的西域，更在玉门关之外。

那么，在陈汤出使西域之前，谁是发现西域的第一人？

翻开初中的历史课本,不论哪个版本,总会提及张骞、提及丝绸之路。

建元三年(前 138 年)与元狩四年(前 119 年),张骞两次出使西域,先后跋涉于这片神秘地区长达十七年之久。张骞的这番壮游,司马迁称之为“凿空”之旅,极大地扩展了中原王朝的视野、抱负与胸襟。

自从张骞开辟通往西域的道路后,汉朝和西域的使者开始相互往来,东西方的经济文化交流日趋频繁。商人们载着汉朝的丝绸等货物, 从长安出发,穿过河西走廊,经西域运往中亚、西亚,再转运到更为遥远的欧洲,然后又把西域的物产和奇珍异宝运到中原。这条沟通欧亚的陆上交通线,就是著名的“丝绸之路”。通过这条道路,汉朝的丝绸、漆器等物品,以及开渠、凿井、铸铁等技术传到了西域;而西域的良种马、香料、玻璃、宝石等,以及核桃、葡萄、石榴、苜蓿等植物,以至多种乐器和歌舞等也传入了中国。丝绸之路是古代东西方往来的大动脉,对于中国同其他国家和地区的贸易与文化交流,起到了极大的促进作用。

这段来自历史课本的文字,隐约浮现着如今火热的“一带一路”的影子。

然而,西汉初期的“丝绸之路”并不畅通,匈奴骑兵频繁出没,西域诸国也各怀心思,暗中作梗。沿途之上,危机重重,汉朝使者屡遭劫杀,往来商人更是命如蝼蚁。张骞第一次出使西域,带有随从一百多人,不断遇险迂回,又遭遇两度扣押,耗时长达十三年,最终才侥幸回到都城长安。汉武帝接见张骞之时,当初的大队人马只剩下张骞与堂邑父两个人了,容颜憔悴,犹如乞丐。行路之难,难于上青天!

打通“丝绸之路”,光靠使者的伶牙俐齿是不行的,要靠武将的长刀与硬弩。

那么,谁又是征战西域的第一人?

二

赵破奴,九原人。

西汉时期,“九原”是指五原郡九原县,也就是如今的内蒙古包头市九原区的麻池古城。

九原乃是秦汉时期的北疆军事重镇，屡有罪犯发配至此，民风剽悍尚武，谁的拳头硬谁就当老大，推崇野狼的生存法则，并不情愿接受中原地区的忠义教化。

显然，赵破奴的家世并不显赫，他的早年经历鲜为人知，史书之上只是含糊地提及“尝亡入匈奴”，曾经窜入匈奴境内。如此看来，赵破奴应该有着狂放不羁的性情，也有着相当娴熟的骑射功夫。敢于深入狼群的，岂会是一只绵羊？

不过，赵破奴并未在匈奴居留多久，就又回归西汉境内，并且做了骠骑将军霍去病的司马。

霍去病是西汉名将卫青的外甥，在出击匈奴的战争中屡立奇功，深受汉武帝的宠信。当年，汉武帝表彰霍去病，特意为他在长安城内置办了一座气派堂皇的府第，并请他前去验收。霍去病这个愣头青，居然不顾皇帝的美意，直接拒绝了，并且慷慨陈言：“匈奴未灭，无以家为也。”（《史记·卫将军骠骑列传》）匈奴还没有完全剿灭，我没有心情经营自己的安乐窝！

这番话估计曾让汉武帝感动得热泪盈眶，起码也会拍着自己的大腿，快乐地慨叹。对此，《史记》与《后汉书》都有着画龙点睛的一笔：“由此上益重爱之。”由于这番表态，汉武帝更加器重霍去病了。

元朔六年（前 123 年），年仅十八岁的霍去病受诏为票姚校尉，随同舅舅卫青由定襄（郡治成乐，今内蒙古呼和浩特市和林格尔县土城子乡古城）出发，袭击盘踞在漠南地区的匈奴主力。少年英武的霍去病率领 800 名骁勇矫捷的骑兵，马不停蹄向前冲锋，把大部队远远甩在身后数百里。这场突袭，斩获匈奴 2000 余人，其中包括相国、当户等高级首领，斩杀了匈奴单于的祖父辈籍若侯产（籍若侯为封号，名产），俘虏了匈奴单于的叔父罗姑比。因其勇冠全军，霍去病受封为“冠军侯”。

元狩二年（前 121 年）春季，汉武帝任命冠军侯霍去病为骠骑将军，率领一万精锐骑兵，从陇西（郡治狄道，今甘肃省临洮县）出发，进击匈奴，史称“第一次河西战役”。此战，越过焉支山一千余里，再次大获全胜。

史书记载，赵破奴“亡入匈奴，已而归汉，为骠骑将军司马”，赵破奴似乎应该是在此次战役之中，脱离匈奴，归降汉朝的。骠骑将军霍去病虽然年轻，却很懂得“知己知彼，百战不殆”的兵法，凡有匈奴将领来降，总是热情接纳，并且委以显贵官职。

赵破奴得到的这个“司马”官职，是大将军的重要属官，“秩比千石”，也就是说每月俸禄为“谷 90 斛，一年 1080 石”，有着相当优厚的薪酬。如果按照地方官员的职位来作参照，司马大致相当于如今县级市的市长。

赵破奴的矫健身手得到霍去病的赏识。霍去病在他的司马官职之前，加了两个字“鹰击”，称为鹰击司马。鹰击长空，气势凌厉。匈奴历来以鹰为重要图腾，视其为天之神鸟。如今，内蒙古博物院的镇馆之宝便是一顶匈奴鹰形金冠，属于国宝级文物。

赵破奴虽然不太讲究忠义，却也懂得“士为知己者死，女为悦己者容”的道理，立誓要报效骠骑将军霍去病。

很快，报效的机会就来了。

三

元狩二年（前 121 年）夏季，汉武帝决定发动“第二次河西战役”，再度痛击匈奴。

骠骑将军霍去病、合骑侯公孙敖，由北地（郡治马岭，今甘肃省庆阳市西北马岭镇）出发，分为两路西征，寻歼匈奴主力。同时，汉武帝派遣博望侯张骞、郎中令李广，由右北平（郡治平刚，今内蒙古赤峰市宁城县甸子镇黑城子古城）分途进击，攻打匈奴左贤王，策应西征主力。

从右北平出发的博望侯张骞，正是那位出使西域的传奇人物。由于他曾被匈奴长期扣押，随其辗转迁徙过许多地方，颇为熟悉游牧民族的风土人情。归汉之后，屡次讨伐匈奴，张骞充分发挥善识水草的技能，使得远征将士免于饥渴，保存了精力，取得了战绩。因此，汉武帝下诏封张骞为博望侯。

此次征战，运气向来欠佳的郎中令李广，率领四千骑兵抵达战场，却被匈奴左贤王数万骑兵重重包围，浴血拼杀。率领一万骑兵的博望侯张骞稍后赶来，匈奴骑兵见势头不妙，解围而去。这场厮杀，由于两位将领配合失误，未能达到合围痛击匈奴左贤王的预期目的。郎中令李广兵力损失过半，却也斩杀了同等数量的匈奴骑兵，功过相抵，没有得到赏赐。博望侯张骞则因延误行程，按律当斩，多亏汉朝有个规定——“犯罪之人可以用钱赎罪”，花钱免灾，被贬为平民。

西征主力却是另外一番情形。合骑侯公孙敖由于迷失路途，未能与骠骑将军霍去病会合。霍去病只得孤军深入，越过居延海，穿过小月氏部落，抵达祁连山。匈奴未曾料到，西汉骑兵竟敢如此远距离的冒险行军，防备松懈，被打得落花流水。

此战归来，汉武帝亲自表彰：“鹰击司马破奴再从骠骑将军斩遬濮王，捕稽沮王，千骑将得王、王母各一人，王子以下四十一人，捕虏三千三百三十人，前行捕虏千四百人，以千五百户封破奴为从骠侯。”（《史记·卫将军骠骑列传》）

意思是：“鹰击司马赵破奴两次跟随骠骑将军出征，斩杀了遬濮王，俘获了稽沮王，捉到匈奴小王和小王母各一人，王子以下四十一人，俘虏敌兵三千三百三十人，先头部队俘虏敌兵一千四百人，划定一千五百户封赵破奴为从骠侯。”

这样一来，赵破奴受封侯爵之位，并且还得到了一千五百户的食邑，赋税归其享用。

赵破奴得到的这个“从骠侯”的爵位，似乎与骠骑将军霍去病隐隐呼应，让人不禁有些浮想联翩。

不过，更耐人寻味的，是那句“鹰击司马破奴再从骠骑将军”。难道说，赵破奴在第二次河西战役之前就已经追随了骠骑将军霍去病，甚至曾经参加第一次河西战役？

仔细琢磨，身为九原人的赵破奴，想要“亡入匈奴”，最为便捷的路径就是从麻池古城动身，穿越阴山峡谷，只需一至两天的时间，就可以抵达匈奴占据的漠南草原了。

如此看来,或许早在元朔六年(前 123 年)霍去病初露锋芒,两次从定襄出兵,奇袭漠南地区的匈奴主力之时,赵破奴就已归降了。

归降之后,赵破奴跟随骠骑将军霍去病冲锋陷阵于两次河西战役,屡立战功,使西汉完全控制了由长安通往西域的河西走廊。

两次河西战役沉重打击了匈奴势力,一首颇为哀伤的民歌从此在匈奴流传:“亡我祁连山,使我六畜不蕃息;失我焉支山,使我妇女无颜色。”

元狩六年(前 117 年),年仅二十四岁的霍去病逝世。汉武帝深感痛惜,将其安葬在自己未来的陵墓(茂陵)之侧,并将霍去病的坟茔修成祁连山的形状,以此纪念这位绝世的青年英雄。

四

“青蝇之飞,不过数武;附之骥尾,可至千里。”

失去骠骑将军遮护的赵破奴,步入了下坡路,甚至被剥夺了“从骠侯”的爵位。史书记载,赵破奴“坐酎金失侯”。

汉制,诸侯需贡金以助祭宗庙,称为酎金。酎是一种优质酒,自四月至八月分三次追加原料反复酿成。汉文帝时规定,每年八月在都城长安祭祀高祖庙献酎饮酎之时,诸侯王和列侯要按封国人口数量献黄金助祭,每千人贡金四两,余数超过五百人的也是四两,由少府验收。酎金之制即由此产生。诸侯献酎金时,皇帝亲临受金。如发现黄金的分量或成色不足,献酎金者要受罚,诸侯王削县,列侯免国。这种有关酎金的法令称“酎金律”,是削弱和打击诸侯王及列侯势力、加强中央集权的一项重要法律。

元鼎五年(前 112 年),汉武帝以所献助祭的酎金成色不好或斤两不足为借口夺爵,被夺爵者达 106 人,占当时列侯的半数。

所谓“君恩”与“国威”,终究不过是一场瞬息万变的权术。

此际,北方的匈奴远遁,南方的南越已灭,国内的诸侯又全都俯首听命,汉武帝豪气万丈,筹划着御驾亲征,沿着秦直道,直抵九原,再度过阴山,过一把马踏匈奴的胜利之瘾。

遥想当年，汉高祖刘邦也曾亲征匈奴，结果被人家诱敌深入，几乎当了俘虏。如今，还是谨慎为妙。为了防范匈奴突袭，汉武帝决定先发动一场战役，给予匈奴凶猛打击，至少也要把他们远远地赶跑，以便自己从容地展示天子威严。

元鼎六年（前 111 年），汉武帝派遣浮沮将军公孙贺从九原出发，匈河将军赵破奴从令居（县名，治所在今甘肃省永登县西北）出发，远征数千里，寻找匈奴残余主力，想要痛击匈奴。（《汉书·孝武本纪》）

这次远征，赵破奴率领万余骑兵，一直走到匈河水（也称匈奴河），也就是如今的蒙古国巴彦洪戈尔省的拜德拉格河，“不见匈奴一人而还”（《汉书·匈奴传》）。

与此同时，浮沮将军公孙贺也是一无所获。

虽说劳师动众，无功而返，汉武帝毕竟心里有了底儿，可以踏踏实实地翻过阴山，耀武扬威去了。

元封元年（前 110 年）冬十月，汉武帝率兵远征，“行自云阳，北历上郡、

西河、五原，出长城，北登单于台，至朔方，临北河。勒兵十八万骑，旌旗径千余里，威震匈奴"(《汉书·孝武本纪》)。

这番气势极大地震慑了匈奴单于。从此，匈奴更是远遁漠北，不敢轻易窥视汉朝疆界。

当匈奴的势力已经不足为惧之时，汉武帝将热切的目光投向了西域。

早在元狩四年(前119年)，汉武帝重新起用被贬为平民的张骞，命他再次出使西域。此时，经过两次河西战役，西汉王朝已经牢牢控制了河西走廊，匈奴在西域的势力也得到了遏制，出使之路相比从前顺畅了不少。

张骞第二次出使西域，主要目的是游说乌孙东归，双方联合抗击匈奴。然而，第二次出使恰逢乌孙内乱，设想落空了。不过，张骞并未惆怅而返，他分遣副使持节远赴大宛、康居、月氏、大夏等国，扩大了西汉王朝的影响，加深了彼此之间的了解。

元鼎二年(前115年)，张骞出使归来，乌孙派遣使者几十人随其一起到了长安，瞻仰大国风范。

此后，西汉王朝与西域诸国的联系日益频繁起来，往来使者相望于道，使用着各种语言，夹杂着各种手势，彼此招呼，打探着最新的讯息。一年之中，奔走于西域的使者竟有十多批，几乎每月都要派出一批。

据《汉书》记载，自玉门、阳关出西域有两条道路：一条途经楼兰，傍昆仑山北麓，沿塔里木河西行至莎车，被称为南道；另一条途经姑师，依天山南麓，沿塔里木河西行至疏勒，被称为北道。经此两条道路，可以通往大宛、大夏，甚至远抵安息、罗马。

楼兰与姑师是两个绿洲小国，本来就不富裕，又要供应使者的吃喝住行，还有明着暗着的各种索求，深感劳苦，于是攻劫西汉使者王恢等人，梗阻"丝绸之路"。与此同时，他们还为匈奴探听消息，唆使匈奴截击西汉使者。

西汉使者也不是软脚虾，遭受欺侮之后，纷纷劝说汉武帝发兵征讨楼兰、姑师。两个小国并不像匈奴那样逐水草而居，有着固定的城邑，容易围攻，并且国弱兵寡，比较容易降伏。

元封三年(前108年)，汉武帝派遣赵破奴率领数万军队出击楼兰、姑师，拉开了中原王朝征战西域的序幕。

此前，西汉使者王恢多次吃了楼兰的苦头，心怀怨恨，留心打探其地理与兵力。汉武帝令王恢辅助赵破奴，率兵出战。

大兵远征，贵在神速。赵破奴亲自率领七百精锐骑兵，以鹰击长空之凌厉气势，俘虏楼兰王，攻破姑师，随后炫耀武力于乌孙、大宛等西域诸国，令其战栗于西汉帝国的军威之下。

这次战役，从用兵之道到辉煌战绩，赵破奴完美重现了当年骠骑将军霍去病的风采。

凯旋之期，汉武帝颁下诏书，封赵破奴为浞野侯，封王恢为浩侯。凭着征战西域的赫赫战功，赵破奴再次得以封侯。

从此，西域诸国俯首称臣，西汉的边塞亭障延至玉门，“丝绸之路”回响着声声驼铃。

“长风几万里，吹度玉门关。”(唐·李白《关山月》)

五

元封六年(前 105 年)，匈奴乌维单于去世，他的儿子乌师庐继位。由于乌师庐年纪不大，史称“儿单于”。

别看儿单于年纪轻轻，却是生性残暴，手段毒辣，“好杀伐，国人多不安”(《史记·匈奴列传》)。

暴政之下，看似稳定的政权暗含着许多裂隙。匈奴左大都尉过够了高压政权下的日子，担心自己的脑袋随时可能在清洗风暴之中丢掉，于是萌生了发动政变推翻儿单于的念头。他派遣亲信秘密拜访汉武帝，亮出了底牌：“我想要杀掉儿单于，然后归顺大汉帝国。不过，我的势力比较单薄，需要得到有力的支持。大汉帝国的边界距离匈奴漠北王庭实在太远了，希望你们能够派兵前来，就近接应。咱们里应外合，成就这番大事。”

倘若趁此时机降服匈奴，岂不是一件彪炳史册的大功绩?!

汉武帝下令，派遣因杅将军公孙敖率兵前往漠南，尽快筑起“受降城”，以便接应匈奴左大都尉。

如今，这座规模宏大的西汉受降城依然矗立于荒野之上，历经两千余年的风雨侵袭，残墙仍有数米之高。从内蒙古巴彦淖尔市乌拉特中旗新忽热苏木出发，向西北行走不远，便可以目睹它的样子。

恰在这年冬天，匈奴境内连降暴雪，牲畜冻死无数，百姓饥寒难耐。

这不正是儿单于施行暴政的报应吗？汉武帝焚香一束，祈盼着大功告成。

不久，匈奴左大都尉再次派来秘使，“斩首行动”基本准备就绪。可是，受降城距离漠北王庭还是太过遥远了，一旦起事，难以迅速接应，恐怕会功亏一篑。

太初元年（前104年）春季，汉武帝派遣浞野侯赵破奴率领两万余名骑兵，从朔方（郡治朔方，今内蒙古鄂尔多斯市杭锦旗独贵塔拉镇，古城已湮没）出发，向着西北远征两千余里，抵达浚稽山（约在今蒙古国境内戈壁阿尔泰山脉中段），准备接应匈奴左大都尉。因此，此次远征，汉武帝任命赵破奴为浚稽将军。

本来，这是一场机密的政变。然而，汉朝又是大张旗鼓地修筑城墙，又是兴师动众地出兵远征，搞得疑心颇重的儿单于坐立不安。直觉告诉他，肯定有人正在密谋反叛！于是，调查内奸的大网隐秘而快速地撒开了。

匈奴左大都尉见势不妙，匆匆起事，结果惨被诛戮。

赵破奴远征浚稽山，望穿秋水般地期盼着匈奴左大都尉的消息。然而，随着滚滚烟尘而来的却是匈奴儿单于的先头部队。戈壁荒漠之上，双方展开血腥厮杀，赵破奴取得胜利，俘虏匈奴骑兵数千人。

不过，赵破奴并未得意，他深晓匈奴的狼袭战术，果断率兵撤退。

然而，还是太晚了。暴怒之下的儿单于急令匈奴左贤王率领八万骑兵，气势汹汹地追杀过来。在距离受降城四百里的荒野，赵破奴的军队被团团包围。

此时，浞野侯赵破奴尚有两万骑兵，虽然不及匈奴的八万骑兵，但要拼死抵抗，也是一块难啃的骨头。况且，四百里外的受降城之中还有大量的西汉军队驻扎。只要坚持抵抗数日，援兵一到，里应外合，说不定可以反擒匈奴儿单于。

被重重围困的西汉骑兵，粮食尚未断绝，却无水可以饮用。眼看着将士们口焦唇裂，性急的赵破奴竟然带着小队亲兵前往荒野寻找水源，不幸落入匈奴伏击圈中，被生擒活捉。

匈奴左贤王大喜过望，随即下令，全力攻击赵破奴所率的军队。西汉有条律令——“如果失去主帅，部将纵使逃归，也要全部诛杀”。护军郭纵与渠帅缑王商议一番，觉得纵使血战突围，终究不免诛杀，还不如干脆率兵投降算了。

这位缑王，原本是匈奴浑邪王(也称昆邪王)“姊子”，即外甥。

元狩二年(前121年)，骠骑将军霍去病发起两次河西战役，打得匈奴抱头鼠窜，生擒了浑邪王的儿子，夺取了休屠王祭祀天神的金像。闻此讯息，匈奴伊稚斜单于大怒，想借召见浑邪王的机会，将其诛杀，以儆效尤。看到形势不妙，浑邪王与休屠王密谋降附西汉。在此期间，休屠王摇摆不定，浑邪王索性将其杀死，吞并其部众，向西汉请降。缑王也就随着舅舅一起投奔了西汉帝国，之后一直在赵破奴的手下效力。

此时，缑王一看势头不妙，又积极主张归附匈奴。缑王知道，匈奴虽然残暴，却是识英雄重英雄的，对于主动投降的对方将领，不但不杀，还会给予优厚待遇。

看到赵破奴全军归降，匈奴左贤王兴奋得几乎发狂。他认为此番必有天神相助，索性率兵猛攻受降城，想要一洗多年以来被大汉帝国打压的耻辱。

不过，受降城墙高壁厚，防御严密，匈奴屡攻之下，也不能得手。匈奴左贤王只得把怨气撒向别处，率兵前往西汉边界抢掠一番，随后撤回漠北。

六

赵破奴投降匈奴，也算是故土重游了。

只是，不知他在遥远的漠北是否如意，每当看到鹰击长空之时，是否也会回想起征战西域的光辉岁月？

《汉书》记载，天汉元年（前 100 年），汉武帝派遣中郎将苏武持节出使匈奴，随行的还有副中郎将张胜、假吏常惠等百余人。此际，适逢缑王与虞常等人密谋反叛，打算劫持匈奴单于的母亲，逃归大汉帝国。

这位虞常，本是汉武帝宠臣卫律的属下。当年，卫律奉命出使匈奴，以其机智应对傲慢的单于，不辱使命，返回大汉帝国。不料，宫廷之内，风云突变，卫律的密友李延年遭遇诛杀。卫律担心受到牵连，一番犹豫之后，逃奔匈奴。此后，卫律颇受匈奴单于的信任，被封为丁灵王。

虞常与张胜本有旧时交情，两人私下商议，打算暗杀卫律，以解汉武帝的心头之恨。然而，计划泄露，缑王战死，虞常被擒。

苏武原本没有参与这次密谋，却因张胜身在其中，也就受到了牵连。卫律奉命审查，剑斩虞常，吓得张胜慌忙请降。接着，卫律又对苏武展开威逼利诱，劝他归降匈奴。苏武始终不屈，头颅可断，气节难移，被发配到北海牧羊。

这番铮铮铁骨颇令匈奴击掌称赞，也让赵破奴心中有所感触。

《史记·匈奴列传》与《汉书·匈奴传》之中写道：“其明年，浞野侯破奴得亡归汉。”

第二年，也就是天汉二年（前 99 年），浞野侯赵破奴寻找时机，逃归大汉帝国。随他一起回来的，还有大儿子安国。

这一年，西汉名将李陵奉汉武帝之命出征匈奴，率五千步兵与八万匈奴兵战于浚稽山，终因寡不敌众，兵败投降。

这一年，绝代史圣司马迁因替降附匈奴的李陵辩解，惨遭宫刑。

或许，盛怒之后，汉武帝刘彻逐渐冷静下来，开始反思自己的严苛，对于重新归来的赵破奴，似乎并没有给予处罚。

然而，数年之后，赵破奴还是难逃一死。

《史记·卫将军骠骑列传》与《汉书·卫青霍去病传》之中都写道：“后坐巫蛊，族。”

“巫蛊之祸”始于征和元年（前 92 年），盛于征和二年（前 91 年）。

第一场事变，不仅丞相公孙贺与太仆公孙敬声父子双双惨死狱中，还牵连了汉武帝刘彻与皇后卫子夫的两个女儿阳石公主、诸邑公主，以及大将军卫青的长子长平侯卫伉，皆遭诛杀。

第二场事变，皇后卫子夫与太子刘据自尽。

由此，以皇后卫子夫、大将军卫青、骠骑将军霍去病为代表的卫氏家族，由盛而衰。

或许，作为骠骑将军霍去病的老部下，赵破奴正是在这场血腥事变之中，遭到清洗。

然而，也有学者提出质疑：《轮台罪己诏》中提到，在派遣贰师将军李广利远征匈奴之前，汉武帝曾经征询过赵破奴等人的意见。从字里行间分析，诏书之中所说的远征匈奴应是征和三年(前 90 年)的那场惨败。

因此，赵破奴应该是死于另外一场巫蛊之案的。

可叹，再勇猛的将军在集权政治面前，也不过是个玩偶。

七

赵破奴究竟出生于何处？

长期以来，颇多争议。

下面摘录正史的两段文字，供有识之士参考：

将军赵破奴，故九原人。尝亡入匈奴，已而归汉，为骠骑将军司马。出北地时有功，封为从骠侯。坐酎金失侯。后一岁，为匈河将军，攻胡至匈河水，无功。后二岁，击虏楼兰王，复封为浞野侯。后六岁，为浚稽将军，将二万骑击匈奴左贤王，左贤王与战，兵八万骑围破奴，破奴生为虏所得，遂没其军。居匈奴中十岁，复与其太子安国亡入汉。后坐巫蛊，族。(《史记·卫将军骠骑列传》)

赵破奴，太原人。尝亡入匈奴，已而归汉，为票骑将军司马。出北地，封从票侯，坐酎金失侯。后一岁，为匈河将军，攻胡至匈河水，无功。后一岁，击虏楼兰王，后为浞野侯。后六岁，以浚稽将军将二万骑击匈奴左王。左王与战，兵八万骑围破奴，破奴为虏所得，遂没其军。居匈奴中十岁，复与其太子安国

亡人汉。后坐巫蛊,族。(《汉书·卫青霍去病传》)

下面再撷录《秦汉九原名人考》中的一段文字,作者:姜维公(长春师范大学历史文化学院)。

《史记》卷一百一十一本传作“九原人”,而《汉书》卷五十五本传作“太原人”。

考赵破奴名中“破奴”,即“破匈奴”之意,汉代频繁与匈奴交战,故边郡多有以“破奴”“破胡”名子者,正如唐征高丽,以“平辽”名子同理。太原已非边郡,以“破奴”名子于理不通,而九原正当出兵匈奴的孔道,以“破奴”名子合情合理。且赵破奴年轻时有“亡入匈奴”的经历,这种行为九原人远较太原人容易。《汉书》取资《史记》者颇多,且“九”“太”(古代常写作“大”)形近易讹,则赵破奴为九原人无疑。

这段文字登载于《2012·中国“秦汉时期的九原”学术论坛专家论文集》,第272页。

正确,还是错误?仁者见仁,智者见智。

“贰师将军”李广利

一

雄才大略的汉武帝刘彻喜欢打仗,也喜欢宝马。

当年,汉武帝打开《易经》占卜,得到一句“神马当从西北来”,随即心中仿佛有所触动。

不久,西域的乌孙国送给汉朝一匹骏马,汉武帝高兴地给马起名为“天马”。再后来,汉武帝又从西域的大宛国得到一匹骏马,更加矫健。于是,汉武帝把乌孙马改称为“西极马”,而把大宛马称为“天马”。

孔夫子说过:“上有所好,下必甚焉。”上级领导有所嗜好,下面的人必定紧紧相随,甚至更加疯狂。说的好听些,就是忠诚追随;说的难听些,就是阿谀逢迎。

于是,有人向汉武帝密报:“大宛国还有更好的骏马,藏匿于贰师城,不肯让汉朝使者看到。”

嗜好宝马的汉武帝听闻这个讯息,不禁心驰神往,随即派遣壮士车令等人,携带千金以及用黄金打造的金马,前往西域大宛国,请求换取藏匿于贰师的宝马。

大宛国君臣眼馋汉使带来的财物,又不愿奉送贰师马,于是私下商议道:“西汉帝国离我们那么遥远,路途艰险,单是渡过盐泽,就让人精疲力竭。他们从北方而来,有匈奴骑兵骚扰;从南而来,又缺乏水草。再加上沿途城邑较少，缺乏食物的情况经常发生。以往，汉朝使者一批数百人前来，常常因为缺乏食物，而死者过半。这种情形，汉朝怎敢派遣大军前来呢？况且，贰师马是大宛宝马，怎能送予外人？”

经过反复交涉，大宛国态度强硬，就是不给贰师马。汉朝使者大怒，放肆痛骂，又椎破金马，甩手回到驿馆。估计，汉朝使者骂得比较难听，惹怒了大宛国的达官显贵，大宛国对汉朝使者下达了逐客令，同时又秘令东边的郁成王于半路之上拦截，杀死汉朝使者，抢去他们所带财物。

消息传到长安城，汉武帝勃然大怒。此时，曾经出使过大宛的姚定汉等人进言：“大宛国弱兵少，只需派遣不过三千兵马，以强弓劲弩向他们射击，便可获得全胜。”

早在元封三年（前 108 年），汉武帝曾经派遣赵破奴率领数万军队出击楼兰、姑师，拉开了中原王朝征战西域的序幕。

赵破奴派出七百精锐骑兵充当前锋，以鹰击长空之凌厉气势，俘虏楼兰王，攻破姑师，随后炫耀武力于乌孙、大宛等西域诸国，令其战栗于西汉帝国的军威之下。

因此，汉武帝认为姚定汉等人言之有理。

此际，汉武帝颇为宠爱李夫人，正想找个机会，重用她的兄弟，以便封爵赐侯，于是以李夫人的哥哥李广利为将军，出兵讨伐大宛。

太初元年（前 104 年），李广利率领属国的六千骑兵及郡国那些品行恶劣的少年数万人，远征西域大宛。这次讨伐是为了前往贰师城，夺取贰师马，因此李广利被任命为“贰师将军”。

此次远征以原浩侯王恢作为向导，带队跋涉。当年，赵破奴横扫西域，熟悉当地风土人情的王恢随同作战，也立下过赫赫功劳，并因此得封浩侯。

古语说“兔死狐悲”，又说“唇亡齿寒”，因此西域诸国对于西汉帝国的这次远征，抱有深深的警戒之心，甚至是敌意。

贰师将军李广利的大军好不容易渡过盐泽，已经累得人困马乏。之后，沿途的那些西域小国紧闭城门，不肯供应粮食。李广利怒火中烧，下令攻打。能攻下的，就夺取粮食物资；不能攻下的，耗上几天，只好饿着肚子，继续西行。

由于汉武帝轻敌，并没给贰师将军李广利派遣精锐骑兵，李广利所率的部下都是些杂牌军，一路上死的死，逃的逃，只剩下几千人了，还都饿得皮包骨头，就连说话都没啥力气。

终于，李广利率部抵达了大宛国的郁成之地，几番攻城，均告失败，并且伤亡惨重。贰师将军李广利就和左右商议："不行呀，费了好大力气，连郁成城都无法攻下，何况是去攻打大宛国都呢？"

那些残兵败将早就没有战斗意志了，听到主将打退堂鼓，极力主张撤兵。

这么一去一回，花了两年时间。等到撤到敦煌，士兵剩下不到十分之一二。

无奈之下，贰师将军李广利只好厚着脸皮，派遣使者送奏章至长安城。奏章写道："道远，多乏食，且士卒不患战而患饥。人少，不足以拔宛。愿且罢兵，益发而复往。"(《汉书·张骞李广利传》)

汉武帝看罢奏章，大发雷霆，派使者拦守玉门关，传令："军队敢有入关者，立即斩杀！"

贰师将军李广利见势不妙，只得屯驻敦煌。

二

就在这年夏天，汉朝在漠北对匈奴作战，浞野侯赵破奴身陷重重包围，终被匈奴俘虏，所率两万多人也随之投降。朝廷公卿议论纷纷，希望撤回远征大宛的军队，专力对付匈奴。

汉武帝刘彻坚决不同意。

此次，汉朝出兵讨伐大宛，遭遇败绩。如果连大宛这样的小国都不能征服，那大夏之类的国家也会逐渐瞧不起大汉帝国，大宛的贰师马就更没有指望了。同时，乌孙、轮台等国也将肆意为难汉朝使者，大汉帝国就会见笑于外国。

于是，汉武帝下令惩治非议讨伐大宛的邓光等人，以儆效尤；赦免囚徒，编入军队,又征发那些品行恶劣的少年和边境的骑兵。

既然想打胜仗,为何不派遣精锐骑兵呢?

说来可怜,因与匈奴的连年征战,西汉帝国的军队与战马损失惨重,短时间内无法有效组编正规部队,只能勉强拼凑了。

历经一年有余,汉朝从敦煌先后派出军队六万人,私人带着粮食跟随部队参战的还不计算在内。此次远征接受了上次缺乏粮食的教训,牵着牛十万头、马三万匹、驴及骆驼数以万计驮运粮食,武器等也甚为齐备。全国也为之动员起来,为征伐大宛提供支持,单是随军出征的校尉就有五十余人。

此次出征,汉武帝刘彻特意找了两名善于相马的高手,拜为执驱马校尉,打算在攻破大宛之后,挑选良马。这份自信心,简直就要爆棚!

第二次讨伐大宛,贰师将军李广利手握重兵,精神抖擞。此次征战中,沿途经过的西域国家也改变态度,无不迎接,拿出粮食供养汉朝军队。兵至轮台,轮台不肯屈服,连战数日,汉军攻入城内,大肆屠杀。这番血腥攻杀让西域诸国闻风丧胆。

此后,一路畅通无阻,西汉军队直抵大宛边境。本来,贰师将军李广利想要亲率大军,血洗郁成城,以报前仇。后来,他琢磨了一下,担心因此迟滞,而使大宛都城获得更多的布防机会,只得怀恨继续西进。

不久,三万汉朝军队抵达大宛都城。大宛军队出城迎战,被汉军的强弓劲弩射得死伤累累,只得退了回去,凭借城墙防守。

大宛都城之内,没有水井,饮水全靠汲取城外河流。于是,贰师将军李广利派遣治水的工匠将河流改道,以干渴相困。

人可一日无粮,却不可一日无水。当年,浞野侯被匈奴围困,本来不致溃败。由于将士缺水难耐,赵破奴仗着自己野外生存经验丰富,竟然亲自外出寻找水源,结果中了匈奴的埋伏,成为俘虏。

见此情形,大宛国王毋寡重金悬赏,找到了一位善于开凿水井的汉人,解了燃眉之急。

此计不通,便用强攻,汉朝军队团团包围大宛都城,攻打四十多天。

猛攻之下,汉军攻破大宛都城的外城,俘虏了大宛贵人勇将煎靡。大宛众人大为恐慌，退往中城。大宛的达官显贵私下商议：“西汉帝国之所以攻打大宛，是由于国王毋寡藏匿贰师马、杀害汉朝使者。如今，我们杀死国王毋寡，献出贰师马，汉军之围可解。即使不解，我们再奋战而死，也为时不晚。”

兵临城下，不容犹豫。达官显贵们纷纷响应，斩下国王毋寡的头颅，派人求见贰师将军李广利。大宛使者极力游说李广利：“只要汉军不再攻打，我们立即献上全部良马，任由你们挑选，并且供应汉军粮食物资。如果不能议和，我们将会杀尽良马，让你们空手而归。眼下，康居的救兵也快要到了。到那个时候，大宛在内，康居在外，里外夹击汉朝军队，胜负之势难以预料。如今，是和是战，请将军定夺吧。”

贰师将军李广利暗想：“大宛城内已经开凿水井，粮食也很充足，一旦康居援兵赶来，自己率领的这些乌合之众未必真能抵挡得住。”索性，作出大度的姿态，接受了大宛的请和。

大宛也没有食言，献出许多良马。执驱马校尉从中精心挑选“神骏”数十匹、“良驹”三千余匹。

此后，汉军拥立旧时与汉朝亲善的大宛贵人昧蔡为国王，双方订立盟约，誓守友好之情。

第二次讨伐大宛，贰师将军李广利高唱凯歌，入了玉门关，返师长安城。

三

当初，贰师将军李广利出兵敦煌向西挺进之时，考虑到人马众多，沿途西域诸国恐怕无法足量供应粮食，把属下将士分为数支队伍，从南北两路进击。

校尉王申生、故鸿胪壶充国等率领一千余人，取道大宛的郁成。到了城下，郁成守将紧闭城门，不肯供应粮食。此时，王申生的部队距离贰师将军的主力约有二百里，倚仗着这个后盾，向着郁成城发起猛攻。

第一次讨伐大宛，贰师将军李广利就在郁成城下栽了一个跟头。郁成王一看，曾经的手下败将又打上门来，而且只有区区一千多人，偷着乐了。一天清晨，郁成王率领三千多人，攻杀汉朝军队。王申生所率部队猝不及防，又加上敌众我寡，被打得丢盔卸甲。轻敌的王申生命丧西域，一千多人的队伍，只有几个人逃归，将情况禀报贰师将军李广利。

贰师将军李广利派遣搜粟都尉上官桀率兵出击郁成，破城而入，守将投降。郁成王见势不妙，逃往康居。上官桀紧追不舍，直逼康居国境，讨要郁成王。康居国王听说汉朝军队已经攻破大宛，不愿再做出头鸟，把郁成王献给了上官桀。

上官桀命令四名骑士绑缚郁成王，将其押往贰师将军李广利的营帐，好让领导发泄往日积怨。路途之上，四名骑士商议：“郁成王是汉朝所痛恨的，此次好不容易生擒活捉，即派我们四人押解。不过，要是路上遇到大宛之人截击，我们区区四个人如何抵挡？万一，郁成王逃脱了，会贻误大事。”他们想要斩杀，却没人敢先动手。最后，还是上邽骑士赵弟壮起胆子，拔剑杀死了郁成王。

第二次征伐大宛之初，汉武帝派遣使者前往乌孙国，要求乌孙出兵，与汉军合力进攻大宛。大国有令，不敢不从，乌孙国王派遣两千骑兵前来助阵，却又徘徊观望，不肯冲锋陷阵。直到汉朝军队攻破大宛，乌孙才虚张声势地来到大宛城下，含着尴尬的笑容，猛拍贰师将军李广利的马屁。

贰师将军李广利得胜东归，沿途路过的那些小国，都怕落个假途灭虢的凄惨命运，打发自己的子弟携带贡物，跟随凯旋汉军前往长安，谒见汉武帝，并且留了下来，充当誓守亲善的人质。

就在远征大宛期间，贰师将军李广利接到一个噩耗。

《汉书·佞幸传》记载：“延年弟季与中人乱，出入骄恣。及李夫人卒后，其爱弛，上遂诛延年兄弟宗族。”

李延年的弟弟李季奸乱后宫，出入之际，骄傲放纵。而李夫人死后，汉武帝对她的恩爱日渐淡薄，因此下诏诛杀李延年兄弟宗族。

不过，雄才大略的汉武帝并没有株连太广，依然任用贰师将军李广利为远征大宛的首领。

第二次征伐大宛，汉朝先后派出六万军队、三万马匹，等到胜利归来，进入玉门关的只有一万余军队、一千余马匹。其实，这次远征没有发生粮食短缺的问题，战死沙场的也不太多。然而，将吏贪财，又不爱护士卒，屡屡侵吞军饷，因此伤亡惨重。

汉武帝心里明白，这就是正规部队与乌合之众的差异之处，由此想起当年的卫青、霍去病与精锐铁骑，不禁暗自伤神。

随后，汉武帝嘉奖："贰师将军广利征讨厥罪，伐胜大宛。赖天之灵，从溯河山，涉流沙，通西海，山雪不积，士大夫径度，获王首虏，珍怪之物毕陈于阙。"（《汉书·张骞李广利传》）

贰师将军李广利受封海西侯，食邑八千户；斩杀郁成王的赵弟受封新畤侯；军正赵始成功最多，拜为光禄大夫；搜粟都尉上官桀敢于深入敌境，拜为少府；李哆颇有计谋，拜为上党太守。此外，将士官吏提拔为九卿的有三人，提拔为诸侯相、郡守、二千石级官吏的有一百多人，提拔为一千石级官吏以下的有一千多人。自愿参加远征的人，所赏封的官爵都超过他们本人的愿望。因犯罪受惩罚而去从军的人，免罪，但不计功劳。士兵们所得赏赐，约值四万钱。

两次远征大宛，历经四年。

四

太初四年（前 101 年），贰师将军李广利远征大宛凯旋。

这一年，匈奴呴犁湖单于去世，他的弟弟左大都尉且鞮侯继承单于之位，史称"且鞮侯单于"。

此时，汉武帝刘彻对于匈奴，仍然念念不忘，下诏："高皇帝遗朕平城之忧，高后时单于书绝悖逆。昔齐襄公复九世之仇，《春秋》大之。"

意思是："汉高祖刘邦留给我平城'白登之围'的忧虑，刘邦的皇后（吕雉）之时，匈奴冒顿单于又来了一封信，所说之话极为背理叛逆。这些羞辱，我怎能忘怀？从前，齐襄公一举报了九世怨恨，《春秋》大加赞美。如今，我也要做这样的事业。"

天汉二年（前 99 年），汉武帝派遣贰师将军李广利，率领三万骑兵，由酒泉（郡治福禄县，今甘肃省酒泉市）出击，袭击匈奴右贤王于天山（指南祁连山，在今甘肃、青海交界处），斩杀及俘虏一万余人而还。

激战之际，贰师将军李广利曾被匈奴军队包围，差点儿无法逃脱。此战，西汉军队惨胜，伤亡高达十之六七。

天汉四年(前97年)，汉武帝再次派遣贰师将军李广利，率领六万骑兵、七万步兵，由朔方出击匈奴。

匈奴且鞮侯单于提前侦知西汉军队的动向，随即将妇孺家眷及牲畜辎重迁往余吾水(今蒙古国的土拉河)北。

且鞮侯单于率领十万匈奴军队，布阵于余吾水南岸，迎战贰师将军李广利的军队。此战，李广利的军队虽然占据优势，但行动迟缓的步兵占了半数以上，再加上匈奴熟悉地形，又以逸待劳，血战十余日，李广利见势不妙，突围而归。

这两次战役，正如史圣司马迁所说：“汉兵之出击匈奴者不得言功多少，功不得御。”(《史记·匈奴列传》)

汉朝军队出击匈奴，谈不上什么战绩，将士们立下的功劳，抵不过他们所遭受的损失。

征和三年(前90年)，匈奴入侵上谷、五原，杀略吏民。

同年，匈奴再次入侵五原、酒泉。两郡守军出战，均告失利，领兵的都尉(郡的军事长官)都战死了。

匈奴卷土重来的骄狂让汉武帝大动肝火，他决定全力反击，给予匈奴沉重的打击。

这一年，汉武帝派遣贰师将军李广利率兵七万，从五原(郡治九原县，今内蒙古包头市九原区的麻池古城)出击，寻歼匈奴主力。

此次远征匈奴之际，贰师将军李广利布下了一个政治棋局，期望着更为荣耀的地位。

婚姻之事，历来讲究门当户对。

出身微贱的李广利已经跃入龙门，成为海西侯。他的女儿自然也要嫁入侯门。挑来选去，贰师将军李广利决定将女儿嫁给当朝丞相、澎侯刘屈氂的儿子。

刘屈氂乃是汉朝宗室中山靖王刘胜的儿子。

1968 年，在河北省保定市满城县的陵山主峰东坡，考古工作者挖掘了两座大型崖墓，正是中山靖王刘胜与妻子窦绾的陵寝，总计出土了 6000 多件珍贵文物。其中，完整的“金缕玉衣”更是令学者们欣喜若狂。由此，常常出现于史料与传说中的“金缕玉衣”，第一次向世人展示了它的真实面貌。

贰师将军即将远征匈奴，刘屈氂来为亲家饯行，送至渭桥。李广利嘱咐：“请您尽早向皇帝请命，立昌邑王为太子。倘能如愿，你我两人的荣华富贵，何足顾虑。”望着亲家满眼的期待，刘屈氂慨然允诺。

昌邑王刘髆是汉武帝刘彻的第五个儿子，为贰师将军李广利的妹妹李夫人所生。

眼下，刘屈氂在朝中出任丞相，李广利在沙场屡次征战，并为汉武帝的左膀右臂。只要两人齐心协力，将昌邑王刘髆扶上太子之位，还是大有希望的。

五

扶立太子的野心蒙蔽了贰师将军李广利与丞相刘屈氂的政治嗅觉。

他们两人似乎忘记了去年发生的“巫蛊之祸”，似乎忘记了曾经炙手可热的卫氏家族与公孙家族的凄惨结局。

权贵集团结成利益联盟是集权统治者最不愿意看到的。对于汉武帝来说，这样的情形比匈奴入侵更加不可容忍。

征和三年（前 90 年），匈奴狐鹿姑单于侦知汉朝出动了大部队，便把辎重粮草全部运到赵信城北边的郅居水去了，随后布下重兵，严阵以待。

贰师将军李广利率兵七万，从五原出击。将出边塞之际，匈奴派遣右大都尉和汉朝降将卫律一起，率领五千骑兵在夫羊句山的狭隘之处，拦截攻击汉朝军队。贰师将军李广利派遣属国的二千匈奴骑兵与卫律交战，正是“以胡治胡”的战术。激战之下，卫律所率军队溃散，死伤数百人。汉朝军队乘胜追击，向北直抵范夫人城，匈奴纷纷逃走，没人敢于抗拒。

这场战斗，贰师将军李广利打得酣畅淋漓，正打算扩大战果，突然传来一个噩耗。

这一时期,"巫蛊之祸"余波未息,诬告与逼供之风依然盛行。

内者令郭穰告发:由于丞相刘屈氂屡受皇上责备,其夫人指使巫师祠社,诅咒皇上,语言恶毒。并且,丞相刘屈氂与贰师将军李广利共同祷告祭祀,想要拥立昌邑王当皇帝。

因此,"有司奏请案验,罪至大逆不道"(《汉书·公孙刘田王杨蔡陈郑传》)。

武帝下诏:用厨车载着刘屈氂游街,然后在东市腰斩,刘屈氂妻子在华阳街斩首。同时,李广利的妻子儿女也遭逮捕囚禁。

听闻此事,贰师将军李广利大为惊恐,全身都是冷汗。此时,李广利的掾吏胡亚夫也因为避罪从军,正在李广利的军中,劝道:"如今,您的家室子女都被官吏收捕,如果不取得辉煌战绩,恐怕要与他们在狱中相会了。"于是,贰师将军李广利横下一条心,打算深入匈奴腹地,立下赫赫战功,以此赎罪。

从前,远征大宛期间,李广利的弟弟李延年与李季因罪全家遭到诛杀,汉武帝也不是对领兵在外的李广利网开一面吗?当时,汉武帝并没有夺回李

广利的贰师将军印绶，获胜之后，还封他为海西侯。

贰师将军李广利率领大军向北进发，直抵匈奴屯聚辎重粮草的郅居之水。一旦将其辎重粮草全部烧毁，匈奴必然人心惶惶，汉军再趁势出击，将会大获全胜。然而，匈奴也不会眼睁睁看着汉朝军队来袭击自己的辎重粮草，早已将其撤往他处。

明知狡猾的匈奴又在施展“诱敌深入，聚而歼之”的阴谋，贰师将军李广利却已没有退路了，只得硬着头皮渡过郅居水，继续搜寻匈奴主力。

某日，汉军碰上了匈奴左贤王与左大将率领的两万骑兵，贰师将军李广利高声呐喊，率领将士勇猛冲杀。双方混战一天，汉朝军队击杀左大将，匈奴军队死伤惨重。

此战之后，杀红了眼的贰师将军李广利继续督促将士北行，不立奇功，誓不返回。汉军长史与决眭都尉辉渠侯商议：“李将军心有异志，不顾我们的性命而谋立奇功，恐怕必然会失败。”两人谋划，想把李广利抓起来。贰师将军李广利听闻消息，斩杀长史，欲立军威。

那么，贰师将军李广利为何不把与汉军长史一起谋反的决眭都尉辉渠侯也一并处决了呢？

当年，匈奴将领仆朋归附汉朝，此后以校尉之职追随骠骑将军霍去病征讨匈奴，先后俘虏数位匈奴裨王。因为战功显赫，仆朋于元狩二年(前 121 年)二月乙丑，被汉武帝封为辉渠侯，食邑于鲁阳。元鼎四年(前 113 年)，仆朋去世，他的儿子仆雷电承袭辉渠侯。征和三年(前 90 年)，辉渠侯仆雷电以决眭都尉之职，追随贰师将军李广利远征匈奴。(《汉书·景武昭宣元成功臣表》)

尽管决眭都尉仆雷电参与了谋反事件，但他身为辉渠侯，贰师将军李广利无权斩首他，只能将他扣押起来，等到班师回朝，将其交给汉武帝处置。

此时，流言蜚语已经传遍全军，大家议论纷纷，人心惶惶，局势已难掌控。无奈之下，贰师将军李广利只得率领军队，退至速邪乌燕然山。

匈奴狐鹿姑单于探知汉朝军队远征疲倦，并且人心慌乱，哪里肯放他们安然返回？单于亲自率领五万骑兵，阻截贰师将军李广利。汉军想要夺路而逃，匈奴想要吃口肥肉，双方互不相让，拼死血战，伤亡都很惨重。夜幕降临，匈奴在汉军前方挖下数尺深的堑壕，又从汉军背后发起猛攻。本已疲惫不堪的汉朝军队，前无退路，后有饿狼般的匈奴，深夜之中，胡乱抵挡，溃不成军。看到大势已去，贰师将军李广利踌躇一番，长叹一声，投降匈奴。

那位被扣押的辉渠侯仆雷电也随之投降，重新拾起了匈奴身份。

匈奴狐鹿姑单于也是个爱惜人才的君主，早就听说贰师将军李广利是汉朝的大将贵臣，对其极为优待。几番交谈之后，单于竟将自己的女儿嫁给李广利，对其甚为尊宠，在卫律之上。

卫律，原本是出身于长水的胡人，自小生长在汉朝。他与协律都尉李延年关系友善，受到李延年举荐出使匈奴。使团返回的时候恰逢汉武帝诛灭李延年全家。卫律害怕受到牵连，便逃出汉朝，投降匈奴。此后，他被匈奴且鞮侯单于封为丁灵王，颇受宠幸。

卫律与李延年交情不错，李广利是李延年的哥哥，况且“同是天涯沦落人”，按理说，两人关系应该相当融洽。

然而，“贰师在匈奴岁余，卫律害其宠”(《汉书·匈奴传》)。

李广利归降匈奴一年有余，颇受匈奴狐鹿姑单于的信任，“尊宠在卫律上”。因此，卫律很是嫉妒。达官显贵之间的嫉妒，后果远比女人争风吃醋严重得多，往往会演化为一场你死我活的悲剧。

恰在此时，狐鹿姑单于的母亲病了。卫律趁机收买匈奴巫师，让巫师向单于进言：“母阏氏之病乃是出于已故单于的怒气。匈奴出师，常常立誓，定要抓获贰师将军李广利，把他杀了祭祀宗庙。如今，他已身在匈奴，为何却不践行前诺呢？”匈奴向来迷信鬼神，听巫师一讲，狐鹿姑单于收捕了李广利。

祭祀之前，李广利大骂：“我死必灭匈奴！”

“遂屠贰师以祠。”(《汉书·匈奴传》)

此后，匈奴正巧连降几个月的大雪，牲畜冻死，庄稼无获，百姓也遭受瘟疫，哀嚎之声遍及匈奴之地。

狐鹿姑单于大为惶恐，想起李广利临死之言，更是战战兢兢，于是为李广利立起祠堂，隆重祭祀，祈求免灾。

可叹，曾经显赫一时的贰师将军李广利，最终成了匈奴的刀下之鬼。

“平定西羌”徐自为

一

传说，战国时期，羌人的首领爰剑被秦国捕获，当作奴隶。

奴隶的地位极端低贱，被称为“会说话的工具”，任由主人役使、买卖甚至杀害。西周中期的“曶鼎”铭文记载：奴隶主曶曾向另一个奴隶主买来名字叫陪、恒、耦、仓、眚的五名奴隶，所付价钱仅仅是一匹马，外加一束丝。

比起西周贵族，由西戎演化而来的战国秦人更要暴虐得多。估计，爰剑没少受折磨。

终于，爰剑找到机会，逃了出来。眼看着“工具”撒腿跑了，秦人当然不甘心，紧紧追赶。这样的追捕充满血腥，常是带着头断腿折的尸体返回，即使奴隶侥幸不死，也会被打得遍体鳞伤。

慌不择路的爰剑逃入一个幽深的山洞之中，秦人见状，不敢深入擒拿，干脆放了一把大火。烈焰熊熊之际，一只形状像虎的怪物挡在爰剑身前，为他遮挡大火，使他侥幸逃过一死。

逃脱之后的爰剑，重获自由之身。

此后，他在旷野之中，偶遇一位“劓女”，也就是被割掉鼻子的女人。两人擦出了爱情的火花，以山为媒，以地为床，结为夫妻。

夫妻两人一路逃亡，艰辛跋涉，最终来到“三河间”，也就是黄河、锡支河、湟河之间的地区。

这个地区正是羌人聚居之处。听闻爰剑遭遇大火而不死，羌人都认为他有神灵相助，油然而生敬畏之心。因此，众多羌人将爰剑推举为酋豪(首领)。

女人天性爱美，“劓女”对于自己的容颜很不自信，索性披下头发，用以遮掩面部。自从她当上酋豪夫人以后，披发的习俗渐渐在羌人部族流行。

黄河与湟河一带，缺少五谷，却有很多禽兽出没，羌人主要以狩猎作为生存手段，常常是饱一顿饥一顿，日子过得很艰难。爰剑曾在秦国当过奴隶，掌握了很多中原农耕技能，于是教授部众种植田地、饲养牲畜。

有了这些新的技能，爰剑部族的生活质量明显提高，几乎达到当时的小康水平了。与此同时，部族的名气越传越响，引得周边羌人纷纷前来投靠。

羌人将奴隶称为无弋，由于爰剑曾经做过奴隶，因此他有了“无弋爰剑”的称号。

自此以后，爰剑的后代世世担任羌人的首领。

秦孝公之时，爰剑的玄孙(孙子的孙子)研继承首领之位，由于研极为豪健，因此他所率领的这支羌人部族被称为“研种”。

二

到了西汉初年，匈奴冒顿单于雄起于阴山，拥有“控弦之士三十余万”，此后率领铁骑纵横草原与大漠，北方各个部族纷纷臣服于他的弯弓之下。

爰剑后代所统领的研种羌也成为匈奴的属下，按时交纳贡品，并承担派兵助战的义务。

汉景帝之时，爰剑的后代留何叛离匈奴，投靠西汉帝国，请求“守陇西塞”(《后汉书·西羌传》)。

“远人归附”是一个国家强盛的象征，也是皇帝的荣耀。汉景帝对于留何及其所率部众的“弃暗投明”，极表欢迎。

随后，汉景帝颁下诏令：将留何及其部众迁至陇西郡，安置于狄道(今甘肃省临洮县)、安故(今甘肃省临洮县南)、临洮(今甘肃省岷县)、氐道(今甘肃省武山县东南)、羌道(今甘肃省舟曲县北)五县中。自此，研种羌与汉人杂居，共同守卫汉朝的西北边疆。

汉武帝满怀雄图大略，极力扩张疆域：远征匈奴，将其逐往漠北；出兵西域，逼迫羌人向西迁徙。

面对强敌，先零羌与诸羌尽释前仇，结成联盟，共同对抗西汉帝国。随后，他们与匈奴联合起来，率领十多万人马，攻打令居（今甘肃省永登县西北）、安故（今甘肃省临洮县南），接着包围了枹罕（今甘肃省临夏县东北）。

在这场民族冲突之中，已经有了汉化倾向的研种羌被西羌联军视为“叛徒”，给予了毫不留情的打击。

为了配合西羌联军的行动，匈奴也向汉朝北疆重地五原（郡治九原县，今内蒙古包头市九原区的麻池古城）发起攻击，并且杀死五原太守。

西汉边关告急！

元鼎六年（前111年），“汉遣将军李息、郎中令徐自为将兵十万人击平之”（《后汉书·西羌传》）。

汉武帝刘彻派遣将军李息、郎中令徐自为率领十万将士，平定了西羌的这场入侵。

此后，汉武帝为了加强对羌人的管理与监视，开始设置护羌校尉，持节统领内附汉朝的诸羌部落。

当年，骠骑将军霍去病打通河西走廊，浞野侯赵破奴远征西域，把“丝绸之路”的雏形首次刻绘于华夏民族的版图之上。

此番，西羌与匈奴的联合入侵再次阻隔了西汉帝国与西域诸国的联系，危及着“丝绸之路”的畅通。

因此，将军李息、郎中令徐自为的平定西羌之战，对于西域、对于“丝绸之路”，有着深远的影响。

三

元封元年（前110年），汉武帝刘彻亲自率领十八万精锐骑兵，巡行北方边境，震慑匈奴。

西汉帝国的大军由五原（郡治九原县，今内蒙古包头市九原区麻池古城）北行，先是跨过阴山南麓的战国赵北长城，接着翻越阴山峰巅的秦始皇长城，直抵苍茫辽阔的北方大漠。

此时，汉武帝的心中满是全力进击匈奴的豪情。

然而，再凶猛的洪水也有消退的时候。

太初元年（前 104 年），浞野侯赵破奴远征匈奴，兵败被俘，全军投降。

战争前期，倚仗着“文景之治”积累下来的财富，汉武帝连下诏令，频频征战。在经历了卫青、霍去病的辉煌战绩之后，穷兵黩武的后果逐渐显现，正规部队消耗巨大，战马远远跟不上供应，部队给养也捉襟见肘。

此时，汉武帝明白：该放缓进攻的节奏了，把防御提到重要议程之中。

太初三年（前 102 年），汉武帝派遣光禄勋徐自为，兵出五原塞（今内蒙古包头市达茂旗西河乡什拉文格古城），修筑长城，并在长城附近设置城障及哨所，直抵西北方向的庐朐。随后，汉武帝派遣游击将军韩说、长平侯卫伉驻屯其旁。（《史记·匈奴列传》）

如今，在包头市达茂旗境内，仍旧蜿蜒着两道以土夯为主的长长边墙，历经两千多年的风吹雨打，已经倾颓为不起眼的土垄。据文物专家考证，这正是太初年间修筑的汉外长城南线及汉外长城北线。

每当提起汉长城，人们总会想到雄图大略的汉武帝，却很少有人说起督修长城的徐自为。

群星的璀璨总被月亮的皎洁所掩盖。

天象如此，世事也是如此。

“攻灭东越”韩说

一

元朔五年(前124年)春天，汉武帝派遣车骑将军卫青率领三万骑兵，由高阙塞出击匈奴。

当时，匈奴右贤王驻牧于如今的蒙古国南戈壁省诺木冈至巴彦鄂博一带，距离高阙塞有六七百里之遥。右贤王大意轻敌，以为西汉大军出征，必有大量辎重相随，行进缓慢，不能至此，于是每夜畅饮欢歌，酩酊大醉。

卫青命令精锐骑兵昼伏夜行，隐蔽前进，在某个深夜，悄然抵近匈奴右贤王的驻牧地。万籁寂静之时，忽然喊杀声四处响起，火光与利箭蜂拥而至。右贤王受此惊吓，酒醒了大半，却也丧失了斗志，独与爱妾及数百名亲信，借着夜幕，勉强杀开一条血路，向北狼狈逃窜。

此次奇袭，战绩辉煌：“得右贤裨王十余人，众男女万五千余人，畜数十百万。”(《汉书·卫青霍去病传》)

这场史称“漠南之战”的大捷，都尉韩说随同大将军卫青远征，从窳浑(也作寘浑)出击，直至匈奴右贤王的王庭，经过拼力博杀，擒获了右贤王属下的裨王。

汉武帝颁下嘉奖：“都尉韩说从大将军出窳浑，至匈奴右贤王庭，为麾下搏战获王，以千三百户封说为龙䨓侯。”(《史记·卫将军骠骑列传》)

也就是说，赏赐一千三百户，赋税均归韩说所有，并且封爵龙䨓侯。

太初三年(前 102 年),汉武帝派遣光禄勋徐自为,兵出五原塞(今内蒙古包头市达茂旗西河乡什拉文格古城),修筑长城,并在长城附近设置城障及哨所,直抵西北方向的庐朐。随后,汉武帝派遣游击将军韩说、长平侯卫伉驻屯其旁。

如今,在包头市达茂旗境内,仍旧蜿蜒着两道以土夯为主的长长边墙,历经两千多年的风吹雨打,已经倾颓为不起眼的土垄。据文物专家考证,这正是太初年间修筑的汉外长城南线及汉外长城北线。

翻越阴山,前行不久,就是苍茫辽阔的包头市达茂草原,那两道绵延远去的土垄侧旁,是否曾经留下游击将军韩说巡边的足迹?

天汉四年(前 97 年),汉武帝派遣游击将军韩说,率领三万步兵,出兵五原(郡治九原县,今内蒙古包头市九原区的麻池古城),寻歼匈奴。

这一时期,经过西汉帝国疾风暴雨般的连续打击,匈奴已经元气大伤。他们远遁漠北,并且逐渐向西北迁徙,一边休养生息,一边以逸待劳。匈奴且鞮侯单于提前侦知西汉军队的动向,随即将妇孺家眷及牲畜辎重迁往余吾

水(今蒙古国的土拉河)北。

游击将军韩说率领的是三万步兵，行动缓慢，如何能够捕捉到来去如风的匈奴骑兵，因此劳师动众，却两手空空地归来。

这也怨不得韩说，连年征战，西汉军队战马损失惨重，不得已才把步兵派往前线。汉武帝心中倒也没有期望步兵取得多少战绩，只要能给骑兵助威，最好再能牵制匈奴的部分注意力，也就可以了。

偶有闲暇，韩说将军回忆征战生涯，最为自豪的功绩：在北方，当属元朔五年(前 124 年)的漠南之战；在南方，当属元鼎六年(前 111 年)的东越之战。

二

福建，本属“七闽”之地，土著居民称“闽族”。

公元前 306 年，越王勾践的六世孙无强攻打楚国。在楚怀王的反攻下，越国大败，无强被杀死。从此，越国解体，王族四散奔逃，其中的一支航海进入福建。他们与此地原有的土著“闽族”融合，形成“闽越族”，也称“闽越人”。

无强死后，后裔传承七代，至无诸。无诸有着过人的胆识与才能，从少年时代，便立志开拓闽疆。战国末年，无诸自立为闽越王，并在福州北部新店筑城而居。

公元前 221 年，秦始皇扫灭六国，统一中原，随后北讨匈奴，南平百越。大兵压境，同为越王勾践后裔的无诸、摇，顺势而降，他们的地盘成了秦朝的闽中郡。

秦朝末年，烽烟再起，刘邦、项羽等纷纷起事。无诸、摇率领族人归附鄱阳令吴芮(即鄱君)，也参加了反秦起义。

公元前 206 年，项羽大兵入关，屠咸阳，杀秦王子婴，自立为西楚霸王。项羽号令诸侯，分茅裂土，多至十八国。此时，同属反秦阵营的无诸、摇也在翘首企盼着。然而，由于战国时期发生的楚越相争，双方树下旧仇，世为楚将的项羽对此耿耿于怀，唯独没有分封无诸和摇。

公元前 205 年，楚汉战争爆发，刘邦与项羽争夺天下。无诸与摇率兵北上中原，拥护刘邦，立下功勋。

公元前 202 年，汉高祖刘邦立无诸为闽越王，定都东冶。公元前 191 年，汉惠帝刘盈立摇为东海王，定都东瓯，俗称"东瓯王"。

汉景帝三年(前 154 年)，由吴王刘濞牵头，发动了反抗中央集权的"七国之乱"。吴王刘濞鼓动闽越与东瓯共同反叛朝廷。闽越按兵不动，东瓯积极响应。等到吴王兵败，东瓯却又接受了朝廷的重金收买，杀死刘濞，因此得以将功赎罪。

吴王刘濞的儿子子驹逃亡到闽越，怨恨东瓯杀了他的父亲，经常劝说闽越去攻打东瓯。建元三年(前 138 年)，闽越出动军队围攻东瓯。东瓯屡战失利，粮食耗尽，紧急向汉武帝求救。西汉会稽太守发兵，渡海救援东瓯。见此情形，闽越解除包围，撤兵而去。经过这番惊吓，东瓯请示汉武帝，举国北迁，居于江淮一带。

建元六年(前 135 年)，闽越出兵，攻打南越。南越接受朝廷的约束，不敢擅自发兵回击，将情况禀告汉武帝。汉武帝派遣大行令王恢由豫章出兵，大农韩安国由会稽出兵，皆任将军之职。西汉军队即将抵达阳山岭，闽越王郢派兵据险而守。

郢的弟弟馀善与丞相及贵族经过一番商议，刺死闽越王郢，并将其头颅呈送大行令王恢。王恢大喜过望，派使者携着郢的头颅，急驰长安，禀报汉武帝。不久，汉武帝下诏："闽越王郢等首先作恶，唯独无诸之孙繇君丑没有参与谋反，封其为越繇王。"

馀善杀郢之后，威望日盛，百姓多半归附于他，私下自立为王。越繇王丑无力控制局势，只得向朝廷禀报。汉武帝琢磨，不值得为此劳师远征，随即下诏，封馀善为东越王，与越繇王并处。

元鼎五年(前 112 年)，南越造反，汉武帝调遣十万大军，兵分五路发起进攻。此际，东越王馀善上书汉武帝，请求率领八千士兵跟随汉朝楼船将军杨仆，讨伐南越。然而，看似忠心的馀善实则首鼠两端，兵至东海郡揭阳县之时，借口遭遇海上狂风巨浪，停滞不前。与此同时，馀善又派心腹前往南越，与权臣吕嘉暗中勾结。

元鼎六年(前111年)，西汉军队攻陷南越国都番禺，南越王赵建德与丞相吕嘉等人趁乱逃出，试图以东越为后援。最终，两人都被西汉军队擒获。灭亡南越之后，汉武帝将其地置为九个郡，直接归属中央管辖。

汉将路博德将吕嘉首级献给汉武帝之时，汉武帝正在汲县新中乡(今新乡市西南6公里的张固城村)，见状大喜，取擒获吕嘉之义，改新中乡为"获嘉县"，属河内郡。

这年秋天，东越王馀善发动叛乱，特意给手下大将驺力等加上"吞汉将军"的封号，随即攻入白沙、武林和梅岭，杀死汉朝军队的三个校尉。

此时，汉朝派遣大农张成、原山州侯刘齿驻守此地，却不敢率兵迎击，而是退往安全之地。后来，他们以"畏惧敌人、怯懦软弱"之罪，被朝廷诛杀。

出师告捷，东越王馀善扬扬得意，特意为自己刻了"武帝"之玺，自立为皇帝。汉武帝听闻讯息，又是可气又是可笑，派遣横海将军韩说由句章出兵，渡海东进；楼船将军杨仆由武林出兵；中尉王温舒由梅岭出兵；投降汉朝而被封侯的两个越人做了戈船将军和下濑将军，由若邪、白沙出兵。

元封元年(前110年)冬天，横海将军韩说率先攻入东越。见此情形，越衍侯吴阳率领邑中七百人，起兵反叛东越。随后，吴阳与建成侯敖、繇王居股等人设下计谋，杀死馀善，率其部众归降横海将军韩说。

攻灭东越，汉武帝论功行赏，封横海将军韩说为按道侯；韩说属下的横海校尉刘福也因立下战功，受封缭嫈侯。

三

征和二年（前91年），西汉丞相公孙贺及其子公孙敬声由于"巫蛊之案"，身陷囹圄。在百般拷打之下，父子双双惨死狱中，并被诛灭全家。

巫，古代所谓能以舞降神的人；蛊，古代传说可以害人的毒虫。所谓巫蛊，指用巫术毒害别人，它通常与祝诅联系在一起。其方法是将欲害之人的姓名刻在木偶的身上，埋在地下，由巫师对其进行诅咒。

在汉代,下至平民百姓,上至高官贵族,乃至宫中的后妃、宫女,都相信这种做法会给被诅咒的人带来灾难,甚至死亡。

这件"巫蛊之案"被上纲上线,竟然牵连汉武帝刘彻与皇后卫子夫的女儿阳石公主、诸邑公主。可怜,两位娇滴滴的金枝玉叶,也惨遭诛杀。而大将军卫青的长子长平侯卫伉也被攀扯进来,丢掉了性命。

经过"巫蛊之案",曾经炙手可热的卫氏家族与公孙家族遭到铁血清洗。

有人说,这是汉武帝的独断专行;也有人说,这是一场政治阴谋。

然而,事情并没有结束。不久,"巫蛊之案"竟然演化成为震惊朝野的"巫蛊之祸"。

公孙贺被诛之后,汉武帝任命刘屈氂为丞相,封其为澎侯。

"是时,上春秋高,疑左右皆为蛊祝诅,有与亡,莫敢讼其冤者。"(《汉书·蒯伍江息夫传》)

此时,汉武帝刘彻年事已高,犹如狐狸将老,总是疑神疑鬼,处置事务常多昏聩与偏激。他疑心朝堂群臣、后宫嫔妃甚至普通百姓,都有人在暗中"蛊祝诅",谋害自己,于是大肆搜捕、大肆判刑、大肆处决。

这番猜忌正应了眼下的网络热梗——总有刁民想害朕。

不过,到底是不是真有人设了"蛊祝诅",反正皇帝已经认定了,哪个还敢去辩解,更没有胆量去翻案。

正因如此,阳陵大侠朱安世下狱,竟能胸有成竹地报复逮捕他的丞相公孙贺。祭出的法宝,就是状告公孙敬声设下"巫蛊",谋害汉武帝。结果,一击而中,并且引发阵阵惊雷。

巫蛊之案,公孙贺父子、两位公主及长平侯卫伉被诛,汉武帝刘彻的心情也很是不爽,前往甘泉宫避暑,一方面梳理思绪,一方面静观事变。

在甘泉宫中,汉武帝的健康状况恶化。陪侍汉武帝身旁的江充,见此情形,心中不禁惶恐起来。

几年前,江充陪同汉武帝前往甘泉宫,一路之上,车马回避,偏偏遇上太子刘据的家臣坐着马车,从路上经过。江充当即予以扣捕,交由官方处置。太子刘据听闻讯息,派人登门求情:"我并非舍不得车马,只是不想让陛下知道此事，责怪我平日对于左右管教不严，希望您宽恕。”

正受宠信的江充，对于太子的求情，不理不睬，径直禀告了汉武帝，并受到夸赞：“人臣当如是矣。”（《汉书·蒯伍江息夫传》）

从此，江充倍受汉武帝的信任，名气威震京师。

“天有不测风云，人有旦夕祸福”，眼看着年迈的汉武帝刘彻病情难愈，再想想当年得罪过的太子刘据，江充怎么能够睡个踏实觉呢？

索性，江充决定铤而走险，设计除掉太子刘据，最好连他的母亲皇后卫子夫也一起干掉，才可以高枕无忧。

这些年来，江充查办巫蛊之案，颇能揣摩汉武帝的心思。于是，他寻找时机，禀报汉武帝：“宫中有蛊气蒸腾，皇帝病情日渐沉重，必是有人暗中施设巫蛊所致。”汉武帝听闻，勃然大怒，下令严查。

江充指使胡人巫师到处挖掘，搜寻埋在地下的偶人，又抓捕夜间祷祝和自称能见到鬼的人，还让人在一些地方泼上血污，假造祷祝现场，同时收捕验治那些被指控的嫌疑者，施加铁钳烧灼的刑法，强迫他们认罪。如此一来，弄得人们互相诬指，各级官吏动辄判人大逆不道之罪，牵连受害的前后有数万人。

然而，汉武帝的病情依然未见好转。江充再次禀报汉武帝：“宫中有蛊气蒸腾，恐怕巫蛊出于内部亲信之人。”汉武帝听闻，咬牙切齿，下令彻底清查，并且派遣按道侯韩说、御史章赣、黄门苏文等人协助江充。

得到皇帝的旨令，江充非常卖力，几乎要把整个后宫掘地三尺，先从宫女查起，再查嫔妃，再查卫皇后，最后查到太子宫。结果，在太子刘据的宫中，掘出了桐木人。

四

得知此事，太子刘据大为恐慌，急忙召见他的老师少傅石德。少傅石德一听，也吓得手脚冰凉，这可是大逆不道的罪行，连老师也要受株连的。情急之下，石德与太子刘据计议：“巫蛊之罪，难逃一死。此前，公孙丞相巫蛊之案,牵连卫氏及公孙氏惨遭清洗。如今,挖掘太子宫,得到桐木人偶,究竟是胡人巫师故意放置的,还是原来就有的,我们百口莫辩。此刻,太子最好是伪称诏令,以符节把江充等人抓捕入狱,将其奸诈阴谋追查清楚。况且,皇上正在甘泉宫中养病,皇后及太子的家吏前去请安问候,都没有得到回复,皇上生死存亡尚不可知。如今,奸臣江充的所作所为,犹如秦朝旧事重演。当年,秦始皇死于沙丘宫,为了扶立胡亥篡位,赵高、李斯隐瞒皇帝去世的消息,假传诏令,迫使长子扶苏自杀。往日教训,明载史册,太子您难道忘记了吗?"

太子刘据急得像热锅上的蚂蚁,没有时间思虑太多,只得依计行事。

七月壬午,太子刘据派遣门客扮成使者,矫诏抓捕江充等人。按道侯韩说怀疑有诈,不肯受诏。于是,刘据所派门客将按道侯韩说格杀,御史章赣受伤,逃往甘泉宫。

已经犯下矫诏之罪的太子刘据,由于不知武帝是否在世,决定起兵,彻底控制局势。因为所属的车马有限,刘据随即派遣舍人无且持符节,夜入未央宫殿长秋门,通过长御女官倚华,将事情原委禀报母亲皇后卫子夫。卫子夫决定支持自己的儿子,调动皇家车马运载射手,取武库兵器,调长乐宫卫队,告令百官江充谋反。太子刘据亲自监斩江充,又将江充手下的胡人巫师烧死在上林苑中。

此际,长安城中一片混乱,纷纷传言:"太子造反。"黄门苏文逃出长安,来到甘泉宫,向汉武帝报告说太子很不像话。

"知子莫若父",汉武帝不相信向来仁慈宽厚的太子会真的谋反,猜测说道:"太子肯定是害怕了,又愤恨江充等人,所以发生这样的变故。"于是,汉武帝派遣使臣召见刘据。然而,使臣不敢进入长安,返回谎报:"太子已经造反,要杀我,我只好逃了回来。"听到禀报,汉武帝大怒,下令平叛。

长乐宫西门外,太子刘据拼凑的数万武装平民遭遇丞相刘屈氂率领的军队。双方会战五天,死伤无数,鲜血像水一样流入街边的沟渠。

七月庚寅,太子刘据兵败,逃出长安城,皇后卫子夫上吊自尽。

太子造反,汉武帝震怒,群臣忧惧。长安城内外,人心惶惶。

此时,壶关三老令狐茂上书汉武帝,为太子刘据辩解,言辞恳切,分析透彻。汉武帝读罢奏章，深受感动，心中若有所悟。然而，对于太子刘据的追捕令，并没有立即撤回。

八月辛亥，走投无路的太子刘据上吊自尽。

这场事件，史称“巫蛊之祸”。

征和三年（前 90 年），官吏和百姓以巫蛊害人罪相互告发的，经过调查，发现多为不实。此时，汉武帝也知太子刘据是因被江充逼迫，惶恐不安，才起兵诛杀江充，并非真有谋反之意，于是下令将江充满门抄斩，将黄门苏文烧死在横桥之上。

汉武帝怜惜太子刘据遇害，特意修建了一座“思子宫”，又在其自尽的地方修建了一座“归来望思台”。

《汉书·武五子传》之中的“戾太子刘据”篇记载：“天下闻而悲之。”

元平元年（前 74 年）七月，刘据的孙子刘询即位，史称汉宣帝。

本始元年（前 73 年）六月，汉宣帝刘询颁下诏书，追加刘据谥号为“戾”。因此，史书之上又把刘据称为“戾太子”。

《逸周书·谥法解》云：“不悔前过曰戾；不思顺受曰戾；知过不改曰戾。”

同时，汉宣帝刘询追加曾祖母卫子夫谥号为“思”。

《逸周书·谥法解》云：“道德纯一曰思；大省兆民曰思；外内思索曰思；追悔前过曰思。”

因卫子夫生前擅长音律，汉宣帝又派遣倡优千人，日日歌于园内，以表达对曾祖母卫子夫的追思。

“巫蛊之祸”，终于得到平反。

可叹，按道侯韩说身陷其中，死得不明不白，实在太过委屈了。

"绝代史圣"司马迁

一

秦始皇生气了,真的很生气!

他燃起了熊熊烈火,把四书五经和诸子百家之著述统统扔了进去,除了秦记以外的史书也扔了进去,只留下"医药卜筮种树之书"。书简烧成了灰烬,他意犹未尽,又挖了一个深坑,把那些啾啾不休的儒生填了进去,然后踩实了土。

焚书坑儒使得中国文化受了降龙十八掌,元气大伤;更使得历史脉络受了七伤拳,奄奄一息。

幸好,中华民族似乎有着一种天生的韧性,每逢文化困境,总会及时诞生一位才子来力挽狂澜。

当然,这份重任可不是好担当的,先要经受考验。正如《孟子》所讲:"故天将降大任于斯人也,必先苦其心志,劳其筋骨,饿其体肤,空乏其身,行拂乱其所为,所以动心忍性,曾益其所不能。"

可怜,才子们大多体弱多病,或者神经敏感,经过这番折腾,一半早夭,一半遁世。老天挑挑拣拣,在焚书坑儒的一百余年之后,好不容易选定了一位"官二代"。

这位"官二代"是位青年才俊,不仅文采斐然,而且爱好旅游,认真地实践着"行千里路,读万卷书"的理念。他颇受皇帝赏识,跻身于政府高层智囊团，还曾经作为中央特派员巡视过四川、云南等地，可谓前途无量！

然而，老天实在太过残忍，为了让这位才俊死心塌地潜心文史研究，开创中国史学之新风，先是害他受牢狱之苦，又嫌不足，竟让他受了宫刑。

尊严彻底扫地，这位“官二代”曾想过自杀。然而，老天的重任，或者说是他自己的夙愿，让他最终选择了忍辱负重，埋头编纂史书。与此同时，他痛苦地喊出：“人固有一死，或重于泰山，或轻于鸿毛，用之所趋异也。”（《报任安书》）

这位才俊，叫作司马迁；老天所降大任，就是撰写《史记》。

写过许多历史人物的余秋雨先生深情地称誉司马迁为“中国文化史上第一让我感动的人物”。

向来喜欢横眉冷对的鲁迅先生也不禁称誉《史记》为“史家之绝唱，无韵之离骚”。

二

司马迁，十岁开始诵读古代典籍，二十岁开始游历天下。

中国古代文人大多喜欢“壮游”，不单是赏玩山水，更是为了考察风俗、搜罗资料、广博见识、增益阅历，甚至是在寻找施展抱负的机遇。

孔子五十四岁开始周游列国，风尘仆仆，车辙往返，历经十四个春秋。然而，他与弟子们的足迹大多留在了中原地区，基本没有离开今天的山东省与河南省。

司马迁首次出游就是一场远行。

“南游江、淮，上会稽，探禹穴，窥九疑，浮于沅、湘。北涉汶、泗，讲业齐、鲁之都，观孔子之遗风，乡射邹、峄；厄困鄱、薛、彭城，过梁、楚以归。”（《史记·太史公自序》）

这场远行，司马迁涉足如今的陕西、湖北、湖南、江西、江苏、浙江、安徽、山东、河南九个省区。

国学大师王国维写有《太史公行年考》，认为：“当先沅、湘，窥九疑，然后上会稽,自是北涉汶、泗,过楚及梁而归。"

根据这个观点,我们不妨大致勾勒一下司马迁的游历路线,并以散落于《史记》各篇的相关文字,作为行程的印证。

司马迁从长安出发,向南渡过淮河与长江,抵达湘江侧畔的长沙,在此哀叹贬居于此的贾谊,悲悼自投汨罗江的屈原。

"适长沙,观屈原所自沈渊,未尝不垂涕,想见其为人。"(《史记·屈原贾生列传》)

然后,司马迁沿着湘江南下,到湖南宁远登九嶷山,瞻仰舜的墓地,了解其生前的功绩,接着又经沅江进入长江,顺流东行,抵达江西九江登庐山,考察大禹治水的遗迹。之后,他继续东行,登上浙江绍兴的会稽山,探访禹穴,并且临海远眺,随后向北行进,抵达江苏苏州姑苏台,游玩五湖(太湖)。

"余南登庐山,观禹疏九江,遂至于会稽、太湟,上姑苏,望五湖。"(《史记·河渠书》)

漫游南方之后,司马迁渡过长江北上,到达淮阴,探寻韩信早年在故土的事迹,从淮阴乡亲口中得知了许多关于韩信的生动故事。

"韩信虽为布衣时,其志与众异。其母死,贫无以葬,然乃行营高敞地,令其旁可置万家。余视其母冢,良然。"(《史记·淮阴侯列传》)

随后,司马迁北渡汶水与泗水,进入齐鲁大地。他考察了儒家发祥地曲阜,瞻仰了孔子之墓,观赏了孔子留下的器物,并与儒生一起学习礼仪、研究典籍,亲身体会儒家风尚。在这里,司马迁停留了很长一段时间。

"适鲁,观仲尼庙堂车服礼器,诸生以时习礼其家,余祗回留之不能去云。"(《史记·孔子世家》)

从曲阜折而南行,司马迁抵达了儒家亚圣孟子的家乡,也就是如今的山东邹县。在邹县东南的峄山下,他参加了乡射,即射箭饮酒的礼仪。司马迁继续向南,在鄱(今山东省滕州市)、薛(今山东省滕州市南)、彭城(今江苏省徐州市)一带陷于困境。司马迁觉得此地民风强悍,不同于齐鲁其他地区。打听之后,司马迁得知薛地曾是孟尝君田文的封邑。孟尝君好养士,一些作奸犯科之人也来此定居,从而形成了这种特殊的风气。

"吾尝过薛，其俗闾里率多暴桀子弟，与邹、鲁殊。问其故，曰：'孟尝君招致天下任侠，奸人入薛中盖六万余家矣。'世之传孟尝君好客自喜，名不虚矣。"(《史记·孟尝君列传》)

彭城(今江苏省徐州市)是西楚霸王项羽的都城，自古为兵家必争之地。公元前205年，项羽以寡击众，打败汉高祖刘邦的著名战役——彭城之战便在此地发生。

彭城东边的下相(今江苏省宿迁市西)，是项羽的故乡；彭城西北的沛郡(今江苏省沛县以东)，是曹参、樊哙和夏侯婴的故乡，沛郡以西的丰县(今江苏省徐州市附近)，是萧何、周勃和汉高祖刘邦的故乡，而沛郡的蕲县(今安徽省宿州市)，又是陈胜、吴广的起义之地。这些人都是楚汉之际的风云人物。司马迁在走访过程中搜集到许多秦汉之际的历史资料，对汉高祖刘邦及其开国将相有了更加深刻的认知。

"吾适丰、沛，问其遗老，观故萧、曹、樊哙、滕公之家，及其素，异哉所闻！"(《史记·樊郦滕灌列传》)

此后，司马迁经过楚地，凭吊了春申君的故城。

"吾适楚，观春申君故城，宫室盛矣哉！"(《史记·春申君列传》)

离开楚地，司马迁折而向北，奔向大梁(今河南省开封市)，访问了"夷门"，对信陵君"窃符救赵"一事有了深入的了解。

"吾过大梁之墟，求问其所谓夷门。夷门者，城之东门也。"(《史记·魏公子列传》)

这番踏过半个汉朝疆土的"壮游"，行程近三万里，自汉武帝元鼎元年(前116年)出发，大约花费了两年多的时间。

"壮游"归来之后，司马迁得到了一个官职——郎中。这个郎中，掌管门户、车骑等事，内充侍卫，外从作战，虽然官场等级不高，却能经常陪侍在皇帝身边，是一份很有面子、很有前途的工作。

任职未久，司马迁接受皇帝指派，前往西南地区安抚与视察当地的少数民族。

"奉使西征巴、蜀以南，南略邛、笮、昆明。"(《史记·太史公自序》)

巴、蜀皆郡名。巴郡,郡治为江州(在今重庆市北);蜀郡,郡治为成都(今四川省成都市)。

邛、筰、昆明皆古部族名。邛,秦汉时分布于今四川峨眉山西北方一带;筰,秦汉时分布于今四川峨眉山以南一带;昆明,分布于云南省下关镇一带。

司马迁跋涉于四川、贵州、云南地区的崇山峻岭之间,昼行烟瘴险境,夜闻猿猴哀啼。

依据郭宗全先生的《司马迁出使西南任务考》,司马迁此次奉使远行的路线大致为:从长安出发,途经汉中、巴郡,抵达犍为郡(今贵州省遵义市绥阳县)、牂牁郡(今贵州省贵阳市附近,一说在凯里市西北),出零关道,过孙水桥,再抵越巂郡(今四川省西昌市东南)、沈黎郡(今四川省汉源县东北)等地。

此次游历,司马迁与西南夷族长期相处,亲身体验到了中原文人所难以知晓的风土人情,为日后写作《西南夷列传》,奠定了基础。

奉使安抚与视察,大约历时一年有余,工作基本圆满,司马迁返回复命。

恰在此时,雄才大略的汉武帝正式开启了他的首次泰山封禅,听到司马迁归来的消息,命他紧急前往会合,参加盛典。

封禅之后,汉武帝意犹未尽,断续巡行。"行自泰山,复东巡海上,至碣石。自辽西历北边九原,归于甘泉。"(《汉书·武帝纪》)

九原指汉朝的北疆重镇五原郡的郡治九原县,相当于如今的省城,就是内蒙古包头市九原区的麻池古城。

在《史记·蒙恬列传》的末尾,司马迁写下了这样一段话:"吾适北边,自直道归,行观蒙恬所为秦筑长城亭障,堑山堙谷,通直道,固轻百姓力矣。"

在包头境内,司马迁考察了阴山深处的秦长城,又踏上秦直道,返回长安。麻池古城恰是秦直道的北端,司马迁的足迹必定曾经印于这处满是秦砖汉瓦的废墟。

可是,那行足迹到底印在了哪里?前来考察的专家学者络绎不绝,究竟有谁的脚印曾与司马迁的重叠?

此后,司马迁陪侍着汉武帝,多次巡游,西汉帝国的大半个疆域,都曾留下他跋涉的足迹。

那些足迹、那些考察、那些感悟为那部伟大的史学著作的诞生奠定了坚实的基础。

正如顾炎武所说："秦汉之际，兵所出入之途，曲折变化，唯太史公序之如指掌。山川郡国不易明，故曰东曰西曰南曰北，一言之下，而形势了然。盖自古史书兵事地形之详，未有过此者。太史公胸中固有一天下之势，非后代书生之所能讥也。"

由此可见，行千里之路有益于通晓地理。

又如苏辙所说："太史公行天下，周览四海名山大川，与燕赵间豪俊交游，故其文疏荡，颇有奇气。岂尝执笔学力如此之文哉，其气充乎其中而溢乎其貌，动乎其言，见乎其文，而不自知也。"

由此可见，行千里之路又有益于增进文采。

如今太平盛世，文化事业繁荣，文化学者也随之风光无限，参加各种论坛、讲座、研讨会之余，常有大好机会游览当地名胜。不过，前呼后拥之际、觥筹交错之时，那些苦行与苦思，是否渐行渐远……

三

司马，既是官职，也是姓氏。

用"百度"搜索一下，对于司马，有这样的资料："司马（官职），殷商时代始置，位次三公，与六卿相当，与司徒、司空、司士、司寇并称五官，掌军政和军赋，春秋、战国沿置。"看来，司马这个官职权力不小，相当于如今的国防部部长，是正部级领导。

又据史籍《通志·氏族略》记载："追源溯流，司马氏的得姓始祖是程伯休父，他在周宣王执政时期官拜司马（管辖军政和征战的官职）。"

程伯休父，需要解释一下，指受封于程的休父（也写作休甫），爵位为伯。这个"程"，是周王分封的一个小国。周朝时期，爵位有公、侯、伯、子、男五个等级，休父为三等爵位。他是位享有程国领地、有着伯爵荣誉的贵族。

其后世子孙，一部分“以官为氏”，姓了司马；一部分则依照惯例“以国为氏”，姓了程。由此说来，2700多年前，司马氏与程氏本是亲兄弟的。

《史记·太史公自序》之中，司马迁不无得意地写道：“司马氏世典周史。”我们司马家族从周朝开始就执笔国史了，这个领域可谓是祖传事业，源远流长。

自豪感也是人类进步的阶梯。

司马迁的父亲司马谈，继承了家学渊源，官拜汉朝太史公，负责整理官方资料，撰写官方史书，并且兼管国家典籍、天文历法、祭祀等。

司马谈平生好学，曾向唐都学习天文历法，向杨何学习《易经》，又向黄子学习道论。这位黄子就是《汉书·儒林传》中的黄生，精通黄老之术。如此看来，司马谈所学是偏于道家的。此外，司马谈对于儒家、墨家、法家、名家、阴阳家也有深入的研究。

司马迁在《史记·太史公自序》之中，大篇幅地讲述了父亲的学术观点与政治见解，贯通古今，恣意纵横，是位非常博学的人。

按道理说，欲降大任的老天必定会青睐司马谈这位太史公的。怎奈，司马谈先生学识有余，情商却不足，心灵有些脆弱。

元封元年(前110年)，汉武帝刘彻封禅泰山。

古人视泰山为“天下第一山”。所谓“封”，就是在泰山之顶聚土筑圆台以祭天帝，增泰山之高以表功归于天；所谓“禅”，就是在泰山之下的小山丘上积土筑方坛以祭地神，增大地之厚以报福广恩厚。

封禅不同于祭祀，其规格之高，其礼仪之盛，就连帝王也视之为尊荣。想去泰山封禅的帝王必须具备两个资格：一是自己创下盛世，二是老天降下瑞兆。否则，纵使觍着脸去封禅，也会被天下人所耻笑。

汉武帝北伐匈奴、南征闽越、开拓西域，自视武功盖世，又偶然获得古鼎一尊，颇为符合封禅的资格，于是迫不及待地赶往泰山。

本来，这样的盛典是很需要太史公的生花妙笔大肆宣扬一番的，既显威于当前，又留名于后世。然而，不知是有意还是无意，汉武帝竟没有通知太史公司马谈随同出行。

远行的车马扬起阵阵黄尘,司马谈呆呆地立在路边凝望,初夏的阳光已很炽烈,他却冷得浑身打战。

恰在此时,司马迁风尘仆仆地由远方归来,见到神情如此落寞的老父亲,吃了一惊。曾经意气风发的司马谈变得憔悴不堪,拉着儿子的手,老泪纵横:“我们家族世代修史,功名荣耀,如今恐怕要从我这里衰落了。当今天子封禅泰山,却把我撇在一边,命呀,都是命呀!我死之后,你必定成为太史,可千万不要忘记我那编修史书的遗志呀!”

司马谈念念不忘,孔子所编订的《春秋》,叙至公元前 481 年,也就是鲁哀公捕获麒麟的那一年,此后再没有靠谱的史书相继了。自《春秋》之后的 400 多年以来,先有战国诸侯争霸,后有楚汉刀兵相向,再加上中间秦始皇的焚书坑儒,史书丢散,记载中断,历史的脉络逐渐栓塞,亟需有人再次疏通。司马谈素有此志,却因汉武帝的此番冷落,脆弱的尊严被击得粉碎,遂致病入膏肓。他在病榻之上,反复叮嘱儿子司马迁:“我身为太史,却无法完成修史之志,内心甚是惶恐,你一定要记在心里呀!”

司马迁俯首流涕曰:“小子不敏,请悉论先人所次旧闻,弗敢阙。”意思是:“我虽然不够聪慧,却一定会把您编纂史书的计划认真完成,不敢有丝毫缺漏。”

这一年,司马谈怀着未尽的理想,离世而去。

这一年,封禅泰山的汉武帝听闻司马迁回到长安,紧急召唤他前去会面。

浩浩荡荡的巡游队伍从泰山出发,东行至大海,再折向碣石,接着自辽西转而向西行进,抵达九原,也就是如今的包头市九原区麻池古城,随后从麻池古城向南,沿着秦直道,返回甘泉宫。

这趟行程,以当年的交通条件,恐怕要耗时半年左右。

司马谈逝世是在司马迁远赴泰山之前,还是在司马迁陪同汉武帝巡游之际,抑或是在司马迁返回长安之后?史书之上没有记载。

或许,当司马谈咽下最后一丝气息,儿子司马迁还在因公奔忙,未能陪在身边,未能守灵发丧,未能尽上一份孝道。虽然说,许多时候,“忠孝不能两

全”，可是对于那位只管自己千秋大业而忽视部下感受的汉武帝，司马迁真的毫无怨言吗？

司马谈的预言终于成真，三年之后，司马迁继任为太史令。

天将降大任于斯人也，司马迁将会遭遇怎样的磨难呢？

四

司马迁，生于夏阳龙门。

这个“龙门”，位于如今陕西省韩城市北 30 公里的黄河峡谷出口处。此处，两面大山犹如巨大的门阙，挟峙黄河，河宽不足 40 米。河水奔腾，破“门”而出，黄涛滚滚，一泻千里。传说，其为大禹治水所凿，故又称禹门。中国民间所说的“鲤鱼跳龙门”，指的正是这里。

奔腾的黄河、久远的历史、“鲤鱼跳龙门”的征兆，仿佛预示着尚是婴儿的司马迁将会走上文史之路，将会深刻感受中国文人的喜与悲。

然而，无论是《史记·太史公自序》，还是《汉书·司马迁传》，都未写明司马迁的生卒年月。这样就给读者们带来困惑，同时也让历史考据学家们陷入了纷争。直到今天,他们还在吵吵闹闹地辩论着,未有定论。

余秋雨先生在《历史的母本》之中写道:“这里出现了一个学术争议,他究竟出生在哪一年?对此过去一直有不同看法。到了近代,大学者王国维和梁启超都主张他出生在公元前145年,至今沿用。但也有现代研究者如李长之、赵光贤等认为应该延后十年,即公元前135年。我仔细比照了各种考证,决定放弃王国维、梁启超的定论,赞成后一种意见。”

我个人认同余秋雨先生的判断。

中国古代名人死后总会有一方墓志铭,上面端端正正地刻着生卒年月,有始有终,这才是人生完整的记述。

司马迁的个人履历无始亦无终,而他却是中国史学新风范的开启者,也是中国历法新纪元的开启者。

大家都知道司马迁是伟大的史学家,然而很少有人知道他同时也是一位精通天文星象的专家。其实,只要细读《史记》之中的《天官书》《律书》《历书》等篇章,便会明白他在这方面的深厚造诣。

汉武帝太初元年(前104年),司马迁与唐都、落下闳等共同定立了“太初历”,这部新历法废除了秦代使用的“颛顼历”以十月为岁首的惯例,改成以正月为岁首,是中国农耕社会其后两千多年来所尊奉的历法的基础。

如今,正月初一,贴对联、迎新春,怕是很少有人会想起司马迁。

精通天文星象的司马迁似乎很是相信“天命”。他认为,天运三十年一小变,一百年一中变,五百年一大变。

《史记·太史公自序》写道:“先父曾经说过:‘从周公死后五百年而有孔子,从孔子到现在又五百年了,到了继承并光大文史事业,修正《易传》,续作《春秋》,根据《诗》《书》《礼》《乐》衡量一切的时候了。’天命就在于此吧!天命就在于此吧!我怎么敢推辞呢?!”

好一番“当仁不让”与“舍我其谁”的气概!

当初,秦始皇焚书,只是焚毁了从民间搜罗而来的书籍,许多重要典籍仍旧深藏于宫中。秦始皇并不是一个莽夫、傻蛋,“焚百家之言,以愚黔首”,焚书是为了使老百姓无书可读,变得无知,无知则少智,就比较容易统治了。

然而,统治阶层还是要读书的,读书可以明智,以史为鉴可以更好地治理天下。书,焚与不焚,也是分社会阶层的。

司马迁身为太史令,够资格并有机会"紬史记石室金鐀之书",阅读和摘抄石室金柜之内收藏的图书档案。

此后,司马迁潜心修史。"网罗天下放失旧闻,考之行事,稽其成败兴坏之理,凡百三十篇,亦欲以究天人之际,通古今之变,成一家之言。"数年之际,初有所成。

仓颉创文字,"天雨粟、鬼夜哭";司马迁修史初成,老天却降下了灾难。

天汉二年(前 99 年),汉武帝派遣贰师将军李广利率领三万骑兵,从酒泉出塞,直趋天山,袭击匈奴右贤王,同时召见李陵,命他掌管辎重,作为随军后援。

这位李陵,乃是飞将军李广的孙子,箭法出众,胆识过人。此次出征,他不愿做个跟班,自告奋勇,愿率五千步兵迎击匈奴单于。

自古勇将多好战,又有几人得封侯?

据《汉书·李广苏建传》记载,李广多次跟随皇帝射猎,格杀猛兽,汉文帝说道:"可惜李广生不逢时,要是在汉高祖的时代,万户侯岂足道哉!"爷爷生不逢时,孙子也命运不济。

李陵与匈奴单于遭遇,以五千步兵对阵三万骑兵,勇猛冲锋,竟然斩杀匈奴数千人。匈奴单于大惊,急忙又调来八万骑兵。李陵一看寡不敌众,况且骑兵战力那是远胜于步兵的,"好汉不吃眼前亏",只得边战边退。匈奴单于怎肯罢休,督促部下像群狼追逐猎物一般,死死咬着不放。沿路血战,李陵率兵又击杀匈奴数千人。不过,他自己手下兵将也死伤殆尽,粮食已无、弓箭告竭,数度突围,终归失利。眼看大势已去,李陵只得掩面长叹,投降匈奴单于。

消息传到长安,汉武帝大怒,召集群臣议事。

俗话说,"墙倒众人推"。眼看着皇帝气得脸红脖子粗,群臣就都义愤填膺地共同声讨李陵的罪行。汉武帝询问太史令司马迁的看法,可能是打算把这件事写入史书,用以警诫后人。

本来,司马迁与李陵素无交情,"趣舍异路,未尝衔杯酒接殷勤之欢",此时本可以随着众人声讨几句，也就应付过去了。

偏偏，司马迁仗义执言：“李陵对父母孝顺，对士人讲信义，常奋不顾身，赴国家之难，而他平时的志向所在，颇有国士的风范。如今偶遇失败，那些保全了自身性命和妻子儿女的臣子就跟着捏造他的短处，实在令人痛心！况且，李陵率领不到五千步兵，深入满是战马的匈奴腹地，抵挡数万敌军，匈奴被打得连救死扶伤都顾不过来，将全国所有能拉弓箭的人全部调来围攻李陵。李陵率部转战千里，箭矢用尽，无路可走，将士们手拿着没有箭的空弩机，冒着敌人锋利的镞尖刀刃，仍然面向北方拼死力战。能够得到部下这样的拼死效力，即使是古代的名将，也不过如此！李陵虽然兵败，但他对匈奴的打击也足以使他名扬天下了。李陵之所以没有死节，当是想找机会报效国家。”（《汉书·李广苏建传》）

司马迁毕竟是个文人，就事论事而已。他未曾料到，这几句话竟然触犯了汉武帝的忌讳。此次征伐匈奴，其实是为了让贰师将军李广利再立功勋，以便朝廷进一步封赏。李广利出击匈奴右贤王的三万骑兵才是主力，李陵只是偏师。结果，李陵拼死力战匈奴单于，搞得单于紧急调遣右贤王的兵力前来增援，致使李广利空跑一趟，无功而返。

汉武帝的一番筹划被鲁莽武夫李陵破坏，本就生了一肚子的气，偏偏司马迁又盛赞李陵此次杀敌众多，无意之间，仿佛在影射李广利无所作为。无意的影射偏偏遇到了有心的庇护，司马迁要大祸临头了。

汉武帝为何会如此庇护李广利呢？

“北方有佳人，绝世而独立，一顾倾人城，再顾倾人国。”这位“倾城倾国”的北方佳人正是李广利的妹妹李夫人，容颜艳丽，舞姿翩跹，甚得汉武帝的宠爱。

爱屋及乌，汉武帝怎肯容忍对于贰师将军李广利的影射，就算无意也不行，于是以“诬上”的罪名，把司马迁打入牢狱。

然而，这不过是厄运的开始……

五

其实,《汉书·司马迁传》的前半部分基本源自《史记·太史公自序》,文字甚少改动,只是在后半部分增加了一封司马迁写给任安的书信。后世,有人特意将其抄录下来,加了一个篇名《报任安书》。

任安,字少卿,年轻时比较贫困,后来做了大将军卫青的舍人。由于卫青的举荐,任安当了郎中,后迁为益州刺史。征和二年(前 91 年),朝中发生巫蛊之祸,江充乘机诬陷戾太子(刘据)。无奈之下,戾太子发兵诛杀江充等,又与丞相刘屈氂所率军队大战于长安。当时,任安担任北军使者护军(监理京城禁卫军北军的官),乱中接受了戾太子要他发兵的命令,却又按兵未动。戾太子事件平定之后,汉武帝认为任安“坐观成败”“怀诈,有不忠之心”,论罪腰斩。

此前,任安曾经写信给已经出狱并再度为官的司马迁,希望他“尽推贤进士之义”。然而,直到任安即将受到腰斩之刑时,司马迁才写了这封回信——《报任安书》。

信中,司马迁先是解释了自己未曾在朝堂之上举荐人才的缘由。

“我虽然才能平庸,但也曾听说过举荐贤能的长者的风范。只是,我自知身体已经残废,且又处于低贱的地位,稍有举动就会受到责难,想要有所作为却反而会把事情搞砸。所以,心情抑郁,无法对人言表。”

字里行间,如此自卑,究竟是怎么一回事呢?

原来,汉武帝一怒之下,将司马迁打入牢狱,并且判处宫刑。宫刑,也叫腐刑,就是把男人变成太监。

因此,司马迁不禁哀叹:“就算中等才能之人,也不愿意与遭受宫刑的宦官扯上关系,远远绕道而走,更何况那些慷慨激昂之士呢?如今的我,已被排斥于正统之外了。朝廷纵然缺乏贤才,又岂能由我这样一个残废之人来举荐天下的豪杰英俊?”

痛苦,不仅是惨受阉割的那一瞬间。耻辱,背负一生。

耻辱把司马迁的内心刺得鲜血淋漓，伤口从来未曾愈合。纵使日后，他又奇迹般地由犯罪之身被汉武帝提拔为中书令，却始终自惭形秽，在朝堂之上秉持着“沉默是金”的态度。

正如司马迁在信中所写：“现在，我的身体已经亏缺，犹如一个清扫庭院的阉人，处于这样卑贱的地位，却要昂首扬眉，议论是非，这不是轻蔑朝廷、羞辱当今的士人吗？唉！唉！像我这样的人，还有什么可说呢?! 还有什么可说呢?! ”

至此，司马迁已经三次说明了自己为何未曾举荐贤能的缘由。其言也切，其情也悲。这份郁积的痛楚放在了《史记》的最后一篇，使得后世的帝王将相、文人墨客，无不唏嘘。

其实，司马迁对于李陵的判断并没有错。

李陵投降匈奴一年有余，如同后世的那位关云长，“身在曹营，心在汉”，

不肯真正为匈奴单于效力，或许也在寻找重归汉朝的时机。然而，汉武帝却得到一个情报，说是“李陵在为匈奴单于训练军队，以此对抗汉朝”。或许，汉武帝的内心深处也是认同司马迁的判断，对李陵这员猛将的重新归来抱着几分期望，如今听说李陵竟然为敌效力，便对他的家族痛下杀手，“族陵家，母弟妻子皆伏诛”。

其后，汉朝使者出使匈奴，李陵前去询问家族被诛的原委。得知真相后，李陵失声叹道：“那是李绪所干的事情呀，不是我！”李绪也是一位汉朝降将，当时正在积极协助匈奴练兵。

《汉书·李广苏建传》记载：“陵痛其家以李绪而诛，使人刺杀绪。”

谁是谁非，渐渐清晰。可惜，阉割的器官再也无法复原，屈辱的心境再也无法恢复自信。

或许是出于内疚心理，汉武帝将罪犯司马迁提拔为中书令，“尊宠任职”。

这个中书令，通常由宦官担任，职掌传宣诏命等，同时帮助皇帝在宫廷处理政务，比起当年的太史令，可谓“位高权重”。也正因如此，任安要写信给司马迁，请他举荐贤能。

然而，历经劫难的司马迁已经淡漠于政事，一心修史。

他在信中向任安做了一番解释：“您的来信本该及时答复，但正碰上我跟随皇上东巡归来，又忙于低贱的琐事，彼此相见的机会很少，忙忙碌碌没有片刻的空闲可以让我倾诉衷肠。现在，您背着后果不堪设想的罪名。再过一个月，就到冬末了，而我又不得不跟从皇上到雍地去，担心您会突然遭到不幸。那样我就永远不能把满腔悲愤向您诉说，而您的在天之灵一定会抱恨无穷的。请让我简略地陈述一些偏狭、浅陋的意见。这么长时间不给您回信，请见谅。”

信中的“冬末”，即农历十二月，也就是冬季最末一个月。汉律规定，冬季十二月行刑。已被判决腰斩的任安，即将受刑。

不能再等了，司马迁压抑已久的情绪涌上笔端，伏案疾书，他的眼中定是噙满了泪水，为自己的磨难而悲，也为任安的境遇而悲。

其实，戾太子事件之际，任安所作所为并无出格之处，罪可有也可无，罪可大也可小。只是，汉武帝听信一名小吏的举报，便将任安判处腰斩。

汉武帝有其雄才大略的一面，也有其喜怒无常、刚愎自用的一面。只是如今，一句被奉为圭臬的“犯我强汉者，虽远必诛”，便将其捧上了神坛。

对于任安在狱中所受的百般煎熬，司马迁想起往日情形，感同身受：“交手足，受木索，暴肌肤，受榜箠，幽于圜墙之中。当此之时，见狱吏则头抢地，视徒隶则心惕息。”

当年，司马迁身陷囹圄，却怀着一丝希望。按照西汉法律，刑罚不一定非得执行，可以交钱赎罪。然而，宫刑是重罪，需要一笔令人咋舌的巨款。可叹，司马迁“家贫，财赂不足以自赎，交游莫救，左右亲近不为一言”。

行刑的刀子总是剜向穷人的命根子。

司马迁在蚕室接受宫刑。受宫刑之人怕风寒，必须住于严密、温暖的居所，如养蚕之室，故称蚕室。

历代文人多以被朝廷豢养为荣耀，他们虽未像司马迁那样遭受肉体的宫刑，其人格与思想却是遭受阉割、关入蚕室的。

司马迁一度万念俱焚，他在信中向任安倾诉：“我因为发表议论而遭受这场灾祸,着实被乡亲们所讥笑,污辱了自己的祖先,还有什么面目到父母坟墓上去祭奠呢?即使经过百代,耻辱仍会越来越深重。因此,我整天心绪不宁,呆在家里,恍恍惚惚像丢失了什么;走到外边,又不知要往哪里去。每当想到这一耻辱,冷汗就浸透了衣裳。”

凡是读过《史记》的人,都无法将作者司马迁想像为怯懦苟活之辈。且不说《游侠列传》里的那些血性方刚与视死如归,单是他把争霸失败的项羽列入“本纪”,使其与秦始皇、汉武帝享有同样的地位,便可窥见他的人生态度。

司马迁的《项羽本纪》写得如此激昂,感动得女词人李清照写下了那首《夏日绝句》:“生当作人杰,死亦为鬼雄。至今思项羽,不肯过江东。”

司马迁,岂是贪生怕死之徒?!

他提起笔来,向任安道出了自己的心迹:“我虽软弱,想要苟且偷生,但也十分清楚舍生就义的分量,怎么会自甘沉溺于牢狱的侮辱之中呢?而且,奴仆婢妾尚能赴义死节,更何况像我这样处于困境之中的人呢?我之所以忍辱苟活下来,犹如陷入粪土之中也不挣扎,是因为抱恨自己心中还有未实现的理想。如果就此死去,我的文章著述就不能流传于后世了。”

忍辱负重,只为修史!司马迁再度表态:“史书初稿还没有完成,恰逢这场宫刑灾祸。我痛惜全书未完,因此遭受宫刑也毫无怨色。如果我著成这本史书,把它收藏在名山之中,传给志同道合的后人,在四通八达的都市里散布。那么,我从前被侮辱的旧债就得其所偿。此后,即使被千刀万剐,我也无怨无悔!然而,这些只能对有学识的人讲,很难对浅薄的俗人诉说。”

的确,洋洋洒洒的《报任安书》,又有多少人认真读完,继而认真思索呢?

据国学大师王国维考证,司马迁《史记》完成于征和三年(前 90 年),最后一篇为《匈奴列传》。

此后,司马迁的身影便消失了,翻遍《汉书》也难觅踪迹。

东汉时期,卫宏撰写《汉旧仪》,曾有这样一段文字:“司马迁作景帝本纪,极言其短及武帝过,武帝怒而削去之。后坐举李陵,陵降匈奴,故下迁蚕室。有怨言,下狱死。”

如此看来,汉武帝将司马迁治罪,原来还有一段遭其批评的前因。而且,司马迁在忍辱负重完成《史记》之后，可能不再秉持“沉默是金”的人生态度，终于再度下狱而死。

不过，许多学者对于这段记载提出质疑，纷纷扰扰，未有定论。

其实，何苦探究真相。历史本来就有许多片段隐藏于迷雾之中。让这位史学大师的归宿也隐藏在历史的迷雾之中，恬淡安然，难道不好吗？

“胡汉和亲”呼韩邪单于与王昭君

一

在广阔的蒙古高原上，横亘着一道浩瀚的戈壁，从蒙古国南部的东戈壁省、南戈壁省、戈壁阿尔泰省，一直绵延到中国北疆的内蒙古锡林郭勒盟二连浩特市。这片苍茫的大戈壁，频繁出现于史书上、唐诗中，就是有名的“大漠”。

大漠充满着荒凉与死亡的气息。然而，漠南与漠北却是水草丰美的牧场。从秦朝到汉朝，这片土地活跃着强悍的匈奴部落，在与中原王朝的争锋之中，胜了就占据漠南，败了就退守漠北。

元封元年(前110年)冬十月，汉武帝亲自率领十八万骑兵，浩浩荡荡地巡视漠南，向匈奴乌维单于下了决战书。迫于汉军的强盛，匈奴从此不敢再轻易袭扰汉朝边关。双方隔着浩瀚的大漠，度过了一段相对安宁的岁月。

汉宣帝地节二年(前68年)，匈奴壶衍鞮单于去世，他的弟弟继承单于之位，被称为虚闾权渠单于。即位伊始，自然又是一番新气象，前任单于的官员体系遭到裁汰，前任单于的颛渠阏氏也受到冷落。

阏氏，匈奴语，意思是单于的妻妾。颛渠阏氏，据学者考证，应是单于正妃的封号，相当于汉朝的皇后，身份显赫。

这里所说的颛渠阏氏是壶衍鞮单于的妻子，也就是虚闾权渠的嫂子。按照匈奴盛行的收继婚习俗，在丈夫去世之后，她是要嫁给小叔子虚闾权渠单于的。

收继婚,也就是《史记·匈奴列传》所说的“父死,妻其后母;兄弟死,皆取其妻妻之”。父亲死了,儿子可以继承他的妻妾,当然不包括亲妈;哥哥死了,弟弟可以继承他的妻妾;同样,如果是弟弟死了,哥哥也可以继承他的妻妾。

这种习俗有着原始氏族的粗野印迹,本质上就是把女性当作一种财产,在父子兄弟之间继承。在原始氏族的族外婚时期,人们认为嫁到本氏族的女性不仅属于夫家,而且属于夫家所在的氏族。如果丈夫去世,其妻嫁往别处,就会随之失去财力和劳动力,收继婚则可将其约束于本氏族内。这种想法,就是“肥水不流外人田”。

在中原地区,这种行为是不被允许的。例如,《明律集解·附例·户婚》之中就明确规定:“兄亡收嫂,弟亡收妇者,各绞。”胆敢如此,是要被判处极刑的。

然而,北方游牧民族普遍实行收继婚,除了文化落后之外,主要还是由于生存环境恶劣,再加上征战与掠夺频繁,一个失去了丈夫庇护的女人,尤其是带着幼小子女的守寡女人,是很难活下去的。

既然壶衍鞮单于已经去世,颛渠阏氏再嫁小叔子虚闾权渠单于,也就是一件自然而然的事情了。可是,虚闾权渠单于另有宠爱,对颛渠阏氏不屑一顾,把她像件旧衣服一般随意撇开。

神爵二年(前60年),塞北五月,草色青青,一年一度的匈奴龙城大会隆重召开,祭拜祖先、天地、鬼神。

虽然气氛热烈,颛渠阏氏却满怀幽怨。自从被虚闾权渠单于罢黜之后,容颜娇美的她不甘寂寞,勾搭上了右贤王。

匈奴官制:单于之下,置左右贤王、左右谷蠡王、左右大将、左右大都尉、左右大当户、左右骨都侯。匈奴尚左,以左为尊,颛渠阏氏的情夫右贤王,坐着匈奴帝国的第三把交椅。

龙城大会之后,右贤王即将返回驻地,前来与情人依依话别。颛渠阏氏向他透露了一件机密:虚闾权渠单于病重,此次主持龙城大会,也是勉强支撑下来的,恐怕不久就会离世。她百般叮嘱右贤王,返程途中缓缓而行,等待时机。果然，没过几天，虚闾权渠单于就去世了。郝宿王刑未央急忙派出使者，想要召集匈奴诸王，选举新单于即位。此时，诸王大多早已走远，唯有右贤王旦夕即至。

颛渠阏氏与她的弟弟大且渠都隆奇经过一番奔走筹划，拥立右贤王屠耆堂继承单于之位，史称握衍朐鞮单于。

握衍朐鞮单于即位，任人唯亲，铲除了郝宿王刑未央，火速提拔“小舅子”都隆奇，前任单于的亲信，几乎被扫荡一空。

虚闾权渠单于的儿子稽侯狦，眼看着单于宝座被人夺走，并且自己的脑袋也在风雨飘摇之中，于是快马加鞭，投奔了妻父（老丈人）乌禅幕。乌禅幕本是夹在乌孙与康居两个大国之间的一个西域小国，犹如风箱里的耗子，屡屡两头受气，只好率领部众数千人归降匈奴。当时，匈奴的首领是狐鹿姑单于，很够意思，不但收留了乌禅幕，还把自己的侄女嫁给了他。这位新嫁娘有一个弟弟先贤掸，官拜匈奴日逐王。

先贤掸很有个性，不服凭借女人上位的握衍朐鞮单于，双方剑拔弩张。毕竟，胳膊拧不过大腿，先贤掸一怒之下，率领属下的数万骑兵归降汉朝。汉宣帝一看匈奴内部分裂，很是高兴，对于先贤掸的归降表示热烈欢迎。先贤掸在匈奴时的官衔为日逐王。汉宣帝为了收买人心，发下诏书，将他封为归德侯。

想当年，飞将军李广那么勇猛的一员虎将，盼到头发白了，也没有等来封侯。先贤掸刚刚归降，就得了一个侯爵。可见，富贵有命。

先贤掸归降汉朝之后，握衍朐鞮单于另立自己的堂兄薄胥堂为日逐王。

“跑了和尚，跑不了庙。”第二年，握衍朐鞮单于找了借口，将先贤掸的两个弟弟杀了。先是女婿前来投奔，接着一个小舅子归附汉朝，然后就是两个小舅子被杀，自己又被匈奴单于所猜忌，乌禅幕心里烦呀。

不久，驻于匈奴东部边境的姑夕王发动叛乱，派人前来与乌禅幕联络，打算给握衍朐鞮单于来个左右夹击。趁此时机，“一不做，二不休”，乌禅幕一咬牙，与匈奴左地贵人共同拥立自己的女婿稽侯狦为单于，称为呼韩邪单于。

《汉书·匈奴传(上)》记载,握衍朐鞮单于"暴虐杀伐,国中不附",就连他的弟弟右贤王也对其深怀怨恨。握衍朐鞮单于众叛亲离,走投无路,只得自杀。

这一年,是汉宣帝神爵四年(前58年)。

二

在众人的拥护之下,呼韩邪单于返回单于庭,欢庆数日,安顿数月,随后遣散众人,各归驻地。

呼韩邪单于开始整顿政事,把他那流落于民间的哥哥呼屠吾斯找了回来,立为左谷蠡王,接着派人前去联络右地贵人,下令诛杀握衍朐鞮单于的弟弟右贤王。

这年冬天,颛渠阏氏的弟弟都隆奇联合右贤王,一起拥立握衍朐鞮单于的堂兄日逐王薄胥堂为单于,称为屠耆单于。匈奴单于的名称,有些生疏拗口,为了方便叙述与理解,我们不妨将其称为2号单于。

反叛者发兵数万,向东袭击呼韩邪单于。呼韩邪单于措手不及,被打得落花流水,连忙逃走。屠耆单于(2号单于)占据单于庭,任命其长子都涂吾西为左谷蠡王,少子姑瞀楼头为右谷蠡王。

第二年秋天,屠耆单于(2号单于)任命先贤掸的哥哥为右奥鞬王,派遣他与乌藉都尉各自率领两万骑兵屯守东方,防备呼韩邪单于。

正在此时,西方的呼揭王与唯犁当户谋划,一起向屠耆单于(2号单于)进谗言,诋毁右贤王,说他想自立为乌藉单于。这还了得,屠耆单于(2号单于)抢先下手,铲除了当初拥立自己的右贤王父子。没过多久,他得知右贤王父子原来是被冤枉的,又羞又愧,斩杀了唯犁当户。

见此情形,与唯犁当户同谋的呼揭王心中惊恐,眼看性命难保,索性发动叛乱,自立为呼揭单于。我们暂且将其称为3号单于。

屯守东方的右奥鞬王听说这一情况,也动心了,富贵险中求,遂自立为车犁单于。我们将其称为4号单于。

与右奥鞬王一起屯驻东方的乌藉都尉左右一瞅,大家都想当老大,唯恐落后,也自立为乌藉单于。这可就是5号单于了。

匈奴帝国一下子有了五位单于,可就闹翻天了。

屠耆单于(2号单于)亲自率兵,向东攻打车犁单于(4号单于),同时派遣都隆奇攻击乌藉单于(5号单于)。

前面讲过,车犁单于(4号单于)与乌藉单于(5号单于)各有骑兵两万,势单力薄,哪里架得住这番猛攻,他们朝着西北方向败退而去,与呼揭单于(3号单于)会合,兵力共为四万人。

团结才是力量。关键时刻,呼揭单于(3号单于)与乌藉单于(5号单于)同时撤去单于称号,齐心协力,尊奉车犁单于(4号单于)。

这么一来,匈奴帝国的老大争夺战就剩下呼韩邪单于、屠耆单于(2号单于)与车犁单于(4号单于)了。

屠耆单于(2号单于)决定以一敌二,派遣左大将、都尉率领四万骑兵分别屯驻东方,防备呼韩邪单于,同时亲自率领四万骑兵向西攻击车犁单于(4号单于)。

此际,车犁单于(4号单于)虽然也有四万兵力,但是部队刚刚拼凑起来,还没有来得及磨合,战斗力远逊于屠耆单于(2号单于),自然吃了败仗,朝着西北方向逃窜。屠耆单于(2号单于)见追之不及,遂向西南而行,屯驻于闟敦。

又过一年,呼韩邪单于派遣弟弟右谷蠡王等向西袭击屠耆单于(2号单于)的屯兵,斩杀及俘虏一万余人。屠耆单于(2号单于)听闻消息,立即亲率六万骑兵,出击呼韩邪单于。大军行进千里,还未抵达嗕姑,便遭遇呼韩邪单于约四万人的部队。仓促之际,双方展开一场混战。

此战,呼韩邪单于以少胜多,屠耆单于(2号单于)兵败,愤然自杀。

车犁单于(4号单于)见大势已去,也归降了呼韩邪单于。

至此,呼揭单于(3号单于)与乌藉单于(5号单于)撤去单于称号,屠耆单于(2号单于)自杀,车犁单于(4号单于)归降,匈奴帝国终于又统一在呼韩邪单于的手中。

同族相残的血战让许多匈奴贵族萌生了去意。屠耆单于的部下都隆奇与屠耆少子右谷蠡王姑瞀楼头投奔汉朝；呼韩邪单于的部下左大将乌厉屈与其父呼速累乌厉温敦也心灰意冷，率领部众数万人，向南归降汉朝。

鹬蚌相争，渔翁得利。匈奴帝国的五位单于争霸，匈奴将领频频归附汉朝，让汉宣帝捡了不少便宜，乐得合不拢嘴，于是颁下诏书，将乌厉屈封为新城侯，将乌厉温敦封为义阳侯。

正值此时，李陵之子又拥立乌藉都尉为单于，当年的5号单于再度吹响争霸的号角。呼韩邪单于恨得牙根直咬，火速出兵，将其捕杀。

连年战乱让匈奴部众苦不堪言。五凤三年(前55年)，中原王朝汉宣帝的诏书中曾提及其惨景："(匈奴)诸王并自立，分为五单于，更相攻击，死者以万数，畜产大耗什八九，人民饥饿，相燔烧以求食，因大乖乱。"就是说：匈奴的诸位王爷纷纷自立为单于，共有五位单于之多，互相攻击，死者数以万计，牲畜财产消耗十之八九，百姓饥饿，彼此烧杀以抢夺食物，陷于一片混乱之中。

重返单于庭的呼韩邪单于，部众只留下数万人，被战火与铁蹄扫荡过的草原上，牛羊少而瘦弱。残阳似血，伫立在毡房前的呼韩邪单于，满怀悲凄与愁苦，丝毫没有胜利的喜悦。

然而，树欲静而风不止。

屠耆单于的堂弟休旬王率领五六百骑兵，攻杀左大且渠，吞并其部众，自立为闰振单于，屯驻于匈奴西部。

此后，左贤王呼屠吾斯，也就是呼韩邪单于从民间寻找回来的那位哥哥，也萌生了当老大的念头，自立为郅支骨都侯单于，屯驻于匈奴东部。

其后两年，闰振单于率部攻打郅支单于，兵败，被杀。郅支单于吞并了闰振单于的部众，信心爆棚，随即向着弟弟呼韩邪单于猛杀过来。呼韩邪单于吃了一场大败仗，只得又一次逃窜，把单于庭留给了郅支单于。

老大的宝座如此诱人，五单于争霸平息未久，兄弟之间又兵戎相见。

三

连年征战的呼韩邪单于元气大伤，终日生活于惊惧之中，就连晚上睡觉也是手不离刀、马不离鞍，随时准备迎战或逃亡。见此情形，左伊秩訾王经过一番考虑，向呼韩邪单于献策："劝令称臣入朝事汉，从汉求助，如此匈奴乃定。"

呼韩邪单于深知事关重大，遂召集群臣商议。

果然，诸臣大多坚决反对："万万不可！匈奴之俗，向来是崇尚武力而鄙薄屈服，以金戈铁马立国，因此威震北方游牧各族。战死是壮烈且荣耀之事。如今，匈奴虽然陷入内乱，只是兄弟之争，国家不落到哥哥手中就落到弟弟手中，即使战死犹有威名，子孙后代仍可统领北方。汉朝虽然强大，却并不能吞并匈奴，为何破坏先古之制，向其俯首称臣，既有辱于历代单于，又让北方各族耻笑！投降汉朝所换来的苟且偷安会丧失匈奴的血性与尊严，如何再能号令北方?！"

左伊秩訾王挺身反驳："此言差矣！强与弱、刚与屈，随势而变。如今，汉朝国力强盛，乌孙等邦国均俯首称臣。匈奴自且鞮侯单于以来，日渐削弱，无法恢复从前的兴旺，虽然顽强地生存着，却没有一天不处于战乱的恐惧之中。如今，事汉则安存，不事则危亡，这才是上善之计。"

话音刚落，匈奴贵族与将领们各抒己见，争执得面红耳赤。喧闹之际，呼韩邪单于将佩刀重重地拍在案上，"咣当"一声巨响，众人安静下来。呼韩邪单于在众人环视之下，缓缓起身，从壁上悬挂的箭囊中取出一支箭，握在手中，回身发言："'事汉则安存，不事则危亡'，我意已决。如有违拗者，当如此箭！"说罢，双手用力，箭一折两断。

随后，呼韩邪单于率众南迁，抵近汉朝边塞，并且派遣自己的儿子右贤王铢娄渠堂入侍汉朝皇帝，也就是到长安充当人质。

让匈奴归附是汉朝建立以来，历代皇帝的莫大心愿。汉高祖刘邦、汉武帝刘彻梦寐以求的荣耀，竟然降临到了汉宣帝刘询的身上。这一日，汉宣帝亲自接见了右贤王铢娄渠堂,看着这位匈奴王子接受赏赐之时的欣喜模样,汉宣帝的心思却飞到了郅支单于那里。

此时,郅支单于的确是坐立不安。呼韩邪单于归附汉朝的消息,先是让他感到意外,仔细一想,又是在情理之中。为争夺单于宝座,亲兄弟厮杀得两败俱伤。如今,呼韩邪单于附汉,一旦借助汉朝势力反攻过来,自己真是无力抵抗的。危亡就在眼前,不得不想个万全之策呀!

很快,长安城中,又迎来了一位入侍的匈奴王子,这次是郅支单于的儿子右大将驹于利受。长安虽大,匈奴贵族却不多,这两位堂兄弟是否也有会面的时候?在父辈兵戎相见的背景之下,他们是横眉冷对,还是把酒言欢?

这一年是西汉甘露元年(前 53 年)。

第二年,呼韩邪单于亲赴五原塞,请求在甘露三年正月,前往长安朝觐汉朝皇帝。

五原塞,许多学者认为是指五原郡的边塞,约在今内蒙古包头市西北。包头市地方史志办原主任李绍钦先生在《包头史话》之中,有着这样的叙述:我们实地考察汉长城时,发现什拉文格古城为一典型的大型三重古城,正在汉长城南线南侧,当五原郡通往漠北的交通大道上,出土有大量汉代文物,所以,我们推断它为汉五原塞。

这座什拉文格古城位于包头市达茂旗西河乡。呼韩邪单于的身影开始在包头境内频频显现。

当年的强劲敌国,如今远道来朝,让汉宣帝深为得意,接待工作自然要搞得轰轰烈烈。汉宣帝亲自策划整个仪式,派遣车骑都尉韩昌远迎,沿途所过七郡各派骑兵两千名,夹道护卫。

据学者考证,沿途七郡,应是五原、朔方、西河、上郡、北地、左冯翊、京兆尹。如此看来,呼韩邪单于首次朝觐的路线是沿着秦直道走的。

甘露三年(前 51 年)正月,呼韩邪单于抵达甘泉宫,朝觐汉宣帝,受到了极高的礼遇,并得到了极为丰厚的赏赐。

"汉宠际殊礼,位在诸侯王上,赞谒称臣而不名。赐以冠带衣裳、黄金玺、戾绶、玉具剑、佩刀、弓一张、矢四发、棨戟十、安车一乘、鞍勒一县、马十五

匹、黄金二十斤、钱二十万、衣被七十七袭、锦绣绮縠杂帛八千匹、絮六千斤。”（《汉书·匈奴传》）

也就是说，汉朝天子以特殊隆重的礼节相待，单于地位在诸侯王之上，单于参见朝拜时只称“臣”，不用自报姓名。汉朝天子赐给呼韩邪单于绚丽的服饰、黄金玺、用戾草染的绶带、用玉装饰剑鼻的宝剑、佩刀一把、弓一张、箭四发、带罩衣的戟十杆、安车一辆、马鞍及马辔一套、十五匹骏马、二十斤黄金、钱二十万、衣被七十七套、锦绣绮缎及杂帛八千匹、粗丝棉六千斤。

朝觐仪式结束之后，汉宣帝派使臣带领呼韩邪单于到长平阪住宿，自己也从甘泉宫前往池阳宫住宿。这样的安排自有一番意味。连日以来，朝中大臣的赞贺不绝于耳，意犹未尽的汉宣帝为明天布下了更大的荣耀。

日上三竿，汉宣帝亲临长平阪，颇有气度地诏命呼韩邪单于不必参拜，并允许单于手下的将领列队观瞻汉家天子的威严。此际，蛮夷各国的国君、汉朝各诸侯王、列侯纷纷聚来，熙熙攘攘数万之人，列于渭桥之下，夹道迎候。当汉宣帝登上渭桥，众人山呼万岁，声震数里，鸟兽惊遁！

在酒宴与荣华之中流连一个多月，呼韩邪单于有些恋恋不舍地辞行。在朝觐汉宣帝之时，呼韩邪单于自告奋勇地请求居留漠南光禄塞（包头市达茂旗百灵庙镇西南林场古城），一旦有事，可出兵为汉朝守护受降城（巴彦淖尔市乌拉特中旗新忽热古城）。这番忠心表态让汉宣帝很是受用。又想到呼韩邪单于实力尚弱，恐遭郅支单于的攻灭，汉宣帝派遣长乐卫尉高昌侯董忠、车骑都尉韩昌率领骑兵一万六千，又征发边疆各郡数以千计的士兵、马匹，护送呼韩邪单于出朔方郡鸡鹿塞（巴彦淖尔市磴口县的哈隆格乃山口）。随后，汉宣帝下诏命令董忠等留下保卫呼韩邪单于，帮助单于征讨不服其统治的匈奴人，又转运边疆的谷米干粮，前后共三万四千斛，供给匈奴人食用。

《资治通鉴》记载：“先是，自乌孙以西至安息诸国近匈奴者，皆畏匈奴而轻汉；及呼韩邪朝汉后，咸尊汉矣。”

四

就在这一年，郅支单于不愿呼韩邪单于独享与汉朝和好的红利，也遣使奉献。虽然，郅支单于只是派遣使者，与呼韩邪单于亲自朝觐大有差别，但为了平衡与笼络，汉宣帝还是非常大方地给予了丰厚赏赐。

中原王朝向来自恃地大物博，对于周边蛮夷国家的遣使贡献，从来都是薄来厚往，所赏之物往往高出贡献之物的数倍甚至数十倍之多。因此，西汉、隋、唐历朝历代，外藩总是争先恐后地贡献，所派使臣在通往长安的路途之上，络绎不绝。

第二年，尝到甜头的两位单于又都遣使朝献。当然，更受汉宣帝青睐的呼韩邪单于得到的赏赐要比他的哥哥郅支单于丰厚不少。

黄龙元年(前 49 年)，呼韩邪单于为了与郅支单于争宠于汉朝，再度亲自前往长安朝觐。汉宣帝依然是盛情款待，"礼赐如初，加衣百一十袭，锦帛九千匹，絮八千斤"。由于汉匈沿途已有董忠等屯兵，足以阻遏郅支单于对呼韩邪单于的突袭，所以汉宣帝没再派遣骑兵护送。

这一时期，郅支单于认为呼韩邪单于已经降附汉朝，并且兵力与威望也远不如从前，势必不会再北返单于庭了。因此，他率众西行，想要吞并呼韩邪单于的旧地。未曾料到，呼韩邪单于虽将主力迁往漠南，却并不甘心放弃旧地，得知郅支单于西征，便向汉朝请求发兵迎击。

面对汉朝与呼韩邪单于的联合兵力，郅支单于不敢轻易应战。一番权衡之后，他毅然决定不再返回漠北的单于庭，而是继续向着西北进发，先后吞并了乌揭、坚昆、丁零三国，建都坚昆，远避汉朝锋芒。

初元元年(前 48 年)，汉元帝刘奭继位，呼韩邪单于慌忙遣使朝贺。对于呼韩邪单于的恭顺，汉元帝颇为感动，询问使者还有什么需求。果然，近两年漠南漠北连遭灾荒，牲畜损失无数，百姓难以饱腹，此次朝贺也是前来诉说苦情，请求援助的。汉元帝听罢，当即下诏，命令云中郡、五原郡转送匈奴谷米二万斛，进行赈济。

此时，郅支单于感觉已远离汉朝兵锋所及之地，又怨恨汉朝帮助呼韩邪单于，逐渐冷却了与汉朝和好的心，要求汉朝送回他在长安城内入侍的儿子。汉元帝倒也大度，予以应允，并派谷吉为特使，护送匈奴王子归国。可叹，郅支单于接回儿子之后，却将汉朝使臣全部杀死。

既然送回了郅支单于的儿子，也就不方便再留呼韩邪单于的儿子了，第二年汉元帝派遣车骑都尉韩昌、光禄大夫张猛护送呼韩邪单于侍子回匈奴。

沿途，两位汉朝将领看到呼韩邪单于的民众日益兴盛，而漠南的禽兽也几乎被猎尽了，生存空间显得狭小起来。而此时，呼韩邪单于的兵力也有了相当大的提升，足以自卫，不再畏惧郅支单于的攻打。

对于远道而来的汉朝将领，呼韩邪单于自然是盛情款待。酒酣耳热之际，两位将领听到匈奴诸人多有盼望北归的言谈，心知匈奴北行不会太久，却又怕呼韩邪单于自此远离汉朝边境，日后难以约束。

呼韩邪单于也看透了汉朝将领的心事，他是真心盼望回归漠北单于庭的，又不愿让汉朝担心与失望。次日，当匈奴贵族刚刚从宿醉中清醒，呼韩邪单于就派人将他们召集起来，一同赶往漠南草原上神圣的诺水（包头市达茂旗艾不盖河）河畔。呼韩邪单于邀请两位汉朝将领登上东山，双方刑白马为誓："自今以来，汉与匈奴合为一家，世世毋得相诈相攻。有窃盗者，相报，行其诛，偿其物；有寇，发兵相助。汉与匈奴敢先背约者，受天不祥。令其世世子孙尽如盟。"

意思是说："从今往后，汉朝与匈奴就是一家人了，世世代代不许互相欺骗、互相攻击。有盗窃抢掠对方的事情发生，双方要互相通报，惩罚为盗的人，赔偿损失的财物；有敌人侵犯时，要出兵互相救助。汉朝与匈奴如果谁敢先背叛盟约，愿意接受上天的惩罚，遭到灾难。让汉朝与匈奴的子子孙孙全都谨守盟约。"

不久，呼韩邪单于北归单于庭，重振昔日王气，四方部落陆续归附，开启了匈奴的中兴时代。

建昭三年（前36年），汉朝西域都护甘延寿与副校尉陈汤高声呐喊"明犯强汉者，虽远必诛"，一举攻杀郅支单于。

听到哥哥的死讯,呼韩邪单于又喜又惊。喜的是,从此不用再担心郅支单于的攻伐,自己可以称雄于大漠南北;惊的是,汉朝兵力强盛,如果对自己产生疑忌,后果不堪设想。

五

公元前 33 年,呼韩邪单于第三次亲自前往长安朝觐。汉元帝给予优待,"礼赐如初,加衣服锦帛絮,皆倍于黄龙时"。这一次,呼韩邪单于郑重提出,愿做汉家女婿,世代亲近汉朝。

自汉高祖刘邦以来,为减轻匈奴边患,汉朝屡屡采取和亲措施,再以陪嫁的名义,送上诸多财物。这样的和亲,透着许多的无奈,常让汉家天子在内心深处感到几分屈辱。而如今,呼韩邪单于完全迥异,恭顺而谦卑,分明是在讨好汉朝。这样的和亲,对于汉家天子而言,不再是屈辱的求和,而是自信的安抚。

《汉书·匈奴传》记载:"元帝以后宫良家子王嫱字昭君赐单于。"

《后汉书·南匈奴列传》记载:"时,呼韩邪来朝,帝敕以宫女五人赐之。昭君入宫数岁,不得见御,积悲怨,乃请掖庭令求行。呼韩邪临辞大会,帝召五女以示之,昭君丰容靓饰,光明汉宫,顾景裴回,竦动左右。帝见大惊,意欲留之,然难于失信,遂与匈奴。"

前部史书写的是王昭君奉命远嫁,"赐单于";后部史书写的是王昭君自愿远嫁,"请掖庭令求行"。

究竟是奉命远嫁,还是自愿远嫁?就连正史也莫衷一是。于是,那些野史、轶闻、元曲、小说把昭君出塞的故事演绎得千姿百态。

此前,建昭元年(前 38 年),皇宫选秀,由内廷官员与精通相术者共同主持,标准依旧:年龄十三以上,二十以下,姿色端丽,合法相,且要出身良家(非医、非巫、非商贾和百工)。对于妙龄少女来说,这是一次机遇,也是一个深坑。可怜那些满怀憧憬的入宫女子,只有少数幸运儿能够锦衣玉食,其余大多从事洒扫服侍,由人呼来喝去。

姊归香溪之畔的王昭君，此次被选入掖庭，成为一名宫女，忐忑之中祈求着命运的垂青。由于入宫女子众多，汉元帝命画工逐一绘像，然后看图召见宠幸。宫廷画师毛延寿俸禄虽少，却自有生财之路。宫女奉上润笔的多寡决定着画像容颜的妍媸。不知是家贫乏财，还是自信美艳，王昭君居然没给毛延寿封个红包，于是冷落深宫数载，只能空守庭院，看那花开花落。

“寂寂花时闭院门，美人相并立琼轩。含情欲说宫中事，鹦鹉前头不敢言。”

王昭君万万未曾想过，她命运的转机竟来自陌生而遥远的草原。

汉朝与匈奴这对宿敌相互征战多年，兵戈烽烟，将士疲于奔命，百姓惨遭涂炭。

如今，“单于自言愿婿汉氏以自亲”，想要做个汉家女婿。对于这样的政治联姻，汉元帝当然不会拒绝，想到汉匈和亲之后，边境必将更加安宁，欢喜之余，索性将年号改为“竟宁”。

西汉王朝对于这位远来归附的匈奴单于，礼遇颇为优厚，“位在诸侯王上，赞谒称臣而不名”，那派头都超过了皇帝的叔叔。比起当年在深宫的冷落，望着眼前这位身份殊荣的夫婿，王昭君该涌起几分喜悦的滋味吧？当然，如果远去的背影上能够黏着汉元帝恋恋不舍的目光，这位佳人心底自会多些酸爽。

据说，追悔莫及的汉元帝追究欺君之罪，斩杀了毛延寿。北宋欧阳修曾作《和王介甫明妃曲》讽咏：“虽能杀画工，于事竟何益？耳目所及尚如此，万里安能制夷狄。”这几句倒真是一剂清心良药。

呼韩邪单于娶了如此佳人，自然满心欢喜。此时，匈奴势力衰弱，对于汉家女子很难再有当年冒顿单于那般的轻佻。呼韩邪单于暗下决心，要用爽朗与情义善待昭君，以向汉朝表达诚意。

当香溪之畔梅花吐香的时节，王昭君伴着夫婿踏上了远赴草原的征程，他们沿着秦直道，一路北行，渡过冰封的黄河，抵达包头境内。在一座土丘之上，汉朝特意为他们修建了一座行宫，装饰得很是精美。或许，王昭君未曾想到，这是她最后一次住这样的大屋，明天或者后天，翻过阴山，草原那边就只

有毡房了。

包头市九原区麻池古城附近的召湾,有一处平地突起的土丘,分布着众多汉代墓葬,其中不乏高规格者。有些墓葬的填土之中夹杂着硕大的瓦当,上面刻有“单于天降”“单于和亲”等文字。这些瓦当是迄今所发现的关于昭君出塞这段历史的唯一物证。

抵达匈奴的王昭君,得封“宁胡阏氏”。这段和亲为汉朝与匈奴带来了数十年的和平与安定,《汉书·匈奴传(下)》赞曰:“是时,边城晏闭,牛马布野,三世无犬吠之警,黎庶亡干戈之役。”

著名历史学家翦伯赞也曾赋诗感慨:“汉武雄图载史篇,长城万里遍烽烟。何如一曲琵琶好,鸣镝无声五十年。”

六

吟咏昭君的诗词,值得捧读的甚多。我却最喜欢王安石的那首《明妃曲》,细品颇有余味:

明妃初嫁与胡儿,毡车百辆皆胡姬。
含情欲语独无处,传与琵琶心自知。
黄金杆拨春风手,弹看飞鸿劝胡酒。
汉宫侍女暗垂泪,沙上行人却回首。
汉恩自浅胡恩深,人生乐在相知心。
可怜青冢已芜没,尚有哀弦留至今。

在作为昭君婆家的草原,这位南国佳人颇受怜爱,以她命名的旅游景点很是不少,呼和浩特市有昭君墓、鄂尔多斯市有昭君城、包头市有昭君岛……

竟宁元年(前 33 年),昭君出塞。当时,她正值十九岁,将近桃李年华。

北方草原虽然没有江南水乡般秀美,也没有汉都长安那般繁华,却有着自己的辽阔与悠远。王昭君的琵琶衬着雄厚的游牧长调,更显得雅致。

民间传说,王昭君独得恩宠。

此前,呼韩邪单于已有两位匈奴佳人,她们是呼衍王的两个女儿,长女被封为颛渠阏氏,少女被封为大阏氏。王昭君虽然容貌娇艳,又多才艺,并有汉朝作为靠山,不过独得恩宠却是很难。暂且不说语言与习俗方面的障碍,呼韩邪单于虽贵为匈奴首领,毕竟还要顾及部众的情绪,对于远嫁而来的汉邦女子王昭君,尊重肯定会有,宠爱却也不便过于显露。否则,匈奴民众那份与生俱来的民族意识会把他推向政治漩涡。

颛渠阏氏生有两子,"长曰且莫车, 次曰囊知牙斯"; 大阏氏生有四子,"长曰雕陶莫皋,次曰且糜胥,皆长于且莫车,少子咸、乐二人,皆小于囊知牙斯";其他阏氏也生子十余人。

王昭君生有一个儿子伊屠智牙师,被封为右日逐王。

建始二年(前 31 年),呼韩邪单于病重,临终之前,"立雕陶莫皋,约令传国与弟",指定雕陶莫皋继承单于之位,同时立下约定,单于之位将兄弟相传,也就是说哥哥死了,单于的位子不能传给儿子,要传给弟弟。

呼韩邪单于死后,雕陶莫皋即位,为复株累若鞮单于。

依照匈奴的收继婚习俗,王昭君作为后母,应该嫁给这位继子。然而,深受汉家礼义熏陶的王昭君,怎肯如此!

《后汉书·南匈奴列传》记载:"昭君上书求归,成帝敕令从胡俗,遂复为后单于阏氏焉。"王昭君上书长安,请求归汉。然而,汉成帝敕令,命她遵从匈奴习俗。无奈之下,她只得作了新任单于的阏氏。

这一年,王昭君 22 岁,正是容姿焕彩的年华,必当赢得复株累若鞮单于的宠爱。汉史所记, 王昭君与复株累若鞮单于生有二女,"长女云为须卜居次,小女为当于居次"。

复株累若鞮单于谨守呼韩邪单于的附汉旨意,即位之后,便派遣自己的儿子右致卢儿王醯谐屠奴侯到汉都长安侍奉,也就是充当缔结和约的人质。河平四年(前 25 年),复株累若鞮单于又亲自前往长安朝觐。

匈奴与汉朝继续保持着和睦关系,昭君出塞,功不可没。

鸿嘉元年(前20年),复株累若鞮单于去世。其同母兄弟且麋胥继任,称为搜谐若鞮单于。

元延元年(前12年),搜谐若鞮单于去世。其异母兄弟且莫车继任,称为车牙若鞮单于。

绥和元年(前8年),车牙若鞮单于去世。其同母兄弟囊知牙斯继任,称为乌珠留若鞮单于。

乌珠留若鞮单于继任之后,以第二阏氏(即前面所说的大阏氏)子乐为左贤王,以第五阏氏子舆为右贤王。匈奴制度,“左贤王即是单于储副”。就是说,左贤王是下任单于的指定人选。

经过几番兄弟相传, 颛渠阏氏所生的两个儿子都已当过了匈奴帝国的老大;大阏氏所生的四个儿子,前两人已经当过匈奴帝国的老大,还有一个是匈奴帝国的下任老大。掐指算来, 宁胡阏氏王昭君所生的儿子伊屠智牙师,排队名次不断提升,也快要当上匈奴帝国的老大了。

七

元寿二年(前1年),汉哀帝去世,无子嗣。太皇太后王政君在皇帝驾崩当天,起驾至未央宫,收回传国玉玺,并下诏,让她的侄子王莽出任大司马。其后,王莽拥立年仅九岁的汉平帝即位,由王莽代理国政。

“(王莽)欲说太后以威德至盛异于前,乃风单于令遣王昭君女须卜居次云入侍太后,所以赏赐之甚厚。”(《汉书·匈奴传(下)》)

王莽很会察颜观色,知道姑姑王政君喜欢戴高帽子,于是精心策划了一场“四夷宾服,万方来朝”的盛世大戏,哄姑姑高兴,自己好攫取更多实权。他给匈奴单于捎话,要请王昭君的大女儿须卜居次云前来长安,入侍太后。当然,赏赐那是大大的有。那时,乌珠留若鞮单于正以汉朝为靠山,哪里敢不答应?

公元8年,王莽篡汉,建立新朝。他以中原大国自居,很是轻视周边蛮夷,对于归顺的匈奴也是多次欺凌。由此,匈奴与王莽新朝,怒目相向。

王莽一看,匈奴不太服气,脖子挺得很硬,于是出了一个损招,在匈奴内部放出风声:"匈奴单于的宝座由兄弟相传,到现在也不过传了四个人而已,而且乌珠留若鞮单于身体硬朗着呢。那么,呼韩邪单于的其他十几个儿子,啥时候才能轮到当老大的机会呀,不如你们彻底归降汉朝,凡是呼韩邪单于的子孙都可以被封为单于,过一把当老大的瘾。"

还真别说,有想当老大的,匈奴右犁汗王咸就来归降了。我们前面说过,呼韩邪单于的大阏氏生有四个儿子:雕陶莫皋、且糜胥、咸、乐,前两位已经当过单于了,乐也被封了左贤王,只有咸还在排队等候。咸可能是个急性子,等不及了,于是就来投靠王莽。王莽也不含糊,言出必行,将咸封为孝单于。咸的儿子助也禁不住诱惑,跑来归降,被封为顺单于。

王莽一口气准备了十五个单于头衔,想把匈奴分裂为十五个小国。到那时候,一盘散沙似的匈奴,还怎么跟汉朝对抗?

不过,这个单于头衔太虚,留不住人。没过多久,孝单于咸就又跑回匈奴去了,向异母兄弟乌珠留若鞮单于承认错误。乌珠留若鞮单于将咸贬为于粟置支侯,是个卑微的小官。

对于王莽的这个损招,乌珠留若鞮单于自然恨得咬牙切齿,双方展开厮杀。本来,自从呼韩邪单于归附汉宣帝,"数世不见烟火之警,人民炽盛,牛马布野"。到如今,"数年之间,北边虚空,野有暴骨矣"。

始建国五年(13 年),乌珠留若鞮单于去世。此际,左贤王乐已经先走一步,去见长生天了。单于之位,按照排队次序,应由其异母兄弟舆来继承。

当时,匈奴的执政大臣为右骨都侯须卜当,也就是王昭君大女儿须卜居次云的丈夫。须卜居次云身上流淌着一半的汉人血脉,素来赞成与汉朝和睦相处。她又与咸交情深厚,看到咸很会与汉人打交道,因此便想将落魄的咸拥立为新单于。这位右骨都侯须卜当,用如今的四川方言来讲,是个"耙耳朵",很听老婆的话。于是,被贬为于粟置支侯的咸,这回真是咸鱼翻身了,竟然当上了匈奴帝国的老大,称为乌累若鞮单于。

天凤元年(14 年),云、须卜当派人到西河郡虎猛县的制虏塞下,告诉关塞上的官吏说想会见和亲侯。和亲侯王歙是王昭君哥哥的儿子。不久,王莽便派王歙和他的弟弟骑都尉展德侯王飒出使匈奴，祝贺单于新登大位，“贺单于初立,赐黄金衣被缯帛”。

对于王莽的两面三刀,乌累若鞮单于当初已经领教过了,可是他又贪图送上门来的厚礼,因此虚与委蛇。

天凤二年(15年)五月,王莽再次派遣王昭君的侄子和亲侯王歙等人出使匈奴。乌累若鞮单于也派遣云与须卜当的儿子大且渠奢等人到边塞迎接。不难看出,王昭君在胡汉两地的亲属,成为匈奴与王莽新朝开展外交关系的重要人物。

天凤五年(18年),乌累若鞮单于去世。其异母兄弟舆继任单于,称为呼都而尸道皋若鞮单于。

当年,乌珠留若鞮单于去世之后,本应由舆继位。结果,经过王昭君的女儿与女婿一番运作,硬把单于宝座夺走,交给了咸。舆的心中肯定不是滋味。

当呼都而尸道皋若鞮单于(舆)坐稳位置之后,不想再将单于之位依次传给弟弟们了,他想传给自己的儿子。恰在此时,该由王昭君的儿子伊屠智牙师来当左贤王了,也就是单于的接班人。

呼都而尸道皋若鞮单于(舆)本来就对王昭君家族怀恨在心,又见伊屠智牙师挡了自己儿子的单于之路,索性将其杀害。伊屠智牙师之死成为导火索,在匈奴帝国引起一场大动乱。此是后话,下面再讲。

《汉书·匈奴传(下)》记载:“呼都而尸单于舆既立,贪利赏赐,遣大且渠奢与云女弟当于居次子醯椟王俱奉献至长安。”

大且渠奢是王昭君大女儿须卜居次云的儿子，醯椟王俱则是王昭君小女儿当于居次的儿子。表兄弟两人,一起奉命前往长安。

使命完成,王莽派遣和亲侯王歙陪同大且渠奢等返回匈奴,到达制虏塞下,约请云、须卜当前来相会,趁机武力胁迫,要把众人带到长安。混乱之际,只有云与须卜当所生的小儿子从边塞逃脱,回到匈奴。

众人被胁迫到达长安,王莽故计重设,将须卜当封为须卜单于,想让他与呼都而尸道皋若鞮单于拼个你死我活。不久,须卜当病死于长安。

王莽又将大且渠奢改封为后安公,并把自己庶出的女儿嫁给奢。他的最终目的还是想利用奢,实行"以胡制胡"的计谋。

地皇四年(23年),汉朝宗室刘玄作为义军领袖攻克长安,王莽被杀,新朝覆亡。乱军之中,云、奢也一起遇难了。

可叹,呼韩邪单于开启的和睦盛世已经渐行渐远,而他与王昭君的后裔也如同晚秋枫叶,飘散零落……

“诺水盟誓”韩昌与张猛

一

那一年，天降甘露，万民欣喜。于是，汉宣帝更改年号为“甘露”。

甘露元年(前53年)，匈奴的两股势力彼此厮杀，元气大伤。百般考虑之后，匈奴呼韩邪单于决定降附西汉帝国。

随后，呼韩邪单于率众南迁，抵近汉朝边塞，并且派遣自己的儿子右贤王铢娄渠堂入侍汉朝皇帝，也就是到长安充当求和与谈判的人质。

不久，呼韩邪单于的哥哥(也是死对头)郅支单于也派遣自己的儿子右大将驹于利受入侍汉朝皇帝。

这样的举措在政治与外交之上，叫作“战略平衡”。

让匈奴归附是汉朝建立以来，历代皇帝的莫大心愿。汉高祖刘邦、汉武帝刘彻梦寐以求的荣耀竟然降临到了汉宣帝刘询的身上。那段时间，汉宣帝身边常是“威震天下，四夷来降”的歌功颂德。

第二年，呼韩邪单于亲赴五原塞(即今包头市达茂旗西河乡的什拉文格古城)，请求于甘露三年正月前往长安朝觐汉朝皇帝。

当年的强劲敌国，如今远道来朝，让汉宣帝深为得意，接待工作自然要搞得轰轰烈烈。汉宣帝亲自策划整个仪式，派遣车骑都尉韩昌远迎，沿途所过七郡各派骑兵两千名，夹道护卫。

据学者考证，沿途七郡应是五原、朔方、西河、上郡、北地、左冯翊、京兆尹。如此看来,呼韩邪单于首次朝觐的路线是沿着秦直道走的。

甘露三年(前 51 年)正月,呼韩邪单于在甘泉宫中朝觐汉宣帝,受到了极高的礼遇,并得到了极为丰厚的赏赐。

在汉朝都城长安逗留一个多月之后,呼韩邪单于有些恋恋不舍地辞行。

二

当初,在朝觐汉宣帝之时,呼韩邪单于自告奋勇地请求居留漠南光禄塞(包头市达茂旗百灵庙镇西南林场古城),一旦有事,可出兵为汉朝守护受降城(巴彦淖尔市乌拉特中旗新忽热古城)。

这番忠心表态让汉宣帝很是受用。汉宣帝又想到呼韩邪单于实力尚弱,恐遭郅支单于的攻灭,于是派遣长乐卫尉高昌侯董忠、车骑都尉韩昌率领骑兵一万六千人,又征发边疆各郡数以千计的士兵、马匹,护送呼韩邪单于出朔方郡鸡鹿塞(巴彦淖尔市磴口县的哈隆格乃山口)。随后,汉宣帝下诏命令董忠等留下保卫呼韩邪单于,帮助单于征讨不服其统治的匈奴人。

黄龙元年(前 49 年)十二月,汉宣帝去世,汉元帝刘奭继位。听闻消息,呼韩邪单于慌忙遣使前往长安,先是悼念,后是朝贺。

此时,郅支单于已经远离汉朝兵锋所及之地,又怨恨汉朝帮助呼韩邪单于,逐渐冷却了与汉朝和好的心,要求汉朝送回他在长安城内入侍的儿子。汉元帝倒也大度,予以应允,并派谷吉为特使,护送匈奴王子。可叹,郅支单于接回儿子之后,却将汉朝使臣全部杀死。

汉元帝左等右盼,却不见谷吉返回复命,后来听匈奴归降者传言,说谷吉等人已被屯戍边地的匈奴人杀害。因此,每当呼韩邪单于派遣使者前来长安,汉元帝总是责成匈奴彻底查清此事。然而,此时呼韩邪单于距离郅支单于的大本营非常遥远,打探回来的消息也是虚虚实实,漏洞百出,让呼韩邪单于愁眉不展。

三

初元元年（前48年），汉元帝派遣车骑都尉韩昌、光禄大夫张猛护送呼韩邪单于侍子回匈奴。

对于远道而来的汉朝将领，呼韩邪单于自然是盛情款待。酒席上，韩昌与张猛又问起了谷吉之事，呼韩邪单于满脸惶恐，据实相告。见此情形，韩昌等人感到不宜再纠缠此事，因此赦免匈奴之罪，以使呼韩邪单于安心。

关于韩昌与张猛，史籍之上记载不多。

《汉书·匈奴传》记载："（甘露三年正月）汉遣车骑都尉韩昌迎，发过所七郡郡二千骑，为陈道上。"

《汉书·宣帝纪》记载："（甘露三年）二月，单于罢归。遣长乐卫尉高昌侯忠、车骑都尉昌、骑都尉虎将万六千骑送单于。"

这两件事情涉及呼韩邪单于前往长安朝觐，在前面已经提及。

《汉书·张骞李广利传》记载："骞孙猛，字子游，有俊才。元帝时为光禄大夫，使匈奴，给事中，为石显所谮。自杀。"

原来，张猛竟是那位两度出使西域的博望侯张骞的孙子。

《汉书·隽疏于薛平彭传》则记载了张猛的一则趣事。

永光元年（前43年）秋天，汉元帝祭祀宗庙，从便门而出，打算乘船渡过渭河。

御史大夫薛广德挡在车前，摘下帽子，跪在地上叩头，劝谏："应当从桥上过。"汉元帝说："薛大夫，你戴上帽子！"薛广德答道："陛下您不接受臣的意见，臣就自刎，用我的血污秽您的车轮，陛下您就不能入宗庙祭祀了。"汉元帝心里琢磨，这个倔老头今天又犯什么毛病了，竟敢当众拦阻车驾，因此很不高兴。

这时，张猛进言："臣闻皇帝圣明，臣子们就正直。乘船危险，从桥上过安全，圣明的君主不冒险，御史大夫薛广德的劝谏是可以接受的。"皇帝说："明白事理的人不应当像他那样说话呀。"意思是：谏诤之言应当像张猛这样把话说得详细明白，不要像薛广德那样突如其来，让人摸不着头脑。

史料记载，张猛“有才俊、性刚直”。后来，奸宦石显专擅朝政，太中大夫张猛与魏郡太守京房、御史中丞陈咸、待诏贾捐之等上书弹劾。然而，汉元帝却没有采纳。不久，石显罗织罪名，贾捐之被杀，陈咸被判髡钳，张猛则自杀。

四

在护送呼韩邪单于之子回匈奴的路上，韩昌与张猛看到匈奴民众日益兴盛，而漠南的禽兽也几乎被猎尽了，生存空间显得狭小起来。而此时，呼韩邪单于的兵力也有了相当大的提升，足以自卫，不再畏惧郅支单于的攻打。

而在接受呼韩邪单于宴请之际，两位将领又听到匈奴诸人多有盼望北归的言谈，心知匈奴北行不会太久，却又怕呼韩邪单于自此远离汉朝边境，日后难以约束。

因此，韩昌、张猛就与呼韩邪单于订立盟约：“自今以来，汉与匈奴合为一家，世世毋得相诈相攻。有窃盗者，相报，行其诛，偿其物；有寇，发兵相助。汉与匈奴敢先背约者，受天不祥。令其世世子孙尽如盟。”（《汉书·匈奴传》）

意思是：“从今往后，汉朝与匈奴就是一家人了，世世代代不许互相欺骗、互相攻击。有盗窃抢掠对方的事情发生，双方要互相通报，惩罚为盗的人，赔偿损失的财物；有敌人侵犯时，要出兵互相救助。汉朝与匈奴如果谁敢先背叛盟约，愿意接受上天的惩罚，遭受灾难。让汉朝与匈奴的子子孙孙全都谨守盟约。”

随后，韩昌、张猛与呼韩邪单于以及诸位大臣一起登上匈奴的诺水东山，杀白马为祭，单于用径路刀和金留犁搅和掺有马血的酒，又用当年老上单于所擒杀的月氏王的头颅做酒杯，一起饮血酒为盟。

据学者考证，诺水就是包头市达茂旗境内的艾不盖河。

而那个用头颅做的酒杯也很有些来历，它正是张骞出使西域的引子。

《汉书·张骞李广利传》记载：“时，匈奴降者言匈奴破月氏王，以其头为饮器，月氏遁而怨匈奴，无与共击之。汉方欲事灭胡，闻此言，欲通使。”

意思是："当时，投降汉朝的匈奴人诉说，匈奴打败月氏王之后，用月氏王的头作为饮酒的器具，月氏人被迫逃亡并且怨恨匈奴。然而，没有人援助月氏，与其共同打击匈奴。汉武帝刘彻正在打算消灭匈奴，听到此话，就派张骞出使月氏，想要与其结为盟友。"

不知，当张猛手捧这个头颅酒器之时，可曾想起他的爷爷张骞？

五

盟誓完毕，韩昌与张猛返回长安。

却未料到，几乎惹来一场杀身之祸。

朝堂之上，大臣们议论纷纷，有人愤然说道："呼韩邪单于已经答应汉朝，愿意作为藩属保护边塞，即使想回到北方去，也并不对汉朝构成威胁与妨害。韩昌、张猛擅自行事，竟拿汉朝世代子孙的未来与匈奴赌咒立盟。倘若彻底消灭匈奴的时机来临，汉朝出兵征伐，匈奴单于就可凭借这个盟誓，向上天申告，使汉朝蒙受羞辱，有损国威。而且，从道义上说，汉朝也不宜出兵。如今，应该派遣使者前去诺水，上告于天，与匈奴解除前盟。韩昌、张猛奉命出使，不成体统，罪行至为大逆不道。"

古代，人们迷信上天与鬼神，凡是指天而盟的誓约，不敢轻易毁弃。

韩昌与张猛性情刚直，认为汉朝就应与匈奴世代和平相处，哪里想过还要彻底消灭那些微笑拥抱的朋友。可见，政治的阴险，远超善良人的想象。

更可怕的是，一旦安上了"擅权行事、漠视天子"的罪名，就会引来诛杀宗族的凄惨下场。

好在，汉元帝对于韩昌与张猛颇为了解，明白他们的良好用意。可是，既然有人指责他们有漠视皇帝的嫌疑，汉元帝也不能轻易放过，于是下诏"昌、猛以赎论，勿解盟"(《汉书·匈奴传》)。

也就是说，韩昌、张猛可以赎罪论处，而盟誓不用解除。

汉朝之际，犯下罪行，可以拿钱来赎，也就是可以"花钱免灾"。

一番忠心报国的念头，不但没得到奖赏，还要破费一大笔钱。韩昌与张猛肯定会感到失望,而汉元帝却借此实现了"杀鸡儆猴"的意图,得意地笑出了六颗大牙。

十二年之后,也就是建昭三年(前36年),汉朝西域都护甘延寿与副校尉陈汤高声呐喊:"明犯强汉者,虽远必诛",一举攻杀郅支单于。

甘延寿与陈汤建此大功,汉元帝本想加封,然而朝廷重臣石显等人却说:"此二人擅自兴兵,功难抵罪。而且,陈汤私取财物,应即查办。若加封晋爵,将来有人出使,就会乘危生事,此风断不能开,以免祸害国家。"

唉,奸佞当道之时,贤臣良将想要做番事业,竟是如此艰难!

“援救乌孙”田顺

一

传说，西域诸国曾经有过一场纷争，月氏攻击乌孙。乌孙大败，其昆莫（首领的称号，也写作“昆弥”）难兜靡被杀害。

当时，难兜靡的儿子猎骄靡还在襁褓之中，被遗弃荒野。然而，苍天不绝英雄之路，乌鸦飞了过来，把一块肉盖在他身上，为他抵御寒冷，又有一头狼跑了过来，给他哺乳。匈奴冒顿单于感到奇怪，认为一定有神灵在保护猎骄靡，于是收养了他。

猎骄靡长大之后，率领本族部众向着西方迁徙，不肯再听命于匈奴。冒顿单于很是生气，派兵发动突然袭击，结果大败而归。冒顿单于认为神灵在保护猎骄靡他们，从此对其避而远之。

元狩四年（前 119 年），接过汉武帝刘彻的诏令，张骞第二次出使西域。这是一支由 300 人组成的庞大使团，每人配备两匹马，带牛羊万头，金帛货物价值“数千巨万”。此次出使西域最为重要的使命是：以财物贿赂乌孙，招其向东迁徙，并将汉朝公主嫁给乌孙昆莫，两家约为兄弟之国，以此牵制匈奴。

然而，这一时期，乌孙国正陷入分裂态势。

乌孙昆莫猎骄靡甚是宠爱他的儿子，可惜这位乌孙太子命薄福浅，早早离世。临终之前，昆莫猎骄靡答应了儿子，要立其子岑陬（封号，名叫军须靡）

为太子。

如此一来,乌孙国的昆莫之位将由猎骄靡的孙子继任了。本来,论资排辈,该由太子的弟弟(也就是猎骄靡的儿子)大禄继承昆莫之位,这下没了希望。心怀不满的大禄握有兵权,计划起兵杀害军须靡。猎骄靡为保护孙子军须靡,便给他万余骑兵到别处自立。猎骄靡自己则另掌万余骑兵自保,未能直接控制全国所有兵力。乌孙国分裂为三个部分。

猎骄靡接见了张骞,面对张骞提出的结盟请求,却以"年老国分,不能专制"为借口,婉言拒绝。

元鼎二年(前 115 年),张骞返回西汉帝国,乌孙派遣使者几十人,随同张骞来到长安。乌孙使者见到西汉人口众多、物产丰富,很是惊讶与羡慕。此后,乌孙愈加尊重汉朝。

二

当时,匈奴在西域很有势力,可以称得上是"龙头大哥"。看到小弟乌孙与汉朝眉来眼去,大哥很是生气,打算出手教训一下乌孙。与此同时,汉朝使者途经乌孙之南,前往大宛、月氏,络绎不绝,对乌孙也产生很大的影响。

对于两位大哥,乌孙都不愿得罪,却又不得不选择站队。最终,乌孙一咬牙,决定站到汉朝的这一边。

随后,乌孙派遣使者向汉朝进献马匹,并表示愿意迎娶汉朝公主,两国结为兄弟。

此际,汉武帝正与匈奴连年征战,很是缺乏马匹,见到盛产良马的乌孙前来求亲,趁机索要聘礼"一千匹马",而且约定:必须先纳聘礼,然后再嫁公主。

西汉元封年间,汉武帝选定侄子江都王刘建的女儿细君,作为公主嫁给乌孙昆莫猎骄靡。皇帝赏赐车马及皇室专用器物,还为她配备官吏、宦官、宫女、役者数百人,陪嫁礼品极为丰盛。

乌孙昆莫猎骄靡迎娶刘细君,封其为右夫人。

那边，匈奴大哥很不高兴，也派公主嫁了过来，猎骄靡封其为左夫人。

两位夫人都有强大的背景撑腰。估计，猎骄靡得把一碗水小心翼翼地端平，稍有倾斜，不但容易引起醋海风波，还有可能招来大兄哥的铁拳。

三

或许，出身娇贵的细君公主，远嫁小国乌孙，心中很不如意。

因此，细君公主自己建造宫室居住，关起门来，由那些陪嫁而来的数百名官吏、宦官、宫女与役者作伴，仿佛回到了西汉帝国，回到了家乡江都。

不过，细君公主多少还是要给夫君颜面的，一年之中会勉强选个时间，与昆莫猎骄靡聚会几次，喝酒吃饭，并用自己带来的财物、丝帛赏赐昆莫左右的达官显贵。

乌孙昆莫猎骄靡已经年届老朽，并且语言不通，惹得细君公主很是悲伤，自己作歌："吾家嫁我兮天一方，远托异国兮乌孙王。穹庐为室兮旃为墙，以肉为食兮酪为浆。居常土思兮心内伤，愿为黄鹄兮归故乡。"

歌的意境凄楚而哀怜，令人不禁动容。

当然，昆莫猎骄靡无法听懂。不过，聪明如他，必能从细君公主的蹙眉叹息之中，读出些什么。

消息传到长安城，汉武帝对于这位远嫁乌孙的公主，颇为怜悯，于是每隔一年就派遣使者给细君公主送去帷帐、锦绣等物品。

见到细君公主冷若冰霜的样子，昆莫猎骄靡自知年老，想让孙子岑陬军须靡娶细君公主。

在所谓"蛮夷"看来，妻子属于家庭财产，只不过是会说话而已。因此，父亲死了，儿子可以续娶后母；哥哥死了，弟弟可以续娶嫂子。不满意了，还可以转让，也不管什么辈分。

然而，生在礼仪之邦的细君公主，哪里肯同意，急忙上书汉武帝，痛斥乌孙昆莫的乱伦之举。

汉武帝回信："从其国俗，欲与乌孙共灭胡。"(《汉书·西域传(下)》)

意思是：“你要依从乌孙国的风俗。把你嫁过去，就是为了联合乌孙，共同攻灭匈奴，你要懂得忍辱负重。”

可怜，国与国之间的政治，却要由如此柔弱的女子来做牺牲。

和亲，泪水总是多过笑靥。

四

此后，乌孙岑陬军须靡娶了细君公主，两人生有一个女儿，名叫少夫。

昆莫猎骄靡死后，他的孙子军须靡继承王位，成为新的乌孙昆莫。

太初四年（前101年），只在乌孙生活了五年的“江都公主”刘细君去世，她的墓坐落在新疆伊犁哈萨克自治州昭苏县的乌孙山夏特大峡谷谷口。

就在这一年，为了延续和亲政策，汉武帝刘彻又将楚王刘戊的孙女解忧公主嫁与军须靡。

在此期间，军须靡的匈奴妻子为他生了一个儿子，名叫泥靡，年纪尚小。

军须靡临终之前，把王位传给了叔父大禄的儿子翁归靡，叮嘱：“等泥靡长大了，再把王位归还泥靡。”

翁归靡即位，号肥王，续娶解忧公主为妻，生了三个儿子、两个女儿。

汉昭帝之时，匈奴派遣使者前往乌孙，讨要解忧公主，迫使乌孙与汉朝断绝关系。这一无理要求遭到翁归靡的拒绝。随后，匈奴对乌孙发起攻击，夺取了车延、恶师等地。

形势危急，解忧公主上书汉昭帝刘弗陵：“匈奴与车师联合，共同入侵乌孙，希望天子给予救援。”

接到讯息，汉朝秣马厉兵，准备进击匈奴。

谁知偏偏遇上汉昭帝去世，汉宣帝刘询刚刚即位，国内事务纷纷，出兵计划暂时搁置。

在解忧公主的协助之下，翁归靡一边奋力抵抗匈奴攻势，一边再次上书求援。

即位不久的汉宣帝接连收到解忧公主与昆莫翁归靡的救援书信：“匈奴

连续出动重兵，大举入侵乌孙，掳掠百姓而去。昆莫愿发全国一半精兵，自备五万骑兵，全力攻打匈奴。希望天子尽快出兵，以救公主、昆莫。”

五

本始二年(前72年)，汉宣帝颁下诏令，援救乌孙，远征匈奴。

西汉帝国征发大批关东的精兵强将，选拔各郡国三百石以上的将吏，凡勇敢强健、善于骑射的，一律从军。

任命御史大夫田广明为祁连将军，率领四万多骑兵，从西河郡(郡治平定县，今内蒙古鄂尔多斯市杭锦旗浩绕柴达木苏木)出击。

派遣度辽将军范明友率领三万多骑兵，从张掖(郡治觻得县，今甘肃省张掖市甘州区西北)出击。

派遣前将军韩增率领三万多骑兵，从云中郡(郡治云中县，今内蒙古托克托县古城乡古城)出击。

任命后将军赵充国为蒲类将军，率领三万多骑兵，从酒泉(郡治福禄县，今甘肃省酒泉市)出击。

任命云中郡太守田顺为虎牙将军，率领三万多骑兵，从五原(郡治九原县，今内蒙古包头市九原区的麻池古城)出击。

此次远征总计派出五位将军十多万骑兵，从北方边塞出击，分别行军二千多里。(《汉书·匈奴传(上)》)

匈奴听到汉朝派出了大批军队，老幼病弱者慌了神，赶着牲畜，带着财物，远遁而去。因此，汉朝的五位将军没有多大收获。

与此同时，汉朝派遣校尉常惠为使者，持节护乌孙兵。乌孙昆莫翁归靡亲自率领翕侯以下共五万骑士，从西面进击匈奴，打到匈奴右谷蠡王庭，俘虏单于父辈和嫂、居次、名王、犁汙都尉、千长、骑将以下四万人，马、牛、羊、驴、骆驼七十余万头。乌孙将这些战利品全部带走。(《汉书·西域传(下)》)

这场战役圆了汉武帝联合乌孙的旧梦，给予匈奴沉重打击。

得胜归来，汉宣帝封常惠为长罗侯。此时，已是本始三年(前71年)。

随后,汉朝又派遣常惠带着贵重财物和丝织品,赐给乌孙贵人中立有战功的。

六

此次征战,由于匈奴闻风而逃,战况并不激烈。

度辽将军范明友远出边塞一千二百多里,到达蒲离候水,斩杀及俘虏匈奴七百多人,掳获马、牛、羊一万多头。

前将军韩增远出边塞一千二百多里,到达了乌员,斩杀及俘虏匈奴一百多人,掳获马、牛、羊二千多头。

蒲类将军赵充国按照约定应当与乌孙军队会师蒲类泽, 合击匈奴。然而,复仇心切的乌孙军队提前抵达蒲类泽,见到战局有利,随即马不停蹄,前往追杀匈奴。因此,西汉军队未能与乌孙军队会合。蒲类将军远出边塞一千八百多里,西至候山,斩杀及俘虏匈奴单于使者蒲阴王以下三百多人,掳获马、牛、羊七千多头。

此时,听闻匈奴人已经远逃,这三位将军都没有按照约定日期返程,而是擅自提前班师回朝。念及战局的实际情形,并且多少有些战绩,汉宣帝没有责怪他们违抗君命,却也没有予以嘉奖。

祁连将军田广明远出边塞一千六百多里,到达鸡秩山,斩杀及俘虏匈奴十九人,获得牛、马、羊一百多头。行军途中,恰好遇到从匈奴返回的汉朝使者冉弘等人,得知鸡秩山的西边有大批匈奴人。然而,田广明临阵怯战,告诫冉弘,让他回去后就说未见此地有匈奴人。当时,御史属公孙益寿劝谏,认为应该进击匈奴,勇夺战绩。不过,祁连将军田广明主意已定,随即率军返回。

虎牙将军田顺远出边塞八百多里,到达丹余吾水边,就让军队停下,不往前走了。战报宣称:斩杀及俘获匈奴一千九百多人,掳获马、牛、羊七万多头。随即,田顺率领军队返回汉朝。

汉宣帝核查战况,发现虎牙将军田顺没到约定的期限便擅自返回,并且蒙骗天子,虚增俘获人畜的数量;而祁连将军田广明本已得知匈奴人就在前边，却让军队停下，不愿向前进击。于是，汉宣帝下令审讯二人。羞愧之下，二人先后自杀。

当初，劝谏祁连将军田广明进击匈奴的公孙益寿则被提拔为侍御史。

许多时候，“聪明反被聪明误”。琢磨之下，令人感叹。

经过此次战役，西域形势发生改变，匈奴日渐衰弱，乌孙日渐强盛，而大汉帝国的影响力进一步扩大。

“艺文大师”刘歆

一

其实，秦始皇“焚书坑儒”，并不是真的要摧毁华夏文化。

丢进熊熊烈焰之中的，是从民间搜来的书籍，特别是史书及诸子百家之书。毁掉那些有思想深度的书籍，可使百姓逐渐少识无智，逐渐丧失判断能力，逐渐成为盲从的顺民与屈膝的奴婢。放眼历史，热衷于“愚民政策”的，又何止欧洲中世纪与中国秦朝呢？

而秦朝的皇家图书馆里，从古至今的各类书籍依然密密麻麻地陈列着，供那些御用文人们查阅。这座知识的殿堂延续着中华文脉，既开阔着文人的视野、滋润着文人的笔端，也为封建统治提供着大量的存在依据与理论基础。

终于，西楚霸王项羽兵临秦都咸阳，向着秦宫放了一把大火，烧了三个月仍未熄灭。雕梁画栋成了废墟，许多珍藏的图书也化作了灰烬。

一个民族的文化根脉是很难被一场禁书运动或是一次意外浩劫所扼杀的。危难之后，反而会焕发出新的气息。

书籍没有了，文人还在。

西汉初期，学者们把默记在心底的典籍用当时流行的隶书誊写下来。当然，没有了底本的约束，大家都不约而同地把自己的见解，借着古人的语气，写进书里。这种夹带着私货的、用隶书写成的儒家经籍，被称为“今文经”。

今文经以儒家的面貌，融合了先秦诸子百家的学说，又加入了秦汉盛行的神学宇宙论及宗教政治学的色彩，洋洋洒洒，动辄数十万字，甚至百余万字。

当时，研究与阐述今文经的学者们喜欢分析儒家经典之中的“微言大义”，有些确实令人恍然顿悟，有些却是穿凿附会，甚至近于捕风捉影。同时，今文经将大量谶语混入儒家经典，并借此展开“天人感应”的演绎，为迎合封建统治及权贵利益而大造理论声势。从某种程度来讲，“今文经学”已经逐渐沦为趋炎附势的实用主义政治哲学了。

曾经有人说过，“历史是个任人打扮的小姑娘”。其实，许多时候，文化又何尝不是如此呢？

多亏，秦始皇焚书时期，民间儒生冒着杀头的风险，将一些古文经书藏了起来。到了西汉前期，这些经书相继被发现，儒家经籍的原貌得以逐渐恢复。

汉景帝年间，“大雅不群、修学好古”的河间献王刘德重金征集儒家经籍，每当得到一本佚书，刘德就令人抄写一份送给原来的藏书主人，而将真本留下，并赐给献书者金帛，所得之书有《诗》《左传》《周官》《礼记》等，多达几十种。数量之多，充满楼阁，可与皇家藏书相提并论。

汉武帝年间，鲁恭王（也称鲁共王）刘余为了扩建王宫，拆除孔子的旧宅，结果从夹墙里面发现了《尚书》《礼》《论语》《孝经》等书，共有几十篇。

这些重新面世的儒家经籍是以先秦古篆书写而成的，被称为“古文经”。

于是，“古文经学”应运而生，此派学者更为注重文字训诂，主张回归先秦义理的质朴学风，不赞成过度解读儒家经典，也不愿与当前政治有太多的联系。

作为学术观点，古文经学倒也无可非议；作为辅政工具，古文经学就远不如今文经学那样受统治阶层的青睐了。

西汉政府很是重用“今文经学”的儒学大师，设有诗经、书经、礼经、易经及春秋五经学官（博士官），享受朝廷的优厚俸禄。同时，政府设有名额，博士官招收的弟子们也可享受利禄。如此一来，今文经学派系逐渐成为一个拥有政治势力的学术团体。

就在今文经学如日中天之际,竟然有人公开支持古文经学,并屡次向皇帝呈上奏章。

这个人就是刘歆!

二

刘歆,字子骏,出身于皇室贵族。他的五世祖刘交是汉高祖刘邦的四弟,被封为楚元王;他的父亲刘向是著名的经学家、文学家及目录学家,担任政府高官。

或许是受了家学渊博的影响,刘歆是一个名副其实的神童,从小嗜读各类书籍,过目不望,领悟颇深。

长大之后,由于通晓儒家经典,并且写的一手漂亮文章,刘歆受到了汉成帝刘骜的器重,待诏宦者署,担任黄门郎。

在古代,皇帝宫禁之门称为黄闼。黄门郎就是在黄闼之内做事的郎官,也称黄门侍郎。其主要职责就是侍从皇帝、传达诏命。能为当今天子服务,刘歆前途无量!

西汉河平年间,刘歆接到诏令,与父亲刘向一起主持校定皇家珍藏的书籍。在此期间,刘歆潜心研究六艺传记,对于诸子、诗赋、数术、方技,那是十八般兵器样样精通呀。

刘向去世之后,刘歆接任父亲的官职,担任中垒校尉。这个中垒校尉相当于如今的北京卫戍区副司令员,级别可是不低。一个富有才华的学者,为何会到军队任职呢?您别忘了,刘歆乃是皇室宗亲,用自家亲戚担任保卫工作,皇帝睡得比较踏实。

当初,刘歆校定皇家藏书之时,偶然看到了古文《春秋左氏传》。

春秋末期,孔子曾与好友左丘明一同前往都城洛邑,在周太史那里查阅档案。回到鲁国之后,孔子写了文字简明的《春秋》,而左丘明则以《春秋》为本,编入诸多史实予以注解,写成了《春秋左氏传》。

《春秋左氏传》也称《左传》，是中国第一部叙事详细的“编年体”史书，共三十五卷，是儒家经典之一，且为十三经中篇幅最长的，在“四库全书”中列为经部。后世将《左传》与《公羊传》《穀梁传》合称为“春秋三传”。

刘歆看到篆文书写的《春秋左氏传》，很是新奇，阅读之后，更是爱不释手。原先，由于《左传》多为古字古语，学者们只是传解训诂而已。刘歆研究《左传》则引用书中的史实来解读《春秋》，彼此呼应，进行精辟的阐述，从此具备了章句义理。

《春秋》与《左传》同为国学经典，而孔子与左丘明也是志同道合的好友。

《论语·公冶长》记载，子曰：“巧言、令色、足恭，左丘明耻之，丘亦耻之。匿怨而友其人，左丘明耻之，丘亦耻之。”意思是，孔子说：“花言巧语，装出好看的脸色，摆出逢迎的姿态，低三下四地过分恭敬，左丘明认为这种人可耻，我也认为可耻。把怨恨装在心里，表面上却装出友好的样子，左丘明认为这种人可耻，我也认为可耻。”

刘歆在对比了“春秋三传”之后，认为《左传》更胜一筹。

因为，孔子与左丘明是同一时期的人物，关系融洽，彼此敬重；而《公羊传》与《穀梁传》则是孔子弟子卜商(子夏)的弟子公羊高与穀梁俶所写，与孔子隔着些岁月。“传闻之与亲见之，其详略不同。”(《汉书·楚元王传》)

汉景帝之时，《公羊春秋》已立学官；汉宣帝之时，《穀梁春秋》也立了学官。

此时，经过自己的深入学习与领悟，刘歆已经倾向于“古文经学”，看到“今文经学”的《公羊春秋》与《穀梁春秋》已经设立了学官，便想为古文《左传》也争取一席之地。

这个时候，西汉的皇帝已是汉哀帝刘欣。而刘歆也改了名字，叫作刘秀，字颖叔。估计是因为“欣”与“歆”发音相近，出于对当今天子的尊重，刘歆便改了名字。

刘秀(感觉挺别扭，下面还是称刘歆吧)给汉哀帝上书，奏请《左传》及《毛诗》《逸礼》《古文尚书》都设立学官。

汉哀帝刘欣也不是草包皇帝，史书称他“文辞博敏，幼有令闻”，文学辞赋很有水平,并且才思敏捷,从小就名扬天下。

三

对于刘歆的才能,汉哀帝是欣赏的;对于“古文经学”,汉哀帝也是认可的。

然而,“今文经学”作为治国的文化根基与辅政的思想工具,其地位是不可动摇的,即使需要变革,也得逐渐推进。如今,刘歆一下子请求将那么多的“古文经学”列入学官,势必会引起文化界,甚至是整个官场的大动荡。

思索之后,汉哀帝把这个烫手山芋又抛给了刘歆,请他与五经博士官们举办一个文化论坛,探讨一下“古文经学”的学术价值与未来地位。

结果,有些博士官居然很不给刘歆面子,拒绝出席这个文化论坛。作为政府高官兼学术大师的刘歆看到“今文经学”派系如此漫不经心,自然很是生气。因此,他写了一封公开信,责备太常博士。

刘歆先是发了一番感叹:“夫子殁而微言绝,七十子卒而大义乖。”孔子逝世而精微之言灭绝,七十二位贤徒离世而仁义道德背离了根本。到了秦始皇时,烧经书、杀儒士,制定禁书法令,追究“是古非今”之罪,儒家大道更趋衰微。

继而,刘歆讲到“古文经”的重见天日,又陈述了“古文经学”继承儒家正统大道的情形。

接着,刘歆开始发难:“有的学者不顾古籍缺失、篇幅散乱的现状,只是一味地咬文嚼字,长篇大论地臆测与穿凿,这种‘螺蛳壳里做道场’的方法,即使探究到头发花白,也不能通晓一门艺文。有的学者背离儒家经典的大义,信口胡诌以取悦当世,宁肯拜在装腔作势之人的门下,却不愿苦心研读古文经籍。一旦遇到国家盛典,如辟雍、封禅、巡狩等礼仪,便稀里糊涂,随意应付一场。这样的学者仍要抱残守缺,怀着怕被戳穿的私心,未曾有过从善服义的公心,甚至满怀妒嫉,不管公理与实情如何,凡是雷同的,便随声附和,凡有异议的,便极力压制。如此做法,岂是研究学问的正道!”

然后，刘歆表明了自己的心意："贤者讲，礼仪丧失则到民间去寻找，而古文典籍岂不更胜于民间吗？以前，博士官设有：欧阳的《书》，公羊的《春秋》，施、孟的《易》。到了汉宣帝之时，又广泛设立了《穀梁春秋》《梁丘易》《大小夏侯尚书》。这些经籍虽然义旨不同，却同样得到设立。为何如此？与其因为分歧而偏废，不如因为分歧而并立。百家争鸣才能百花齐放。传曰：文武之道没有遭到灭绝，就在于人们的传承；有大智慧者传承其根本，比较愚笨者传承其枝节。现在，'今文经学'与'古文经学'同行于世，兼包大小之义，岂能因偏废而灭绝呢?！倘若一定要独断守缺、结党营私、妒嫉大义，必将有负圣上期望，也必将被有知之士所唾弃。我希望，诸位君子审时度势，不违天地良心。"

这封公开信言辞比较激烈，惹得"今文经学"派系很不高兴。

名儒光禄大夫龚胜见到刘歆的公开信，深深自责，辞去官职，回归故里。

名儒大司空师丹见到刘歆的公开信，则是大发雷霆。随即，师丹上书汉哀帝，指责刘歆借着校定皇家藏书的机会，改乱旧章，并且毁谤先帝所立学官。

读罢师丹的奏章，汉哀帝刘欣叹息："刘歆不过是想发扬儒家大道，又何必视为毁谤呢?！"

想为"古文经学"出头的刘歆触怒了当朝的执政大臣，又被众多"今文经学"派系的儒官所诽谤。他终于明白，敢于指责当今文化思潮，必将迎来乱棒狠敲。即便身为宗室贵族，刘歆也感觉到了官场之上的暗潮汹涌。为了逃避杀身之祸，他请求出京补为官吏。

起初，刘歆担任河内太守。河内郡，郡治怀县，即今河南省焦作市武陟县阳城乡土城村。

继而，刘歆又转任五原太守。五原郡，郡治九原县，即今内蒙古包头市九原区的麻池古城。

后来，刘歆还曾出任涿郡太守。涿郡，郡治涿县，即如今的河北省涿州市城区。

就这样，刘歆先后做过三个郡的太守，相当于如今的省委书记之职，虽然不如当初担任首都卫戍区副司令员那般风光，也还算是官高位显。

几年之后，风云迭起，刘歆因病免官。后来，可能是病好了，刘歆又被汉哀帝重新起用，做了安定属国都尉，在如今的宁夏境内任职。

作为文人，小的学术争议，双方往往辩论得面红耳赤，有可能引发心脏病或脑血栓；而大的文化争论，特别是涉及治国思想基础的文化争论，倘若看不清方向、站不对立场，则有可能家破人亡。

研究学问，容易嘛？！

四

汉武帝刘彻登基之后，痛惜秦始皇的焚书之举，遂发动政府力量，征集散落于民间的各种书籍。历经一百余年，到了汉成帝刘骜年间，国家藏书"积如丘山"。

河平三年（前26年），汉成帝诏令谒者陈农广求天下遗书，同时任命贤德饱学之士整理及校定国家藏书。"诏光禄大夫刘向校经传诸子诗赋，步兵校尉任宏校兵书，太史令尹咸校数术，侍医李柱国校方技。"（《汉书·艺文志》）

建平元年（前6年），刘向去世。即位不久的汉哀帝诏令刘歆，子承父业，主持这项大规模的文化事业。

经过20多年的努力，刘向、刘歆父子圆满地完成了中国历史上第一次由政府组织的大规模图书整理编目工作。在这次校理群书的工作中，他们创造出一整套科学的方法。为了对书籍的篇章文字等进行校正和勘定，他们首先兼备众本，广搜异本；然后选定篇目，去除重复；再后纠理错简，校雠文字；最后勘定书名，誊清新本。他们总共整理出图书33090卷，收藏于天禄阁、石渠阁，建立了第一个国家图书馆，并为先秦古籍的流传，为图书由官府收藏走向民间普及做出了重大贡献。他们系统的古籍整理方法，使校勘、辨伪、考据等学问开始产生。

那个时候，每当校定完成一种书籍，刘向父子都会写下一份简要内容，包括校雠原委、作者生平、学术源流、辨书真伪、内容提要、图书评价等，称为

“叙录”。刘向将此“叙录”抄写一份呈送皇帝，自己则留下底稿，保存积累，事成之后，汇编为《别录》。全书共 20 卷，著录图书 603 部，13219 卷，分为 6 部 38 种。

这六大部类分别是：1.六艺（易、书、诗、礼、乐、春秋、论语、孝经、小学）；2.诸子（儒、道、阴阳、法、名、纵横、杂、农、小说）；3.诗赋（屈原等、陆贾等、孙卿等、杂赋、歌诗）；4.兵书（兵权谋、兵形势、兵阴阳、兵技巧）；5.术数（天文、历谱、五行、蓍龟、杂占、形法）；6.方技（医经、经方、房中、神仙）。

《别录》不仅是第一部有详细内容提要的书籍目录，而且是我国历史上第一次出现的综合性书目。著录内容这样完备的目录，不仅在中国，在世界历史上都是首屈一指的。

此后，刘歆又将《别录》之中的各篇“叙录”予以简化，把著录的书分为六略，即六艺略、诸子略、诗赋略、兵书略、术数略、方技略，再在前面加上一个总论性质的“辑略”，编成了我国第一部分类目录《七略》。

东汉时期编修的宫廷藏书目录，如《兰台书部》《东观新记》《仁寿阕新记》，均以《七略》为蓝本。之后，南朝齐王俭《七志》、南朝梁阮孝绪《七录》、隋许善心《七林》、宋代郑寅《七录》，均采用七分法。

班固撰写《汉书》，内有“艺文志”一卷，为十志之一。其主要内容就是根据刘歆《七略》增删改撰而成的，仍存六艺、诸子、方技等六略三十八种的分类体系，又分解“辑略”而作为大、小序散入各类，并且补录了刘向、扬雄、杜林三家于西汉所撰写的著作。

班固也不掩刘歆的功劳，在《汉书·艺文志》中写道“今删其要，以备篇辑”，又在《汉书·楚元王传（附刘向、刘歆传）》中写道“《七略》剖判艺文，总百家之绪”。

后世对于《汉书》评价极高，刘歆《七略》也是有所贡献的。

五

说起刘歆的学问，何止“古文经学”与《七略》，他的才艺多到不可思议。

西汉末年，王莽篡权，为了满足其托古改制的政治需要，命律历学家刘歆主持系统考证历代度量衡制度的工作，完成了中国历史上规模最大的一次度量衡制度改革。

其中，最有名的标准量器，就是“新莽嘉量”。

新莽嘉量是一个五量合一的青铜器，以圆柱形的斛量为主体，圈足为斗量，左耳为升量，右耳上为合量、下为龠量。外壁正面刻有 81 字总铭，背面则分别刻有斛、斗、升、合、龠量之径、深和容积。

根据铭文，不但可以精确地计算出各量的容积，还可以推算出当时所用圆周率为 3.1547。考虑到当时通用的圆周率值是“周三径一”，刘歆的设计已经走到了时代的前面。

这件珍贵的标准量器如今藏于台北故宫博物院。

元始五年(5 年)，刘歆撰写《钟历书》与《三统历谱》。

前者是一部音乐著作，进行钟律的考定，以恢复古代的乐律。后者则是一部天文学著作，试图探索历史变化与天命的关系。

西汉初年，沿用秦朝的颛顼历。然而，被称为“古六历”之一的颛顼历，存在着一定的误差。元封六年(前 105 年)，经司马迁等人提议，汉武帝下令改定历法。次年，民间历算家唐都、落下闳及历官邓平、司马迁等人根据天象实测和长期天文记录制订了太初历。

西汉末年，刘歆则把董仲舒的“三统说”(即历史循环论，认为天之道周而复始，黑、白、赤三统循环往复)塞进了太初历，稍事补充，改名三统历。由于它汇通乐律、易数、五行等，以此解释历法中一些数据的来源，故而具有多元化视野。

刘歆所撰《三统历谱》不仅系统阐述了邓平的八十一分法，而且补充了很多原来简略的天文知识和上古以来天文文献的考证，成为《汉书·律历志》

历法部分的蓝本。其具体内容有造历的理论，节气、朔望、月食及五星等的常数和运算推步方法及基本恒星的距离等。可以说，它包含了现代天文年历的基本内容，因而被认为是世界上最早的天文年历的雏形。

在中国文学史上，汉赋、唐诗、宋词、元曲与明清小说是最为耀眼的几颗星辰。

由于年代久远，刘歆留下来的汉赋并不多，主要有《遂初赋》《甘泉宫赋》和《灯赋》。

南朝齐《古文苑·遂初赋序》写道："遂初赋者，刘歆所作。是时朝政已多失矣，歆以议论见排摈，志意不得。之官，经历故晋之域，感念思古，遂作斯赋，以叹往事，而寄己意。"

意思是："《遂初赋》，刘歆所作。当时，朝政多有弊端，刘歆由于抒发己见而被排斥，郁郁不得其志。在从河内太守转任五原太守的途中，经历山西境内，感念思古，因此写下此赋，以叹往事，而寄己意。"

《遂初赋》开创了中国文学史上辞赋创作的一个新题材，即纪行赋。纪行

赋是作者于行旅的过程中，在对沿途风物的描写之中，或融入对历史兴亡的感慨，或抒发身世之叹。

在《遂初赋》中，刘歆先是大发仲尼厄于陈蔡、屈原沉于湘渊的牢骚；当抵达边城五原之时，则生动地描写了秋季的旷野、沙石、冷风、霜雪、枯木、冻土、寒鸦、驿亭、飞帜等意象，鲜明地勾勒出一幅萧瑟寂寥、凄清落寞的自然图景，强烈地宣泄着谪居边疆的郁闷之情。这些文采飞扬的词句为包头地区刻下了最早的印记。当然，刘歆并未沉沦，随后表达了“外折冲以无虞兮，内抚民以永宁”的志向，想要做个保境安民的好领导。

《遂初赋》以描写沿途景致入手，烘托气氛、点染心情，使之情景交融，物与我为一，开启了汉赋的一种全新的美学风格。

此后，班彪的《北征赋》、曹大家的《东征赋》、蔡邕的《述行赋》等，就是在它的影响下发展起来的。

刘歆的《甘泉宫赋》与扬雄的《甘泉赋》写于同一年。汉赋四大家司马相如、扬雄、班固、张衡尤为擅长大赋，铺陈夸张、想象丰富、气魄宏伟、辞藻华丽，而扬雄的《甘泉赋》当属其中的代表作之一。刘歆的《甘泉宫赋》只留下残文，但从仅存的两百余字之中，不难窥测其意境当与扬雄的《甘泉宫赋》相差不远。

刘歆的《灯赋》则为一篇小赋。小赋讲究的是：篇幅短小、文采清丽、抒情咏物、讥讽时事。此赋全文为：“惟兹苍鹤，修丽以奇。身体剡削，头颈委蛇。负斯明烛，躬含冰池。明无不见，照察纤微。以夜继昼，烈者所依。”刘歆以灯的“修丽”“委蛇”“以夜继昼”来暗喻自己忠君守职的情操，又以“明无不见，照察纤微”来暗喻君王应当明察秋毫，不枉屈人与事。细细品读，颇有滋味。

此外，刘歆还是创作中国古代小说的鼻祖之一。

据说，历史笔记小说集《西京杂记》是由汉代刘歆所著，东晋葛洪辑抄的。“西京”指西汉的首都长安。此书写的是西汉杂史，既有史实，也有许多遗闻轶事，如“昭君出塞”“卓文君私奔司马相如”等，此外还是“凿壁借光”等典故的源泉。鲁迅先生曾经评价：“若论文学，则此在古小说中，固亦意绪秀异，文笔可观者也。”

《山海经》是中国志怪古籍，内容主要是民间传说中的地理知识，包括山川、道里、民族、物产、药物、祭祀、巫医等，还有夸父逐日、女娲补天、精卫填海、大禹治水等不少脍炙人口的远古神话传说和寓言故事。现在，大多数学者认为，《山海经》是一部早期有价值的地理著作。

相传，《山海经》是由远古的伯益所著，经过西汉刘向、刘歆编校，才成为传世书籍。

因此，国学大师章太炎曾评价刘歆为“孔子以后的最大人物”，历史学家顾颉刚也称赞刘歆是“学术界的大伟人”。

然而，常言道天妒英才。

像刘歆这样出身贵族而又才华横溢的旷世英才又会遭遇什么样的坎坷呢？

六

西汉后期，那位史上有名的王莽逐渐走上政治舞台。

王莽，字巨君，他的姑姑是汉元帝的皇后王政君。

王氏家族是当时权倾朝野的外戚家族，先后有九人封侯、五人担任大司马。王莽的堂兄堂弟大多为将军列侯之子，生活侈靡，声色犬马，互相攀比。唯独王莽少年丧父，家境比较清贫，也因此待人谦恭、生活俭朴，而且勤奋好学、知识渊博。王莽为人颇讲孝悌，精心服侍母亲及寡嫂，抚育兄长的遗子，行为严谨检点，对外结交贤士，对内侍奉诸位叔伯，十分周到。王莽简直就是这个世家大族中的另类，几乎成为当时的道德楷模，很快便声名远播。

西汉阳朔年间，大将军王凤病重，侄子王莽主动前来侍候，亲自尝药，不梳头、不洗脸，以致蓬头垢面，接连数月没有脱衣睡觉。王凤甚为感动，临死之前将王莽郑重地托付给王政君太后及汉成帝刘骜。由此，王莽被任命为黄门郎。

此时，出身于皇族的刘歆也正任职黄门郎。两位同样尊古好学的年轻人一见如故，相处得很是融洽。

绥和二年(前7年),汉成帝去世,汉哀帝即位,册封王政君为太皇太后。

这个时候,已经升任大司马的王莽以刘歆为有才有德的宗室,推举其为侍中、太中大夫,后又升为骑都尉,奉车光禄大夫。由此,刘歆地位尊贵,深受宠幸。

然而,“一朝天子一朝臣”。汉哀帝即位之后,他的祖母定陶王傅太后与丁皇后的家族开始得势。王莽屡受排挤,只得卸职,隐居于自己的封国(封地)新都,闭门不出,安分谨慎。期间,他的二儿子王获杀死奴婢,王莽严厉责备,命他自杀。在当时,奴婢本是主人的私有财产,地位低贱,纵使被杀,主人无非花些银子,便可摆平事端。王莽的这番举动实在令朝野震惊。

元寿二年(前1年),汉哀帝去世,并未留下子嗣。太皇太后王政君趁机把持朝政,诏命王莽再任大司马,录尚书事,兼管军事令及禁军。其后,王莽扶立九岁的汉平帝登基,由王莽代理政务,得到朝野的拥戴。

主持朝廷政务,离不开一帮得力的手下。王莽积极培植着自己的团队,以其堂弟王舜、王邑为心腹,用自己的亲信甄丰、甄邯主管纠察弹劾,平晏管理机要事务,刘歆主管礼乐及典章制度。此外,刘歆的儿子刘棻也因才能出众,颇受王莽的赏识。

元始元年(1年),王莽受封为“安汉公”。此际,王莽与其三大亲信升任“四辅”之位:王莽为太傅,领四辅之事;孔光为太师、王舜为太保、甄丰为少傅,位居三公之上。“四辅”大权独揽,除封爵之外,其余政事皆由“安汉公、四辅平决”。

随后,王莽加紧运作,意欲进一步控制朝廷,却又担心汉平帝的外戚卫氏得势,极力予以压制。王莽的长子王宇对于父亲的所作所为,心怀不满,派遣吕宽乘着夜幕,往王莽府门上泼洒血污,想借“天降惩兆”的迷信来劝说王莽。这点小小伎俩怎会在王莽面前得逞。随后,王莽将王宇打入大牢,迫其服毒自杀。

元始四年(4年),王莽四十九岁。汉平帝刘衎册立王莽长女王嬿为皇后(即孝平皇后,后来改封为黄皇室主)。当时,王嬿年仅八岁,恐怕是历史上最年幼的皇后了。与此同时,王莽的两个儿子也被封侯:王安为褒新侯,王临为赏都侯。

自从王莽重新执政之后，刘歆也接连受到提拔，历任羲和、京兆尹。

羲和也就是天文官，兼有太史令的职责；京兆尹也就是都城的最高行政长官，相当于如今的北京市委书记。

元始五年(5 年)，刘歆编著了《三统历谱》，并因“修建明堂、宣扬教化”有功，被封为红休侯。

此际，刘歆身为“典儒林史卜之官”，已经成为学术文化事业的最高领导人。

对于王莽来说，为了实现政治欲望，需要一种新的学说作为自己的理论武器。而刘歆所鼓吹的古文经学，尤其是其中的《左传》和《周礼》，颇有一些有利于其篡汉夺权的内容。因此，他利用政权的力量，大力支持刘歆推行古文经学，同时也利用刘歆等人通过古文经学为其固位、篡权和托古改制制造舆论，并提供谋略。

以古观今，王莽好比袁世凯，刘歆则好比杨度。

元始五年十二月十六日(6 年 2 月 4 日)，汉平帝去世，时年十四岁。为了更加利于把持朝政，王莽拥立只有两岁的孺子婴(即刘婴)为皇太子。

由于刘婴太过年幼，无法亲政，太皇太后王政君根据群臣之意，下诏让王莽“居摄践祚”，也就是代居皇帝之位。

趁此时机，刘歆等群臣从《尚书》和《周礼》等古籍中寻找周公居摄时的规矩，然后拟定了王莽居摄的形式，主要内容是：“服天子之服，用天子仪仗，如天子南面朝见群臣，处理政事。出入之际要戒严，臣民在其面前要自称臣妾，一如天子之制。举行祭祀典礼之时，赞礼者要称其为‘假皇帝’，臣民应称其为‘摄皇帝’，其自称应为‘予’，其公文应称‘制’。”如此一来，王莽与“真皇帝”相比，已经没有多大的区别了。

随后，王莽竟把年号改为“居摄”。

居摄三年(8 年)九月，王莽的母亲去世。为了更加巩固王莽的“皇帝”形象，以使天下人逐渐认可，刘歆等人建议：“摄皇帝当为功显君缌缞，弁而加麻环绖，如天子吊诸侯服，以应圣制。”(《汉书·王莽传》)

意思是："摄皇帝（王莽）应当为功显君（王莽母亲的封号）穿上缌缞，冠帽再加上用麻环绕而成的孝带，如同天子吊唁诸侯的丧装，以顺应圣王的制度。"

文人一旦趋炎附势，其渊博的知识很容易化为一剂迷药，使得天下舆论与百姓神志，昏然而盲从。这番功效并不次于武将手中的刀。

三个月后，王莽感觉形势已经"水到渠成"，遂逼迫太皇太后王政君交出传国玉玺，接受孺子婴禅让，篡夺刘姓汉朝天下，改国号为"新"。这一年，王莽 54 岁。

随即，王莽大行令封赏，身为"少阿、羲和、京兆尹、红休侯"的刘歆做了国师，赐封嘉新公。由此，刘歆为"四辅"之一，位列上公。

俗话说，"一人得道，鸡犬升天"。

刘歆生有三个儿子及一个女儿：长子刘叠被王莽任命为侍中、五官中郎将，封伊休侯；次子刘棻深得王莽赏识，官任侍中、东通灵将、五司大夫，封隆威侯；三子刘泳官任右曹长水校尉，封伐虏侯，女儿刘愔嫁给了王莽的第四个儿子王临。当时，王临身为太子，刘愔成为太子妃，也就是将来的皇后。

刘歆为公爵，三个儿子都为侯爵，女儿又是准皇后，当今天子王莽是他的亲家，此时的刘氏家族，何等荣耀！

七

然而，俗话说，"三十年河东，三十年河西"。

得意未曾长久，王莽的亲信甄丰、甄寻父子涉嫌谋反。严查之下，又牵连到了国师刘歆的儿子刘棻与刘泳、大司空王邑的弟弟左关将军掌威侯王奇，以及刘歆的学生侍中骑都尉丁隆等人。"牵引公卿党亲列侯以下，死者数百人。"（《汉书·王莽传》）

《尚书》记载，"大舜处置四罪"：把共工流放到幽州，把欢兜流放到崇山，把三苗驱逐到三危，把治水无功的鲧流放到羽山。坏人受到惩处，天下人心悦诚服。

崇古的王莽效仿大舜的做法，把刘棻流放到幽州，把甄寻驱逐到三危，把丁隆等人杀死在羽山，并用驿站用的车辆装他们的尸体。也就是说，王莽杀了他们还不算，还要凌辱他们，布告天下！

灾祸一旦来临，便止不住脚步。

由于王莽的妻子患有疾病，太子王临在宫中侍奉。王莽妻子身边的侍女原碧长得甜美妩媚又善于逢迎，颇受王莽宠幸。其后，太子王临又与她偷情。两人害怕事情泄露，遂密谋想杀死王莽。王临的妻子刘愔深受家学熏陶，会观星象，告诉王临宫中将有“白衣会”(也就是说帝室有丧，公卿素服而朝)。王临闻言大喜，认为密谋必会得逞。最终，事情还是泄露了，王临与刘愔先后被逼自杀。

话说，王莽喜欢复古，篡汉之后，便依照西周时代的制度，以求实现治国安天下的抱负。他所发起的改革与推行的新政，史称“王莽改制”。

王莽在始建国元年宣布的政策是：“将天下田改名‘王田’，以王田制为名恢复井田制；奴婢改称‘私属’，与王田均不得买卖。其后屡次改变币制，更改官制与官名，把盐、铁、酒、铸钱及山林川泽收归国有。”

然而，这些政策只求名目复古，很多是与实际情况相违背的，且在推行之时，手段和方法也欠妥当。而在遭到激烈反对之后，王莽又企图通过严刑峻法强制推行，使得诸侯、公卿、平民因违反法令而受重罪处罚者不计其数，加剧了社会的动荡。人们未蒙其利，先受其害，各项政策朝令夕改，使百姓官吏不知所从，导致天下豪强和平民的不满。与此同时，水、旱等天灾不断，广袤中原赤地千里、哀鸿遍野。

新莽天凤年间，赤眉、绿林、铜马等数十股大小农民军纷纷揭竿而起，大批豪强地主也乘势开始倒莽。顿时，海内分崩，天下大乱。

地皇三年(22 年)，汉高祖刘邦的九世孙刘秀于南阳郡春陵乡正式起兵反莽。

更始元年(23 年)，王莽派遣大司空王邑、大司徒王寻征调各州郡精兵共 42 万，向昆阳及宛城发起猛攻。此战，刘秀率兵反击，以少胜多，取得了历史上有名的“昆阳大捷”。

昆阳惨败的消息传来，王莽异常震惊，整个新莽朝廷上下也为之惊恐。

新莽的卫将军王涉素来供养着道士西门君惠，此人爱好天文谶讳。当时，西门君惠对王涉说道："星孛扫宫室，刘氏当复兴，国师公姓名是也。"(《汉书·王莽传》)

意思是："有一颗星光芒耀眼，扫射皇宫，刘氏必当复兴，国师嘉新公刘秀(即刘歆)的姓名正应天命。"

于是，卫将军王涉动了心思，与大司马董忠商议，想要联合国师刘歆，共同起兵反叛。

王涉前去劝说刘歆："大司马董忠主管中军精兵，我率领着宫廷卫队，您的大儿子伊休侯刘叠又统领殿中警卫，如果我们大家同心合谋，一起劫持皇帝王莽，前往东方投降南阳郡的刘秀，就可以保全我们的家族。不然的话，杀身灭族之祸即将来临啊！"

此时，刘歆痛恨王莽杀死了他的两子一女，并且通过观察天象，知道东方军队必定成功，于是与王涉、董忠共同密谋，准备发动叛乱。

不过，史书之上，还有另外一种说法。

古老而神秘的"河图"之中，隐藏着一道暗符："王莽篡位，天祚短暂；汉室复兴，刘秀登基。"而前世的博物道术之士谷子云、夏贺良等人已经破解了这个预言，并且悄然流传于世。也正是出于这个原因，精通天文地理的刘歆把自己的名字改为刘秀，希望能够应验符运。到了王莽末年，道士西门君惠说刘秀当为天子，于是王涉等人"遂谋立子骏"，打算扶立刘秀(即刘歆)为天子。

前一种说法见于《汉书·楚元王传》，后一种说法见于《后汉书·窦融列传》。

无论哪种说法更符合历史的真相，反正刘歆是要反叛了。

不过，在观察天象之后，刘歆并不主张立即起兵，而是说："太白星出现后才可以行动。"

当断不断，必受其乱。

这年七月，密谋败露，大司马董忠被杀。随后，王莽下令逮捕董忠的家族，用浓醋、毒药和小刀子、棘条子合成一穴，活活埋葬了他们。

见此情形，刘歆与王涉也都自杀了。

王莽因为这两个人是至亲和老部下，并且嫌厌人家说他的内部崩溃了，决定不公开宣布对他们的惩罚。

刘歆的长子伊休侯刘叠一向谨慎行事，颇得王莽宠信，并且刘歆也一直没有把密谋的事情告诉他，因此王莽只是免掉了刘叠的侍中、五官中郎将，改任中散大夫。刘歆家族总算留下一支可以上墓烧香的血脉。

两千年的烟云将古城变成了废墟，也冲淡了往昔的是非与恩怨。

秋风中，又隐约传来了吟咏："既邕容以自得兮，唯惕惧于笁寒。攸潜温之玄室兮，涤浊秽于太清。反情素于寂漠兮，居华体之冥冥。玩琴书以条畅兮，考性命之变态。运四时而览阴阳兮，总万物之珍怪。虽穷天地之极变兮，曾何足乎留意。长恬淡以欢娱兮，固贤圣之所喜。"（摘自《遂初赋》）

魂兮，归来。

"王莽亲信"赵并与王况

一

"敕勒川，阴山下。天似穹庐，笼盖四野。天苍苍，野茫茫，风吹草低见牛羊。"(北朝民谣《敕勒歌》)

敕勒川位于阴山南麓、黄河北岸，地势平坦、水草丰美，西起如今巴彦淖尔市的河套地区，横贯包头市南部平原，东至呼和浩特市的土默川。这片土地恰好位于季风区与非季风区的分界线南侧，宜于放牧，也宜于耕种。

早在6000年前，包头地区的阿善人已经在敕勒川上春耕秋获，那些大大小小的贮粮窖穴，反映着农耕的兴盛。

此后，战国时期的赵武灵王、秦朝的秦始皇以及汉武帝之后的历代帝王，凡是出兵占据这片土地，莫不移民实边，垦荒屯田。

初元元年(前48年)，归附汉朝的呼韩邪单于稽侯狦，由于连遭灾荒，牲畜损失无数，百姓难以饱腹，向汉元帝刘奭求援。汉元帝命令云中郡、五原郡转送匈奴谷米二万斛，进行赈济。可见，五原郡(郡治九原县，今内蒙古包头市九原区的麻池古城)农业比较发达，能够产出剩余的粮食，对外调剂。

始建国三年(11年)，王莽派遣尚书大夫赵并出使北疆，慰劳边郡将士。赵并返回京城之后，上书奏事："五原北假膏壤殖谷，异时常置田官。"(《汉书·王莽传(中)》)

也就是说，五原、北假等处土地肥沃，宜于殖谷，过去常置田官，屯田积粮。

赵并所说的五原主要指如今的包头南部平原，北假则是巴彦淖尔市狼山至乌梁素海东部的地域。如今，这些地区仍是北方的重要产粮区。

王莽读罢奏章，颁下诏令，任命赵并为田禾将军，征发戍卒，垦荒屯田，以助军粮。

王莽喜欢复古，篡汉之后，便依照西周时代的制度进行一系列变革，以求实现治国安天下的抱负。他所发起的改革与推行的新政，史称"王莽改制"。

王莽改制盲目复古，忽视现实情形，所颁政令大多浮夸虚泛。这样的政令往往碰壁，于是朝令夕改，让百姓无所适从，也让官员疲于奔命。

赵并被任命为田禾将军，暗中庆幸，从此可将精力投向北疆屯田，而不必再参与过多的朝廷纷争了。

上一年，那场"验治符命"事件已经让他从困惑转向了忧郁。

二

汉朝大儒董仲舒曾经阐述"天人合一、天人感应"的理论，认为上天有意志、有感情、有愿望，也有启示。

这番理论仿佛给"符命之说"打了鸡血，盛行于西汉与东汉。

符命之说认为帝王兴起或政治清明之时，上天就会特意降临某种祥瑞，作为预兆与启示。符，即符合；命，即天命。符命论与灾异论一样，是儒家天命论的一种观点，是封建统治宣传的一种手段。

存心想要篡夺刘姓汉朝的王莽，对于符命之说，颇有兴趣。

西汉元始一年(1年)，王莽受封为"安汉公"。

元始五年十二月十六日(6年2月4日)，汉平帝去世，时年十四岁。为了更加利于把持朝政，王莽拥立只有两岁的孺子婴(即刘婴)为皇太子。由此，王莽成为"摄皇帝"，也就是代居皇帝之位。

就在这个月，"孟通浚井得白石，上圆下方，有丹书著石，文曰：告安汉公莽为皇帝”(《汉书·王莽传(上)》)。

也就是说,孟通掘井,得到一块白色石头,上圆下方,并且刻着一行红字:应让安汉公王莽当皇帝。

从此,上天的指示接二连三地出现。

广饶侯刘京上奏:齐郡临淄县昌光亭长辛当一晚几次做梦,梦见人说:“我是天公的使者。天公吩咐:摄皇帝应当做真皇帝。若不相信,请看这个亭中将会出现一口新井。”亭长早晨起来,前往亭中查看,果然有一口新井,井深将近百尺。

车骑将军千人扈云上奏:巴郡发现石牛,也有摄皇帝应做真皇帝的文字。

太保属臧鸿上奏:扶风雍县发现一块奇石,也有类似文字。

对于此类事件,王莽心知肚明,当然不会亏待这些人,凡是上奏之人全部飞黄腾达。

官员们趋炎附势,平民百姓也不甘落后。

梓潼人哀章造了个铜匮(铜柜),放进两册贴有标签的图书,一册写着“天帝行玺金匮图”,一册写着“赤帝行玺某传予黄帝金策书”。某指高皇帝的名字。图书之上说道,王莽为真天子,并且清清楚楚地写着王莽视为心腹的八位大臣的姓名,又有两个吉祥的姓名王兴、王盛,寓意王氏兴盛。当然,哀章也把自己的姓名加了进去,总共十一个人,全部标明官爵,作为皇帝王莽的辅臣。

始建国元年(9年)正月,王莽如愿以偿登上皇帝宝座,随即按照那两册图书大加封赏。

以太傅、左辅、骠骑将军安阳侯王舜为太师,封安新公;大司徒就德侯平晏为太傅,封就新公;少阿、羲和、京兆尹、红休侯刘歆为国师,封嘉新公;广汉梓潼哀章为国将,封美新公。是为四辅,位上公。

太保、后承承阳侯甄邯为大司马,封承新公;丕进侯王寻为大司徒,封章新公;步兵将军成都侯王邑为大司空,封隆新公。是为三公。

大阿、右拂、大司空、卫将军广阳侯甄丰为更始将军,封广新公;京兆王兴为卫将军,封奉新公;轻车将军成武侯孙建为立国将军,封成新公;京兆王盛为前将军,封崇新公。是为四将。

总计:四辅、三公、四将,十一个人。

其中,王舜、平晏、刘歆、甄邯、王寻、王邑、甄丰、孙建,这八个人本来就是王莽的心腹。

再加上那位呈献铜匮图书的哀章,就是九个人了。

王兴是以前的城门令史,王盛则是京城卖饼之人。王莽按照符命寻得同名同姓者十余人,这两个幸运儿由于容貌对应卜相,直登公爵之位,比火箭还蹿得快、蹿得高。其余的那十几个王兴、王盛,也没白来,都任命为郎官。看来,取个好名字,真的可能交上好运气。

始建国元年(9年)秋天,王莽派遣五威将王奇等十二人巡游全国,颁发《符命》四十二篇:"德祥"有五篇、"符命"有二十五篇、"福应"有十二篇。

"德祥,言文、宣之世黄龙见于成纪、新都,高祖考王伯墓门梓柱生枝叶之属。符命,言井石、金匮之属。福应,言雌鸡化为雄之属。其文尔雅依托,皆为作说,大归言莽当代汉有天下云。"(《汉书·王莽传(中)》)

新朝皇帝王莽不仅以符命赐官封爵,还以符命更改地名。"郡县以亭为名者三百六十,以应符命文也。"

其中,五原郡的五原县就被改成了填河亭。

始建国二年(10年),哀章借着铜匮图书而发迹的事情传扬开来,官吏小民争先恐后地呈献符命,以求升官发财。那些鄙视这种勾当的人则互相调侃:"你独独没有接到天帝的任命状吗?"

司命陈崇向王莽奏称:"这将为奸臣开辟追求利禄之路,混乱天命,应该断其根源。"

此时,王莽已经借助符命实现了自己的理想,内心深处也对这些装神弄鬼的符命感到了厌倦,于是派遣尚书大夫赵并负责验治,凡不属于五威将王奇等人颁布的符命,自行制造者,一律逮捕入狱。

热闹非凡的符命经过赵并的一番验治,烟消云散。

能够奉命承办这样的重要事情,可见赵并是颇受王莽信任的。不过,比起王况来说，还是有些逊色。

三

王况为王莽四叔王商之子，与王莽是堂兄弟。

永始元年（前 16 年），成都侯王商为了扶持王莽，请求汉成帝将自己的户邑分封给这位侄儿。同时，很多名士也联名上书，盛赞王莽的人品和才德。汉成帝顺水推舟，封王莽为新都侯，晋升为骑都尉、光禄大夫、侍中。

对于这位叔父，王莽心怀感激，因此也颇为宠信王况。

居摄二年（7 年），东郡太守翟义不满王莽夺权篡位的阴谋，拥立东平王刘云之子刘信为天子，自任大司马、柱天大将军，首揭反抗王莽的大旗。翟义传檄声讨：“言莽鸩杀孝平皇帝，矫摄尊号，今天子已立，共行天罚。”（《汉书·翟方进传（附翟义）》）

也就是说，王莽毒杀汉平帝，矫摄皇帝名号，如今我们新立刘姓汉家天子，希望诸位共同替天行道。

义旗高举，四方震动。等翟义进军山阳之时，响应的人马已有十余万。

王莽又惊又惧，任命轻车将军成武侯孙建为奋武将军，光禄勋成都侯王邑为虎牙将军，明义侯王骏为强弩将军，春王城门校尉王况为震威将军，宗伯忠孝侯刘宏为奋冲将军，中少府建威侯王昌为中坚将军，中郎将震羌侯窦兄为奋威将军，共计七位将军，倾其兵力，西出函谷关，前去镇压。

经过几场战斗，终因寡不敌众，反抗王莽的起义失败。翟义被捕，碎尸于陈都大街。

始建国二年（10 年），王莽定下计谋，欲把匈奴分为十五个小国，各立单于，使其由分裂走向衰亡。

因此，王莽决定出兵北疆，既是炫耀新朝武力，又趁机引诱匈奴诸王归降，分别领受单于的头衔。

王莽派遣五威将军苗䜣、虎贲将军王况出兵五原（郡治九原县，今内蒙古包头市九原区的麻池古城），厌难将军陈钦、震狄将军王巡出兵云中（郡治云中县，今内蒙古托克托县古城乡古城），振武将军王嘉、平狄将军王萌出兵代郡（郡治代县，今河北省蔚县东北代王城），相威将军李棽、镇远将军李翁出兵西河（郡治平定县，今内蒙古鄂尔多斯市杭锦旗浩绕柴达木苏木），诛貉将军阳俊、讨秽将军严尤出兵渔阳（郡治渔阳县，今北京市怀柔县梨园庄东南），奋武将军王骏、定胡将军王晏出兵张掖（郡治觻得县，今甘肃省张掖市甘州区西北）。三十万大军远征，浩浩荡荡，单是偏将就有一百八十人。

然而，这场兴师动众的远征只是把匈奴逼往漠北，没有得到几位归降的名王，王莽准备好的单于印绶，大多无用。

新朝末年，天下皆叛，豪杰并起，共同讨伐王莽。当时，刘玄在南阳起兵，自称更始帝，刘秀也起兵策应。

地皇四年（23 年）三月，王凤与刘秀等人攻下颍川、昆阳、定陵、郾城等地，声势大震。八月，于匡与邓晔率领一百余人，在析县（今河南省西峡县）南乡起兵，以响应汉军。

不久，于匡和邓晔向西挺进，攻陷京城长安（今陕西省西安市）附近的湖县，王莽颇为震惊与恐惧。

王莽任命九位将军，皆以虎为号，九位将军称为“九虎”，率领禁卫军精锐士兵数万人向东开去，讨伐邓晔、于匡等人。

王莽担心九虎将军作战不卖力，便把他们的妻子儿女留在皇宫里作为人质。此时，宫中尚存黄金六十匮（柜），每匮万斤，钱币、绢帛、珠宝等财物也有很多。然而，王莽极为吝啬，不肯拿出犒赏军士，只是赏给九虎部队每名士兵四千钱。见此情形，士兵们满腔怨愤，战斗意志降到了冰点。

九虎将军率兵抵达华阴县的回溪，扼守险要，北起黄河南岸，南至崤山。于匡带领几千弓箭手，佯装正面挑战。邓晔则率领两万多人，从阌乡县向南进到枣街、作姑，击败其中的一部，再向北绕到九虎的背后，发起攻击。

一方是志在必得的义军，一方是丧失斗志的官兵，交战不久，胜负已经分明。

眼看大势已去，王莽的九虎将军也四散而逃。

三位虎将军郭钦、陈翚、成重收集散兵，保卫渭口京师仓；两位虎将军史熊、王况回到朝廷,接受死刑处分;其他四位虎将军则逃亡在外,不知去向。

王况所参加的三次战事,第一次胜利,第二次没有收获,第三次失败,并且送了性命。

王莽篡汉之后的政治生涯如同这位堂兄弟王况的沙场运气,每况愈下,日薄西山。

十月三日,绿林军冲进长安,王莽被杀,头颅悬于宛市,"百姓共提击之,或切食其舌"(《汉书·王莽传(下)》)。

新朝灭亡,王莽的头颅却被后世历代皇室所收藏,直到公元 295 年晋惠帝时洛阳武库遭遇大火,才被焚毁。

“阴山脚下皇帝梦”卢芳

一

“苟富贵，无相忘。”

秦朝末年，陈涉(也叫陈胜)“尝与人佣耕，辍耕之垄上，怅恨久之”。耕作本已不是大丈夫的抱负，更何况还是一个为人扛活儿的长工呢？

与此相应的，还有陈胜那句著名的“嗟乎！燕雀安知鸿鹄之志哉！”

卢芳，字君期，安定三水人，也就是如今的宁夏同心县人，居于左谷。他是当地有名的地主，生活远比陈涉过得安逸。然而，他也有着鸿鹄之志：谈起人生抱负，富家翁岂比万户侯?!

时机，还真的来了。

西汉初始元年(8年)，腊月初一，王莽篡汉，建立新朝，天下陷入纷争。

此际，远离长安城的左谷，一帮地方豪杰正在聚会欢宴。宴会的主人正是心怀大志的卢芳。卢芳家有良田千顷、骏马百匹，是三水县首屈一指的富户。他性情豪爽，喜欢自比为战国时期的孟尝君，门下收聚着不少奇人异士。稍有闲暇，他便引着众人出城，拉弓拽箭进行围猎。所猎之物，卢芳很少自留，而是喜欢分发给众人，就连路上相遇的人也可以得到一份。其他豪强无不敬慕卢芳，以能与他一同围猎及畅饮为荣。

在地处偏僻的左谷，这可是一场规模少有的盛宴，牛杀了两头，羊杀了二十只，鸡、鸭、鱼之类更不用提。酒过数巡，豪强们与门客们的脸上都已经泛红。卢芳起身离席，走到中央，先是痛斥王莽对刘姓汉朝的辜负与不义，接着诉说新朝税赋徭役的沉重与政策的朝令夕改，"民不聊生，皆思前朝"。说到慷慨之处，他命人取来一把宝剑，一把只有汉朝宗室贵族才有资格佩带的宝剑。

卢芳用手轻抚宝剑，缓缓说道："其实，我本名刘芳，字文伯。我的曾祖父是汉武帝，我的曾祖母是匈奴谷蠡浑邪王之姊，为武帝皇后，他们生有三子，长子为戾太子刘据，次子为次卿，三子为回卿。可叹，奸臣江充发起巫蛊之乱，太子蒙冤被诛，皇后也牵连自尽。"说到这里，卢芳眼眶通红，握着宝剑的手，由于用力，青筋暴起。

卢芳稳定了一下情绪，继续诉说家史："眼看大祸临头，二儿子刘次卿逃往长陵，小儿子刘回卿逃往左谷。元平元年，霍光等人辅政，废黜刘贺，迎立次卿为汉宣帝。此时，目睹争权乱象的回卿，不愿重返宫廷，遂长期隐居左谷。之后，回卿生子刘孙卿，刘孙卿生子刘文伯，也就是在下。"话音刚落，宴席之间发出惊叹连连，众人这才知晓自己原来竟是与汉武大帝的曾孙觥筹交错，荣幸之余，心底也涌起几分攀附贵人的念头。

卢芳并没有露出得意之色，神情反而更加凝重："我们祖孙三代，虽然出身宗室，却都隐姓埋名，只愿在这偏僻之地，享受一份安定的生活。未曾料到，奸贼王莽不思竭忠报效，竟然篡夺天下，残杀刘姓宗族，又横征暴敛，逼得各地官吏与百姓举义反抗。我今日不顾安危，剖露身份，期盼诸位与我一同起兵，驱逐逆贼，恢复汉家天下，使百姓重享安定富足。功成之日，高官厚禄自不必说！不知，可有血性男儿与我共饮这一杯誓酒?！"

身为男人，又有这样的境遇，谁还没有一个鸿鹄之志呢?群情激昂，揎拳攘臂，纷纷表态愿做一番忠君报国的大事业！

很快，卢芳(不对，现在该叫刘芳刘文伯了)的皇族身份就在安定郡传扬开来，有鸿鹄之志的豪杰赶来投效，没有鸿鹄之志的邻居也连声嚷着："苟富贵，无相忘。"

那个时候，信息产业不够发达，教育普及程度也不高，人们对谣言的识别能力比较低下，轻易就听信了卢芳编造的皇族简史。

戾太子刘据确有其人，巫蛊之乱也确有其事。不过，汉朝官员们都知道，汉武帝生前有两个皇后，元配是陈阿娇，继任的是卫子夫，死后又追封李夫人，此外还宠爱过王夫人、赵婕妤等人，却从来没有册立过匈奴美女作为皇后。汉宣帝刘询也确实有个刘次聊的别名，但他并非汉武帝的次子，而是戾太子刘据的孙子，也就是汉武帝的曾孙。卢芳这番编造，把个汉家皇室的辈分搞得乱七八糟。

不过，安定郡的豪强与百姓很是相信卢芳编造的这套谎言。当年，匈奴呼韩邪单于想要归附汉宣帝，而汉宣帝也对他那么优待，肯定是因为汉宣帝刘次聊母亲是匈奴谷蠡浑邪王之姊的缘故呀，说不定呼韩邪单于与汉宣帝还是远房的姑舅兄弟呢！

谣言起于没底线的谎话，而兴于脑洞大开的联想。

王莽末期，卢芳羽翼逐渐丰满，又联合胡羌起兵，与绿林军、赤眉军遥相呼应，共同征讨王莽。

二

公元 23 年，绿林军攻入长安，王莽被杀。

公元 24 年，更始帝刘玄迁都长安，征召卢芳为骑都尉，让他镇抚安定以西地区。

公元 25 年，更始帝刘玄被赤眉军所杀，天下再次陷入纷乱。

群雄割据的局面让三水豪杰有了更多的期望。他们商议，卢芳乃是“刘氏子孙，宜承宗庙”(《后汉书·王刘张李彭卢列传》)。

于是，他们共同拥立卢芳为上将军、平西王，并且派出使者前往西羌、匈奴结亲和好。

此时，能征善战的刘秀在河北鄗城称帝，收降了赤眉军，随即进军关东，意欲一统天下。曾经深受汉武帝征伐之苦的匈奴看到刘秀军队的横冲直撞，很有些忧虑。读罢卢芳言辞恭顺的和亲书信，匈奴单于颇为满意，摆下盛宴，亲自款待使者。这样的待遇是卢芳使者始料未及的，也让几位匈奴贵族很有些不以为然。区区一个卢芳,兵不过万,凭什么受到单于的如此抬举?

酒至半酣,匈奴单于举杯说道:"当年,匈奴与汉朝相互约为兄弟。后来,匈奴衰落,呼韩邪单于归附汉朝,得到汉朝发兵拥护,使得匈奴重新兴起,由此世世代代向汉朝称臣。如今,汉朝也面临败绝,刘氏宗族前来归附于我,我理所应当拥立他,刘芳(卢芳)得此雪中送炭,亦会从此尊奉匈奴。"

于是,匈奴单于派遣句林王率领数千骑兵迎接卢芳,约他共商大计。卢芳闻讯大喜,带着哥哥卢禽、弟弟卢程,同赴匈奴单于庭。

塞北草原,秋风猎猎。匈奴单于发下号令,拥立刘芳(卢芳)为汉朝皇帝,并将全力助他攻取中原,重建刘氏宗庙,同时封卢程为中郎将,率领匈奴骑兵入驻安定,作为汉朝复兴的根据地。

匈奴单于的想法是要通过拥立一个刘氏小国,作为与刘秀东汉王朝的隔离带与缓冲区。

顺便说一句,此时匈奴帝国的老大正是呼都而尸道皋若鞮单于。当年,他为了保障自己的儿子能够继承单于之位,杀害了王昭君的儿子伊屠智牙师,也是一个狠角色!

起初,五原(郡治九原县,今内蒙古包头市九原区的麻池古城)的李兴、随昱,朔方(郡治朔方城,今内蒙古杭锦旗独贵塔拉乡,古城已湮没)的田飒,代郡(郡治代县,今河北省蔚县东北代王城)的石鲔、闵堪,先后起兵,自称将军,都想在乱世之际成就一番霸业。

公元28年,匈奴单于派遣无楼且渠王率兵从五原塞(今包头市达茂旗西河乡什拉文格古城)南下,在恩威并施之下,与李兴等人缔结和亲之约,同时告知他们:匈奴准备让刘芳(卢芳)返回汉地,并且还要扶持他坐上汉家皇帝的宝座。

建武五年(29年),李兴、闵堪率领兵马,前往匈奴单于庭,恭迎卢芳。一支浩浩荡荡的队伍从漠北出发,途经五原塞,再穿过昆都仑河谷,开进了九原县城。城内,欢宴三天。接着,便是大兴土木。数十天后,三座宫殿伫立在高高的夯土台上,虽然比不上长安城内的富丽堂皇,却也有几分尊贵与气派。

卢芳的汉朝当然不会被光武帝刘秀认可，但他正忙于征战中原，根本无暇北上讨伐。当了皇帝的卢芳也极力扩张疆域，先后占据五原郡、朔方郡、云中郡、定襄郡与雁门郡，领地包括今天的内蒙古中西部和山西北部。

既然已经富贵，卢芳也不忘前言，忙不迭地分封赏赐。拥立有功的各路军阀被封为郡守，起事有功的三水豪强被封为县令，好友邻居也各有所得。哪个人不称赞卢芳信守诺言？

为了掠夺更多的土地、财富与人口，卢芳与匈奴单于相勾结，不断合兵南侵，搅扰的汉朝北方边境一片凄风苦雨。

建武六年（30 年），卢芳小王朝的将军贾览率领匈奴骑兵袭击代郡，杀死太守刘兴。一时间，边民谈兵变色，人心惶惶，陆续南迁。

三

中国历代皇帝大都有一个通病，总在疑忌手下的大臣，特别是握有兵权的将领。宋太祖赵匡胤“杯酒释兵权”，算是很仁慈的做法了，不少人一旦坐稳至高无上的宝座便大杀开国功臣，比如刘邦、朱元璋……

卢芳虽然只是一个偏居北疆的伪皇帝，却也患上了这种病，刚刚稳住地位，便找借口诛杀了当初将他拥上皇帝宝座的五原太守李兴兄弟。然而，在乱世之中，“杀鸡给猴看”的手段虽能震摄人心，却也容易刺激手下的将领“另投明主”。

朔方太守田飒、云中太守桥扈，惊惧之下，背叛卢芳，举郡归降光武帝。抱有雄心大志的刘秀听闻两郡不战而降，喜出望外，仍让他们承领旧职，以示安抚与信任。

卢芳悔之无及，势单力薄之下，只得进一步投靠匈奴，并且不断出兵南侵，以求收复故土。此时，刘秀已经稳定了关中及中原腹地，遂决定腾出手来解决卢芳。南征北战屡建功勋的大司马吴汉、骠骑大将军杜茂本以为小小卢芳马到擒来，结果数次苦战，无功而返。班师回朝，不仅两位大将满面羞愧，光武帝也有几天食不知味了。

看来，卢芳此人在用兵方面，还是很有一套的。

然而，卢芳的小王朝与刘秀的大汉朝相比，从疆域面积到军队数量，从百姓人数到财赋收入，有着天壤之别，虽能得意一时，终究难以长久抗衡。

建武十二年(36年)，卢芳与贾览合力攻打云中郡，汉军拼命死守，久攻不下。更让卢芳上火的是，军中粮草已经告竭，却迟迟不见五原郡等地的粮车与援军。几天来，饿极了的士兵陆续逃走，卢芳下令杀了几十人，却没有多大效用。

那天晚上，军营中来了一位行色匆匆的人，原来是卢芳派驻在皇城之中的心腹。他向卢芳秘报：留守九原的大将随昱正与其他将领私下谋划，准备伺机胁执卢芳，归降光武帝。

建武十三年(37年)二月，大雪，寒风呼啸。军帐中，卢芳脸色铁青，他深知自己已经陷入了部将背弃、士兵离心的绝境。踌躇半夜，卢芳挥刀杀死随军的爱姬，抛下辎重，只带着十余名心腹，向北逃亡。北方有匈奴，那是他唯一的归宿。

卢芳逃亡之后，他的军队全部归附了随昱。

等待了数日，光武帝的使者程恂终于来到九原县城，当看到那三座宫殿之时，他的神情转为凝重。面对恭敬有加的随昱，他劝说道："这三座伪宫乃是违制僭越之物。将军既有意弃暗投明，何不把它们尽行拆除，以明心志。"

在一片嘈杂声中，三座宫殿轰然倒塌，卢芳的汉朝仅仅延续了八年就消逝在历史的烟尘之中。

随着程恂前往洛阳拜谒的随昱得到了光武帝的恩遇，被任命为五原太守，并封镌胡侯，就连他的弟弟随宪也被封为武进侯。

由此，五原郡再次纳入了中原王朝的疆域之内。

建武十六年(40年)，卢芳从匈奴回到代郡高柳，也就是如今山西省阳高县西北。他与闵堪的哥哥闵林派遣使者前往东汉都城洛阳，请求归降。十二月甲辰，光武帝封卢芳为代王、闵堪为代国国相、闵林为代国太傅，赏赐缯帛两万匹，并派他去与匈奴修好。

接到封诏，卢芳激动不已，连忙上疏谢罪："臣芳过托先帝遗体，弃在边陲。社稷遭王莽废绝，以是子孙之忧，所宜共诛，故遂西连羌戎，北怀匈奴。单于不忘旧德，权立救助，是时兵革并起，往往而在。臣非敢有所贪觊，期于奉承宗庙，兴立社稷，是以久僭号位，十有余年，罪宜万死。陛下圣德高明，躬率众贤，海内宾服，惠及殊俗。以胏附之故，赦臣芳罪，加以仁恩，封为代王，使备北藩。无以报塞重责，冀必欲和辑匈奴，不敢遗余力，负恩贷。谨奉天子玉玺，思望阙庭。”(《后汉书·王刘张李彭卢列传(卢芳)》)

意思是，卢芳上疏谢恩说：“臣卢芳有幸身为先帝子孙，因事远逃边陲。当初，汉朝社稷遭到王莽废绝，这是刘氏子孙的忧虑，应当奋起共诛国贼。因此，我向西联络羌戎，向北结交匈奴。单于不忘汉朝旧德，权且立我，以相救助。那时，兵革并起，处处都是硝烟烽火。臣非敢有所贪婪觊觎，只望能奉承宗庙、振兴社稷，因而十多年来久僭汉帝号位，真是罪该万死。陛下圣德高明，亲自统率群贤，海内归服，恩惠及于远方，以亲属之故，赦免我的罪过，加以仁恩，封我为代王，令我守备北部边疆。无以报答重责，希望能与匈奴和睦相处，以不辜负圣恩。谨奉献天子玉玺，望到阙庭朝拜。”

到了这种地步，卢芳仍以刘氏皇族自居，真可谓“煮熟的鸭子——嘴硬”！

光武帝在封诏中让卢芳于次年正月入朝觐见。

十二月封赏，次年正月就要召见，光武帝的性子似乎有些急。卢芳心里犹豫了一番，终于咬紧牙关决定前往。他以性命下了赌注：天下初定，正是兼收并蓄之际，光武帝不太可能对远道来降的人举起屠刀。卢芳倾其所有，收购骏马、貂皮、雕翎等物，迎着漫天风雪，向洛阳迤逦而行。

寒冬跋涉，甚是艰辛。不过，只要光武帝能够不计前嫌，让自己安稳度过后半生，再多些苦，也是值得的。然而，刚走到昌平，卢芳又接到了东汉朝廷的诏令，觐见日期延后一年。本就心存疑虑的卢芳惴惴不安地返回光武帝封给自己的代郡。

可能是太多心了吧，当闵堪、闵林到郊外迎接之时，卢芳隐约感到一种肃杀之气。莫非，在自己赴京途中，朝廷与这兄弟二人定下了什么计谋？

建武十八年(42年)，忧惧之中的卢芳终于再次起兵反叛，与闵堪、闵林兄弟相攻连月。卢芳并没有取得优势,他逐渐清楚:阴山之南虽然广阔,却再也没有自己的容身之地了。

困顿之际,匈奴单于不忘旧情,派遣数百骑兵前来迎接卢芳。时值五月,草色青青、百鸟飞鸣,卢芳命人载着家眷先行。他扎下帐篷,举行了最后一场围猎,然后将三水起兵时的那把宝剑深深埋在阴山脚下。

此后,卢芳居留匈奴十余年,病死。

两千年的风尘模糊了卢芳的背影,也让九原县城(麻池古城)之内的三座宫殿彻底沦为废丘。当地人将它们称为"大圪旦""二圪旦"和"三圪旦",上面的残砖断瓦至今堆积甚厚。

它们应该分别是议事的宫殿、宴会的宫殿和就寝的宫殿。

不过,"宫殿"与"圪旦"如何一一对应,我紧锁眉头,思考良久……

“归附东汉”匈奴醢落尸逐鞮单于

一

建始二年(前31年),匈奴呼韩邪单于病重,临终之前,留下遗嘱:“立雕陶莫皋,约令传国与弟。”呼韩邪单于指定雕陶莫皋继承单于之位,同时立下约定,单于之位将兄弟相传,也就是说哥哥死了,单于的位子不能传给儿子,要传给弟弟。

呼韩邪单于曾经迎娶汉朝佳人王昭君,两人生有一个儿子伊屠智牙师,被封为右日逐王。

呼韩邪单于死后,雕陶莫皋即位,为复株累若鞮单于。数十年间,匈奴先后经历搜谐若鞮单于、车牙若鞮单于、乌珠留若鞮单于三位单于。

经过几番兄弟相传,宁胡阏氏王昭君所生的儿子伊屠智牙师,排队名次不断提升,也快要当上匈奴帝国的老大了。

始建国五年(13年),乌珠留若鞮单于去世。此际,按照排队次序,应由其异母兄弟舆来继承单于之位。

当时,匈奴的执政大臣为右骨都侯须卜当,也就是王昭君大女儿须卜居次云的丈夫。须卜居次云身上流淌着一半的汉人血脉,素来赞成与汉朝和睦相处。她又与咸交情深厚,看到咸很会与汉人打交道,因此便想将落魄的咸拥立为新单于。

这位右骨都侯须卜当,用如今的四川方言来讲,是个“粑耳朵”,很听老婆的话。于是,曾被贬为于粟置支侯的咸,这回真是咸鱼翻身了,竟然当上了匈奴帝国的老大,称为乌累若鞮单于。

天凤五年(18 年),乌累若鞮单于(咸)去世。终于,其异母兄弟舆获得继任资格,称为呼都而尸道皋若鞮单于。

当年,乌珠留若鞮单于去世之后,本就应该由舆继任。结果,经过王昭君女儿与女婿的一番运作,单于宝座被夺走,交给了咸。舆的心中肯定不是滋味。

当呼都而尸道皋若鞮单于(舆)坐稳单于之位后,不想再将单于之位依次传给弟弟们,而是想传给自己的儿子。恰在此时,该由王昭君的儿子伊屠智牙师来当左贤王了。

匈奴制度,"左贤王即是单于储副"。就是说,左贤王是下任单于的法定人选。

呼都而尸道皋若鞮单于(舆)本来就对王昭君家族怀恨在心,又见伊屠智牙师挡了自己儿子的单于之路,索性将其杀害。

伊屠智牙师之死终结了呼韩邪单于"兄终弟及"的遗嘱,也成为导火索,引爆了匈奴帝国的一场大动乱。

呼都而尸道皋若鞮单于(舆)生性贪婪,又刚愎自用,自比为创建匈奴帝国的冒顿单于,在位之时,对东汉王朝不太友好。

建武初年,汉将彭宠在渔阳反叛,匈奴发兵与之配合。接着,呼都而尸道皋若鞮单于又扶持卢芳在五原(郡治九原县,今内蒙古包头市九原区的麻池古城)建立割据政权,对抗东汉王朝。

建武二十年(44 年),匈奴入侵上党、扶风、天水。

建武二十二年(46 年),匈奴入侵上谷、中山。

"杀略抄掠甚众,北边无复宁岁。"(《后汉书·南匈奴列传》)

也就是说,匈奴连年入侵,杀伤抢掠许多汉人,东汉边境再无宁静岁月。

二

呼都而尸道皋若鞮单于(舆)在位之时,任命比为右奥鞬日逐王,统领匈奴南部边境及乌桓属国。

比是呼韩邪单于的孙子,乌珠留若鞮单于的儿子。

当初,呼都而尸道皋若鞮单于(舆)杀害伊屠智牙师,比很是不满,口出怨言:"如果按照'兄终弟及',应由伊屠智牙师继承单于之位;如果按照'父子相传',我是乌珠留若鞮单于的长子,当初就应由我来继承单于之位。"

自此之后,右奥鞬日逐王比心怀怨恨,很少参与匈奴王庭的聚会。

与此同时,呼都而尸道皋若鞮单于(舆)对比也起了疑心,派遣两位骨都侯监视比所统领的军队。

建武二十二年(46年),呼都而尸道皋若鞮单于(舆)去世。依照他的生前部署,舆的儿子左贤王乌达鞮侯继承了单于之位。乌达鞮侯单于没有担当老大的福气,不久就病死了,他的弟弟左贤王蒲奴被立为单于。

如此一来,无论是按照"兄终弟及",还是按照"父子相传",匈奴单于的宝座都会在呼都而尸道皋若鞮单于(舆)的家族之中传承。作为乌珠留若鞮单于的后代,右奥鞬日逐王比只能眼睁睁着着,垂涎三尺也没有用。

此际,匈奴连年发生旱灾,蝗虫铺天盖地,数千里的土地变得光秃秃的,庄稼草木全部枯死,百姓与牲畜没有吃的,再加上瘟疫盛行,匈奴人死亡与损耗过半。

新即位的蒲奴单于担心东汉会趁机攻打匈奴,就派遣使者前往渔阳,请求再续和亲之好。光武帝刘秀也倒没有趁火打劫的意图,因此派遣中郎将李茂回访匈奴。

建武二十三年(47年),右奥鞬日逐王比秘密派遣手下亲信汉人郭衡捧着匈奴地图,拜访西河太守,请求内附,归顺东汉。

负责监视比的两位骨都侯察觉到了比的意图。恰巧,按照习俗,匈奴会在五月份举行龙城祭祀。两位骨都侯赶赴龙城参加祭祀,并向蒲奴单于禀告，说右奥鞬日逐王比一向心怀不轨，如不将其诛杀，恐怕会引发动乱。

此时，比的弟弟渐将王正在蒲奴单于的帐下，听闻这个讯息，快马加鞭，把消息告诉哥哥。

得知蒲奴单于起了杀心，右奥鞬日逐王比很是恐慌，于是聚集自己统领的南部边境八个部族，约有四五万人，只等两位骨都侯返回，将其斩杀，趁势反叛。两位骨都侯快要到达的时候，知道了比的计划，骑着快马逃回龙城，禀告蒲奴单于。

蒲奴单于听说右奥鞬日逐王比想要发动叛乱，气得两脚直蹦，立即派遣一万骑兵前去平叛。结果，两军对阵，蒲奴单于派出的军队发现右奥鞬日逐王比人多势众，未敢交战，返了回去。

建武二十四年(48 年)春季，匈奴南部边境八个部族的大人(首领)共同商议，拥立比为新单于，与蒲奴单于分庭抗礼。

当年，比的爷爷呼韩邪单于(稽侯狦)曾经归顺汉朝，得到安宁与富足。因此，大家议定，打算袭用呼韩邪单于的名号。

随后，比前往五原塞，表示愿意归顺东汉，作为屏障抵御北方胡虏。

五原塞，许多学者认为是五原郡的边塞，约在今内蒙古包头市西北。包头市地方史志办原主任李绍钦先生在《包头史话》之中，有这样的叙述："我们实地考察汉长城时，发现什拉文格古城为一典型的大型三重古城，正在汉长城南线南侧，当五原郡通往漠北的交通大道上，出土有大量汉代文物，所以，我们推断它为汉五原塞。"

这座什拉文格古城位于包头市达茂旗西河乡。呼韩邪单于比的身影开始在包头境内频频显现。

三

接到比的请求，光武帝刘秀召集群臣，计议此事。

大臣们都觉得：天下刚刚安定，中原空虚，夷狄情况真假难知，万一比是假投降，迁到内地之后，与蒲奴单于来个里应外合，东汉境内岂不大乱？因此，大臣们认为不能答应此请求。

只有五官中郎将耿国表示赞成："我认为应当按汉宣帝时的旧例答应他们，让他们在东方抵御鲜卑，在北方抵御匈奴，带领四夷保卫边郡，此乃万世安宁之计。"

最终，光武帝刘秀采纳了耿国的建议，东汉王朝由此大受益处。有些时候，真理是掌握在少数人手里的。

建武二十四年(48 年)冬季，比自立为呼韩邪单于。

从此，匈奴分裂为南北两部，分道扬镳。

有了东汉帝国作为靠山，新即位的呼韩邪单于比意气风发，打算建立功勋，向光武帝刘秀表达忠心。

建武二十五年(49 年)春季，呼韩邪单于比派遣弟弟左贤王莫率领一万多人的部队攻打蒲奴单于的弟弟奥鞬左贤王，将其生擒活捉，接着又攻破蒲奴单于的大本营，吞并其部众一万余人，夺得七千匹马、上万头牛羊。如此攻势使得蒲奴单于极为惊恐，后退千里。

不久，北匈奴的奥鞬骨都侯与右骨都侯率领三万余人前来归降呼韩邪单于比。

连胜之后，呼韩邪单于比更加坚定了信心。他再次派遣使者前往东汉都城洛阳，以藩国之礼称臣，献上国内的珍宝，请求汉朝选派使者前来监护南匈奴。同时，呼韩邪单于比派遣自己的儿子到东汉朝廷侍奉，重续呼韩邪单于(稽侯狦)与汉朝订立的盟约。

建武二十六年(50年)，光武帝刘秀派遣中郎将段郴、副校尉王郁出使南匈奴，立于南单于庭，这里距离五原西部边塞仅八十里远。

呼韩邪单于比热情迎接东汉使者，却被吩咐："单于应当跪拜而接受诏书。"

当年，呼韩邪单于(稽侯狦)前往长安，朝觐汉宣帝，"汉宠际殊礼，位在诸侯王上，赞谒称臣而不名"。相比之下，东汉帝国对待呼韩邪单于比，犹如主人对待奴仆。

呼韩邪单于比面带惊讶，左顾右盼了好一会儿，才趴到地上称臣。跪拜之后，呼韩邪单于比请翻译之人转告使者："单于刚刚即位，在手下人面前实在感到羞惭，希望使者不要当着众人的面让单于难堪。"见此情形，新近来降的骨都侯等人都流下眼泪。

中郎将段郴等人回来复命，光武帝刘秀颁下诏书，允许呼韩邪单于比从五原西部边塞附近的南单于庭南迁到云中(郡治云中县，今内蒙古托克托县古城乡古城)。

这年夏天，呼韩邪单于比所俘虏的奥鞬左贤王率领部众与南匈奴的五位骨都侯联合，约三万人，叛归北匈奴。他们在距离北匈奴单于庭三百余里的地方，拥立奥鞬左贤王为单于。不过，仅仅一个多月之后，他们又展开互相攻击，五位骨都侯都死了，左贤王接着自杀。随后，这些骨都侯的儿子们各自拥兵对峙。

这年秋天，呼韩邪单于比派遣儿子入朝侍奉，并且奉上奏章。

或许是对于汉朝使者羞辱呼韩邪单于比的行为感到了些许愧疚，光武帝刘秀下诏，赐给呼韩邪单于比冠带、衣裳、黄金玺、青绿色的绶带、可以乘坐的小车及用翠羽装饰的车盖、用四匹马驾的华丽马车、宝剑和弓箭、三副黑色符节、两辆副车，又有黄金、锦绣、万匹绸帛、万斤丝绵，还有乐器、鼓车、棨戟、锁甲、武器、饮食以及各种杂物，此外还从河东转运了二万五千斛米面、三万六千头牛羊，用来救济南匈奴。

磕了几个头就换来如此多的赏赐，如果抛开尊严不管，的确是件合算的事情。

四

此后，每到年终，呼韩邪单于比总会派遣儿子入朝侍奉，由监护南匈奴的汉朝中郎将的属下领路，前往都城洛阳。东汉朝廷也会派遣谒者，护送上一年入朝侍奉的单于之子返回南单于庭。入朝侍奉的单于之子与返回南匈奴的单于之子，也总会在路上相遇。估计，携带些许见面礼前往洛阳的那位必定会对满载而归的那位，抱以深深的羡慕，因此对于光武帝刘秀会更为恭敬顺从，以求更多的赏赐。

正月初一，东汉朝廷举行朝拜庆贺，在拜祭祖陵和宗庙以后，就打发南单于使者回去，命令谒者护送，赐给南单于一千匹彩色丝帛、四端锦帛、十斤黄金，还有太宫专为皇帝制作的酱，以及橙子、橘子、龙眼和荔枝；赐给南单于的母亲和各位阏氏（妻妾）、南单于的儿子和左右贤王、左右谷蠡王、骨都侯中有功德的人各种彩色丝帛，合起来有一万匹。这样的待遇，每年作为常例。

大国邦交，对于那些表示顺从的小国，往往要花些钱财，以求笼络人心。从夏朝直至清朝，四千余年，历来如此。其实，放眼世界历史，这也是惯例。

匈奴习俗，每年有三次聚会，一般在正月、五月、九月的戊曰祭祀天神。南单于既然归顺了汉朝，也就同时祭祀汉朝皇帝，并且藉此机会召集各部，商量国家事务，举行赛马和赛骆驼，以此为乐。

建武二十六年（50年）冬季，以前叛变的五位骨都侯的儿子又率部众三千人投奔南匈奴，北匈奴派遣骑兵追击，将他们全部俘获。南匈奴呼韩邪单于比派出军队抵御，迎战不利。

因此，东汉朝廷又下诏，让呼韩邪单于比南迁至西河（今内蒙古鄂尔多斯市杭锦旗东南）、美稷（今内蒙古鄂尔多斯市准格尔旗西北）等地，同时派遣中郎将段郴和副校尉王郁留在西河保护南单于，并为南单于设置官府、从事、掾史，又命令西河长史每年率领二千骑兵、五百被解除枷锁的刑徒协助中郎将护卫南单于，冬天驻守，夏天撤销。自此以后，作为常例。

南单于入驻西河以后，也设置各部侯王，协助东汉戍守北疆：

派遣韩氏骨都侯驻守北地（郡治富平县，今宁夏吴忠市西南）；

派遣右贤王驻守朔方（郡治临戎县，今内蒙古磴口县补隆淖尔镇河拐子村西）；

派遣当于骨都侯驻守五原（郡治九原县，今内蒙古包头市麻池古城）；

派遣呼衍骨都侯驻守云中（郡治云中县，今内蒙古托克托县古城乡古城）；

派遣郎氏骨都侯驻守定襄（郡治成乐县，今内蒙古和林格尔县土城子古城）；

派遣左南将军驻守雁门（郡治善无县，今山西省右玉县威远镇古城村）；

派遣栗籍骨都侯驻守代郡（郡治代县，今河北省蔚县东北代王城）。

这些归附的南匈奴王侯统领部众，替汉朝边疆郡县充当耳目，侦察动静。

东汉王朝与南匈奴的盟友关系使得北单于很是惶恐，送还了被掳掠去的许多汉人，以示善意。每逢北匈奴出兵进入边境地区，途经南匈奴的哨所之时，总是道歉说：“我们是来追击逃亡的奥鞬日逐王，并非胆敢侵犯汉人。”

建武二十七年（51 年），北单于派遣使者到武威（今甘肃省武威市，河西走廊之门户）请求和亲，光武帝刘秀召集公卿大臣在殿庭商议此事。众说纷纭，无法决定。

皇太子说道：“南单于刚刚归顺，北匈奴害怕被我们双方联合攻打，所以争着与汉朝和亲。这个敏感时期，如果我们对北匈奴表示亲善，恐怕南单于会心凉，以致怀有二意。倘若南单于叛离，北匈奴见到形势有变，也未必真会前来归顺。"

光武帝刘秀听后,觉得颇有道理,于是告知武威太守,拒绝接纳北单于的使者。

五

建武二十八年(52年),北匈奴再次派遣使者来到都城洛阳,进献马匹与皮裘,又表达了和亲之意。为了表示自己对于中原文化的倾慕,北匈奴请求赏赐汉朝乐器,学习汉朝音乐。同时,由于北匈奴在西域地区颇有势力,北单于请求率领西域各国一道前来进贡朝拜。

这番态度实在是恭敬而顺从。光武帝刘秀不忍当即回绝,将此事交给三公府,由其讨论答复的事宜。

司徒掾班彪上书说道:"臣听说汉宣帝曾经吩咐守卫边境的将尉:'匈奴是个大国,善变而狡诈。在与他们交往之际,如果不卑不亢、处置得当,就会受其尊重与敬服;如果稍有疏忽,中其诡计,则立即受其轻视与欺侮。'如今,北匈奴看到南单于前来归附,害怕我们与南匈奴联合攻打他们,所以屡次乞求和亲。北匈奴从远方赶来大批的牛马,与汉朝进行边境贸易,同时派遣身居高位的王侯前来朝觐,所持进贡之物又颇为丰盛。这些举动都是向外显示富强,却也是一种蒙骗。臣见其贡献物品越是丰盛,则知其国力越是空虚,乞求和亲越是迫切,心中恐惧也就越是厉害。不过,现在汉朝仍未得到南单于的完全归附,也就不宜与北匈奴断绝联系,按照怀柔笼络的原则,于礼数之上,还是应该给予北匈奴回复的。臣以为,可以给他们一些赏赐,与其所献物品大致相当,同时可将当年西汉王朝区别对待呼韩邪单于(稽侯狦)与郅支单于的态度,明明白白地晓谕他们,使其有所感悟。答复的言辞一定要得体。此刻,臣已起草文稿,一并呈上。"

班彪乃是《汉书》作者班固的父亲,博学多才,善长词赋,又兼家族世传儒学,造诣颇深,是东汉有名的史学家与文学家。

《后汉书·南匈奴列传》之中抄录了班彪答复北匈奴的这篇文稿:"单于

不忘汉朝恩德,追念先祖旧约,欲修和亲,以此辅助自身、安定匈奴,计策非常高明,我们对此深表赞赏。当年,匈奴内部多次发生叛乱,呼韩邪与郅支互相仇视,彼此攻杀。他们同时承蒙汉宣帝垂恩救护,因此各自派遣儿子入朝侍奉,宣誓要为汉朝守卫边塞。此后,郅支怀恨悖逆,自己割断了朝廷对他的恩泽,而呼韩邪归附亲近,愈加忠孝。待到汉朝消灭郅支,呼韩邪得以保全匈奴,传位后代,子孙相继。如今,南单于率领部众向南而来,请求归附。他自认为是呼韩邪嫡长子孙,按照传承次序,应当立为单于,却被剥夺权利,痛失君主之位,并且受到猜疑,遭逢背弃。因此,南单于屡次请求汉朝派兵遣将,协助其返回大漠,扫灭北匈奴,百般计策,层出不穷。好在,朝廷考虑不可听信一面之辞,又因为北单于连年进贡,想要修好和亲,所以拒绝了南单于的出兵要求,就是为了顾念北单于的这番情谊。汉朝凭藉威武与信义,统率万国,凡是日月所照,都是臣属。众多习俗不同的蛮族在道义上没有亲疏分别,服从归顺者给以称赞赏赐,背叛违逆者给予消灭惩罚。行善或作恶所得到的结果,呼韩邪与郅支就是例子。现在,北单于想要和亲,已经表达了诚意,又何必要讲打算率领西域诸国都来进贡朝拜呢?此时,西域诸国归属匈奴,与归属汉朝又有何区别呢?北匈奴屡受兵乱,国内消耗空虚,所贡物品表达心意即可,又何必进献马匹与皮裘呢?如今,派人带去五百匹彩色丝帛、一副放置弓箭的器具、四支箭,送给单于,并赐给献马的左骨都侯和右谷蠡王每人各四百匹彩色丝帛、各一柄斩马剑。单于此前说到汉朝先帝赐给呼韩邪(稽侯狦)的竽、瑟、箜篌都已损坏,希望再得到赏赐。考虑到北单于国内尚未安定,正应砥砺为武之道,以攻战作为当务之急,竽、瑟的用途不如良弓利剑,所以没有带去。朕不是吝惜小物品,而是考虑所要的东西要合乎时用,特派使者将情况告知单于。"

光武帝刘秀完全采纳了班彪的意见。

建武二十九年(53年),东汉赐给南单于几万头羊。

建武三十一年(55年),北匈奴像以前一样再次派来使者,皇帝以玺书回复单于,赐给他彩色丝帛,却未派使者回访。

南匈奴与北匈奴,兄弟阋墙,争相趋奉汉朝。那段日子,东汉王朝满是泱泱大国的自信。

建武三十二年(56 年),比立为单于九年之后去世,汉朝中郎将段郴率领部队前往吊唁,用酒和米祭奠,并且分派兵力护卫南匈奴。

至此,南匈奴的第一位单于走完了他的生命历程。

史书之上,也称比为醢落尸逐鞮单于。

然而,知晓其归附东汉事迹的人,还是比较喜欢使用“呼韩邪单于比”这个称号。

“恶霸将军”窦宪

一

说起恶霸，通常是仗着有权有势的老爹，横行乡里，欺男霸女，踹寡妇门，刨绝户坟。

现在要说的这位恶霸更厉害了，居然欺侮到了公主头上。

某天，恶霸窦宪看中一处景象雅致的园田，有心强占，派人打听，原来竟是沁水公主家的产业。见此情形，一般的恶霸也就知难而退了，偏偏窦宪拿定主意，非要以三瓜两枣的低价，强买沁水公主的园田。而沁水公主竟然畏惧他的威势，不敢计较。

沁水公主名叫刘致，乃是汉明帝刘庄的第五个女儿，也就是当今天子汉章帝刘炟的姐姐，据说是位有名的冷面美人。

后来，汉章帝的车驾经过此地，指问园田，窦宪支支吾吾地搪塞了一番，同时暗使眼色，让手下人别乱说话。再后来，汉章帝发觉此事，勃然大怒：“今贵主尚见枉夺，何况小人哉！国家弃宪如孤雏腐鼠耳。”（《后汉书·窦融列传（附：窦宪传）》）

意思是，如今，连尊贵的公主都被你强夺园田，何况那些小百姓呢！别太猖狂，国家要抛弃你窦宪，如同孤雏腐鼠而已，微不足道。

再狠的恶霸也怕皇上发怒呀！窦宪吓得屁滚尿流，慌忙把园田归还给沁水公主。

后世，沁水公主的园田事件屡被文人写进诗词之中，渐渐地竟演化出了“沁园春”的词牌名。

要是普通恶霸做出这等事恐怕早就被杀头，甚至株连九族了，这位窦宪到底有啥背景，竟能安然无恙？

窦宪的曾祖父窦融乃是汉朝中兴功臣、云台三十二将之一，位高权重。可惜，窦融过于放纵子孙，而子孙们也过于嚣张跋扈，连累得他老人家屡受皇上责备，落得个晚景凄凉。

窦宪的父亲窦勋，身为高官二代，又娶了沘阳公主，成为驸马，但却不思忠君报国，仗势放纵，行事骄奢，最终死于洛阳狱中。

父亲窦勋虽然被诛杀了，不过窦宪的母亲沘阳公主还健在，窦宪的生活依然奢侈。

沘阳公主是光武帝刘秀的孙女，汉章帝刘炟的堂姐妹。沘阳公主的长女嫁给了汉章帝，也就是历史上有名的“章德皇后(窦皇后)”。因此，沘阳公主又成了汉章帝的丈母娘。这关系也真够乱的！

按血缘来讲，沁水公主与沘阳公主是堂姐妹；按姻亲来讲，沁水公主还得叫沘阳公主一声伯母。有着这样的关系，窦宪还敢强夺沁水公主的园田，可见这家伙也够歹毒的。

自从妹妹嫁给汉章帝之后，窦宪也跟着平步青云，先是拜为郎，稍后升为侍中、虎贲中郎将。他的弟弟窦笃也官拜黄门侍郎。有了妹妹的枕边风，兄弟两人颇得汉章帝的信任，“赏赐累积，宠贵日盛”。诸位王爷、公主乃至阴家(光武帝皇后阴丽华的家族)、马家(汉明帝马皇后的家族)，“莫不畏惮”。

可见，古语“神鬼怕恶人”，说的真是不假。

沁水公主的园田事件惹得汉章帝刘炟很是愤恨，想要严惩这位不知天高地厚的小舅子。多亏窦皇后“毁服深谢”，降低服式等级以示自责，良久之后，才平息了皇帝老公的怒气，保住了哥哥窦宪的性命。不过，自此以后，汉章帝颇为冷落窦宪。失去了权势的恶霸犹如失去了主人的狗，凄惶度日。

章和二年(88 年)，汉章帝逝世，他的第四个儿子刘肇即位，史称汉和帝。

刘肇生于建初四年(79 年),生母乃是梁贵人。当时,窦皇后侍奉汉章帝多年,却一直无子,于是要求抚养刘肇。后宫之内,心机重重,梁贵人自知不是窦皇后的对手,也情愿将刘肇交由窦皇后抚养,为儿子也为自己留条宽敞的路。然而,事情常是不遂人愿的,最终梁贵人还是遭到窦皇后的诬陷,忧郁而死。

汉和帝刘肇即位,年仅十岁,尊窦皇后为皇太后,由其临朝称制。

窦太后生性聪颖,六岁就能写作文章,并且“进止有序,风容甚盛。有才色。雅以为美”(《后汉书·章德窦皇后纪》)。

窦太后掌控朝政之后,恶霸窦宪仗着妹妹的权势,东山再起。他身为侍中,常常陪侍在窦太后的身边,“内干机密,出宣诰命”。与此同时,窦宪的弟弟窦笃为虎贲中郎将、窦景与窦瑰为中常侍,都握有重权,窦氏家族风光无限。

窦宪是个不安分的人,即使有妹妹窦太后作为靠山,也仍在积极发展自己的势力。他看到太尉邓彪为人谦和礼让,委随不争,便加意尊崇,将其推举为太傅。窦宪想做什么,就先鼓动邓彪上奏,而后自己再向窦太后报告,因此言出计从。此外,屯骑校尉桓郁几代都做皇帝的老师,性情恬退自守,窦宪也把他推荐上去,在宫禁中给少年天子刘肇讲授经书。于是,内外协附,虽然窦宪骄横跋扈,却没人敢上书弹劾。

窦宪是个急性子、暴脾气,还非常记仇,“睚眦之怨莫不报复”(《后汉书·窦融列传》)。

当年,谒者韩纡曾经审判过窦宪的父亲窦勋,窦宪令人杀死韩纡的儿子,割下其首级在窦勋墓前祭奠。这招,够歹毒!

当初,齐殇王的儿子都乡侯刘畅前来吊唁汉章帝。刘畅长得相貌堂堂,却是一副花花心肠,深得寡妇窦太后的青睐,多次与窦太后偷偷约会于深宫之内。看到妹妹红杏出墙,窦宪担心刘畅得宠,与自己争权夺利,于是咬牙跺脚,派遣刺客干掉了刘畅。刘畅乃是皇室成员,又是一位侯爷,刺杀事件必会惹起一场风波。因此,窦宪做了一番手脚,归罪于刘畅的弟弟利侯刘刚,并派侍御史与青州刺史审讯刘刚。这招,够阴险!

然而，这番“贼喊捉贼”的伎俩最终还是败露了。窦太后痛失情夫，看到哥哥窦宪行事如此猖狂，不由地燃起怒火，下令将窦宪禁闭于内宫。

二

窦宪试探了几次，发现妹妹这次真的铁了心肠，自己的脑袋恐怕不保。他素知窦太后胸怀大志，想为汉朝铲除匈奴这个祸患，于是请求率兵出击匈奴，以此赎罪。

窦太后也深知哥哥窦宪是个狠角色，“慈不带兵，义不经商”，这样的人说不定真能打几场胜仗。恰在此时，归附汉朝的匈奴南单于请求出师北伐，要向同一种族的北单于痛下杀手。

借此时机，窦太后颁下诏令，任命窦宪为车骑将军，佩金印紫绶，比照司空的规格配备属员，以执金吾耿秉为副将，征发北军五校、黎阳、雍营、缘边十二郡骑士，以及归附的羌胡兵，一同出塞。

永元元年(89年)六月，窦宪与耿秉各自率领四千骑兵、南匈奴左谷蠡王师子率领一万骑兵从朔方郡鸡鹿塞（今巴彦淖尔市磴口县的哈隆格乃山口)出击，南单于屯屠河率领万余骑兵从满夷谷(今巴彦淖尔市乌拉特中旗的乌不浪口)出击，度辽将军邓鸿和边境地区归附的羌胡八千骑兵、左贤王安国一万骑兵从稒阳塞(今包头市固阳县的梅令山古城)出击。

三路大军，分头挺进，约在涿邪山(又名涿涂山，今蒙古国南戈壁省古尔班赛汗山)会师。

窦宪虽然霸道，却也善于识人与用人。他派遣副校尉阎盘、司马耿夔、耿谭率领南匈奴左谷蠡王师子、右呼衍王须訾等，共有精锐骑兵一万余人，与北单于激战于稽落山(今蒙古国境内汗呼赫山脉)，大败北匈奴。

此次远征主力是南匈奴的部队，熟悉对手、熟悉地形，打得北匈奴抱头鼠窜。眼看北单于逃走，窦宪有些着急，他还指望着用北单于的人头来赎罪呢，怎肯轻易让北单于溜掉。

于是，窦宪沿路狂追猛打，一直抵达私渠北鞮海(今蒙古国境内乌布苏诺尔湖),共斩杀北匈奴大部落王以下一万三千人,生擒者甚多,还缴获马、牛、羊、骆驼等牲畜百余万头。

在汉军的威势之下,北匈奴的温犊须、日逐、温吾、夫渠王柳鞮等八十一部率众归降,先后达到二十余万人。

窦宪、耿秉北出边塞三千余里,登上燕然山(今蒙古国境内杭爱山),“刻石勒功,纪汉威德”,即树立石碑,铭刻武功,显示汉朝的威德。

随同窦宪远征的还有中护军班固,就是东汉有名的史学家、文学家,也是著名史籍《汉书》、著名文章《两都赋》的作者。窦宪不仅善识武将,也很懂得任用文人,他命班固作了一篇《封燕然山铭》,流传于世。

后世,范晔撰写《后汉书》之时,把这篇《封燕然山铭》全文收录在内。这篇文章写得气势雄浑、荡气回肠,我们不妨欣赏一下:

> 惟永元元年秋七月,有汉元舅曰车骑将军窦宪,寅亮圣明,登翼王室,纳于大麓,惟清缉熙。乃与执金吾耿秉,述职巡御,理兵于朔方。鹰扬之校,螭虎之士,爰该六师,既南单于、东乌桓、西戎氐羌侯王君长之群,骁骑三万。元戎轻武,长毂四分,云辎蔽路,万有三千余乘。勒以八阵,莅以威神,玄甲耀日,朱旗绛天。遂陵高阙,下鸡鹿,经碛卤,绝大漠,斩温禺以衅鼓,血尸逐以染锷。然后四校横徂,星流彗埽,萧条万里,野无遗寇。于是域灭区单,反旆而旋,考传验图,穷览其山川。遂逾涿邪,跨安侯,乘燕然,蹑冒顿之区落,焚老上之龙庭。上以摅高、文之宿愤,光祖宗之玄灵;下以安固后嗣,恢拓境宇,振大汉之天声。兹所谓一劳而久逸,暂费而永宁者也。乃遂封山刊石,昭铭上德。其辞曰:铄王师兮征荒裔,剿凶虐兮截海外,夐其邈兮亘地界,封神丘兮建隆嵑,熙帝载兮振万世。

看不太懂?恕我无法翻译。古人的词赋及铭文,一旦译成如今的语言,才气顿失、瑰丽顿消、气势顿减,译者往往费力不讨好,我还是少惹些骂吧。

近年,从蒙古国传来了好消息,历经近两千年的风霜雨雪,《燕然山铭》再次重见天日,被两名蒙古牧民发现,又被中蒙两国专家确认。

《燕然山铭》刻于崖壁之上,也就是通常所说的摩崖石刻,位于蒙古国中戈壁省稍微靠西南的地方,存于杭爱山一个支脉向西南突出的红色岩石上,当地称此山为 Inil Hairhan（北纬 45°10′403″，东经 104°33′147″，海拔 1488 米）。摩崖石刻宽 1.3 米，高约 0.94 米，离地 4 米多。

大家有兴趣的话，可以办个护照去看看。

刻完《燕然山铭》，窦宪松了一口气，知道脑袋可以保住了，随即班师回朝。

一路之上，越是琢磨此次远征，车骑将军窦宪就越是回味无穷。随后，他索性派遣司马吴汜、梁讽携带金帛追寻北单于，想要招他归附汉朝。

汉朝兵马越过汉长城，翻过阴山山脉，窦宪停了下来，驻扎于北疆重镇五原郡（郡治九原县，今内蒙古包头市九原区的麻池古城），等候北单于的消息。

三

司马吴汜、梁讽携带金帛，沿途宣明国威，后面还有兵马相随。北匈奴刚吃了一场败仗，正值人心离散之际，吴汜、梁讽所到之处，施展手段威逼利诱，先后招降了一万余人。

长途跋涉，风餐露宿，司马吴汜、梁讽终于在西海（今贝加尔湖西北）见到了北匈奴单于，劝他仿效当年呼韩邪单于（稽侯珊），归顺汉朝，以求保国安民。此时，北单于也心灰意冷，又看到南匈奴归附汉朝之后日益兴旺，也就动了心思。之后，北单于召集部众，跟随司马吴汜、梁讽循着窦宪的足迹，一路南行，再次来到私渠海（也称私渠北鞮海、私渠比鞮海）。听说汉朝军队已经越过边塞，北单于就派遣自己的弟弟右温禺鞮王随同梁讽前往东汉都城洛阳，奉上贡品，并且留侍汉和帝，也就是充当双方议和的人质。

窦宪听说北单于并没有亲自前往洛阳，骄横心态勃然而发，随即奏请朝廷遣归右温禺鞮王。也就是说，拒绝了北匈奴的归顺。作为泱泱大国，面对四夷来降，这样的胸怀未免有些太过狭隘了！

这次远征漠北，南单于送给窦宪一尊古鼎，能容五斗，上面刻有“仲山甫鼎，其万年子子孙孙永保用”的铭文。

从铭文来看,这尊鼎应该属于西周时期。仲山甫也称仲山父,是周太王古公亶父的后裔,官任卿士(相当于后世的宰相),封地为樊,从此以樊为姓,为樊姓始祖。

鼎本来是煮肉的锅,有三条腿的圆鼎,也有四条腿的方鼎。自从有了禹铸九鼎的传说,鼎就从厨房用具变成了传国宝器,成为国家和权力的象征。尤其是古鼎,颇为珍贵。当年,汉武帝刘彻偶然得到一尊古鼎,认为是上天之意,勾起了封禅泰山的想法。

如此宝物,窦宪不敢私吞,把它献给了朝廷。

这年九月,皇帝下诏,命中郎将持节到五原,拜窦宪为大将军,并封爵为武阳侯,食邑二万户。窦宪上书,坚决辞去封爵,却保留了大将军的职号。

过去,大将军的官位在三公之下,并按太尉标准设置官属。此时,窦宪威震朝廷,公卿们迎和旨意,奏请皇帝,使窦宪位在三公之上、太傅之下,与此同时也相应提高了他所设置的官属的档次:长史、司马俸禄二千石,从事中郎二人俸禄六百石,其他官吏也都提了行政级别,涨了薪酬待遇。

窦宪志得意满,从五原郡出发,凯旋都城洛阳。朝廷大开仓府,犒劳赏赐将士,那些跟随窦宪出征的各郡二千石长官的子弟,都升任太子舍人。真可谓,"一人得道,鸡犬升天"。或者,这也是窦太后"爱屋及乌"的表现吧。

此时,窦宪为大将军,窦笃为卫尉,窦景、窦瓌也都担任侍中、奉车、驸马都尉。因此,兄弟四人大修宅第,争竞豪奢,穷极工巧。

永元二年(90年)六月,朝廷下诏:"大将军窦宪,去年出征,剿灭匈奴。朝廷加以封赏,却坚决辞让。按照朝廷旧典,封窦宪为冠军侯,食邑二万户,封窦笃为郾侯,封窦景为汝阳侯,封窦瓌为夏阳侯,各享食邑六千户。"这一下,窦氏兄弟四人同时受封侯爵,祖宗坟上连冒青烟。

汉武帝之时,曾封威震匈奴的卫青为大将军、霍去病为冠军侯。或许,窦宪心中对于卫青还是有所敬佩的,对于英年早逝的霍去病却不太在意。所以,他又推辞了冠军侯的爵位。那么,他究竟想要个什么样的爵位呢?或者说,所有的爵位都已无法满足他的欲望了吗?

这年七月,窦宪率领军队出镇凉州(治所在今甘肃省秦安县东北),邓叠任其副将。

北单于因为汉朝遣归了右温禺鞮王，心中颇为惊惧，又派遣车谐储王等人前往居延塞，求见大将军窦宪，请求向汉称臣，并想入京朝见。

窦宪上表请示之后，派遣班固、梁讽前去迎接。就在此时，北单于又遭到南匈奴的袭击，受伤逃遁，班固等人走到私渠海，转头返回。看到北匈奴的势力如此衰落，大将军窦宪起了“痛打落水狗的”念头，想要借此时机将其彻底消灭。

永元三年(91 年)，大将军窦宪派遣右校尉耿夔，司马任尚、赵博等率兵从居延塞出击，在金微山(即今阿尔泰山)大破北单于，斩首五千余级，俘虏甚众。经此战役，北单于遁逃，不知去向，其国遂亡。

曾令秦始皇与汉武帝头痛不已的匈奴帝国，先是分为南匈奴与北匈奴，南匈奴于东汉光武帝时归顺，而北匈奴于汉和帝时被灭，中原王朝的“匈奴祸患”至此告一段落！

经过窦宪对北匈奴的两次大战，北匈奴主力被彻底歼灭。至于其残部的

去向,《后汉书》说是"不知所终",而按照英国历史学家爱德华·吉本在《罗马帝国衰亡史》中的说法,当时"这些从获胜的敌人面前逃跑的匈奴人",采取了"转而向西方进军"的战略。

匈奴骑兵对付不了大汉,对付当时中亚、欧洲的其他游牧民族和小国还是绰绰有余的。随后,在长达300年的时间内,由西逃的匈奴人推动,导致世界很多民族产生了多米诺骨牌效应。

他们先是长途奔袭到欧洲的黑海和多瑙河一带,接着又同这里的原住民哥特人等一起,继续向西侵袭。公元5世纪,匈奴大帝阿提拉杀到了罗马帝国面前。这个有着"上帝之鞭"恐怖外号的阿提拉,几乎消灭了罗马帝国。

从这个角度看,窦宪对北匈奴的作战,不仅影响了中国历史,也间接推动了欧洲历史的进程。

四

大将军窦宪两次远征,平定匈奴,威名大盛。他本来就很骄狂的气焰,又泼上了几壶烈酒。此际,窦宪以耿夔、任尚为爪牙,以邓叠、郭璜为心腹,又将班固、傅毅置于幕府,以典文章,把揽朝政,占据要津。

那个时候,刺史、守令等官员多出其门。朝廷之上,窦宪感冒咳嗽一声,众人便都捂胸干咳,甚至有几位咳出了血。尚书仆射郅寿、乐恢有几分硬骨头,竟敢违忤窦宪之意,结果落得个"相继自杀"的结局。

于是,"朝臣震慑,望风承旨"(《后汉书·窦融列传》)。

皇宫之内,有窦太后掌控年幼的天子;朝廷之上,有窦宪把持政务。窦氏家族的势力急剧膨胀,窦笃进位特进、窦景为执金吾、窦瑰为光禄勋,权贵显赫,倾动京都。此外,窦宪的叔父窦霸为城门校尉、窦褒为将作大匠、窦嘉为少府,而担任侍中、将、大夫、郎吏等职的,还有十余人。

司徒袁安见天子年幼,外戚专权,深为忧虑,言及国家大事,往往呜咽流泪。

窦宪自恃有大功于汉朝,愈加跋扈恣肆。

某年,汉和帝西行祭祀祖陵,诏令窦宪在长安会合。竟有朝臣商议要向窦宪下拜,并称万岁。面对一帮阿谀小人,东汉名臣韩棱厉声说道:“夫上交不谄,下交不黩,礼无人臣称万岁之制。”(《后汉书·袁张韩周列传(韩棱)》)

意思是,为官要对上不献媚,对下不欺压,哪有称呼臣子为万岁的礼制?!众官员听了羞愧难当,不敢再提此事。这种情形怎能不让汉和帝心中泛起波澜?

永元四年(92年),窦宪的心腹邓叠受封穰侯。邓叠犹如鲤鱼跃过了龙门,得意非凡,与弟弟步兵校尉邓磊、窦宪的女婿射声校尉郭举、郭举的父亲长乐少府郭璜等人互相勾结,形成了权贵圈子。郭举风流倜傥,经常出入宫禁,成为窦太后的床上嘉宾。“人心不足蛇吞象”,这帮人竟然萌生了杀害窦太后,控制年幼的天子的念头。

年仅十四岁的汉和帝刘肇得知了他们的阴谋,却苦于窦氏兄弟掌握大权,朝廷官员趋炎附势,大多无法信任。汉和帝思来想去,唯独中常侍郑众谨慎机敏而有心计,不谄事窦氏集团,便同他密谋,定计除灭叛党,然而考虑到窦宪驻扎在外,怕他兴兵为乱,谋定之后,忍而未发。

不久之后,恰逢窦宪和邓叠班师回京,和帝大喜,下诏让大鸿胪持节到郊外迎接,并按等级赏赐军中将士,以安其心。窦宪进城之后,汉和帝刘肇亲临北宫,下诏命令执金吾和北军五校尉领兵备战,驻守南宫和北宫;关闭城门,逮捕了郭璜、郭举、邓叠、邓磊,并将他们全部送往监狱处死。与此同时,汉和帝派谒者仆射收回窦宪的大将军印信绶带,改封他为冠军侯。先前,你窦宪不想要冠军侯这个爵位,如今再封给你,看你怎么推辞!

此时,窦氏兄弟已经成为网里的鱼、案板上的肉了,任由汉和帝刘肇处置。顾及到窦太后的颜面,汉和帝不愿正式处决窦宪等人,而是命令他们回到封地,并派严苛干练的封国宰相进行监督。窦宪、窦笃、窦景到达封国以后,全都迫令自杀。随后,汉和帝颁下诏令:凡是由于奉承窦宪而为官者,全部罢免,押回老家。

本来,窦氏兄弟大都骄纵,唯有窦瑰“少好经书,节约自修”,因为看不惯同族之人的胡作非为,请求出京任职,为颍川太守。此时,他倒也没受多少责罚。不过，第二年窦瑰就被改封罗侯，并且不得以官吏为臣属。还好，脑袋没掉，有份稳定的俸禄，也不失为一个富家翁。

永元九年(97 年)，窦太后去世，汉和帝刘肇念及抚育之恩，将其与汉章帝合葬于敬陵。

当初，窦太后诬陷梁贵人(汉和帝的生母)父亲梁竦，致使梁竦冤死狱中，梁竦的三个儿子梁棠、梁雍、梁翟被贬到九真，梁贵人也忧郁而死。这件事情，窦宪等人也曾参与其中，出过不少力。等到窦太后去世之后，汉和帝为祖父梁竦平反，并将梁棠等三位舅舅封为侯爵，梁氏一族开始发迹显尊。

永元十年(98 年)，梁棠等人从九真返回，路过长沙，逼迫窦瑰自杀。可叹，覆巢之下安有完卵，洁身自好之士也难免受到腐败家族的牵连。

往事已成追忆，史书也泛了颜色。

历朝历代，皇亲国戚频出恶霸式人物，却再也没有窦宪那样平定匈奴的功绩。

北宋时期，有过军旅生涯的范仲淹写下了一首《渔家傲·秋思》：“塞下秋来风景异，衡阳雁去无留意。四面边声连角起，千嶂里，长烟落日孤城闭。浊酒一杯家万里，燕然未勒归无计。羌管悠悠霜满地，人不寐，将军白发征夫泪。”

戍守边关的将军，哪个不想在燕然山上刻下功铭？！

“史赋巨匠”班固

一

似乎，上天很是喜欢捉弄文人：起初塞给一枝生花妙笔，挥洒下锦绣文章，甚至著书立说，纵情指点江山与名人；随即上天忽然变了脸色，降下百般噩运，困厄、贬官、牢狱之灾接踵而至；最后不是蒙冤而死，就是忧郁而终。

屈原如此，司马迁如此，班固也是如此。

班固，字孟坚，扶风安陵（今陕西省咸阳市东北）人。

班固出身儒学世家，其父班彪、伯父班嗣皆为当时著名学者。在家族的熏陶之下，班固九岁即能写文章、诵诗赋，堪称一代神童。

东汉初年，班彪曾为东汉开国元勋窦融效力，由他所写的奏章颇受光武帝刘秀的重视。然而，班彪的仕途不太顺畅，没有做过高官，家境也很平常。

史书记载：“彪既才高而好述作，遂专心史籍之间。”（《后汉书·班彪列传》）

此前，西汉司马迁撰写《史记》（原名《太史公书》，三国时期始称《史记》），上起传说中的黄帝时代，下至汉武帝元狩元年。后世，鲁迅先生虽然喜欢批判古文，却也相当推崇《史记》，誉其为“史家之绝唱，无韵之《离骚》”。班彪很欣赏《史记》，却也对其颇有异议，认为书中对于皇帝与时政阐发了不少讽喻，未能忠于君权，宣扬正统思想。也就是说，班彪埋怨司马迁不能做一条驯服的走狗，笔下多了一些野性。

因此，班彪“继采前史遗事，傍贯异闻，作《后传》数十篇，因斟酌前史而讥正得失”。

班彪广泛搜集西汉时期的历史遗事，并贯穿一些异闻，写下《后传》数十篇，摒弃司马迁之短处，发扬儒家思想，为封建统治鼓舞欢歌。

当时，班彪已是远近闻名的大学者，许多人慕名前往拜访，与他切磋学问。受此影响，班固眼界也日益开阔，学业大有长进。

此际，正值青春年华的王充前来京城洛阳游学，拜在班彪门下。这位王充，一生怀才不遇，仕途落拓，却被后世称为杰出的思想家。范晔撰写《后汉书》时，专为王充、王符、仲长统合立了一篇列传，视为“三杰”。整个东汉近二百年间，称得上思想家的，仅此三人而已。那个时候，王充还没有动笔撰写《论衡》，还没有成为倡导“无神论”的唯物主义哲学家。

建武二十年(44 年)，王充又来向老师班彪请教，班固作陪。一番畅谈之后，王充轻抚班固之背，向老师说道：“此儿必记汉事。”(语出谢承所撰《后汉书》)

听到得意门生夸奖自己的儿子必将撰写汉史，班彪不禁拈须微笑，眼里流露出期许之意。

那一年，王充 18 岁，班固 13 岁。

16 岁那年，班固进入洛阳太学进行深造。他用功苦读，博览群书，对于儒家著作及百家之言，无不涉猎、无不穷究。班固境界开阔，学识不局限于一家之说，也不停留在字音字义、枝枝节节的注解之上，而是寻求贯通经籍的大义。

读书之时，班固性格宽容随和，平易近人，不以自己才能出众而骄傲，因此广受同学及士林的称赞。

洛阳太学之中，班固、崔骃、傅毅三人是最为出类拔萃的学员，被寄予厚望。(《后汉书·崔骃列传》)

建武三十年(54 年)，班彪去世于官任之上。此时，班固 23 岁。

由于班彪专注于撰写汉史，不精通为官之道，更不善于借势敛财，没有多少积蓄。自他死后，家里生计日益艰难，一家人只得离开房租高、开销大的京城洛阳，迁回了扶风安陵老家。

班固是家里的长子，下面还有弟弟班超、妹妹班昭，生活的担子过早地压在了这位年轻学子的肩上。

然而，班固并未怨天尤人，他相信知识可以改变人生的轨迹。

二

旧时，讲究守孝三年。在至亲去世之后的三年内，做官的要告"丁忧"，回乡守孝，孝服满后再陈请复职。三年守孝中，不能参加宴会应酬，夫妇不能同房，家属不能生孩子，否则经人告发就要治罪。民间虽没有这许多限制，但在守孝中是不能婚娶的，周年之内也不能出现在喜庆的场合。

在这三年之中，班固一边潜心研究学问，一边关注官场动态，为将来踏上仕途做准备。毕竟，改善家境的希望总是落在长子的身上。

公元 57 年，光武帝刘秀去世，他的第四个儿子刘庄即位，史称汉明帝。

永平元年(58 年)，东平王刘苍被任命为骠骑将军，留在京师辅政，位在三公之上，成为东汉时期地位最高、权势最大的藩王。刘苍自幼便好读经书，博学多才，智慧颇高，在其辅政期间，毫无骄纵之意，而是广开门路，延揽天下英才。

此时，班固守孝期满，正欲崭露头角，便上书东平王，想要跻身其幕府之中。奏书之上，班固先是把刘苍大大吹捧了一番，高帽子戴了好几顶，然后又品评多位贤良官员，极力向刘苍推荐，以显示自己的识人之能与胸襟抱负。

刘苍接到这篇奏书，反复阅读，颇有感触。不久，班固所力荐的多位官员受到了提拔重用，而班固自己却没有接到东平王的聘书。

或许，东平王刘苍觉得班固身为一介平民，却恣意品评朝廷官员，有些锋芒毕露了，想要冷却一下这颗过于火热的心。

当初，班固返回家乡，整理父亲遗作，手捧其用心撰写的《后传》，连续沉默数日。

班固认为，父亲的著述，内容还不够详备，布局也尚待改进，而且此书并未编著完成，还需要续写下去。于是，他在《后传》的基础上，利用家藏的丰富图书，潜精研思，正式开始了撰写《汉书》的生涯。

永平五年(62 年)，正当班固全力以赴地撰写《汉书》之际，有人上书汉明帝刘庄，举报班固"私修国史"。随即，朝廷下诏扶风郡，收捕班固，将其押往京城洛阳的监狱，同时将书稿查抄上缴。

当时，不仅"私修国史"是被严格禁止的，甚至"国史"一般也不能为个人所拥有。汉成帝时，东平王刘宇上书求赐《太史公书》(即《史记》)被拒绝之事，即可证明。此前，同为扶风郡的班固的老乡苏朗曾被人举报伪造图谶，被捕入狱之后，很快丢了性命。

这场突如其来的灾祸使得班家十分紧张，弟弟班超深恐班固被郡署拷问，无法自证，骑上快马赶赴洛阳，请求拜见汉明帝，要替班固申冤。

按理来说，班超只是一介平民，本是没有资格拜见皇帝的。不过，由于他的父亲班彪曾经享有盛誉，多亏旧时同僚予以通报，才得到了汉明帝的破例接见。班超先是上奏父兄修史的初衷是为了改变司马迁诽谤汉武帝的弊端，致力于宣扬"汉德""皇恩"与"忠孝"，随后又禀告了父兄两代人几十年修史的辛劳，特别是兄长班固在困苦之中矢志不渝，所撰之书字里行间尽是一片报国忠心。

汉明帝听后，颇受感动。恰在此时，扶风郡也将查抄的书稿呈了上来。汉明帝浏览之后，对于班固的才华感到惊异，心底暗暗赞叹。

于是，汉明帝颁下诏令，将班固召入皇家校书部，拜为兰台令史。汉朝之时，皇宫内建有藏书的石室，作为中央档案典籍库，称为兰台，由御史中丞管辖，置兰台令史，史官在此修史。

班固上任之后，与前睢阳令陈宗、长陵令尹敏、司隶从事孟异共同编撰反映东汉光武帝事迹的《世祖本纪》。由于在编撰《世祖本纪》过程中表现出色，班固又升为郎，负责整理校雠皇家秘藏图书。这个"郎"可以理解为皇帝的侍卫，虽然官职不高，却可以经常见到皇帝，是份有前途的工作。

此后，班固继续修撰光武帝一朝的史事，又撰成功臣、平林、新市、公孙述等事迹，共写成列传、载记 28 篇，呈送汉明帝。

这样，光武帝一朝的记载大体齐备（即后世《东观汉记》的光武帝部分）。《东观汉记》是东汉皇朝的当代史，自明帝以后，章帝、安帝、桓帝、灵帝、献帝历朝都有续修，边韶、崔寔、蔡邕、卢植等知名学者先后参与。而班固则在此书的创始时期作出了重要贡献，开了一个好头。

班固所撰史书不仅文采飞扬，还尽心竭力地宣扬汉德，维护儒家正统思想，令汉明帝相当满意。不久，汉明帝诏令班固续写此前的史稿，完成著书之事。

班固认为，《史记》的通史体例将西汉一代"编于百王之末，侧于秦项之列"，既不利于宣扬"汉德"，又难以突出汉朝的历史地位。因此，《汉书》"包举一代"，断限起自西汉建立，终于新朝灭亡，为了突出刘邦，将《高帝纪》置于首篇。

自秦汉以来，均为君主专政体制，本朝人往往不敢直接评论本朝政治，忌讳甚多。而断代史则合乎作者的心理，因为前朝已经灭亡，评述前朝政事，危疑较少，容易发挥。所以，《汉书》一出，历朝官修"正史"均以断代为准则。

班固撰写《汉书》，潜精积思二十余年，于建初年间（约公元 80 年）基本修成，后有唐朝颜师古为之释注。

《汉书》全书主要记述了上起西汉汉高祖元年（前 206 年），下至新朝王莽地皇四年（23 年）共 230 年的史实。《汉书》包括纪十二篇、表八篇、志十篇、传七十篇，共一百篇，后人划分为一百二十卷，全书共八十万字。

《汉书》（又称《前汉书》）与《史记》《后汉书》《三国志》并称为中国正史"二十四史"之"前四史"，水平远高于后面的史书，历代颇多赞誉。

三

东汉政权建立之后，定都洛阳。至汉明帝时，疏浚护城河、修缮城墙，重整皇宫气象。然而，关中耆老却依然怀恋西汉都城长安的繁华胜景，希望朝廷能将都城由洛阳迁回长安。

身为郎官的班固，顺应汉明帝的想法，不愿迁都之事扰得人心惶惶，遂作《两都赋》，以驳斥关中人士不切时宜的议论。

《两都赋》分为《西都赋》《东都赋》两篇。《西都赋》由假想人物“西都宾”叙述长安形势险要、物产富庶、宫廷华丽等情况，以暗示建都长安的优越性；《东都赋》则由另一假想人物“东都主人”对东汉建都洛阳后的各种政治措施进行美化和歌颂，意谓洛阳当日的盛况已远远超过了西汉都城长安。

在中国文学史上，汉赋、唐诗、宋词、元曲与明清小说是最为耀眼的几颗星星。

史上有名的“汉赋四大家”是司马相如、扬雄、班固、张衡。他们尤为擅长“大赋”，在艺术上最突出的特点就是采用铺张扬厉的手法和博富绚丽的辞藻，对事物作穷形极貌的描写，显示出绵密细致、富丽堂皇的风格。其内容多是歌功颂德，极力展现帝王贵族的声色犬马、游宴田猎之乐，山林宫殿京都之丽。其形式多是主客问答，字里行间暗寓着作者的褒贬。篇末往往加上一个“讽谏”的结尾，即所谓“劝百讽一”。

向来，大赋代表之作首推司马相如的《子虚赋》与《上林赋》，以“子虚”和“乌有先生”争相夸耀本国的故事为基本构架，极尽铺叙、夸张、想象、排比之能事，气势恢弘，典故堆砌，文字华彩。

班固的《两都赋》模仿司马相如的《子虚赋》与《上林赋》，以“西都宾”和“东都主人”代替了“子虚”和“乌有先生”，虽然文采依然华丽，却未过分堆砌辞藻，风格比较疏宕，有着自己的风格。

我们不妨欣赏一下“西都宾”的炫耀：“其宫室也，体象乎天地，经纬乎阴阳，据坤灵之正体，放太紫之圆方。树中天之华阙，丰冠山之朱堂，因瑰材而究奇，抗应龙之虹梁，列棼橑以布翼，荷栋桴而高骧。雕玉瑱以居楹，裁金璧以饰珰，发五色之渥采，光爓朗以景彰。于是左墄右平，重轩三阶，闺房周通，门闼洞开。列钟虡于中庭，立金人于端闱，仍增崖而衡阈，临峻路而启扉。徇以离殿别寝，承以崇台闲馆，焕若列星，紫宫是环。清凉宣温，神仙长年，金华玉堂，白虎麒麟，区宇若兹，不可殚论。增槃业峨，登降炤烂，殊形诡制，每各异观，乘茵步辇，惟所息宴。”

再来欣赏一下“东都先生”的气度：“是日也，天子受四海之图籍，膺万国之贡珍，内抚诸夏，外接百蛮。乃盛礼乐供帐，置乎云龙之庭，陈百僚而赞群后，究皇仪而展帝容。于是庭实千品，旨酒万钟，列金罍，班玉觞，嘉珍御，大牢飨。尔乃食举《雍》彻，太师奏乐，陈金石，布丝竹，钟鼓铿鎗，管弦晔煜。抗五声，极六律，歌九功，舞八佾，《韶》《武》备，太古毕。四夷间奏，德广所及，伶佅兜离，罔不具集。万乐备，百礼暨，皇欢浃，群臣醉，降烟煴，调元气，然后撞钟告罢，百僚遂退。”

随后，作者鲜明地表达了自己的态度：“且夫辟界西戎，险阻四塞，修其防御，孰与处乎土中，平夷洞达，万方辐凑？秦岭九嵕，泾渭之川，曷若四渎五岳，带河溯洛，图书之渊？建章甘泉，馆御列仙，孰与灵台明堂，统和天人？太液昆明，鸟兽之囿，曷若辟雍海流，道德之富？游侠逾侈，犯义侵礼，孰与同履法度，翼翼济济也？子徒习秦阿房之造天，而不知京洛之有制也；识函谷之可关，而不知王者之无外也。”

这篇《两都赋》洋洋洒洒近五千字，恕我不能全部抄录。

班固的《两都赋》开创了“京都大赋”的体例，直接影响了张衡《二京赋》以及西晋左思《三都赋》的创作，不仅蜚声文坛，还被萧统《文选》列为第一篇，刘勰也称其“明绚以雅赡”。

显然，范晔也很欣赏这篇《两都赋》，他所写的《后汉书·班彪列传》实为班彪与班固父子两人的合传，班彪之事约占全文 20%的篇幅，而《两都赋》竟占了全文近 50%的篇幅。

此后，班固还写有《典引篇》，述叙汉德。“以为相如《封禅》，靡而不典，扬雄《美新》，典而不实，盖自谓得其致焉。”

《典引篇》，班固不仅是自我欣赏、自我得意，范晔也很喜欢，于是又全文抄入《后汉书·班彪列传》，占全文 12%的篇幅。

四

公元 75 年，汉明帝刘庄去世，他的第五个儿子刘炟即位，史称汉章帝。

汉章帝即位之后，励精图治，注重农桑，兴修水利，减轻徭役，实行“与民休息”的政策,并且“好儒术”,使得东汉的经济、文化得到很大的发展。这一时期,思想也比较活跃,虽然力推儒家经典与谶纬之学,却也能够包容无神论等“异端思想”,其代表人物王充不但能够做官,还得以善终。汉章帝还两度派遣班超(班固的弟弟)出使西域,使得西域地区重新称藩于汉。由于汉明帝和汉章帝大体承继了光武帝刘秀的施政方针,文治、武功方面都有很大的成就,史称“明章之治”。不过,由于过分抬高儒教的地位,一些官员求虚丢实,开始腐败。而且,汉章帝过于放纵外戚,导致汉和帝时期出现外戚专权的局面。

汉章帝对经学文章同样怀有很大的兴趣,因此班固更加受到器重,常常被召进皇宫,与皇帝一起读书。章帝每次外出巡视,总让班固随行,献上诗词歌赋助兴。朝廷有大事,也让班固列席,参与公卿大臣的讨论。此时,班固春风得意,“赏赐恩宠甚渥”(《后汉书·班彪列传(附班固传)》)。

班固虽然以知识渊博得到汉章帝的重视,但念及父子两代才华横溢却不能名显于世,自己年届四十,仍然是个郎官,模仿东方朔《答客难》及扬雄《解嘲》,提笔写成《答宾戏》。文章以问答的形式抒发了自己的苦闷和感慨,又从正面斥驳自己不该有这样的想法,也不应感到压抑,鼓励自己坚定志向,按照既定目标奋斗不息。全文构思巧妙、格调高雅,说理深刻而又诚恳。《答宾戏》果然奏效,不久汉章帝将班固升为玄武司马。

早在公元前51年,汉宣帝刘询为了统一儒家学说,加强思想统治,召集萧望之、刘向、韦玄成等23位大学问家,在长安未央宫北的石渠阁讲论“五经”异同,并由汉宣帝亲自裁定评判。石渠讲论的奏疏经过汇集,辑成《石渠议奏》一书,又名《石渠论》。

百余年后,为了巩固儒家思想的统治地位,使儒学与谶纬之学进一步结合起来,建初四年(79年),汉章帝刘炟依议郎杨终奏议,仿西汉石渠阁会议的办法,召集各地著名儒生齐聚洛阳白虎观,讨论“五经”异同,并由汉章帝亲自裁决经义奏议,这就是历史上有名的白虎观会议。

“天子会诸儒讲论《五经》,作《白虎通德论》,令固撰集其事。”(《后汉书·班彪列传》)

在这次会议上，班固以史官兼任记录，奉命把讨论结果整理成《白虎通德论》，又称《白虎通义》。

《白虎通德论》以神秘化了的阴阳、五行为基础，解释自然、社会中的种种现象，建构起一个庞大、完备的以论证“君权神授”为目的的神学思想体系。

这个神学思想体系为汉章帝所推崇，也为班固所倾心，更是夯实了后世封建君王统驭天下的舆论基础。

此后，班固由于母亲去世，离开官场，回乡守孝。

公元88年，汉章帝刘炟去世，他的第四个儿子刘肇即位，史称汉和帝。

当时，汉和帝刘肇年仅十岁，尊窦皇后为皇太后，由其临朝称制。因此，窦氏外戚纷纷得到高官厚禄，显赫于世。

先前，班固的父亲班彪曾为窦融效力，在其幕府之中出谋划策，并且代写奏章。此时，掌控朝政的窦太后正是窦融的曾孙女，她还有个哥哥，叫作窦宪。

班固守孝期满，重返都城洛阳，看到窦氏家族如日中天，就以“世交”的情谊，投到窦宪手下效力。

五

永元元年(89年)六月，车骑将军窦宪率领大军，以执金吾耿秉为副将，远征匈奴，同时任命班固为中护军，参议军政。

当年，班固的弟弟班超因为家贫，常为官府抄写文书，以求糊口。期间，班超投笔(扔下手中的毛笔)叹息：“大丈夫无它志略，犹当效傅介子、张骞立功异域，以取封侯，安能久事笔研间乎？”左右皆笑之。超曰：“小子安知壮士志哉！”(《后汉书·班梁列传》)

这便是“投笔从戎”典故的来历。此外，那个“不入虎穴，焉得虎子”的典故，也是源于班超的。

眼看着弟弟纵横西域，屡建功绩，官位一个劲儿地往上升，班固很是羡慕,也想跟随窦宪创立一番千秋功业,留名青史。

天遂人愿！这次远征,东汉军队大获全胜。

窦宪、耿秉北出边塞三千余里,登上燕然山(今蒙古国境内杭爱山),“刻石勒功,纪汉威德”,树立石碑,铭刻武功,炫耀汉朝的威德。

由中护军班固所写的《封燕然山铭》,词藻壮丽、气势雄浑、威风远荡,成为后世广为传诵的佳作。历经近两千年的风霜雨雪,这些文字依然铭刻于蒙古国境内的杭爱山崖壁,叙述着汉朝远征匈奴的辉煌战绩,也让后人欣赏班固神采飞扬的文笔。

刻完《封燕然山铭》,窦宪率兵凯旋。

一路之上,越是琢磨此次远征,车骑将军窦宪就越是回味无穷。随后,他索性派遣司马吴汜、梁讽携带金帛追寻北单于,想要招他归附汉朝。

汉朝兵马越过汉长城,翻过阴山山脉,窦宪停了下来,驻扎于北疆重镇五原郡(郡治九原县,今内蒙古包头市九原区的麻池古城),等侯北单于的消息。

随同车骑将军窦宪出征的班固踏上如今包头地区的这片土地，不知辽阔壮美的北疆风情，可曾浸入他的诗赋之中？

北单于派遣自己的弟弟右温禺鞮王随同梁讽前往东汉都城洛阳，奉上贡品，并且留侍汉和帝，也就是充当双方议和的人质。窦宪听说北单于并没有亲自前往洛阳，骄横心态勃然而发，随即奏请朝廷遣归右温禺鞮王。也就是说，拒绝了北匈奴的归顺。作为泱泱大国，面对四夷来降，这样的胸怀未免有些狭隘了！

这年九月，皇帝下诏，命中郎将持节到五原，拜窦宪为大将军，并封爵为武阳侯，食邑二万户。与此同时，随从远征的官吏也都提了行政级别、涨了薪酬待遇。班固很是兴奋，仿佛看到了光辉灿烂的前景。

永元二年(90年)，北单于又派遣车谐储王等人前往居延塞，求见大将军窦宪，请求向汉称臣，并想入京朝见。窦宪上表请示之后，派遣班固、梁讽前去迎接。就在此时，北单于又遭到南匈奴的袭击，受伤逃遁，班固等人走到私渠海，转头返回。

永元三年(91年)，大将军窦宪派遣右校尉耿夔，司马任尚、赵博等率兵从居延塞出击，在金微山(即今阿尔泰山)大破北单于，斩首五千余级，俘虏甚众。经此战役，北单于遁逃，不知去向，其国遂亡。

曾令秦始皇与汉武帝头痛不已的匈奴帝国，先是分为南匈奴与北匈奴，南匈奴于东汉光武帝时归顺，而北匈奴于汉和帝时被灭，中原王朝的匈奴祸患至此告一段落。

在汉朝与匈奴的战史上，大将军窦宪留下了辉煌的记录。

然而，窦宪也是历史上有名的“恶霸将军”，倚仗着权势，骄横跋扈，恶行累累，连沁水公主的园田也敢贱价强买，诛杀异己更是不在话下，并且结党营私，有谋反的迹象。

窦宪虽然是个恶霸，却很喜欢罗致文人为其效力，洛阳太学的三大才子班固、崔骃、傅毅都曾在其幕府之内。

崔骃屡次讽谏劝阻，渐遭窦宪厌倦，毅然弃官回家；傅毅曾为窦宪属下司马，却英年早逝；只有班固还追随在大将军窦宪的身边。

永元四年(92年),汉和帝刘肇设下计谋,逼迫窦宪自杀。

班固作为窦宪的重要僚属,也受到株连,被免去了官职。

福不双降,祸不单行。

由于班固平常对子弟管教不严,有的子弟不守法纪,颇令地方官吏感到头痛。有一次,洛阳令种兢出行。洛阳令为都城洛阳的行政长官,相当于如今的北京市委书记。出行途中,班固的家奴因喝醉酒,冲撞了种兢的车骑。种兢手下官吏推搡训斥班固的家奴。家奴迷迷糊糊,口出恶言。种兢大怒,可是畏惧窦宪的威势,不敢发作,从此对班固怀恨在心。

窦宪案发之后,以前窦家的宾客逐一遭到逮捕拷问,种兢借机报复,将班固关进监狱。在狱吏的拷打折磨之下,这位史赋巨匠竟惨死狱中,卒年61岁。

事后,汉和帝刘肇下诏谴责种兢公报私仇的恶劣做法,并将害死班固的狱吏处决抵罪。可是,班固既死,中国史学与文学的重大遗憾已经无法追偿了。

此时,班固所著《汉书》尚未全部完成,汉和帝命其妹班昭就东观藏书阁所存资料,续写班固遗作。然而,撰写未毕,班昭去世。同郡的马续是班昭的门生,博览古今,汉和帝召其补成七"表"及"天文志"。

作为文人,班固广受赞誉。不过,因其曾经依附"恶霸将军"窦宪,又屡受后世非议。

著有《中国历朝通俗演义》的文史大师蔡东藩评价:"班固文人,党附窦氏,始至杀身;独班超能立功异域,终得封侯。大丈夫原应自奋,安能久事笔砚间?观于超之有志竟成,而固之无志可知,一荣一辱,优劣判焉。乃知人生处世,立志为先,慎毋媚世谐俗为也!"

这番话不仅是对班固所说,也让如今的文人学者掩卷沉思。

南宋学者徐钧曾经写下一首《班固》:"网罗一代史编成,得失忠邪已熟评。往鉴在前浑不顾,却依戚党幸功名。"

同为文人,又有几个能够体谅班固的无奈与酸楚?

“北疆悍将”耿夔

一

征战匈奴,几乎贯穿了整部汉朝历史。

有趣的是,那些战功赫赫、扬名后世的将军,大都是以家族的形式,成双成对地涌现:卫青与霍去病、窦固与窦宪、耿秉与耿夔。

建武二十四年(48年),匈奴奥鞬日逐王比自立为呼韩邪单于,遣使向东汉通好称臣,愿助汉朝抵御北方的敌人。倔强的匈奴居然低下了骄傲的头颅,这令东汉君臣很是欢喜,却又担心其中有诈。

纷乱之际,五官中郎将耿国力排众议,劝说光武帝刘秀接受呼韩邪单于比的归附。从此,曾经强大的匈奴帝国分裂为南、北两部,逐渐走向衰落。

永元元年(89年)六月,汉朝与南匈奴联手,派出三路大军远征北匈奴。此次出击,汉朝任命窦宪为车骑将军,以执金吾耿秉为副将。

耿国是耿夔的父亲,耿秉是耿夔的哥哥。

耿夔,字定公,“少有气决”,少年之时就颇有气概。(《后汉书·耿弇列传(附耿夔传)》)

耿国与耿秉均是东汉有名的将领,耿夔也毫不逊色。

这次远征,窦宪派遣副校尉阎盘,司马耿夔、耿谭,率领南匈奴左谷蠡王师子、右呼衍王须訾等,共有精锐骑兵一万余人,与北单于激战于稽落山(今蒙古国境内汗呼赫山脉),大败北匈奴,此后狂追猛打,一直抵达私渠北鞮海

(今蒙古国境内乌布苏诺尔湖),共斩杀北匈奴大部落王以下一万三千人,生擒者甚多,还缴获马、牛、羊、骆驼等牲畜百余万头。

在汉军的威势之下,北匈奴的温犊须、曰逐、温吾、夫渠王柳鞮等八十一部率众归降,先后达到二十余万人。

窦宪、耿秉北出边塞三千余里,登上燕然山(今蒙古国境内杭爱山),"刻石勒功,纪汉威德",树立石碑,铭刻武功,炫耀汉朝的威德。

班师回朝,论功行赏,耿夔升为骑都尉。

不久之后,汉朝看到北匈奴日益衰微,想要趁机将其彻底消灭。

永元三年(91 年),大将军窦宪派遣右校尉耿夔,司马任尚、赵博等率兵从居延塞出击,在金微山(即今阿尔泰山)大破北单于,斩首五千余级,俘虏甚众。经此战役,北单于遁逃,不知去向,其国遂亡。

这次远征出边塞五千余里,是历代北伐匈奴所抵达的最远之处。

《后汉书·南匈奴列传》记载:"北单于复为右校尉耿夔所破,逃亡不知所在。"可见,耿夔再次立下了赫赫战功,受封粟邑侯。

此后,北单于的弟弟右谷蠡王于除鞬自立为单于,率领右温禺鞬王、骨都侯以下的八个部落二万多人,放牧于蒲类海(今新疆巴里坤湖),并派遣使者前往边塞,请求归附汉朝。

大将军窦宪上书朝廷,要求立于除鞬为北匈奴单于。永元四年(92 年)正月,朝廷任命耿夔为中郎将,派他授给于除鞬印信绶带,赏赐"玉剑四具,羽盖一驷",同时派遣中郎将任尚持符节护卫耿夔,屯驻伊吾(今新疆哈密境内)。

这次,耿夔作为朝廷特派官员,陪伴在北单于的身边,既是帮扶,也是监督。

正当耿夔打算大展身手之时,祸事临头了。

这年六月,窦宪失势,被逼自杀,耿夔也受到牵连,被罢免官职、削夺爵位。

在朝廷做官,能否青云直上,自身本领是一方面,更关键的是要站对队伍。否则,能力越强,表现越突出,跌得也就越惨。

二

好在，耿夔保住了一条性命，“留得青山在，不怕没柴烧”。

数年之后，政局趋于平稳，以前被贬的能臣干将也被陆续起用了。

耿夔先是出任长水校尉，又拜五原太守，再迁辽东太守。

五原郡位于东汉帝国的北疆，郡治（相当于如今的省会）九原县，也就是如今内蒙古包头市九原区的麻池古城。五原太守相当于如今的省委书记。

辽东郡位于东汉帝国的东北方向，郡治襄平县，也就是如今的辽宁省辽阳市。

元兴元年（105 年）春天，高句丽王国国王高宫领兵入侵辽东郡六县。

高句丽，读作 gāo gōu lí，简称“高丽”。西汉建昭二年（前 37 年），扶余人朱蒙在西汉玄菟郡高句丽县（今辽宁省新宾满族自治县境内）建国，故称高句丽。

这位高宫是高句丽王国的第六任首领，史称“太祖王”。雄图大志的高宫统一了如今朝鲜北境的多个部落，随后向东汉帝国发起挑衅。

这一次，高宫踢到铁板上了，遇到的对手竟是曾经击溃匈奴的耿夔。耿夔率兵出击，迅速将其打退。

九月，又有貊人前来辽东郡袭扰。

貊人是生活在中国东北和朝鲜半岛西北部的古老民族，又称藏貊。后来，貊人与濊人汇合而成濊貊族，以农业城栅为特点，不同于游牧民族。历史上，高句丽王国就曾融合了许多濊貊族。

面对袭扰，耿夔下令迅猛反击，打得貊人落花流水。耿夔率军追击，“斩其渠帅”，将貊人首领斩杀。

趁着士气旺盛之际，耿夔索性向高句丽王国发起了攻击，“破之”，大败高句丽。（《资治通鉴·卷四十八》）

此后，很长一段时间，高宫不敢轻易靠近辽东郡边界。

永初三年（109 年），南匈奴单于檀反叛汉朝，在美稷（今内蒙古准格尔旗纳林乡)包围了东汉中郎将耿种。冬季,朝廷任命大司农何熙代理车骑将军职务,以中郎将庞雄为副手,统领五营兵及边境各郡士兵,共二万余人,向南单于檀发动攻击,随即又派耿夔率领鲜卑和各郡部队屯守雁门,与何熙等人配合参战。何熙素知耿夔能征善战,便推举他为先锋,并派司马耿溥、刘祉率领二千人,与耿夔一道进军。

永初四年(110年)正月,南匈奴包围耿种已达数月,形势相当危急。耿夔与行度辽将军梁慬抵达美稷附近,即刻发起猛攻,想要突破南匈奴的包围圈,尽快解救被困汉军。见此情形,南单于檀派遣奥鞬日逐王率领三千多人拦击汉军。耿夔审时度势,决定两翼包抄,自己率领一支军队攻打南匈奴左侧,并让配合作战的鲜卑军队攻击南匈奴右侧。一番厮杀之后,南匈奴战败逃跑。汉军展开追击,斩杀逃敌一千余人,杀死南匈奴名王六人,缴获毡帐辎重一千多辆,马畜牲口数量甚多。然而,配合作战的鲜卑军队所骑战马大多瘦弱有病,无法长途追击。耿夔孤掌难鸣,不敢穷追,只得下令收兵。

此次战役,耿夔虽然有功,却因未能穷追败兵,被贬为云中(郡治云中县,今内蒙古托克托县古城乡古城)太守。

永初五年(111年),耿夔接替梁慬,行度辽将军事。

三

度辽将军最初在西汉昭帝元凤三年(前78年)设置,任命中郎将范明友为度辽将军,因其远征匈奴及乌桓,渡过辽水而得名。西汉时期,度辽将军之职是因人因事而设的,与贰师将军(远征西域贰师城)、蒲类将军(远征匈奴蒲类海)等相同,属于临时性的非常设官职,并无实际意义。

建武二十七年(51年),耿夔的父亲耿国担任大司农,不久上书建议朝廷设置度辽将军、左右校尉,屯守五原,以防归附的匈奴逃亡。

永平元年(58年),耿国病死于官任之上。此后,汉明帝刘庄想起他的建议,遂于永平八年(65年)始置度辽营,以中郎将吴棠行度辽将军事,副校尉来苗、左校尉阎章、右校尉张国率领众兵屯驻五原郡曼柏县,骑都尉秦彭屯驻西河郡美稷县。

五原郡曼柏县位于如今的鄂尔多斯市达拉特旗马场壕乡境内，西河郡美稷县位于如今的鄂尔多斯市准格尔旗纳林乡境内。这两个地方正处南北匈奴的交通要道，可以有效监控匈奴的举动，并且是支援东北、西北战事的大本营。

度辽将军设立之后，东汉多次征发内地罪犯及其家属到五原郡，充实当地人口。因此，五原郡民风剽悍尚武，先后出了赵破奴、吕布等猛将。

起初，度辽将军及其所属官员仍为临时性的，其最高长官称行度辽将军事或行度辽将军。到了汉安帝元初元年（114 年），度辽将军之职才算正式设立，成为常设机构，其最高长官称度辽将军，"银印青绶，秩二千石，长史、司马六百"。看来，度辽将军享受的俸禄与五原太守相同，都是二千石。

耿夔的哥哥耿秉曾于汉章帝建初年间任行度辽将军七年，在任期间屡立殊勋，并与匈奴人相处融洽。耿秉去世之时，匈奴"举国号哭，或至梨面流血"，所有部众嚎啕大哭，甚至有人用刀割脸，以志永怀。(《后汉书·耿弇列传(附耿秉传)》)

永初五年（111 年），耿夔迁行度辽将军事。

史书记载，"夔勇而有气"，耿夔勇敢而有气概，是性格豪放的军人，比较强势。因此，他屡次冒犯上司，也就是出使匈奴的中郎将郑戬。郑戬此人，遇事果敢必行，并且任性近侠，喜欢严刑峻法，也不是个善茬。耿夔与郑戬，针尖对麦芒，估计没少让汉安帝刘祜头痛。

元初元年（114 年），性情粗豪的耿夔惹下事端，被逮捕入狱。念其屡次立有战功，朝廷罢免了他的度辽将军职位，免除死罪，鞭打二百下。

建光元年（121 年），耿夔再度出任度辽将军。

这年八月，鲜卑首领其至鞬侵犯居庸关。九月，云中郡太守成严进行回击，被鲜卑打败。功曹杨穆用身体保卫成严，二人一同战死。随后，鲜卑军队在马城（今河北省怀安县西）包围乌桓校尉徐常。

耿夔与幽州刺史庞参征调广阳（今北京市大兴区）、渔阳（今北京市密云区西南）、涿郡（今河北省涿州市）三郡部队救援徐常。鲜卑素知耿夔与庞参的勇猛,看到大兵来援,随即解围离去。耿夔与庞参旹肯善罢甘休,率兵追击,“出塞而还”。

延光元年(122 年)七月,羌族虔人部落与上郡的胡人一同反叛东汉,攻打谷罗城,度辽将军耿夔率兵征讨,大获全胜。

延光三年(124 年),鲜卑屡次侵犯边境,耿夔与南匈奴温禺犊王呼尤徽率领新近归降的部落,连年出塞征讨鲜卑。返回之后,耿夔也不让这些新近归降的部落休养生息,而是把他们派到各个要塞驻守。

耿夔这番穷兵黩武的做法使得新近归降的匈奴由失望而至怨恨, 于是发动叛乱。“耿夔征发烦剧,新降者皆悉恨谋畔。”(《后汉书·南匈奴列传》)

“后坐法免,卒于家。”(《后汉书·耿弇列传(附耿夔传)》)

此后,耿夔因犯罪免官,最终死于家中。

这次获罪是否缘于穷兵黩武而引发叛乱? 史书记载不详,不得而知。

范晔在《后汉书》中评价:“秉洽胡情,夔单虏迹。”道出了耿秉与耿夔两位猛将对于归附匈奴的不同态度,值得后世为官者沉思。

瑕不掩瑜,在中原王朝降服匈奴的战史上,耿夔依然是一面在猎猎风中屹立不倒的旗帜!

“战胜而亡”邓鸿

邓鸿出身于豪门。

他的父亲邓禹，辅佐光武帝刘秀开创汉朝中兴之业，官拜大司徒，受封高密侯，名列“云台二十八将”的第一位。

所谓“云台二十八将”，源于汉明帝刘庄追思其父光武帝刘秀的功绩，并把二十八位有功将领的画像放在南宫云台阁，恭敬祭拜。后人又把这些将领与神话传说中的天庭二十八星宿相对应，称为“云台廿八星宿”。排在首位的邓禹对应的星宿是角木蛟，也就是《西游记》中帮助孙悟空降服犀牛精的那位神仙。

邓禹晚年，卧病在床，汉明帝刘庄曾经数次亲临问候，以示尊宠。

永平元年(58年)，邓禹去世，享年五十七岁，谥号“元侯”。

汉明帝永平年间，邓鸿承蒙祖荫，也被封为侯爵。(《后汉书·邓寇列传》)

出身于名将之家，邓鸿倾心于谋略，想做一番“运筹帷幄之中，决胜千里之外”的大事。某天，汉明帝突发兴致，将邓鸿召进朝堂，让他参与商议边防军事。邓鸿一番细致有序的规划，颇受汉明帝赏识。不久，邓鸿被任命为将兵长史，率领五营士兵屯守雁门。

雁门郡是汉朝抗击匈奴的边防重镇，郡治(相当于省城)善无县，也就是如今的山西省右玉县威远镇古城村。雁门郡的最高长官称为太守，相当于如今的省委书记。邓鸿担任的将兵长史是太守属下掌管兵马的重要官员，实权比如今的警备司令部首长还要大些。

永平十八年(75年),汉明帝刘庄去世,他的第五个儿子刘炟即位,史称汉章帝。

建初七年(82年),邓鸿以张掖太守之职,拜为行度辽将军,接任了征西将军耿秉的职位。(《后汉书·南匈奴列传》)

如此说来,邓鸿曾经担任张掖太守,做过省委书记那样的高官。而行度辽将军是东汉在五原郡曼柏县(如今的鄂尔多斯市达拉特旗马场壕乡境内)设置的军事将领,职责是监护归附的南匈奴。

章和二年(88年),汉章帝去世,他的第四个儿子刘肇即位,史称汉和帝。

永元元年(89年)六月,汉朝与南匈奴联手,任命窦宪为车骑将军,以执金吾耿秉为副将,派遣三路大军远征北匈奴。

其中,行度辽将军邓鸿率领着边境地区归附的羌胡八千骑兵、南匈奴左贤王安国一万骑兵,作为东路军,从稒阳塞(今包头市固阳县的梅令山古城)出击。

三路大军分头挺进,约在涿邪山(又名涿涂山,今蒙古国南戈壁省古尔班赛汗山)会师。

此次远征,大获全胜。窦宪、耿秉北出边塞三千余里,登上燕然山(今蒙古国境内杭爱山),"刻石勒功,纪汉威德",树立石碑,铭刻武功,炫耀汉朝的威德。

班师回朝,论功行赏,邓鸿升为行车骑将军。虽然同是将军官职,级别却高了一个档次。

永元二年(90年)春天,邓鸿又升为大鸿胪,由定襄太守皇甫棱接替行度辽将军之职。

大鸿胪乃是中国古代朝廷掌管礼宾事务的官员。秦汉之时,凡诸侯王、列侯和各少数民族的君长以及外国君主或使臣,都被视为皇帝的宾客,与此有关的事务多由大鸿胪掌管,如诸侯王、列侯受封或其子息嗣位以及夺爵、削地。诸侯王进京朝见皇帝,大鸿胪典掌礼仪;诸侯王死亡,大鸿胪遣使吊唁,并草制诔策和谥号;臣属于汉朝的少数民族君长在接受汉朝的封号或朝见皇帝时，以及外国使臣来贡献等，也都由大鸿胪承办礼仪事务。大鸿胪秩为中二千石，有丞。

可见，邓鸿不仅能够带兵打仗，还是一个见过大世面、善于交际应酬的人物。

永元六年(94年)七月，南匈奴单于师子继位后，人心尚未安定，遂有五六百名投降的北匈奴人乘夜袭击师子。安集掾王恬率领卫士迎战，将他们击败。

随即，投降的北匈奴人互相惊扰，十五个部落二十余万人全部叛变。他们胁迫前单于屯屠何的儿子奥鞬日逐王逢侯，将他立为北匈奴单于，然后屠杀抢劫官吏百姓，焚烧邮亭和庐帐，带着辎重前往朔方，打算穿越大漠北去。

九月，朝廷下诏，行车骑将军邓鸿与越骑校尉冯柱、行度辽将军朱徽一道率领左右羽林军、北军五校的士兵和郡国士兵，乌桓校尉任尚率领乌桓、鲜卑的部队，共计四万人，讨伐北匈奴。(《后汉书·南匈奴列传》)

当时，南单于师子与汉朝中郎将杜崇驻扎在牧师城，北单于逢侯率领一万余骑兵围攻牧师城，未能得手。

十一月，邓鸿等人到达美稷(如今的鄂尔多斯市准格尔旗纳林乡境内)。北单于逢侯听闻消息，解除包围，并由冰上越过黄河，向满夷谷(今巴彦淖尔市乌拉特中旗的乌不浪口)退去。见此情形，南单于师子派他的儿子率领一万骑兵以及杜崇部下四千骑兵，与邓鸿等人在大城塞追击北单于逢侯，斩首三千多人，掳获的以及投降的有一万多人。

越骑校尉冯柱分兵追击北单于逢侯的其他部众，又斩首四千多人。乌桓校尉任尚也率领鲜卑大都护苏拔廆、乌桓首领勿柯的八千骑兵，在满夷谷拦截北单于逢侯，再一次大败北匈奴。

此次战役，前后一共斩杀北匈奴一万七千多人。北单于逢侯率领部众逃出塞外，汉军因无法追击而返回。

永元七年(95年)正月，冯柱率领虎牙营留驻五原，随同征战的鲜卑、乌桓、羌胡等军队回归本土。朝廷论功行赏，封苏拔廆为率众王，并且赐给大量金帛。

然而，班师回朝的邓鸿却丢了性命。

“坐逗留失利，下狱死。”(《后汉书·南匈奴列传》)

也就是说，邓鸿被指控犯有“逗留不进，坐失军机”之罪，下狱而死。

毕竟打了胜仗，就算犯有“逗留”之罪，也不至于把带兵主帅判处极刑呀！于是，猜测与分析层出不穷，那些素有“阴谋论“情结的人们对此津津乐道。

永元十四年(102年)，汉和帝册封邓绥为皇后。邓绥是邓禹的孙女，也是邓鸿的侄女。

元兴元年(105年)，汉和帝去世，皇后邓绥与其兄邓骘扶立刚生下百余日的少子为帝，史称汉殇帝。随即，邓绥以皇太后的身份临朝听政。

可叹，邓鸿生不逢时，倘遇邓太后执政之时，又怎会丢了性命？

人生之事，难以预测；朝廷之事，更是深如大海。

“刚烈将军”陈龟

这是一份奏章的开端。

“臣龟蒙恩累世,驰骋边垂,虽展鹰犬之用,顿毙胡虏之庭,魂骸不返,荐享狐狸,犹无以塞厚责,答万分也。”(《后汉书·李陈庞陈桥列传(陈龟)》)

意思是:臣陈龟世代蒙受皇恩,驰骋在边陲,即使展尽鹰犬之效用,战死异域沙场,灵魂骸骨不得返乡,以狐狸为祭品,也不能算是交卸重任,报答君恩的万分之一。

为何要以狐狸为祭品呢?不嫌腥骚吗?

身丧匈奴刀下,骨朽漠北草原,哪有猪头、全鸡这样的享祭?虽然游牧民族不缺牛羊,却不可能用来祭祀敌人。于是,孤独凄冷的魂灵只好寻觅一只将老的野狐来作清明的享祭。

这番视死如归的气概,这番精忠报国的情怀,曾是大汉帝国将士的共同呐喊,成就了征服匈奴的历史功绩。

陈龟,字叔珍,东汉泫氏人,也就是如今的山西省晋城市高平市人。

史书记载:“(陈龟)家世边将,便习弓马,雄于北州。”也就是说,陈龟家族世代为边关将领,擅长骑马射箭,扬名于北疆。

陈龟从小便有志气,勤读诗书,苦练武艺,要做一位纵横沙场、名留青史的勇将。

汉顺帝永建年间,陈龟被举为孝廉,从此踏上仕途。之后,由于表现出色,陈龟五次升迁,做到了五原太守。

五原郡是汉朝抗击匈奴的北疆重镇，郡治（省会）位于九原县，也就是如今内蒙古包头市九原区的麻池古城。太守是郡的最高长官，相当于如今的省委书记。

永和五年（140年），陈龟又被拜为使匈奴中郎将。

使匈奴中郎将持有皇帝亲赐的符节，秩比二千石，主要职责就是护卫归附汉朝的南单于，故后世又称为护匈奴中郎将，而且督幽、并、凉三州及度辽、乌桓二营。其地位当在度辽将军、乌桓校尉之上，行督率之责。

此前，南匈奴左部句龙王吾斯、车纽等发动叛乱，率领三千多名骑兵攻打西河（郡治平定县，今内蒙古鄂尔多斯市杭锦旗浩绕柴达木苏木），随后又招诱南匈奴右贤王，率领七八千骑兵，围攻美稷。美稷是南匈奴单于休利的驻地，位于如今的内蒙古鄂尔多斯市准格尔旗纳林乡。此后，叛军又杀朔方（东汉的朔方，郡治临戎县，今内蒙古磴口县补隆淖尔镇河拐子村西）、代郡（郡治代县，今河北省蔚县东北代王城）长史（相当于如今的警备区司令员）。

叛军横行上千里地域，杀害了两个郡的长史，又围攻南单于的驻地，可谓气焰嚣张，令汉顺帝刘保很是紧张。

度辽将军马续与使匈奴中郎将梁并、乌桓校尉王元，征发缘边将士，以及乌桓、鲜卑、羌胡归附的士兵，共计二万余人，穷追猛打，才将这次叛乱镇压下去。

不久，梁并因病回朝，由五原太守陈龟接替其使匈奴中郎将的职位。

“龟以单于本不能制下，逼迫之，单于及其弟左贤王皆自杀。”（《后汉书·南匈奴列传》）

陈龟为人性情刚烈，眼里揉不得沙子，看到南单于休利不能控制属下，便屡加逼迫，使得南单于休利和他的弟弟左贤王自杀。一下子，南匈奴就失去了第一号与第二号首领，众人悚惧。

此后，陈龟又想把南匈奴的贵族迁往内地郡县，以削弱其势力。这番举动引起了匈奴归附者的狐疑，深怕陈龟使的是“调虎离山”之计，一旦到了内地，就成为待宰的羔羊。由此，匈奴内部人心扰动，美稷附近，空气中都充满了肃杀之气。

南匈奴好不容易才归附汉朝，汉顺帝不愿意惹起太大风波，对于陈龟的激进做法，不太认同。于是，陈龟“坐征下狱免”，也就是诏令下狱，但免予执行。

不过，千里马不会总被拴在木桩之上，良将终有重新起用之时。

风波平息之后，陈龟又以平民身份走向官场，获得两次升迁，官拜京兆尹。京兆尹是京城的行政首长，相当于如今的北京市委书记。

之前，“三辅强豪之族，多侵枉小民”(《后汉书·李陈庞陈桥列传》)。

意思是说，京城里面的高官显贵倚仗权势，常常欺凌百姓。

陈龟到任之后，为官刚正不阿，为政严刑峻法，狠狠打击骄横跋扈的贵族官僚及皇亲国戚，同时重新审理那些疑难事件与积压案件，为无辜者平反，使蒙冤者出狱，“郡内大悦”，京城百姓莫不感恩戴德。

恰在此际，“羌胡寇边，杀长吏，驱略百姓”，羌胡侵犯边境，杀害官吏，驱赶掠夺百姓。

当时，正是汉桓帝刘志在位。

本来，刘志只是远房皇亲，无缘皇帝宝座的。不过，他在进京相亲之时，交了好运。他的相亲对象是权倾朝野的大将军梁冀的妹妹。那个时候，恰逢梁冀毒死了年仅九岁的汉质帝刘缵，正想挑个合适人选来当皇帝，于是便把妹夫刘志拥上了皇帝之位，当个傀儡。

梁冀是历史上有名的擅权外戚，响当当的“跋扈将军”，是出了名的骄狂霸道与奢侈淫逸，对于京兆尹陈龟的所作所为，十分反感。

于是，在梁冀的授意之下，汉桓帝以陈龟家族世代熟悉边疆风俗，任其为度辽将军，打发到了北疆，驻扎于五原郡曼柏县(位于如今的鄂尔多斯市达拉特旗马场壕乡境内)。

其实，大将军梁冀的跋扈与汉桓帝刘志的昏庸，陈龟早已看在眼里、愁在心头。然而，那个想当忠良名将的念头始终铭刻在他的心底，他不愿随波逐流，更不肯助纣为虐。

远赴北疆之时，度辽将军陈龟上了一份奏章，也就是此文开头所提及的那篇。

奏章之中，陈龟陈述了边疆困苦之状："西北边境，土地本就贫瘠，如今更是荒废。百姓只得习于鞍马，以射猎为业，男的不会种田，女的不会织布，生活艰难。这些穷苦百姓还要应征守望关塞，性命悬于刀刃与箭镞，听到紧急号令就长途奔驱沙场，难以奢求生还。近些年来，匈奴数次攻击边郡城堡，残杀官吏，欺掠平民。将士尸身腐臭于沙漠，百姓头颅悬挂于马鞍，孤儿寡妇，号哭空城，野无青草，家徒四壁。边疆情形，望去似有人烟，实则已经枯朽。"

随后，陈龟又为百姓申请救济："上年，并州雨水过多，洪灾与虫害先后爆发，庄稼荒耗，租赋空缺。老者虑不终年，少壮惧于困厄。陛下以百姓为子，百姓以陛下为父，切盼劳神体恤，垂下恩惠！"

陈龟深知空谈误国，不愿多说套话，直言进谏："前任凉州刺史祝良初履职责，便大刀阔斧地革新，属下的太守令长，贬黜近半，未过多久，功效卓然。像这样的贤才良臣，真是应该大加奖赏，借以激励勤政实干，改良官员体系，斥免奸滑狡诈之人。还应更换匈奴乌桓护羌中郎将校尉之类的监护归附外族的官员，精简僚属，授以实权，以便见机行事。此外，应免除并、凉二州今年的租赋，宽赦罪隶，扫除更始。只有这样，善吏才能体会到廉洁奉公的益处，恶者才能痛感结党营私的祸患，胡马不敢窥探长城，边关再无烽烟告急。"

读罢奏章，汉桓帝掩卷长思，若有所悟。

不久，朝廷颁下诏令，更换了幽州、并州刺史，自营郡太守都尉以下，官员多有替换与调整，同时下诏"因陈龟将军而免除并、凉二州此年的租赋，以利官吏百姓休养生息"。

度辽将军陈龟赴任之后，州郡豪强心生恐惧，不敢为非作歹。而鲜卑等外族势力也忌惮陈龟的勇猛，不敢靠近边塞。因此，节省的财政支出与驻防军费，"岁以亿计"，每年多达数亿。

然而，陈龟临行的奏章与到任的作为，深受大将军梁冀的忌恨，新仇旧恨一起涌上心，梁冀也写了一份奏章，控诉陈龟"沮毁国威，挑取功誉，不为胡虏所畏"(《后汉书·李陈庞陈桥列传》)。

也就是说，陈龟贬损了国家威望，沽名钓誉，不被匈奴、鲜卑等外族所畏惧。

至于理由嘛，很充分：这些年来，匈奴、鲜卑等外族都没有发兵侵犯边境，显然是不再把大汉帝国放在眼里了！

“欲加之罪，何患无词”，陈龟又被召回了京城。心灰意冷的陈龟请求退职，回到家乡。

然而，“树欲静而风不止”，不久陈龟又被拜为尚书。

此际，大将军梁冀的暴虐日甚一日。陈龟毅然上书，控诉其罪状，请求诛杀梁冀。作为傀儡的汉桓帝刘志也屡受梁冀羞辱，早已怀恨在心，可惜没有实权，只能眼睁睁地看着。

见此情形，陈龟自知必被梁冀所害，绝食七天而死。

“西域胡夷，并、凉民庶，咸为举哀，吊祭其墓。”(《后汉书·李陈庞陈桥列传》)

西域胡夷，并州、凉州百姓，都替他举哀，吊祭他的坟墓。

宋元之际，颇有民族气节的史学大师胡三省曾经写道：“东汉之臣以死攻外戚者，郑弘、陈龟二人而已。”

做一位刚烈的名将，竟是如此不易！

"织麻太守"崔寔

一

君不见，黄河之水天上来，奔流到海不复回。
君不见，高堂明镜悲白发，朝如青丝暮成雪。
人生得意须尽欢，莫使金樽空对月。
天生我材必有用，千金散尽还复来。
烹羊宰牛且为乐，会须一饮三百杯。
岑夫子，丹丘生，将进酒，杯莫停。
与君歌一曲，请君为我倾耳听。
钟鼓馔玉不足贵，但愿长醉不复醒。
古来圣贤皆寂寞，惟有饮者留其名。
陈王昔时宴平乐，斗酒十千恣欢谑。
主人何为言少钱，径须沽取对君酌。
五花马、千金裘，呼儿将出换美酒，与尔同销万古愁！

这番慷慨激昂，这番酣畅淋漓，这番仗义轻财，这番今朝有酒今朝醉，使得李白与他的《将进酒》传扬了一千余年。

东汉后期，有位才华横溢的士大夫崔瑗，性情犹如李白，做官的心思淡泊，更愿意结交贤士，家中常设筵席，"盛修肴膳，单极滋味"，并且"不问余产”，也不盘算这个月的薪俸还剩下多少，只管将金樽斟满清酒，只管将玉盘盛满珍馐。

然而等酒足饭饱的宾客走后，饭桌之上就再也见不到荤腥了。一碗粥、两碟盐水拌菜，倒也吃得心满意足。与他同一级别的官员，家里存粮用的是仓，崔瑗家存粮用的却是缸，每到发薪日的前几天，还常常见底儿。

《后汉书·崔骃列传（附崔瑗、崔寔传）》之中，用了一句“当世清之”来评价崔瑗。这个“清”字用来形容人品或文章，倒也可取，如果用来形容官员的家境，那也确实是惨了一点儿。

汉朝盛行厚葬，刘备刘玄德的第十三世先祖中山靖王刘胜死后，穿的是金缕玉衣，用的是镶玉漆棺，极尽奢华。崔瑗虽然不是皇族，毕竟也曾是副省级官员，而且是当时有名的文人，这样的身份，免不了是要风光下葬的。

崔瑗想想自己的声誉，再瞅瞅家里的积蓄，决心薄葬，并且提前写好了遗嘱：“人呐，是秉着天地之气而生的，到了咽气那刻，归精于天，还骨于地，哪个地方不能安葬一具形骸呢？不必千里迢迢，运归故乡祖坟，就地埋了吧。如果有亲朋好友前来吊唁，赠送礼物、祭奠猪羊，一概不得接受。”

崔瑗去世之后，他的儿子崔寔遵从父亲遗命，将其留葬洛阳，没有迁回老家涿郡安平（今河北省衡水市安平县）。

不过，当时厚葬之风盛行，是衡量子孙是否孝顺的标准。素有孝行的崔寔也只得顺应潮流，给父亲搞了一场相当排场的葬礼。

崔寔，字子真；一名台，字元始。他性情沉静，喜好博览典籍。父亲葬后，崔寔隐居墓侧，是个颇有孝心的人。守服期满，朝廷三公都召他前去做官。东汉时的三公指太尉、司徒、司空，他们是辅佐皇帝的重臣。收到三公中的一人征召，已是一件极为荣耀的事情，如今三公联袂征召，对于读书人来讲，不亚于在后世科举考试中“连中三元”。然而，崔寔全部婉言谢绝了。

这个崔寔怎么如此不识抬举呢？

二

"学成文武艺,货与帝王家。"

读的圣贤之书多了,文人都难免有一份"修身齐家治国平天下"的抱负。如今,崔寔的机会来了,又干嘛推辞呢?

关键是,当时的官场极为险恶,不要说官员随时可能被贬被杀,就连皇帝也保不住项上人头。

崔寔守孝之时,朝廷发生了一件大事。

永憙元年(145年)正月,年仅3岁的汉冲帝因病去世。这么小的皇帝,当然只是一个摆设,哪里主持的了国家大事,实权掌控在大将军梁冀手中。3岁的汉冲帝没有来得及生儿育女,没有后嗣来继承皇位。于是,梁冀又选了8岁的刘缵,将其拥上皇帝宝座,也就是汉质帝。

这个梁冀,史书说他"鸢肩豺目",耸着鹞鹰似的双肩,一副随时准备搏噬的样子,双眼还发射着豺狼般的凶光。这番尊容,岂是善良之辈?对于梁冀的骄横残暴,年幼的汉质帝看在眼里,心怀不平。某天,群臣上朝,汉质帝目视梁冀,口中轻轻说道:"此跋扈将军也。"退朝之后,梁冀琢磨,这个汉质帝聪慧早熟,屡有惊人见解,不趁早除掉,怕是一个后患。于是,他命人把毒药加进煮饼里,结果了汉质帝的性命。

毒死一个皇帝,那就再立一个皇帝吧。恰在此时,有一位皇室成员刘志正奔波于进京的路上。这个刘志是来相亲的, 相亲对象恰是梁冀的妹妹梁莹。于是,梁冀动了心思,想要拥立这位准妹夫当皇帝。不过,当时刘志已经15岁了,正是该有自己主见的年纪,不太好控制呀。然而,左思右想,梁冀也确实觉得没有比刘志再合适的人选了,就选了刘志吧。原本,刘志只是一个落魄的普通皇室成员,没承想,进京当天,刚答应要娶梁莹,就被架上了皇帝的宝座,又惊又喜,几乎晕厥过去。

这段时期,三年换了三个皇帝,并且借着换皇帝的时机,梁冀大肆诛杀异己,官场之上人心惶惶,读书人一听说自己要被征召做官,都吓得面如土色。

想当年，崔瑗的仕途也不太顺利，先是遭受牵连罢官，后来又被诬陷贪污，吃了几天牢饭。因此，崔寔不敢轻易出来做官。

汉桓帝刘志总共当了22年的皇帝，功过先不评说，起码人心初步稳定了下来。官场虽然难免凶险，却也不再是地雷阵了，也不像万丈深渊了。

汉桓帝登基之初，也想励精图治，当个留名青史的好皇帝，于是颁下诏令，要求公卿郡国推举素有孝道与品德高尚之人。崔寔是当地有名的才子加孝子，便被郡国写入了推举名单。此时，崔寔看到政局初步平稳下来，自己家里的米缸又常常断粮，经不住妻子期盼的目光，也就决定出山做官了。

然而，征召到官署之后，还要接受考试，然后分配官衔。恰在此时，崔寔生了一场大病，不能参加考试，只被选任为郎官。

这个郎官，在汉代也是一个比较重要的职位，可以理解为皇帝的侍卫。虽说是在皇帝身边做侍卫，实际上也是在学习做官、增加阅历，等到时机到来，就会被委任正式的行政职位，从此实权在握。

崔寔天生就是当官的材料，“明于政体，吏才有余”（《后汉书·崔骃列传》）。

意思是，崔寔对于政治风向很是敏感，做官的能力很强。

崔寔曾经写下评论时政的意见数十条，名为《政论》，直指时政弊端，议论很是中肯，颇受当世之人的称赞。由此看来，官样文章虽然占据主流，终究还是有针砭、有见地的文章更受欢迎。

当时，有位才华过人却胸怀义愤的仲长统，世人称之为“狂人”。“狂人”读罢崔寔的《政论》，默然无语了许久，最后说道：“凡是统驭天下的国君，都应该抄写一篇，将其置于座旁，时时阅读，刻刻警醒。”

三

声名鹊起的崔寔也算是一颗在政治舞台冉冉升起的新星了。

然而，郎官毕竟是个没有实权的小官，虽说能够经常见到皇帝，不难有个出头之日,不过汉桓帝只是一个傀儡,朝政大权还是掌握在大将军梁冀的手中,想要飞黄腾达,必须加入梁冀的派系,否则再有才干,也只能喝瞪眼米汤。

机会说来就来了。

太尉袁汤"征辟"崔寔,也就是招聘崔寔到他的手下效力。别在皇帝身边干混了,来我这里,待遇大大的好。

太尉在秦汉时期,是中央掌管军事的最高官员,相当于如今的国防部部长。

这样的高官,想当是很不容易的,想保住位子更不容易。权衡之下,太尉袁汤与大将军梁冀形成了"统一战线",共同排斥异己。

早在汉顺帝末年,大将军梁冀掌控朝政,百姓之中就流传着一首民谣:"直如弦,死道边;曲如钩,反封侯。"大意是说:性格如弓弦般正直的人,最后不免沦落天涯,曝尸路旁;而不正直的谄佞奸徒,趋炎附势,阿世盗名,反倒封侯拜相,极尽荣华。

其实,崔寔也明白,想要做官,就要学会"站队"。研究学问、办理政务,崔寔毫不含糊;而选择站队,却让他一筹莫展。对于大将军梁冀的专横跋扈,他早有耳闻,所谓"多行不义必自毙",如果加入梁冀派系,恐怕日后必受牵连。因此,崔寔婉言拒绝了太尉袁汤的招揽。

岂料,不久之后,大将军梁冀也"征辟"崔寔。

大将军,这个官衔就更厉害了,领军出征时是最高军事长官,班师回朝时是最高行政长官,就连丞相(相当于国务院总理)也排在大将军的下面,要对他点头哈腰。

当年是太尉、司徒、司空联袂征召崔寔,如今又是太尉与大将军先后征辟崔寔。可见,只要是匹好马,不愁伯乐不登门。

然而,对于大将军梁冀的征辟,崔寔更加小心翼翼地婉言拒绝了。

这两番婉拒之后,崔寔的名气就更大了。于是,大司农羊傅、少府何豹向汉桓帝上书,举荐崔寔"才美能高,宜在朝廷"(《后汉书·崔骃列传》)。

就是说,崔寔这样的国家栋梁应该留在朝廷,直接为皇帝效力。

不久，汉桓帝召见崔寔，拜其为议郎。这个议郎，比崔寔以前的职位要高一个档次，充当皇帝的顾问。崔寔不必再轮流当值，充当守卫了。

又过了不久，汉桓帝提拔崔寔，将他派往大将军梁冀的府上，担任司马。哦，左躲右闪，最终还是要到梁冀手下做事，“孙猴子终究逃不出如来佛的手心”。

不过，崔寔还是挺有办法，不知如何说服了大将军梁冀，前往东观（即皇家图书馆），与边韶、延笃等人著书立说。

如此举动，也是避祸的无奈选择了。

四

此后，崔寔出任五原太守。五原郡，郡治九原县，也就是如今内蒙古包头市九原区的麻池古城。太守是郡的最高行政长官，相当于如今的省委书记。

五原郡周边的土地适宜种植麻等纤维作物，而当地人却不懂得织布。每逢冬天，老百姓没有衣服可穿，在屋里堆些细草，就睡在里面，取暖基本靠抖。官吏们前来查户口、收租税的时候，老百姓“衣草而出”，胡乱在身上绑缚些细草，当作衣服。

《后汉书·崔骃列传》写道：“寔至官，斥卖储峙，为作纺绩、织纴、綀缊之具以教之，民得以免寒苦。”

《太平御览》（卷八百二十六）也记载：“崔元始《正论》曰：……吾乃卖储峙，得二十余万，诣雁门广武迎织师，使巧手作机及纺，以教民织。”

意思是，崔寔出任五原太守，卖掉积蓄，得钱二十余万，然后派人到雁门、广武等地聘请织师，制作纺、绩、织、纫系列工具，培训纺织技能。从此，百姓得以免受冻寒之苦。

有人说，崔寔是变卖家私，用以济公，品德高尚。可是，崔寔虽然出身望族，却早已家道中落，为父亲安排完风光葬礼之后，“资产竭尽”。他所斥卖的应该是五原郡的官库积蓄，为了扶助百姓，敢于承担罢官入狱的风险。这样的举动，不知可否能让后世那些不作为的官员们闻之脸红？

时光荏苒，五原郡废置一千余年之后，到了清朝康乾年间，这方土地又再次兴起种麻。

"那时，这里地下水资源非常丰富，大小泉水比比皆是，从东壕口到西壕口有十几家大户经营着十二个沤麻池，号称十里长的沤麻池。这些麻池，承揽沤制三湖湾一带东西五大村（指树林子村、兴隆村、新井村一带）和哈林格尔附近种植的青麻。这里不仅秋夏能沤麻，冬天也能沤麻。因为进入寒冬后，北方虽已冰天雪地，但是这里地下泉水仍然突突上冒，热气腾腾。沤制一池麻，需要一个月到四十天左右。这里沤制的麻，麻皮又白又净，远近驰名。"（《麻池村考察记》白文华）

因此，这方土地被称为麻池，先有麻池村，后有麻池镇，一直延续至今。而崔寔曾任太守的这座五原郡遗址，也被称为麻池古城。冥冥之中，与崔寔当年种麻、织麻的功绩相呼应，令人不胜感慨。

崔寔任职期间，匈奴屡次入侵五原郡周边的云中郡、朔方郡，烧杀掳掠官吏百姓。崔寔秣马厉兵，修整烽火台，又派骑兵远出侦察。看到五原郡防守严密，匈奴不敢前来进犯，这里成为边塞最为安宁的地方。

过度的操劳使得崔寔病倒了。久治不愈之下，汉桓帝将其召回都城洛阳,一边让其治病,一边拜其为议郎。离开北疆沙场,崔寔再次轻抚纸笔,与诸儒博士共同审定“五经”。

不久,骄横跋扈的大将军梁冀被汉桓帝寻机诛杀。崔寔曾在梁冀手下做官,也受到牵连,被罢免官职,关在大牢里面捉了几年臭虫。左躲右避,崔寔最终还是受到株连。唉,那个世道,满腹委屈的崔寔又能到哪里去说理呢?

当时,鲜卑屡次侵犯边境,汉桓帝下诏,要求三公举荐威武谋略之士。司空黄琼举荐崔寔,汉桓帝也知道崔寔当年守卫五原郡颇有成效,就委派他担任辽东太守这一重要职务。走到半路之上,崔寔收到了母亲刘氏因病去世的消息,于是上疏请求回家料理丧事。

崔寔的母亲颇有“母仪淑德”,博览群书,是位有见识的才女。当初,崔寔在五原郡担任太守,母亲经常教导他如何治理政事。崔寔的善绩,母亲也有助力之功。

服丧已毕,汉桓帝又拜崔寔为尚书。

此时,崔寔已经尝过一番官场起伏的滋味,做过高官,也坐过大牢,再加上母亲离世,情绪低落,再次做官的念头已经淡泊如水了。崔寔眼看着时局动荡、官场黑暗,以身患疾病为借口,不去打理事务。数月之后,崔寔被免职回家。

当初,崔寔的父亲崔瑗去世,为了厚葬父亲,崔寔卖掉田宅,修起豪华气派的墓冢,立了歌功颂德的大碑。埋葬完毕,家徒四壁。出于贫困,崔寔“以酤酿贩鬻为业”,靠着酿酒贩醋,维持生计。那个时代,以“耕读”为正道,从事工商会被人小瞧。然而,不管别人如何规劝或嘲讽,崔寔只管埋头干活挣钱,一律不予理会。不过,他做生意有一个原则,钱够花用即可,不求积蓄太多,等到做官,又多是在动荡贫困的边郡,因此愈加潦倒了。

东汉建宁年间,崔寔去世,家里已经穷到没有隔夜之粮了,哪里有钱将其殡殓。

见此情形,光禄勋杨赐、太仆袁逢、少府段颎等为他准备棺椁葬具,大鸿胪袁隗替他树碑,称颂功德。

《后汉书》称赞:“崔氏世有美才,兼以沉沦典籍,遂为儒家文林。”

崔寔便是崔氏书香门第的佼佼者，与稍晚的蔡邕皆以文章著名，号称“崔蔡”。

然而，想到其死时的凄凉景象，如何不令人感慨——“文人固穷”！

“才艺父女”蔡邕与蔡文姬

一

不过是些残碑断文，自宋代以来，偶有得到者，无不视若珍宝。至今，即

使在誉为“中国书法艺术之渊薮”的西安碑林，这些看似平常的散碎石块，仍然有着掩饰不住的魅力。许多书法大师，手里已有拓本，却仍要千里迢迢地赶来，只求一睹真容，然后深深地鞠上一躬。

它们就是“熹平石经”残碑。

近些年来，流传着一句俗话“流氓不可怕，就怕流氓有文化”。东汉时期，一批文化流氓为了私利，险些毁了文化典籍，险些让我们这些后人研习假国学。

那个时代，印刷术还没有问世，书籍流传大多要靠抄录。年长日久，传抄的文字难免会有疏漏与讹误。为了正本清源，朝廷特意颁布了一套标准典籍，用漆书写，藏于兰台，史称“兰台漆书”。当时，儒生应博士试，也就是参加国家公务员考试，表现优异者可以不下基层，直接任职局长甚至是厅长。应试者手中的经书常有文字方面的差异，为了崭露头角，往往有人买通兰台掌管漆书的官吏，暗改漆书文字，以与自己手中的经书相符。一番笔试下来，朝廷考官一看，唉呀，只有这位考生的文字与兰台漆书相吻合，人才难得呀！由此，高官厚禄，不在话下。一批又一批的流氓文人买通了一批又一批的兰台官吏，漆书典籍被篡改得面目全非。文化常常会输给金钱与权力。

好在，有真正的学者挺身而出了。

熹平四年(175 年)，议郎蔡邕(字伯喈)痛感“经籍去圣久远，文字多谬，俗儒穿凿，疑误后学”，遂联合五官中郎将堂溪典，光禄大夫杨赐，谏议大夫马日磾，议郎张驯、韩说，太史令单飏等，奏求正定“六经”文字。

这项文化工程有助于厘清多年的典籍谬误，也有助于重建朝廷的文化权威，汉灵帝点头表示赞同。

此前，蔡邕曾任郎中，“校书东观”。东观是东汉宫廷中贮藏档案、典籍和从事校书、著述的处所。蔡邕曾在那里校阅四书五经、诸子百家、天文地理，坐了许久的冷板凳，也打下了扎实的学术根基。

这项文化工程完成得比较顺利，皇帝也很满意，接下来就要进行刊刻了。这次吸取了兰台漆书的教训，不再刻于能够轻易篡改的竹书木简之上，而是刻在坚硬的石碑之上。这一招的确厉害，革了文字作弊的命，也开启了中国刊刻儒家经书的新思路。后世，《正始石经》《唐开成石经》《蜀石经》《北宋石经》《南宋石经》及《清石经》等，莫不以此为鉴。

“熹平石经”于熹平四年(175 年)在洛阳太学开刻，刊有《鲁诗》《尚书》《周易》《春秋》《公羊传》《仪礼》及《论语》，历时八年，总共刻了四十六块石碑，每块石碑高三米多、宽一米多。

石经始立前来观看及摹写者，每天达到一千余辆车乘，周边街巷堵得水泄不通。

“熹平石经”不仅受到经学家、史学家的重视，也被历代书法家所尊崇。

书法界盛传一种说法：“此石书法字体严整匀称，宽严得体，然其法度森严，中规入矩，是汉代标准书法。在清中叶之前，此风格一直被奉为习隶之不二法门。”

这些字体正是出自蔡邕之手。

先秦时期，善书之人罕有留名。秦始皇统一文字，由丞相李斯创制小篆，《泰山封山石刻》是其代表作之一。不过，小篆写起来仍然相当繁复。后来，一位名叫程邈的县吏犯罪入狱，覃思十年，损益大小篆方圆笔法，成隶书三千字，称为秦隶。到了东汉，蔡邕取法李斯与程邈，创制了一种新的书法——汉隶，也称“八分书”。

相传，蔡邕的女儿蔡文姬曾说：“臣父造八分时，割程(邈)隶八分取二分，割李(斯)篆二分取八分，于是为八分书。”

梁武帝称赞道：“蔡邕书，骨气洞达，爽爽如有神力。”当代史学家范文澜也说：“两汉写字艺术，到蔡邕写石经达到最高境界。”

据说，《曹娥碑》最初也是由蔡邕书写的，历经风雨沧桑之后，又由宋代王安石的女婿蔡卞重新临摹，一直保存至今。后人评价：“章法自然，笔力劲健，结字跌宕有致，无求妍美之意，而具古朴天真之趣。”

李斯与蔡邕，两位书法大师，都曾来过包头地区，只可惜未曾留下些许墨迹。

唐代有名的书法家兼书法评论家张怀瓘著有《书断》，其中写道：“飞白者，后汉左中郎将蔡邕所作也。”

相传，汉灵帝之时，修饰鸿都门，匠人用帚子蘸着白粉刷墙，蔡邕见后，归作“飞白书”。这种书法，笔画中间夹杂着丝丝点点的白痕，且能给人以飞动的感觉，故称其为“飞白”。正如宋代黄伯思《东观余论》所说：“取其若丝发处，谓之白；其势飞举，为之飞。”

飞白自魏晋南北朝以来素为文人墨客所推崇，“书圣” 王羲之及其子王献之俱精于飞白。唐太宗酷爱王右军飞白，因此唐代帝王将相多擅飞白。

其实，蔡邕不仅是儒学大师、书法大师，还精通史学、词赋、数术、天文，并且擅长音乐，堪称旷世奇才。

当年，蔡邕居于老家陈留(如今的河南省开封市杞县圉镇)，有邻居请他赴宴。或许，是因为练习书法着了迷，蔡邕误了饭点儿，匆匆赶到，众人已经酒过三巡了。如今，大家喝高了喜欢吹牛，东汉之时，大家喝高了喜欢弹琴。有位颇有音乐造诣的客人兴致大发，要学伯牙抚琴，寻觅知音。蔡邕恰好进门，听到屏风之后琴声清越悠扬，不由地放慢脚步，竖起耳朵。

岂料，聆听片刻，蔡邕脸色发白，由赞赏变成了惊慌，心里嘀咕：“唉呀，大事不妙！主人摆酒设乐，召我而来，却又暗藏杀机，分明是鸿门宴呀，赶紧溜吧！”好在，蔡邕刚才贪听琴声，后脚还没跨进门槛，一转身跑回家了。

蔡邕身影一晃,有人看到了,报告给在屏风之后举杯喝彩的主人:"蔡先生刚才来了,可是还没等进门,又扭头跑了,慌得很!"蔡邕是当地名人,不容易请到的贵客,如今赏脸赴宴,却又连门也不进,怎么回事呀?主人撂下酒杯,奋起直追。

蔡邕也有些疑惑,走得不快,主人气喘吁吁地跑到跟前,一把拉住蔡邕的袖子,边把他往家里拽,边询问缘故。待到蔡邕讲完原因,众人莫名其妙,倒是那位弹琴之人说道:"我刚才抚琴正在兴头,忽见一只螳螂将要扑向鸣蝉,那只鸣蝉仿佛有所察觉,正在振翅欲飞而未飞之际,螳螂也前后舞动,欲扑而未扑。我心里有些担心,深怕螳螂失手,不由地为它鼓劲。"

心有所想,弦有所触,隐约含着杀气。然而,指法未曾更改,原曲未曾中断,蔡邕能够从中辨识到如此细微的玄机,真是高手之中的高手了。

可惜,蔡邕的骨子里是个文人,虽能辨得琴声之中的杀机,却辨不出官场之中的杀机,最终枉死狱中。

二

中国历来讲究一个"孝"字,所谓"百善孝为先"。

蔡邕的孝行颇为令人称道,比起"二十四孝"中的人物,也没有丝毫的逊色。

《后汉书·蔡邕列传》记载:"邕性笃孝。"当年,他母亲卧病在床长达三年,孝子蔡邕煎药喂水,殷勤侍候。俗话说"久病床前无孝子",蔡邕却三年如一日,和颜细语从未变更,照料之用心,真正做到了"衣不解带,目不交睫"。据说,只有到了寒暑变易的季节,必须更换衣裳了,蔡邕才解开襟带。母亲病重之时,蔡邕"不寝寐者七旬",七十天都不怎么合眼,连轴转地侍奉。

母亲去世,蔡邕在墓旁结庐而居。荒郊野地,一座坟茔、一座茅草屋,任由风吹雨打,相伴多时。守丧期间,蔡邕谨守孔老夫子传下来的礼制,一举一动莫不符合儒家规范。这番孝行感天动地。可能是担忧蔡邕太过悲戚、太过孤单,有一只野兔常在茅草屋附近跳跃探望,见了蔡邕不躲不闪,极为温驯。更为奇特的是，在坟茔与茅草屋之间，“木生连理”，仿佛母亲与儿子紧紧依偎。

于是，“远近奇之，多往观焉”（《后汉书·蔡邕列传》）。

蔡邕不仅“孝”，而且“悌”。蔡邕与叔父蔡质，堂兄弟蔡睦、蔡谷同居一处，三代不分家财，“乡党高其义”，乡亲们没有不佩服的。

孔老夫子的学生有子说过：“其为人也孝弟，而好犯上者，鲜矣；不好犯上，而好作乱者，未之有也。”（《论语·学而篇》）

这里的“孝弟”，同“孝悌”。孝悌之人必不会犯上作乱，这成为古代选举与提拔官员的重要前提。

汉朝时期，曾有“孝廉科”，就是察举孝子廉吏。这个制度始于汉武帝，命令郡国向中央政府推举孝廉各一人，即举孝一人、察廉一人，任用为朝廷官员。蔡邕的好朋友曹操曹孟德先生就是被举为孝廉，任职洛阳北部尉，从而踏入官场的。

在孝悌方面，蔡邕远胜于曹操，举孝廉不在话下。不过，蔡邕生性淡泊，不愿做官。

偏偏，“树欲静而风不息”。东汉桓帝之时，中常侍徐璜、左悺等人恃宠擅权，听说蔡邕是个抚琴高手，便向皇帝极力推荐，敕令陈留太守督促蔡邕尽快赴朝。倘有一技之长，得到天子赏识，荣华富贵指日可待，蒲松龄先生所写的《促织》一文就深刻阐明了这个道理。然而，蔡邕却是一百个不情愿，无奈陈留太守天天派人来催促，只得磨磨蹭蹭地上路。好不容易走到偃师，离洛阳不远了，蔡邕却谎称生了大病，又跑回了陈留老家。

返回故里，蔡邕埋头书案，闲居玩古，不交当世。这般性情，向前代可比贬谪的屈原，向后世可比辞官的陶渊明。

建宁三年（170 年），司徒桥玄又召蔡邕做官。这一回，蔡邕没有推辞。

首先，孔老夫子的学生子夏说过：“学而优则仕。”（《论语·子张篇》）俗话也说：“学得文武艺，货与帝王家”，读得满腹经纶，只用来修身齐家，却不去治国平天下，岂不是自我埋没嘛。当年，连孔老夫子也为施展抱负而谋求重用，多年奔波在周游列国的旅途之中，大声嚷嚷：“沽之哉！沽之哉！我待贾者也。”

其次，桥玄时任司徒，相当于如今的国务院总理，远非当年推荐蔡邕入朝抚琴的中常侍(宦官)可比。入朝抚琴，有失文人尊严，而受司徒青睐，则是儒生难得的荣耀了。况且，桥玄也曾被举为孝廉，性格刚强、不阿权贵、待人谦和，朝廷内外声誉极佳。

再者，桥玄求贤若渴，为达目的，那可是不太讲究手段的。此前，桥玄曾经官任汉阳太守，听闻郡人姜岐甚有贤名，召他出仕。姜岐托病推辞。桥玄很不高兴，命令督邮尹益前去逼迫，并放下狠话：“姜岐如果不来，马上就让他的母亲改嫁。”

蔡邕出仕，凭借旷世才华，更兼儒生性情，居然一路升迁，得到汉灵帝的赏识。蔡邕感恩图报，不仅兢兢业业地做好本职工作，还不断上书言事。

蔡邕秉承儒家教诲，讲究清浊分明，眼睛里揉不得沙子，对当时所谓的“宣陵孝子”颇有看法。

永康元年(167 年)，汉桓帝刘志驾崩，葬于宣陵。汉桓帝没有儿子，由汉灵帝刘宏继承皇位。古人讲究守孝，汉桓帝没有子嗣，恐怕是无人结庐陪灵了。不过，“穷在深山无人问，富在闹市有远亲”，宣陵之前，忽然涌出了许多“孝子”，不管汉桓帝本人同不同意，硬把他老人家认作自己的亲爹，日日磕头、天天祭拜，哭得鼻涕一把泪满面。汉灵帝刘宏听闻此事，大受感动，予以慰问，并且赏赐官职“郎中”或“太子舍人”，让他们陪伴于太子身边，借以宣扬孝道。于是，“孝子”们骤然增多，哭声喊声响彻云宵，比集市还要热闹。

蔡邕上奏：“臣听说，孝文皇帝(汉文帝)下诏丧服三十六日。……如今，有些虚伪小人，本非骨肉，既无宠幸之恩，又无禄仕之实，却在宣陵之前哭得死去活来，情何缘生？他们聚集陵墓之旁，假名称孝，行不隐心，义无所依，甚至还有不法分子藏在里面。而且，先到的可以授官，后来的则被遣归。有的常年在陵地，因暂时回去漏掉了；有的找人代替，也得到宠荣。相互纷争怨恨，在大路上吵吵嚷嚷，不成体统。太子的官员应挑选有德行的人，难道要用这些丑恶之人吗？”

汉灵帝读罢，觉得有些道理，却又碍于面子，不愿收回成命，只得将这些宣陵孝子们的官职由“太子舍人”改为“丞尉”。

参加哭爹闹剧的人竟然得到朝廷官职，官场风气乃至民间习气随之江河日下。

说起汉灵帝，本来也是一个文艺爱好者，写过《皇羲篇》《追德赋》《令仪颂》《招商歌》等辞赋，单是《皇羲篇》就洋洋洒洒的有五十章。因此，朝堂之上，凡是能写几篇文章的人，会火速得到提拔，至于德行与能力，那是其次的。

汉灵帝又打着招揽经学人才的幌子，汇聚了一大批“尺牍及工书鸟篆者”，也就是画家、书法家等人才。不久，汉灵帝便把治国之策抛在脑后，而将舞文弄墨当成了大事。“上有所好，下必甚焉”，侍中祭酒乐松、贾护趁机推荐了一大批“无行趣势之徒”，待制鸿都门下。这些文化大咖擅长用风趣的语言讲解地方风俗、乡间小事，逗得汉灵帝喜笑颜开。

既然是皇帝喜好的事情，大家跟着奉承就是了，况且像蔡邕这样的书法大师，岂不是有了展现自己才华的契机？

然而，蔡邕读圣贤之书太多，脑子“僵化”了，竟然对此事也有意见，上书劝谏：“臣闻孝武（汉武帝）之世，国家选拔人才主要通过三个途径：孝廉、贤良、文学。于是，名臣辈出，文武并兴。大汉得人，只此数路而已。至于书画辞赋，只算得小才，治理国家就不见得能够胜任了。如今待制于鸿都门下的学士，稍为高明一点的，也倒还能引用一些经训劝喻；下等的则勉强拼凑一些俗话俚语，与倡优调笑取乐差不多；甚至有的人剽窃别人的作品，沽名钓誉。”

对于皇帝寄予厚望的文化大咖，蔡邕竟然胆敢如此评价，自然惹得众人侧目。好在，汉灵帝念在蔡邕本身也是书法大师兼辞赋达人，网开一面，没有给他发落一个“诋毁”的罪名。

光和元年（178年），汉灵帝下诏设立鸿都门学，招揽辞赋、书画方面的人才，成立了中国最早的文学艺术专科学院。这个举措极大地促进了文艺的繁荣，无可厚非，值得赞赏。

不过，鸿都门学的学员毕业之后，并不为文学艺术服务，而是华丽转身，或被重用为地方高官，如刺史、太守，或被提拔为朝廷要员，如尚书、侍中，甚至封侯赐爵。歌咏辞赋之士执掌兵符、戍守边疆，涂抹丹青之人决断讼狱、管理盐铁。

凭借真才实学而苦熬上来的文官，凭借浴血沙场而打拼上来的武将，耻与鸿都门学之徒为伍，无论宴饮还是朝拜，敬而远之。

三国时期，诸葛亮曾在《前出师表》中写道："亲贤臣，远小人，此先汉所以兴隆也；亲小人，远贤臣，此后汉所以倾颓也。先帝在时，每与臣论此事，未尝不叹息痛恨于桓、灵也。"文中所说的正是汉桓帝与汉灵帝。

三

翻阅史书，凡是诤诤劝谏者，鲜有好运。

魏徵遇到唐太宗，屡犯龙颜却仍受重用，那是历史的偶然。若像比干遇到商纣王，还得落个剖腹挖心的下场，那才是历史的常态。

汉灵帝虽然昏庸，倒也没有商纣王那般暴戾，有些时候也想要听听大臣们的意见。

光和元年(178年)七月，妖异的现象屡次出现，人人惊恐。汉灵帝下诏，召集蔡邕与光禄大夫杨赐、谏议大夫马日磾、议郎张华、太史令单飏，前往金商门，入崇德殿。汉灵帝派遣中常侍曹节、王甫向五人询问灾异缘由及应对措施。

蔡邕的六世祖蔡勋喜好黄老之术，精通五行八卦。蔡邕本有家学渊源，更兼自己又熟谙天文历法，再加上对于朝廷官员及民间疾苦的洞察，听罢汉灵帝的困惑，呈上一番精辟的分析与应答，十分得体。

回到家里，蔡邕屁股还没坐热，就接到了汉灵帝的特诏。诏书之中，先是一通猛夸："近来妖异屡现，朕心里很不踏实，吃饭就像嚼泥一般。为了求知真相，朕召开了多次研讨会，也询问了各路大师，他们要么守口如瓶，要么敷衍了事。朕观察了一番，只有你是个真性情的才子，看得远、想得全、悟得深，还愿意讲出来。"按照套路，接下来就进入正题了："如今，我特意避开耳目，秘密向你稽问，你尽管放开胆量，披露得失、指陈政要，有啥说啥，不要瞻前顾后，不要有所依违，失去我的这番信任。”末尾，特别提示：“为了保密，应答奏章，要用皂囊密封呈上。”

俗话说得好：“士为知己者死，女为悦己者容。”读着汉灵帝的这份特诏，蔡邕心底涌起阵阵暖流，随后把手下的侍从打发走，自己研墨，奋笔疾书。

这个书呆子恳切劝谏，矛头直指妇人干政、宦官擅权，检举多位贪赃枉法的奸人，又推荐数位尽忠报国的君子，论述清晰，言辞诚挚，满腔热忱溢于笔端。

当然，蔡邕明白，这样的奏章一旦泄露，难免招来大祸。因此，他在奏章的最后是千叮咛万嘱咐：“臣以愚赣，感激忘身，敢触忌讳，手书具对。夫君臣不密，上有漏言之戒，下有失身之祸。愿寝臣表，无使尽忠之吏，受怨奸仇。”

大概意思是说，我不负圣恩，仗义执言，把自己所知道的奸人丑事都写在奏章里了。皇上您可得千万替我保密呀，万一走漏了风声，我可就摊上大事了，怕是吃不了还得兜着走。

汉灵帝接到奏章，反复阅读，深深叹息。过了一会儿，他起身去厕所了，中常侍曹节趁此时机，悄悄凑到案旁，从头到尾，把蔡邕的奏章看了个清清楚楚。

东汉时期，中常侍多由宦官（也就是太监）担任，他们利用常在皇帝身边的优势，探听消息，通风报信，大肆结交朝廷官员，形成错综复杂的关系网与利益圈，甚至把持朝纲，作威作福。蔡邕的奏章触及了宦官的利益，何况所弹劾的高官之中，有好几位是曹节的密友。

第二天，蔡邕上朝之时，分明感到许多双眼睛狠狠地盯着自己的后背，凉飕飕，阴森森。他心里清楚，十有八九是那份奏章泄密了，霉运正在不远的地方等着自己。

很快，事情便见分晓。蔡邕被关进洛阳大狱之中，罪名是“仇怨奉公，议害大臣，大不敬”，判决是“弃市”，也就是在闹市之中执行死刑，然后再曝尸街头。这样的刑罚通常还会株连九族。估计，身陷囹圄之中，蔡邕恨不得把写奏章的那只右手剁下来。

此时，中常侍吕强怜悯蔡邕，替他向汉灵帝求情。同样是中常侍，为人处世的区别，还是很大的。汉灵帝听罢，也想起了蔡邕奏章之中的恳切，于是下诏“减死一等”，改判髡钳。所谓髡钳，剃去头发称髡，以铁圈束住脖子称钳。可怜，家属同罪，蔡邕的妻子也被剃成光头，随同蔡邕发配到荒凉的朔方。汉灵帝还下了一道命令：“蔡邕恶行深重，即使天下大赦，也不得免罪。”

听到蔡邕免死的消息，把其视为“眼中钉、肉中刺”的将作大匠阳球扼腕叹息。随后，他拍案而起，必要置蔡邕于死地。阳球派出刺客追杀蔡邕，可是刺客却感动于蔡邕的正直，没有执行命令。阳球又贿赂相关官员毒害蔡邕，可是这位官员却把阳球的阴谋转告蔡邕。蔡邕被发配往北疆的路上，阳球屡屡设计谋害，蔡邕却屡屡得脱。或许，正如《水浒传》“林教头风雪山神庙”中所说的：“原来天理昭然，佑护善人义士”。

蔡邕一家终于逃脱魔爪，徙居五原郡安阳县。

五原郡当时隶属于朔方刺史部，郡治九原县，也就是如今内蒙古包头市九原区的麻池古城。安阳县也称西安阳县，是五原郡所管辖的一个县城，位

于如今内蒙古巴彦淖尔市乌拉特前旗稽亥乡的张连喜店村。

随同蔡邕抵达此地的，还有他的小女儿蔡琰(字文姬，又字昭姬)。是的，就是那位中国历史上有名的才女。那个时候，她年仅一岁有余，刚刚学会走路，便作为罪人家属，奔波在发配路上。

当初，蔡邕在东观遍览群书，与卢植、韩说等撰补《后汉记》，尚未完成。在发配之际，蔡邕将所著十意（《律历意》《礼意》《乐意》《郊祀意》《天文意》《车服意》等），分别首目，附在书尾，呈献给汉灵帝。这位喜怒无常的皇帝翻阅之后，又不由地爱惜起蔡邕的才华。恰好，次年天下大赦，汉灵帝大笔一挥，把蔡邕列入赦免名单之内，准其返回原籍。

蔡邕，从被贬徙，再到被赦免，前后奔波九个月，深深浅浅的足迹印在了包头境内。历史的记忆之中，还有蔡文姬的蹒跚学步与稚嫩学语。

返乡途中，蔡邕再次路过五原郡城，太守王智摆下宴席为蔡邕饯行。酒酣耳热之际，王智手舞足蹈，举杯劝饮，蔡邕嫌其俗狂，端坐不动。这位王智就是前面提到过的中常侍王甫的弟弟，他仗着哥哥的权势，素来贵骄。如今，自己的热脸却贴上了蔡邕的冷脸，在宾客面前失去颜面，便放声谩骂："徒敢轻我！"(你个罪犯怎敢轻侮于我！)

看到蔡邕拂衣而去，王智摔碎酒盏，挥笔疾书，连夜将密信发往都城，诉说蔡邕"怨于囚放，谤讪朝廷"。

北方的风很快吹走了蔡邕的醉意，他明白祸事又将降临，踌躇之后，只得逃窜于江湖。几经周折，避居江浙一带，长达十二年。

江南烟雨蕴着无限文风，蔡邕居此，颇为适意。

史料记载，有吴人以桐木为薪，烧火做饭。烈焰之中，忽有一块桐木爆裂，发出清越的响声。蔡邕听闻，面露惊喜，知其为良木，慌忙抽取出来，扑灭余火。随即，蔡邕用这块桐木裁出琴腔，装上琴弦，音色果然异常美妙。由于此琴尾部烧焦，故称"焦尾琴"。蔡邕偶得焦尾琴，喜不自禁，常常向着北方，燃一柱香，抚琴而明志。

某夜，蔡邕焚香弹琴，九岁的蔡文姬坐在旁边，静静聆听。忽然，一根弦丝崩断，文姬脱口而出："哎呀，是第二根琴弦断了。"定睛一看，果真如此。蔡邕一怔，莫不是偶然猜中？于是，又故意扯断一根琴弦，文姬应声说道：“这次是第四根弦。”

《三字经》曰：“蔡文姬，能辨琴；谢道韫，能咏吟。彼女子，且聪敏；尔男子，当自警。”

然而，“自古红颜多薄命”，聪颖的蔡文姬未曾料到，她的命运竟比父亲还要坎坷。

四

中平六年（189 年），汉灵帝驾崩，董卓担任司空，专擅朝政。

董卓为人残暴，深怀私欲与野心，却又喜欢结交侠士与文人。年轻之时，董卓也曾行侠仗义，颇得乡里称誉。某天，附近的羌人首领前来探望，董卓苦无招待之资，竟将家里唯一的耕牛宰杀。

唐代诗人李白在《将进酒》之中高呼：“五花马，千金裘，呼儿将出换美酒，与尔同销万古愁。”如此举动，也够豪爽了。不过，五花马与千金裘毕竟是奢侈品，换了美酒，也不影响日常生活。董卓家的耕牛可是全家赖以生存的命根子，如今宰杀，等到春耕时节，恐怕要由董卓自己套缰拉犁了。见此情形，羌人首领深受感动，这场酒喝得格外热烈。回去之后，羌人首领凑了上千头牲畜给董卓送来。

董卓听说蔡邕是位旷世奇才，便请皇帝下了一道诏书，召蔡邕入京做官。官场险恶，蔡邕早已领教过了，他差点儿陪上全家性命，哪里还敢渡江北上，于是托病推辞。

董卓闻听回禀，暴脾气一下子上来了：“我力能族人，蔡邕遂偃蹇者，不旋踵矣。”意思是，我的权势可以夷家灭族，蔡邕再要傲慢，马上要他好看！随即，又严令地方官员，务必督促蔡邕进京，否则你们自己掂量掂量。

唉，这个世道！有人撞破脑袋想做官，却遥不可期；蔡邕始终不想做官，却屡屡被人强迫，皱着眉头穿上了官服。

蔡邕抵达洛阳，官封祭酒。谢主隆恩之后，董卓拉着蔡邕到他家做客。宴席之上,山珍海味,自不必说。受邀陪酒的官员,远比蔡邕的祭酒职位要尊贵得多。然而,见到董卓如此器重蔡邕,他们都纷纷点头哈腰地奉承着。酒过三巡,董卓命人捧出一个锦盒,取出一件稀奇物件,恳请蔡邕鉴定。其实,也是要借此考查蔡邕的学问。

这是一把刀,是董卓年轻之时在田间捡到的。刀上没有镌刻文字,四面隐起作山云纹,斸玉如泥。中国汉代,冶炼技术并不精湛,多为纯铁,硬度较低,比不上大多数的玉器,如翡翠、蓝田玉、和田玉等。因此,夸耀一把刀的锋利,不说削铁如泥,而说斸玉如泥。

蔡邕抚刀细看,脑子里飞速闪过所读的奇书异志,忽然定格,大吃一惊。原来,这把刀的主人竟是西楚霸王项羽。

此事并非作者杜撰,原文出自《古今刀剑录》,著于1500年前,作者为南朝陶弘景,共收录68把刀剑。

蔡邕的旷世才学深得董卓赏识。董卓凭借手中的权势,不停地给蔡邕加官进爵。“举高第,补侍御史,又转持书御史,迁尚书。三日之间,周历三台。”(《后汉书·蔡邕列传》)

初平元年(190年),蔡邕官拜左中郎将,随从汉献帝刘协迁都长安,受封高阳乡侯。短短两年,蔡邕从一个逃窜江南的儒生,如鱼跃龙门,获封侯爵。

董卓的提拔之恩,蔡邕也是记在心头的。不过,他毕竟是个深受礼教熏陶的文人,知晓大义,并未趋炎附势,不肯折损自己的骨气。

此际,董卓日益骄狂,乘坐青盖金华车,爪画两轓,时人号曰“竿摩车”,又封其弟董旻为左将军,侄子董璜为侍中、中军校尉,宗族内外都入朝为官。公卿大臣遇到董卓,都要下车跪拜,而董卓双眼望天,并不回礼。朝廷各个要职部门都到董卓的太师府去汇报工作,汉献帝被彻底架空,如同傀儡。

董卓的幕僚为了讨好他,提出董卓功德堪比姜尚(姜子牙),应称“尚父”。董卓听得满心欢喜,恰逢蔡邕正在身旁,就向他征询意见。蔡邕担心董卓得寸进尺,更加威逼汉献帝,于是劝说董卓先要全力平定叛乱,等到返回洛阳之后,再议此事。董卓虽然有些不悦,却还是听从了。

这年六月，发生一场大地震。古时，讲究迷信，每有异象，归为天意。董卓向蔡邕询问地震的缘故，蔡邕趁机劝说：“地震是由于阴盛侵阳，臣下逾越礼制，上天恼怒所致。春天郊祀，您奉引车驾，乘金华青盖，爪画两轓，气势直逼皇上，远近之人都在摇头叹息呀。”于是，董卓改乘皂盖车。

董卓敬重蔡邕的才气，每逢宴饮，常召他鼓琴助兴，或者主持仪式。蔡邕也有心为朝廷出力，怎奈董卓刚愎自用，蔡邕所说的那套君臣之道、德政之举、仁义之行，往往成了耳旁风。

眼见朝纲紊乱、民生凋敝，一派大厦将倾的态势，蔡邕忧愁满腹。他与堂弟蔡谷商议：“董公性格刚烈而趋于残暴，终将引火烧身。我想辞去官职，前往山东避难，以观时局，是否可行？”蔡谷答道：“老兄您的容貌异于常人，太显眼了，平常在路上行走，回头率都那么高。想要躲起来，难啊！”

过去常说，“圣人有异相”：黄帝龙颜、尧眉八彩、舜目重瞳、皋陶鸟喙、禹耳三漏、文王四乳、周公背偻等等。蔡邕的先师孔老夫子，也长得很特殊。《史记》说他的头顶凹陷，因此得名“丘”。在曲阜民间，还有“七出”之说，是说孔子牙齿暴露在唇外、鼻孔朝天、耳朵奇大、眼睛突出，就是七窍突出的意思。至于蔡邕到底长得如何与众不同，史书之上没有细讲，但他因为容貌而错失逃脱之路，或许正是天意。

初平三年(192年)，司徒王允有心谋杀董卓，使用反间计，挑拨董卓与吕布的关系。据《三国演义》所说，王允甚至还用了美人计，四大美女之一的貂蝉从此家喻户晓。吕布是三国时期有名的猛将，出生于五原郡九原县(如今内蒙古包头市九原区的麻池古城)。他与老乡李肃合谋，埋伏于北掖门内，翦除了董卓。

董卓死后，被曝尸于闹市。由于天气渐热，素来肥胖的董卓被晒出脂油，流淌于地。看守尸体的小吏把火置于董卓肚脐之中，荧荧火光，通宵达旦。

此际，争相奉承董卓的官员们又纷纷控诉董卓的百般罪恶，仿佛忘了他们曾经的奴颜婢膝与助纣为虐。

王允的府中，愤怒批判董卓的声潮一浪高过一浪，大家都沉浸在“打死老虎”的快乐之中。坐上，唯有蔡邕为之叹息，露出悲戚的神情。王允见状，勃然大怒，厉声责骂："董卓乃是国家大贼，险些倾覆汉家王朝。作为刘姓汉朝的臣子，本应同仇敌忾，你却只是想着自己受到过董卓的私恩，忘记了操守！如今，苍天有眼，得以诛杀恶人董卓，你却为他感到悲痛，岂不是同为逆贼吗？"随即，将蔡邕收押，交给廷尉治罪。

其实，蔡邕为董卓而叹息，不过是出于文人的一片素心，哪里有如此多的政治深意。

再次身陷囹圄，蔡邕大为惶恐，急忙陈辞道歉，情愿"黥首刖足"（刻额染墨、截断双脚），只求保留一条性命，以便将汉史写完。此时，士大夫大多同情蔡邕，纷纷设法营救，却终告无用。

太尉马日磾听闻此事，急忙前往王允府上，劝说道："伯喈乃是旷世奇才，多识汉朝之事，应当让他续成后史，成为一代大典。况且，他的忠孝之名向来显著，却遭此无名之罪。将其诛杀，岂不是大失人望吗？"

王允答道："当年，汉武帝没杀司马迁，让他在《史记》之中留下颇多毁谤之言，流传于后世。如今，国家中途衰落，政权又不稳固，就更不能让蔡邕这样的奸佞之臣执笔在幼主左右了。如果他学了司马迁的那一套做法，不仅鲜有对于皇帝与朝廷诚挚的歌功颂德，还将使咱们这帮人蒙受毁谤议论。"

原来如此！"杀人灭口，有利于堵住负面消息"，这才是蔡邕必死的缘由。

见此情形，马日磾只得离去。

不久，蔡邕死于狱中。据说，此时的王允有了悔意，想要放蔡邕出来，却已经来不及了。

死讯传来，"搢绅诸儒莫不流涕"（《后汉书·蔡邕列传》）。

未过多久，董卓余党发动叛乱，攻入长安城内，王允死于非命。

这一年，蔡邕六十一岁。

生命的最后时刻，让他难以放下的，除了汉史之外，还有女儿蔡文姬。十六岁时，蔡文姬嫁给了卫仲道。可惜，卫仲道早死。由于两人没有子嗣，守寡的蔡文姬返回了娘家。如今，蔡邕含冤而死，又有谁来照顾蔡文姬呢？

五

董卓死后，各路军阀连年混战，羌胡番兵乘机入侵，烧杀抢掠，如同恶狼闯入了羊群。

目睹惨景，蔡文姬在《悲愤诗》中写道：“平土人脆弱，来兵皆胡羌。猎野围城邑，所向悉破亡。斩截无孑遗，尸骸相撑拒。马边悬男头，马后载妇女。”

覆巢之下，安有完卵？

兴平二年（195 年），匈奴铁骑在华夏境内横冲直撞，蔡文姬也被掳走，来到北方草原。

二十多年前，蔡文姬随同父亲蔡邕发配五原郡西安阳县，草原的冷风曾经拂面而过。只是，那时年纪尚幼，没有留下什么印象。如今，再到草原，却比当年更为凄惨。

沿途之上，蔡文姬饱受番兵的凌辱和鞭笞，一步一步走向渺茫不可知的未来。这一年，她二十三岁。

羁留匈奴，风华正茂且多才多艺的蔡文姬被收入左贤王的营帐之中，做了一个挨打受骂的陪侍之人。忍辱负重的日子里，蔡文姬生下了两个儿子。

“边荒与华异，人俗少义理。处所多霜雪，胡风春夏起。”（摘自蔡文姬《悲愤诗》）

食用的是膻肉腥酪，吹奏的是胡笳与羌笛。黄昏残阳，常常映着蔡文姬南望的目光，还有两行泪珠。

光阴似箭，曹操纵横捭阖，“挟天子以令诸侯”，实际掌控着朝廷权柄。

建安十二年（207 年），曹操屡次思及亦师亦友的蔡邕，感慨万千，又痛惜蔡邕没有子嗣，灵位之前，香火冷清，于是萌生了一个念头，“遣使者以金璧赎之”（《后汉书·列女传》）。

这一年，曹操派遣使者，以黄金与玉璧将蔡文姬赎了回来。

隔了十二年之后，蔡文姬终于有了重返中原的机会，初闻消息，欣喜不已，接着却又悲哀啜泣。

“不谓残生兮却得旋归，抚抱胡儿兮泪下沾衣。”（摘自蔡文姬《胡笳十八拍》）

母子即将分离，蔡文姬实在是舍不得。

“一步一远兮足难移，魂销影兮恩爱遗。”（摘自蔡文姬《胡笳十八拍》）

文姬归汉，年已三十五岁，孤苦无依，只得再次出嫁，嫁给董祀。

后来，出任屯田都尉的董祀，犯法当死。无奈之下，蔡文姬只得前往曹操府邸，为丈夫董祀求情。

当时，曹操正在宴请公卿名士及远方使驿，宾客满堂。

听到蔡文姬求见，曹操心中已经猜到她的来意，却又不忍拒绝。于是，曹操向着宾客说道：“蔡伯喈的女儿在外面，今天让大家见一见她。”

在众人注目之下，蔡文姬披散着头发、光着脚，叩头请罪，说话条理清晰，情感酸楚哀痛，满堂宾客都为之动容。此刻，曹操已有赦免董祀之心，却又担心别人说三道四，于是故意托辞：“你的情况确实值得怜悯，可是降罪的文书已经发出去了，怎么办呢？”蔡文姬答道：“您的马厩里有良马成千上万，勇猛的士卒更是不可胜数，还会吝惜快马骑士，拯救一条垂死的性命吗？”

曹操闻言，含笑颔首，眼睛扫向在座的宾客，迎来的都是同情的目光。因此，董祀得到赦免，从鬼门关上捡回了一条性命。

当时，天气非常寒冷，曹操看到蔡文姬没有穿鞋又披散着头发，便赠给她头巾、鞋子及袜子。

随后，曹操问道：“听说你的家里原有很多古籍，现在还能想起来吗？”

文姬回答：“当初，我的父亲赐给我的书籍有四千余卷，由于战乱频繁、流离失所，保存下来的很少了。如今，我能背诵下来的，只有四百余篇。”

曹操本来也是嗜好读书之人，闻听那些稀世古籍有可能重见天日，很是欣喜，因此向蔡文姬询问：“那我派遣十名书吏，协助你写下来，可以吗？”

文姬答道：“妾闻男女有别，礼不亲授。请赐我纸笔，我一个人写下来吧。”

于是，蔡文姬将自己记忆之中的古籍内容默写下来，呈送曹操，竟无一点遗漏或错误。

才女之名,果然不是虚传的!

时至今日,关于蔡文姬的传说与演绎,可以集成厚厚的一册书了。

然而,记载于正史之上的资料却只有上述的这些简短片段,就连蔡文姬的卒年,也无从得知。

《后汉书》记载:“(蔡文姬)后感伤乱离,追怀悲愤,作诗二章。”这本惜墨如金的正史,竟将这两章诗全部抄录下来。

《悲愤诗》共有两首:第一首是五言诗,被学者誉为“中国诗史上文人创作的第一首自传体的五言长篇叙事诗”;第二首是骚体诗,虽然稍逊于前一首,却也另有一番滋味。

据传,《胡笳十八拍》也是出自蔡文姬的手笔。

《胡笳十八拍》是古乐府琴曲歌辞,一章为一拍,共十八章,故有此名,反映的主题正是“文姬归汉”。郭沫若先生曾经评价:“这是继《离骚》以来最值得欣赏的一部长篇叙事诗。”

难怪,范晔会在《后汉书》之中称赞蔡文姬:“博学有才辩,又妙于音律。”

多年以后,唐代诗人李颀写了一首长诗《听董大弹胡笳声兼寄语弄房给事》,其中前几句是:“蔡女昔造胡笳声,一弹一十有八拍。胡人落泪沾边草,汉使断肠对归客。古戍苍苍烽火寒,大荒沉沉飞雪白。先拂商弦后角羽,四郊秋叶惊摵摵。”

悲凉的意境是蔡文姬坎坷经历的写照。

“探寻真相”五原郡与五原太守

一

这片沃野位于黄河北岸、阴山南麓。

按风水学讲，山南水北，谓之“阳”。阳有兴盛气象，也有刚烈气息。

或许，正因如此，古代的包头曾是农耕民族与游牧民族展开拉锯战的沙场，现代的包头又是重工业基地及大名鼎鼎的兵工之城，一辆辆坦克与火炮从这里走向国庆大典的阅兵行列。

早在六千年前，这片土地就曾生息繁衍着新石器时代的远古居民——阿善人，那些或大或小的原始聚居点如珍珠般串联在山前平原之上。他们以农耕为主，兼营畜牧业，也擅长打猎捕鱼。如今，包头市博物馆陈列着他们所使用的石磨盘、陶罐、骨针及乐器埙等许多文物。阿善人甚至建造了中国最早的城墙和祭坛。

阿善文化曾经引起考古界与史学界的极大重视，曾任中国考古学会理事长的苏秉琦先生将这片土地称为“包头塬”。

然而，距今三千多年前，阿善人神秘地消失了，是迁往了中原，还是游牧于草原？他们没有留下任何痕迹，使得考古学者无处追寻。

这片土地正式出现在史料之上，已是千年以后了。

战国时期，赵武灵王励精图治，大力推行 胡服骑射”的变革。由此，赵国军队的战斗力得到了大幅度的提高。

随后,豪气冲天的赵武灵王率兵北征,驱逐林胡、楼烦等游牧民族,夺取了阴山南麓的大片土地。

"攘地北至燕、代,西至云中、九原。"(《史记·赵世家》)

《竹书纪年》记载,公元前302年,"邯郸命吏大夫奴迁于九原"。意思是,赵武灵王下令,将贵族私藏的、没有纳入政府户籍管理的奴隶迁往九原。

九原城(即今内蒙古包头市九原区的麻池古城)首次纳入了农耕民族的疆域之内。

赵武灵王还有一个更富野心的计划:"欲从云中、九原直南袭秦。"(《史记·赵世家》)

他要率兵从云中、九原出发,向南直击秦国,把这个日益强大的潜在对手,消灭在称霸初期。

可惜,未等出兵攻打秦国,赵国发生内乱,赵武灵王也被活活饿死在沙丘宫。

此番情形恰似唐代杜甫的《蜀相》所说:"出师未捷身先死,长使英雄泪满襟。"

赵武灵王死后,赵国日渐衰弱。

公元前229年,秦军攻占赵国都城邯郸。公元前222年,代王赵嘉降秦,赵国灭亡。

戍守战国赵北长城与九原城的赵国将士纷纷逃归家乡,胡人悠然地越过阴山,再次占据这片土地,放牧牛羊。

公元前215年,秦始皇派遣大将蒙恬发兵三十万,向北攻打胡人,也就是匈奴。《史记·秦始皇本纪》记载:"始皇乃使将军蒙恬发兵三十万人北击胡,略取河南地。"

所谓"河南地",指乌加河以南的地区,也就是今天的鄂尔多斯市西北部与巴彦淖尔市河套地区。黄河北岸、阴山南麓的包头市区当时也属于"河南地"。

为了有效管辖这片新占领的疆域,秦始皇设立了九原郡,作为天下三十六郡之一,郡治设在九原县。郡治相当于如今的省会城市。而九原县正是当年赵武灵王所修筑的那座北疆军事重镇。

然而,秦始皇的千秋万代皇帝梦只延续了两世。

公元前207年,秦二世胡亥被逼自杀。不久,秦王子婴被杀,秦朝灭亡。

戍守秦始皇长城与九原郡的秦朝将士纷纷逃归家乡,匈奴悠然地越过阴山,再次占据这片土地,放牧牛羊。

历史仿佛总是在不断地轮回着。

二

汉武帝元朔二年(前127年)春季,西汉帝国远征匈奴,发起了一场大规模的战役——河套之战。

卫青率兵从云中出发,横穿鄂尔多斯高原,向西一直打到高阙塞(位于如今的内蒙古巴彦淖尔市乌拉特后旗呼和温都尔镇那仁乌布尔嘎查),随后奔袭陇西。这场突如其来的袭击打得匈奴措手不及,取得了非凡的战绩:诛杀及俘虏匈奴数千人,缴获牲畜百余万,赶走了盘踞在河套地区的匈奴楼烦王、白羊王。

经过这场战役,西汉基本收复了秦朝末年所失的“河南地”,将匈奴势力再次驱赶到了阴山以北。于是,“置朔方、五原郡”(《汉书·武帝纪》)。

汉武帝将秦始皇所置的九原郡(郡治九原县,今内蒙古包头市九原区麻池古城)一分为二,西部置为朔方郡,东部置为五原郡。

汉武帝所置的朔方郡大致包括如今的鄂尔多斯市杭锦旗、巴彦淖尔市后套地区等,郡治朔方城,大约在如今的鄂尔多斯市杭锦旗独贵塔拉乡一带,早已湮没。

汉武帝所置的五原郡大致包括如今的包头市区、固阳县、巴彦淖尔市乌拉特前旗、鄂尔多斯市达拉特旗及准格尔旗东北部等,郡治仍为九原县,也就是如今的包头市九原区麻池古城。

《汉书·地理志》记载:“五原郡,原属秦朝九原郡,武帝元朔二年更名。户三万九千三百二十二,口二十三万一千三百二十八。下辖十六个县:九原县、固陵县、五原县、临沃县、文国县、河阴县、蒱泽县、南兴县、武都县、宜梁县、曼柏县、成宜县、稒阳县、莫黜县、西安阳县、河目县。"

光阴流逝,这十六座汉代县城还有多少尚存遗迹?它们又位于哪里?

好奇心总是引发思索,总是带来知识的延伸。

两千多年的风雨磨蚀着城垣,再加上历代战争的毁坏与农耕的侵占,许多汉代古城已经无法寻觅影踪,更无法辨明其历史名称。

好在,北魏郦道元在地理名著《水经注》中,以黄河为脉络,讲述了许多古城的方位,为探寻与考察提供了条件。

好在,文史学者与考古专家们孜孜不倦地研究与考证,逐渐拨开历史迷雾,还原了许多古城的真相,也引发了许多的争议。

如今,争论依然激烈。

这是一件好事,事物总是在辩论之中越来越接近真相的。

就怕没人关注、没人争论,犹如一潭死水。

三

郦道元《水经注》卷三《河水》,沿着黄河之水,从西向东依次提到了汉代五原郡的九座县城。

1.水经:至河目县西。

河目县, 即今巴彦淖尔市乌拉特前旗乌梁素海东岸额尔登布拉格苏木的陈二壕古城。

2.水经:屈南过五原西安阳县南。

西安阳县,即今乌拉特前旗蓿亥乡的张连喜店古城。

3.水经:屈东过九原县南。水经注:河水又东,迳成宜县故城南。河水又东,迳原亭城南。阚骃《十三州志》曰:中部都尉治。河水又东,迳宜梁县之故城南。阚骃曰:五原西南六十里,今世谓之石崖城。河水又东,迳副阳城南,东部都尉治。又东,迳河阴县故城北。又东,迳九原县故城南。秦始皇置九原郡,治此。汉武帝元朔二年更名五原也。西北接对一城,盖五原县之故城也。

成宜县，即今乌拉特前旗黑柳子乡的三顶帐房古城。

宜梁县，即今鄂尔多斯市达拉特旗的二狗湾古城（也称昭君坟古城）。

河阴县，目前尚未确定遗址。

九原县，即今包头市九原区麻池镇政府西北侧的麻池古城南城。

五原县，即麻池古城的北城。

现在，有人要抗议了！稍安勿躁，等我们看完了《水经注》，再做讨论，可以吗？

4.水经：又东过临沃县南。水经注：河水又东流，石门水南注之。水出石门山，《地理志》曰：北出石门障，即此山也。其水自障东南流，迳临沃城东，东南注于河。河水又东，迳稒阳县故城南，河水决其西南隅。

临沃县，目前尚未确定遗址。

稒阳县，即今包头市东河区河东镇的古城湾古城。

当然，这些汉代城址与名称的对应存在许多争议。探究历史谜题，难免会有争议，只要不是涨红了脸的谩骂，应该一律予以欢迎。

但是，参加讨论的前提，是要有自己的观点。这样才能立稳自己的脚跟，为别人提供一些借鉴、一些启示，或者是给别人提供纠错的机会、调侃的把柄。

以上就是我的观点。

这些观点源于《包头史料荟要》、源于《包头文物考古文集》、源于《2012·中国"秦汉时期的九原"学术论坛专家论文集》等书籍，也源于诸多文史学者与考古专家的学术报告及亲自指点。深表感谢！

四

捉蛇要捏七寸。

探究历史谜题，也要从最为关键的疑问入手。

秦代的九原郡、汉代的五原郡都以九原县为郡治。九原县的地位相当于如今的省会城市。

那么，九原县到底在哪里呢？

20世纪70年代末期，中华大地掀起一股编撰地方志书的热潮，人们对许多悬而未决的历史谜题展开了研究。

在阴山南麓、黄河北岸的包头地区由西向东依次分布着三顶帐房古城、哈德门古城、孟家梁古城、麻池古城、古城湾古城五座汉代古城。

三顶帐房古城位于巴彦淖尔市乌拉特前旗的三顶帐房村，紧临包头西界；哈德门古城位于昆都仑区卜尔汗图镇的哈德门沟口；孟家梁古城位于包钢废钢厂区之内，如今铁路纵横，已不见影踪；麻池古城位于九原区麻池镇政府西北侧；古城湾古城位于东河区河东镇的古城湾村。

著名历史学家谭其骧先生在其主编的《中国历史地图集》中，将九原县城标注在了孟家梁古城。

《包头史料荟要(第三辑)》(1980年)载有一篇《关于包头地区历史地理的通信·致中国地理学会谭其骧教授》，包头学者对此提出疑问，向谭其骧先生请教。谭其骧先生由于工作繁忙，将信件转交复旦大学历史地理研究室王文楚先生，并由其进行解答。

王文楚先生的答复之中重点提到了《水经注》的记载：“黄河向东奔流，经过宜梁县南侧，经过九原县南侧，又经过临沃县南侧。黄河再向东流，有石门水注入。这道石门水，源于石门山，向东南而流，经过临沃县城东侧，注入黄河。黄河再向东流，经过稒阳县的南侧。”

石门水，也就是包头境内的昆都仑河，从石门山(昆都仑沟南口)流出，向南注入黄河。

如今，三顶帐房古城、孟家梁古城位于昆都仑河西侧，麻池古城、古城湾古城则位于昆都仑河东侧。

王文楚先生强调：“这里必须说明的是，今昆都仑河是在麻池古城西入于黄河的，又与古城湾古城相距较远，似乎与《水经注》记载石门水东南流迳临沃城东南入于黄河，有明显的差别。这是由于昆都仑河下游在历史上发生变迁的缘故。昆都仑河上游两岸为陡峻的崖壁，二山夹峙，河道固定，下游进入冲积扇地区后，主流在冲积扇地区东西摆动，形成下游河道游荡不定。现在麻池与古城湾之间，有一片沼泽地，在这沼泽区内尚遗留有古河道痕迹，这正是汉魏时期石门水迳流所遗留下来的痕迹。”

由此，王文楚先生判断：三顶帐房古城、孟家梁古城、麻池古城都曾位于古石门水的西侧，只有古城湾古城位于古石门水的东侧。

根据《水经注》的记载：临沃县城在石门水的西侧，而稒阳县城在石门水的东侧。因此，麻池古城应是临沃县城，而古城湾古城应是稒阳县城。再进一步推断，麻池古城西侧的孟家梁古城应是九原县城，再往麻池古城西侧的三顶帐房古城就应是宜梁县城了。而与麻池古城西北相望的哈德门古城，则应是五原县城。

至此，《水经注》的记载与包头汉代古城一一对应了，似乎没有什么问题。

因此，很长的一段时间之内，人们普遍认可：汉代五原郡郡治九原县所

在地就是孟家梁古城。

五

孟家梁古城，东墙长 442 米、南墙长 340 米、西墙长 440 米、北墙长 382 米。

三顶帐房古城，东西长约 1120 米，南北宽约 1000 米。

麻池古城由近似正方形的南、北两城组合而成，北城东南角与南城西北角对接，呈斜“吕”字形布局。北城的东墙长 563 米、南墙(西段)长 300 米、西墙长 665 米、北墙长 778 米，南城的东墙长 664 米、南墙长 600 米、西墙长 522 米、北墙(东段)长 357 米。

以上资料摘自《黄河包头段沿岸汉代古城考》，刊于《内蒙古文物考古》(2007 年 1 期)。

这样看来，孟家梁古城的规模明显逊于三顶帐房古城，甚至麻池古城的南北两城相加，也比不上三顶帐房古城。

在阴山南麓、黄河北岸的包头地区，当属三顶帐房古城规模最大，似

乎更加符合郡治所在地的资格。试想，又有多少县城的规模会比省城还要大呢？

于是，许多文史资料将五原郡郡治九原县的所在地认定为三顶帐房古城。

然而，《黄河包头段沿岸汉代古城考》的作者郭建中、车日格并不认同这一说法。他们认为，麻池古城的北城是九原县所在地，麻池古城的南城是临沃县所在地，并且否定孟家梁古城是一座汉代城址。

这一时期，还有一种推断，基本赞同上述观点，却也稍有不同。

有学者认为，就像王文楚先生所说的，汉魏时期的石门水曾经流淌于麻池与古城湾之间。而这片低洼的区域正是汉代临沃县所在地。由于石门水的摆动，临沃县城早已被毁，难寻影踪了。

麻池古城位于这座消失的临沃县城的西侧。按照《水经注》的记载，临沃县之西为九原县。那么，整个麻池古城(包括南北两城)应是九原县，也就是五原郡的郡治所在。

就此，人们就孟家梁古城、三顶帐房古城、麻池古城哪个是五原郡郡治所在地展开了讨论。

早在 1975 年，著名历史地理学家史念海先生在其《秦始皇直道遗迹的探索》一文之中，指出了秦直道的走向：“由汉代甘泉宫(也称云阳宫，即秦代林光宫，位于陕西省咸阳市淳化县凉武帝村)，沿着子午岭北行，进入鄂尔多斯高原，抵达伊金霍洛旗红庆河镇；再向北直行，经东胜西南的二顷半村、东胜西侧的城梁古城，直抵黄河南岸昭君坟附近。那里在包头市西南，渡过黄河后，就是秦代九原郡治所在地。”

1984 年，靳之林先生及其学生孙相武徒步考察秦直道。他们从汉代甘泉宫出发，追寻着沿途的古迹与遗址，历经两个多月，步行一千二百余里，最终抵达了包头市的麻池古城。

此后，又有许多学者与专家陆续踏上探寻秦直道的路途，发现着、思索着、感悟着。不约而同的是，他们都将麻池古城作为探寻的终点或者起点。

秦直道南端为陕西省咸阳市的甘泉宫，北端为内蒙古包头市的麻池古城，这几乎已成定论。

《史记·秦始皇本纪》记载："三十五年，除道，道九原抵云阳，堑山堙谷，直通之。"

《史记·蒙恬列传》也有记载："始皇欲游天下，道九原，直抵甘泉，乃使蒙恬通道，自九原抵甘泉，巉山堙谷，千八百里。"

由此判断，包头市九原区的麻池古城应是九原县所在地。

六

2012 年，包头市九原区联合中国秦汉史学会，共同举办"中国秦汉时期的九原"学术论坛，参与论坛的学者提交了 40 余篇论文。

其中，包头市文物管理处主任张海斌先生的《九原地望及相关问题》尤为引人注目。

文章指出："巴彦淖尔市三顶帐房古城曾被认为是九原城。最新测绘为长 618.57 米、宽 595.66 米，不及麻池古城面积大。其他如一度被认为是九原城的孟家梁古城规模更小，为南北最宽 382 米、东西最宽 442 米。"

数据缩水使得三顶帐房古城在五原郡郡治的争夺战中处于下风。

此外，一则官方消息使得麻池古城占据了更加有利的地位。

2006 年 6 月，"麻池城址和召湾墓群"列入国家级重点文物保护单位名录。该项目包括：麻池战国秦汉古城、召湾汉墓群、张龙圪旦汉墓群（位于希望铝业公司南侧、麻池古城西侧）、西壕口汉墓群。

2014 年 9 月，"三顶帐房城址及周边墓葬群"列入内蒙古自治区级重点文物保护单位名录。

从保护级别与列入时间来看，麻池古城的分量明显重于三顶帐房古城，更加坐稳了汉代五原郡郡治的位置。

如果把麻池古城、西壕口汉墓群、召湾汉墓群与金津古渡（昭君坟渡口）及二狗湾古城（昭君坟古城）相连，就会发现，它们竟串成了一条笔直的线，仿佛为秦直道做着某种注解，又仿佛为麻池古城做着某种印证。

这是偶然的巧合,还是历史的真相?

根据《水经注》的记载:"九原县西北接对一城,盖五原县之故城也。"

有学者认为,麻池古城是九原县城,与其西北方向的位于阴山山脉哈德门沟口的哈德门古城,形成"接对"。因此,哈德门古城应为五原县城。然而,麻池古城与哈德门古城之间直线距离超过18公里,只能算是"遥对"。

如将麻池古城南城视为九原县城,那么与其紧紧相依的麻池古城北城更符合"接对"之说。因此,麻池古城北城应是五原县城。

不过,张海斌先生并不完全赞同这一说法,他在《九原地望及相关问题》一文中写道:"按照郦道元所记九原在东南,五原在西北。但从实际考古调查看,两个城的时代北早南晚,北城有秦和汉代的遗物,南城有汉和北朝的遗物。城墙的夯层也是北城更窄一些。郦道元生活的时代相距汉代已有三百年的历史,不一定能准确无误记述汉代历史地理,很可能出现记载上的颠倒失误。这样,麻池古城北城是九原城,是战国、秦九原,也是汉代五原郡郡治。南城是五原城,是汉代五原郡五原县。"

在此文之中,张海斌先生还对《水经注》所提及的其他一些汉代古城做出了判断:

成宜县,即今巴彦淖尔市乌拉特前旗黑柳子乡的三顶帐房古城。

宜梁县,即今鄂尔多斯市达拉特旗的二狗湾古城(也称昭君坟古城)。

稒阳县,即今包头市河东镇的古城湾古城。

哈德门古城,应是原亭城,即中部都尉治所。

孟家梁古城,应是副阳城(也作稒阳城),即东部都尉治所。

对于这些观点,有些我深表赞同,有些却要保留自己的看法。

所谓"君子和而不同",想必张海斌先生不会怪罪我吧。

七

汉代,郡的最高行政长官为太守,相当于现在的省委书记,"秩二千石",俸禄为两千石,即月俸一百二十斛。因此,"二千石"也常被用来称太守。

西汉之时，太守的职位很高，往往入为公卿；三公、九卿罢政，亦多出为太守。

搜寻史料，曾经出任五原郡太守的有以下十二人：

延寿，其姓失载，西汉宣帝五凤二年时为五原太守；

冯立，西汉成帝时为五原太守；

刘歆，西汉哀帝时为五原太守；

鲁匡，西汉末新莽时为五原太守（当时称为卒正）；

李兴，光武帝建武初年，卢芳所置五原太守，后为卢芳所杀；

随昱，卢芳部将，建武十二年归降东汉，留任五原太守；

耿夔，东汉和帝时为五原太守；

陈龟，东汉顺帝永和五年之前为五原太守；

崔寔，东汉桓帝时五原太守；

郭鸿，东汉灵帝光和之前为五原太守；

王智，东汉灵帝光和二年在任；

督瓒，东汉末为五原太守。

在这十二人之中，本书已经写有《"艺文大师"刘歆》《"北疆悍将"耿夔》《"刚烈将军"陈龟》及《"织麻太守"崔寔》。

此外，李兴、随昱已在《"阴山脚下皇帝梦"卢芳》文中提及，王智也在《"才艺父女"蔡邕与蔡文姬》文中提及。

还有两人，《汉书》之中虽有记载，却比较简略。

冯立：《汉书》卷七十九《冯奉世传》记载，冯立的父亲冯奉世是位久经沙场、屡立战功的高官，哥哥冯野王是治世能臣、国家栋梁，姐姐冯媛嫁入皇宫，为汉元帝的昭仪。冯立，字圣卿，精通《春秋》，竟宁年间出任五原郡属国都尉，几年之后升为五原郡太守，此后又转任西河郡太守、上郡太守。冯立为官公正廉洁，多有智谋且待人宽厚有恩泽，喜欢制订规章条令。后来，他又转任东海郡太守。此郡地势低洼潮湿，冯立患了风湿病。皇帝听说这件事情，调其转任太原郡太守。冯立的官场生涯中，先后当过五个郡的太守，所到之处颇有政绩，百姓交口称赞。最后，冯立鞠躬尽瘁，在官任之上去世。

鲁匡:《汉书》卷九十九《王莽传(下)》记载,牺和(大司农)鲁匡根据王莽的示意,出台了“五均六筦”经济政策,也就是盐、铁、酒由政府专卖,铸币权归国家所有,对于名山大泽的出产予以征税,并且实行“五均赊贷”(工商、物价、金融行业由国家统制和管理)。在实施此项经济政策的过程之中,官商勾结,任用洛阳富商薛子仲等为吏,具体督办“五均六筦”事宜。他们遍行各地,与郡县官吏勾结,乘机渔利,大发横财,人民痛苦不堪。后来,左将军公孙禄等人弹劾鲁匡。为了平息众怒,并为掩人耳目,王莽将鲁匡贬为五原卒正(太守)。当年,王莽篡夺西汉皇位,建立新朝,大力推行各项复古改革,把长安改称“常安”,把五原郡改称“获降郡”,把太守改称“卒正”。

另外三人,事迹不详。

延寿:《汉书》卷十九《百官公卿表(下)》记载:“(天凤二年)守左冯翊五原太守延寿。”严耕望先生《两汉太守刺史表》认为延寿缺姓,应为“□延寿”。

郭鸿:宋代洪适所撰《隶续》一书收录有一篇《丹阳太守郭旻碑》,碑文提及其侄子郭鸿为其重新立碑之事,写有“从子故五原太守鸿”字样。

督瓒:东汉应劭所撰《风俗通义·佚文·姓氏》记载:“督氏,宋大夫华父督之后,晋有督戎,栾盈臣,汉有五原太守督瓒。”(见唐写本《唐韵·二沃》《姓纂·十》《广韵·二沃》《姓解·一》及宋本《古今姓氏书辩证·二沃》《容斋五笔·一》《通志·氏族略》《姓氏急就篇·上》等)

俗话说,“雁过留声,人过留名”。

历史,总是不会错过那些焕发异彩的人物。

图书在版编目(CIP)数据

步履匆匆:过往包头的历史名人/徐麦涵编著. -呼和浩特:内蒙古人民出版社,2018.10

ISBN 978-7-204- 15734-1

Ⅰ.①步… Ⅱ.①徐… Ⅲ.①历史人物-列传-包头 Ⅳ.①K820.826.3

中国版本图书馆 CIP 数据核字(2018)第 249397 号

步履匆匆——过往包头的历史名人

编　　著 徐麦涵
责任编辑 王　静　蔺小英
封面设计 谭新露
出版发行 内蒙古人民出版社
地　　址 呼和浩特市新城区中山东路8号波士名人国际B座5层
网　　址 http://www.impph.cn
印　　刷 包头市晶彩印务有限责任公司
开　　本 710mm×1000mm　1/16
印　　张 23.5
字　　数 340千
版　　次 2019年6月第1版
印　　次 2019年6月第1次印刷
印　　数 1—5000册
书　　号 ISBN 978-7-204-15734-1
定　　价 68.00元

如发现印装质量问题,请与我社联系。联系电话:(0471)3946120